GÉOGRAPHIE UNIVERSELLE

PUBLIÉE SOUS LA DIRECTION DE
P. VIDAL DE LA BLACHE
ET L. GALLOIS

TOME II

BELGIQUE . PAYS-BAS
LUXEMBOURG

PAR

ALBERT DEMANGEON
Professeur à l'Université de Paris

LIBRAIRIE ARMAND COLIN

GÉOGRAPHIE UNIVERSELLE

———

Tome second

BELGIQUE — PAYS-BAS

LUXEMBOURG

GÉOGRAPHIE UNIVERSELLE

publiée sous la direction de

P. VIDAL DE LA BLACHE

ET

L. GALLOIS

TOME II

BELGIQUE - PAYS-BAS
LUXEMBOURG

par

A. DEMANGEON
Professeur à l'Université de Paris.

LIBRAIRIE ARMAND COLIN
103, BOULEVARD SAINT-MICHEL, PARIS

—

1927

GÉOGRAPHIE UNIVERSELLE

BELGIQUE ET PAYS-BAS

LEUR ORIGINALITÉ GÉOGRAPHIQUE ET LEUR PLACE DANS L'EUROPE OCCIDENTALE

Par leur position, par leur climat et leurs aspects naturels, par leur sol et leur relief, la Belgique et les Pays-Bas, ces deux petits États, ne sont pas des individualités géographiques. Ils appartiennent à cette extrémité méridionale du bassin de la mer du Nord où les deux rivages se rapprochent peu à peu, séparés par un simple bras de mer qui s'achève en un goulet, au détroit du Pas de Calais.

Tant d'affinités géographiques résultent de cette proximité que, des deux côtés, dans l'archipel britannique comme dans les plaines de l'Escaut et du Rhin, les conditions régionales sont partout dominées par de grandes lois communes. Nous suivons en Belgique, dans le massif ardennais, les mêmes lignes directrices du relief que dans les massifs irlandais et gallois. Dans les Pays-Bas, comme en Angleterre sur les bords de la basse Tamise et du Wash, nous observons des chenaux, des estuaires et des baies qui s'ensablent et s'envasent, un front de terres plates qui gagne sur les eaux marines. Sur les rives du Rhin néerlandais, nous retrouvons les moraines des glaciers venus du Nord, comme ceux qui ont couvert de leur *boulderclay* les plaines anglaises. De chaque côté de la mer du Nord, ce sont les mêmes lois du climat, à peu près la même répartition des températures, les mêmes saisons de pluies et de bourrasques, parfois les mêmes brouillards, les mêmes eaux poissonneuses, les mêmes flots de marée gonflant les estuaires, les mêmes forêts, les mêmes tourbières, les mêmes landes[1].

Considérés comme la marge orientale de la mer du Nord, le pays belge et le pays néerlandais ne sauraient être séparés l'un de l'autre. Peu de régions dans l'Europe occidentale offrent moins de limites naturelles. Leur frontière commune coupe en deux la Campine, type de région naturelle aux aspects uniformes. Depuis la Plaine maritime en Flandre jusqu'à la Frise et au Dollart,

---

1. Aussi, pour l'étude générale des grands aspects du sol, du climat et de la végétation, comme pour l'étude de la mer du Nord, nous prions le lecteur de vouloir bien se reporter aux chapitres I, II, III du tome premier (*Les Iles Britanniques*).

on traverse les mêmes bas pays, frangés de dunes, hérissés de digues et de défenses, conquis jadis et toujours protégés par le labeur opiniâtre des hommes. La Meuse, le fleuve wallon, se termine en territoire néerlandais. L'Escaut, le grand fleuve belge, achève son cours aussi dans les Pays-Bas. Les bassins houillers de la Campine belge ont même structure que les bassins du Limbourg néerlandais. Une même langue germanique se parle en Hollande et en certaines provinces de Belgique.

La valeur éminente et originale de ces deux pays réside dans leur position géographique. Ils se soudent étroitement à la France qui les relie aux pays de la Méditerranée; ils tiennent aux bassins de la Meuse et du Rhin, qui mènent vers l'Europe centrale et les Alpes; ils font face à la Grande-Bretagne dont les séparent les mers étroites (*narrow seas*). Rien dans le relief n'arrête la circulation; tout la favorise et invite au commerce, fleuves, rivières, chenaux et estuaires.

Cette vocation commerciale, inscrite sur la carte, demeura d'abord latente. A l'époque romaine, ces régions vivaient à l'écart; le Rhin, limite de la barbarie et de la civilisation, se perdait en des confins sauvages. Le grand chemin de Rome vers la Grande-Bretagne passait alors par la Saône et la Seine. Les Pays-Bas occupaient en Europe une position excentrique.

C'est la colonisation germanique qui renverse leur horizon. Cessant d'être isolés au bout du monde, ils deviennent le centre d'un monde nouveau. Des deux côtés de la mer du Nord, habitent des peuples de même race, de civilisation presque pareille; des relations se nouent d'une rive à l'autre de la « mer germanique ». Dès le VIIIᵉ siècle on voit des marchands frisons et flamands fréquenter les marchés britanniques, Londres, York. Lorsque la monarchie franque eut placé son centre à Aix-la-Chapelle, ces relations s'intensifièrent. « En reculant jusqu'à l'Elbe, dit Pirenne, les frontières de l'Europe chrétienne, Charlemagne assigna du même coup aux Pays-Bas cette admirable situation centrale en Occident. Au lieu d'être isolés, ils se trouvèrent placés au foyer même de la civilisation médiévale. » C'est par les Pays-Bas que les moines et les évêques anglo-saxons parviennent à la cour impériale; des abbayes se fondent à Gand. Les ports de l'Écluse et de Duurstede trafiquent avec l'Angleterre et la Scandinavie. Entre la Tamise et l'Escaut, un courant d'échanges s'établit; aux relations françaises et allemandes s'ajoutent les relations anglaises. Au XIᵉ siècle, la Flandre trafique avec Cologne, avec Londres, avec les foires de Champagne, avec la Baltique.

Le pays devient le carrefour des échanges de l'Occident. Par la richesse commerciale, il arrive à la puissance politique. Plusieurs États y naissent, qui puisent leur vie dans l'exploitation d'une route commerciale. La vocation commerciale, issue de la position géographique, devient un principe d'avenir politique. Au moyen âge, des États comme la Flandre, le Brabant et la Hollande grandissent au contact des routes maritimes et continentales. De nos jours, après des vicissitudes séculaires, ils ont pour héritiers la Belgique et les Pays-Bas.

PREMIÈRE PARTIE

BELGIQUE ET PAYS-BAS

TRAITS GÉNÉRAUX DU RELIEF — LA LUTTE CONTRE LES EAUX

CHAPITRE PREMIER

LE RELIEF DE LA BELGIQUE ET DES PAYS-BAS

Quittons les rivages de la mer du Nord, au voisinage des bouches de l'Escaut. Dirigeons-nous vers le Sud-Est, et gagnons les pays de la Sambre, de la Meuse, de la Moselle et du Rhin. Cheminant ainsi à travers les territoires des Pays-Bas et de la Belgique, nous traversons deux des grandes zones de relief de l'Europe occidentale (fig. 1).

D'abord, c'est une zone de plaines et de bas plateaux, la même que parcourent, sur une largeur plus grande, les fleuves de l'Allemagne du Nord, l'Elbe et la Weser. Plus étroite ici, elle se réduit à 190 kilomètres entre le confluent de la Ruhr et les embouchures du Rhin, à 170 kilomètres entre Liège et l'embouchure de l'Escaut; des baies, des chenaux et des estuaires marins la pénètrent profondément.

C'est ensuite une zone de massifs anciens, la même qui a traversé l'Europe centrale depuis la Bohême jusqu'au Massif Rhénan : hautes terres aux horizons sévères, où les rivières s'enfoncent en d'étroites vallées, sols maigres et froids qui conviennent aux landes et aux bois. Çà et là, des noms populaires, comme l'Eifel, la Fagne et l'Ardenne, évoquent des réminiscences de pays difficiles, accidentés et montueux, moins prospères et moins heureux que les plaines.

Les deux types de relief s'opposent ici dans la nature et dans la vie, comme ils s'opposent dans l'archipel britannique. De même que la chaîne Pennine et le Pays de Galles dominent à l'Ouest les plaines anglaises, de même, ici, le massif ardennais dresse ses hauts plateaux à l'horizon méridional des plaines du Limbourg, du Brabant et de la Flandre.

Ces plaines sur lesquelles ont oscillé longtemps les rivages orientaux de la mer du Nord constituent ce qu'on peut appeler le bassin des Pays-Bas, région affaissée, comme le Bassin de Londres et le Bassin de Paris, vers laquelle convergent les grands systèmes fluviaux. Mais ce bassin se distingue fortement des deux autres. Il occupe une cuvette qui n'a pas cessé de s'affaisser au cours des récentes époques géologiques; d'épaisses assises de matériaux s'y sont entassées, refoulant peu à peu la mer devant elles : c'est un énorme delta où, sur la lisière des terres neuves, se poursuit le conflit perpétuel de la terre et de la mer. D'autre part, ces basses plaines se trouvent à l'extrémité méridionale du domaine des anciens glaciers venus de Scandinavie; sur l'ancien front de la glace, des dépôts glaciaires se confondent et s'enchevêtrent avec les dépôts des fleuves; plus loin vers le Sud, en avant du domaine de la glace, une frange de dépôts meubles, de limons et de lœss s'avance sur les terrasses et les plateaux. C'est l'ampleur de ces épisodes tour à tour fluviatiles, glaciaires et même éoliens qui donne à ces plaines leur originalité en face des plaines anglaises (voir la carte hors texte en couleurs).

I. — LE MASSIF DE LA MEUSE

Le massif de la Meuse en Belgique termine vers l'Ouest ce que les géographes et les géologues appellent le Massif schisteux rhénan. Il offre un exemple remarquable de ces vieux massifs dont les surfaces tranquilles résultent d'une dénudation prolongée.

En quelque lieu qu'on les observe, depuis les rièzes de Rocroi jusqu'aux fagnes de la Baraque Michel, les hauts plateaux sont de larges étendues de terrain, peu accidentées; dans les dépressions du sol, très évasées, mais à peine enfoncées, les eaux s'écoulent lentement sur des fonds de tourbe. Autour de Hokai et de Bastogne, les neiges de l'hiver s'amassent parmi ces bossellements et ces vallonnements aux pentes douces; au premier printemps, lorsqu'elles fondent, l'eau demeure presque immobile sur ces surfaces indécises; elle s'étale en une nappe d'inondation qui recouvre tout et rend toute circulation impossible à travers le terrain détrempé. Sur les plateaux moins élevés des bords de la Lesse et de la Meuse, ce sont partout les mêmes horizons tranquilles et uniformes qu'on découvre, au delà des clairières de la forêt ardennaise, à travers les champs de blé du Condroz.

Ces formes aplanies ne sont pas limitées aux sommets. On les observe partout, à différents niveaux, étagées les unes au-dessus des autres, apportant le témoignage d'autant de cycles de modelage et de façonnement. On peut analyser le paysage près de Diekirch (Luxembourg) le long de la Sure, ou bien près de Bastogne le long de la Wiltz, ou encore près de Trois-Ponts le long de l'Amblève, comme aussi dans l'Ouest, près de la Meuse, de la Semois, du Viroin ou de l'Eau d'Heure : on voit chaque fois se dérouler la même ordonnance, la même superposition des lignes et des surfaces; du sommet des plateaux jusqu'au fond des vallées, le regard s'arrête plusieurs fois sur des niveaux de surfaces planes; sur certains, qui prennent plus de largeur et d'ampleur, tels que la surface de 400-415 mètres aux environs de Coo, dans le bassin de l'Amblève, les villages se pressent auprès des terres de culture, sur les sols plus épais et plus horizontaux, plus faciles à travailler.

Phot. Aéronautique Militaire belge.

A. — LA VALLÉE DE LA MEUSE, A DINANT.

Les plateaux du Condroz; l'encaissement de la vallée; le site de la forteresse.

Phot. Aéronautique Militaire belge.

B. — LA VALLÉE DU HOYOUX, AU SUD DE HUY.

Petite vallée industrielle, enfoncée dans les plateaux du Condroz.

Phot. A. Demangeon.

A. — VALLÉE DU RUISSEAU AUX TREMBLES, PRÈS DE BOIGY-PONT.
Haute vallée marécageuse dans l'Ardenne.

Phot. A. Demangeon.

B. — LE PLATEAU ARDENNAIS, PRÈS DE GEMBES.
Formes tranquilles et horizons réguliers.

Fig. 1. — Le relief de la Belgique et des Pays-Bas.

Altitudes : 1, Au-dessous du niveau de la mer; 2, De 0 à 20 mètres; 3, De 20 à 100 mètres; 4, De 100 à 300 mètres; 5, De 300 à 500 mètres; 6, Au-dessus de 500 mètres. — Échelle, 1 : 2 400 000.

Les formes heurtées et sauvages n'apparaissent qu'au voisinage des grandes vallées, dès que les rivières du plateau, pour gagner les points bas, doivent s'encaisser afin de racheter une forte chute sur une courte distance. Elles commencent leurs cours sur de calmes surfaces; pour atteindre la Meuse ou la Moselle, il leur faut scier gorges et entailles; la Sûre, la Wiltz et la Clerf dans le Grand-Duché, l'Ourthe et la Vesdre au Sud de Liège s'échappent du massif ardennais par de très belles vallées, creusées dans le roc (Pl. XIII, B).

Les éléments de variété du paysage, en dehors des vallées profondes, proviennent essentiellement des inégalités de résistance des roches. Or, à la surface de ces plateaux qui résultent de l'aplanissement d'une chaîne plissée, les différentes roches affleurent en longues bandes qui retracent l'orientation des anciens plis. C'est à cet arrangement des matériaux du sol, reflet de l'architecture profonde, que beaucoup de traits du relief doivent leur origine. La dépression de la Famenne s'allonge sur une zone de schistes tendres entre les schistes et quartzites durs de l'Ardenne et les calcaires et psammites résistants du Condroz: elle impose même sa direction à des tronçons de la Lesse et de l'Ourthe. Sur les plateaux de l'Entre-Sambre-et-Meuse et du Condroz, on ne peut pas ne pas remarquer le curieux parallélisme des lignes du paysage, des vallées, des collines et des bois : cette disposition résulte de la disposition même de l'ancienne architecture en une série de plis pressés, formés, les uns, par des psammites durs, les autres, par des calcaires très solubles; l'érosion ayant travaillé sur cette surface hétérogène, les psammites se dressent en crêtes longitudinales, toutes boisées, appelées *tiges* dans le pays; les calcaires se creusent en dépressions parallèles (fig. 2 et 3).

Le réseau hydrographique du massif belge s'écoule du Sud vers le Nord, selon une pente très anciennement établie : les plateaux s'inclinent dans cette direction depuis les altitudes de 500 à 600 mètres, qu'ils atteignent dans le Sud, jusqu'aux altitudes de 200 à 300 mètres, qu'ils conservent le long de la grande dépression de Sambre-et-Meuse. Tel est le sens de l'écoulement de l'Eau d'Heure, de la haute Lesse, du Hoyoux, de l'Ourthe, et aussi de la Meuse depuis Charleville jusqu'à Namur. Toutes ces rivières coupent à angle droit les plis de l'architecture primaire. Taillées dans l'épaisseur du massif, leurs vallées cheminent au fond d'un couloir étroit, entre des parois escarpées où l'on voit parfois se dresser à nu les bancs de roches redressés jusqu'à la verticale (Pl. XIII, A).

Dans ses lignes générales, l'écoulement se dirige vers la zone d'affaissement des Pays-Bas; presque toutes les vallées s'orientent vers le Nord. A cette loi générale, il existe une infraction remarquable : la Meuse à Namur arrête brusquement sa course vers le Nord et se détourne vers l'Est. Comment expliquer cette déviation subite? Il faut l'attribuer à l'influence du sillon Sambre-et-Meuse. Jusqu'à l'époque de son détournement, la Meuse, selon toute vraisemblance, continuait sa route au delà de Namur vers le Nord, comme toutes les rivières descendues du massif ardennais. Le sillon Sambre-et-Meuse coïncide depuis Charleroi jusqu'à Liége avec une zone basse de l'ancienne architecture. Vers le milieu du Tertiaire, cette dépression, remise en mouvement, s'enfonça davantage et reprit son rôle de gouttière hydrographique; établie en travers du cours de la Meuse, elle le tronçonna en deux et détourna la rivière vers l'Est, vers Liége. La Meuse et la Sambre s'établirent d'autant plus facilement dans cette dépression qu'elles y trouvaient les terrains tendres du Houiller où leur vallée s'ouvrit largement. Du haut de la citadelle de Namur, on voit la vallée de la Sambre, avec ses champs, ses vergers et ses prairies, s'épanouir entre des versants adoucis; la rivière chemine sans hâte, s'attardant en longs méandres indécis; sa pente, qui atteignait 0 m. 57 par kilomètre entre la frontière fran-

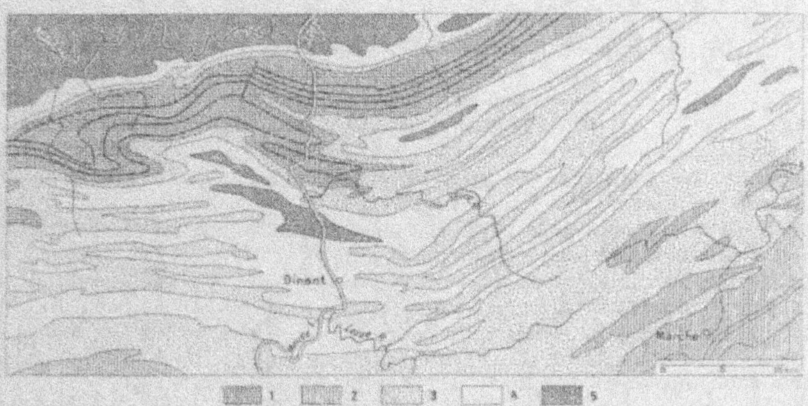

Fig. 2. — Allure rayée de la carte géologique de la Haute-Belgique (Entre-Sambre-et-Meuse et Condroz), d'après la carte géologique de Belgique à 1 : 160 000.
1, Silurien et Dévonien inférieur; 2, Dévonien moyen et Frasnien; 3, Famennien (Dévonien supérieur); 4, Calcaire carbonifère; 5, Houiller. — Échelle, 1 : 500 000.

çaise et Landelies, tombe à 0 m. 40 de Landelies à Namur. La Meuse elle-même, ayant quitté les défilés grandioses du massif ancien, s'engage, de Namur à Liège, dans un large couloir, ouvert et lumineux comme une plaine.

Vers l'Ouest, dans le prolongement du sillon Sambre-Meuse, une autre

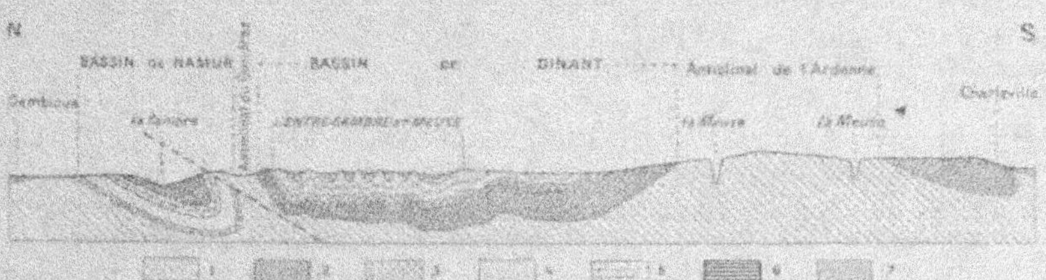

Fig. 3. — Coupe schématique à travers le massif primaire de Belgique, d'après LADRIÈRE.
1, Silurien et Cambrien; 2, Dévonien inférieur; 3, Dévonien moyen; 4, Dévonien supérieur; 5, Calcaire carbonifère; 6, Houiller; 7, Secondaire et Tertiaire.

dépression, orientée comme lui, retient l'attention : c'est la plaine basse où, languissante, la Haine s'écoule vers l'Escaut. Cette vallée de la Haine occupe aussi une zone basse du massif ancien, laquelle, jusqu'à une époque récente, fut marquée par une tendance à s'affaisser; tout ce fond de bateau, formé de roches anciennes, est plein de couches crétacées et tertiaires; dans ces matériaux tendres, la rivière a déblayé la plaine marécageuse que domine la colline sableuse de Mons. L'évolution du relief est ici bien plus poussée que le long de la Sambre;

la notion de vallée disparaît; des hauteurs boisées qui l'encadrent, on a plutôt l'impression d'une cuvette; sur le fond plat, parmi les alluvions et la tourbe, les eaux s'avancent péniblement le long des canaux et des fossés.

La Meuse. — Au milieu des plateaux réguliers et tranquilles, seules les vallées donnent la sensation du relief. Aussi la vallée de la Meuse, ouverte en plein massif, contient les plus beaux paysages de la Haute-Belgique. Son histoire est longue. Elle a coulé jadis à la surface même des plateaux qui la dominent maintenant : aux environs de Namur et de Liége, on recueille ses cailloux roulés presque jusqu'à ces hauts niveaux. Puis la rivière descendit graduellement, creusant, élargissant et modelant sa vallée, dessinant et accentuant ses méandres avec plus d'aisance qu'en France où la dureté des schistes et des quartzites conserve dans les formes de la vallée plus d'imprévu et de sauvage. Ces méandres ont évolué si rapidement, qu'en aval de Dinant, à Anhée, à Annevoie, à Profondeville, on compte plusieurs boucles recoupées, de sorte que le cours de la rivière, de sinueux qu'il était, devient presque rectiligne (fig. 4; Pl. I et III).

A chaque pas, la vallée porte l'empreinte des structures qu'elle traverse. Rien n'égale la beauté des sites créés par le calcaire carbonifère ; tantôt, comme à Waulsort, la roche coralligène se dresse en falaises massives; tantôt, lorsque des fentes parcourent du haut en bas ses assises puissantes, le calcaire se dresse en piliers hardis et en lames aiguës, comme à Anseremme et à Dinant; le rocher Bayard, monolithe énorme qui garde l'entrée de Dinant, est un roc de calcaire consolidé par des rognons siliceux; tantôt, chargée de dolomie, la roche se débite en aiguilles, en crêtes déchiquetées, en promontoires ruiniformes (Pl. IV, A). Quand la vallée traverse les schistes dévoniens, les versants s'adoucissent, et, sur leurs pentes ménagées, s'étendent des bois et des prés. Mais, que l'allure du plissement amène des psammites dans les flancs de la vallée, les versants reprennent de la hardiesse : des piliers et des tours se découpent dans l'épaisseur de ces grès durs.

Rivière puissante, large de 80 mètres à Dinant et de 140 mètres à Liége, la Meuse a creusé son lit très bas. Quoique traversant de hauts plateaux, elle coule à 87 mètres d'altitude à Dinant, à 74 mètres à Namur, à 55 mètres à Liége. Sa pente faiblit : de 44 centimètres par kilomètre entre Monthermé et Hastière, elle descend à 39 entre Hastière et Liége. Ce sont là, pour le profil et pour le lit, des conditions de plaine. Par contre, le régime des eaux se ressent des conditions du relief des hauts plateaux. Jusqu'à Mézières, les crues conservent les caractères de modération propres à l'hydrologie des calcaires lorrains. Avec la Semois, la première rivière ardennaise, le régime torrentiel se révèle par de brusques montées et par de dangereuses inondations : jusqu'à la Sambre, les incartades de la Meuse traduisent l'influence de cette petite rivière, longue de 180 kilomètres. Les autres affluents de la Meuse présentent les mêmes caractères torrentiels. Le Hoyoux dévale une pente de 9 m. 50 par kilomètre; en 1893, ses eaux montèrent de 2 mètres en une heure; le soir de cette crue, elles rentraient dans leur lit. La pente kilométrique est de 4 m. 20 sur la Lesse, 3 m. 10 sur l'Amblève, 3 m. 50 sur la Vesdre, 2 m. 80 sur l'Ourthe. Toutes ces rivières, qui drainent des bassins élevés, très arrosés, en sol imperméable, donnent à la Meuse, à Liége, des allures presque montagnardes. La marche saisonnière du climat règle la courbe générale des débits : montée d'octobre à février, baisse de mars à septembre avec des crues d'orage en août. Mais tous ces mouvements

Phot. A. Demangeon.

LA VALLÉE DE LA MEUSE, A PROFONDEVILLE.

Phot. A. Demangeon.

A. — LA VALLÉE DE LA MEUSE, ENTRE HASTIÈRE ET DINANT.
Lames de roches dures, faisant saillie dans les versants.

Phot. A. Demangeon.

B. — LA VALLÉE DU RHIN,
A L'OUEST D'ARNHEM, ENTRE HEELSUM ET DOORWERTH.
A gauche, le versant boisé de la Veluwe dominant la vallée.

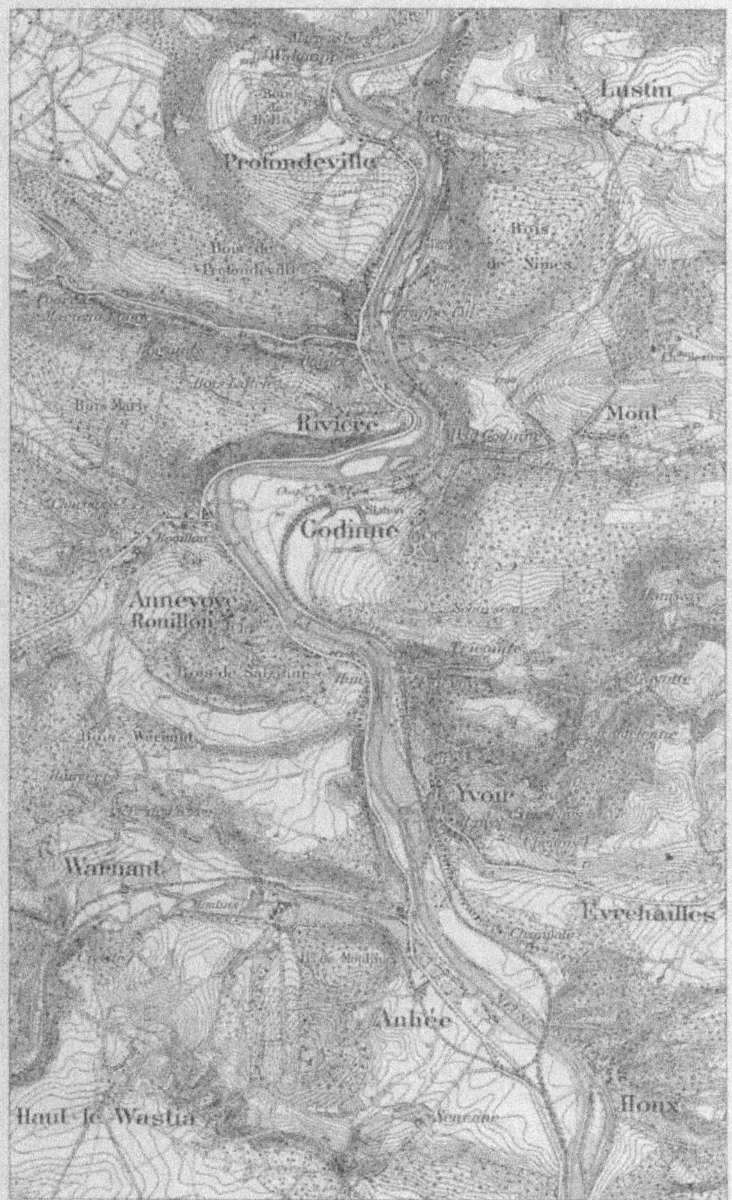

Fig. 4. — La vallée de la Meuse en aval de Dinant, d'après la carte de Belgique à 1 : 40 000.

Fort encaissement dans le massif primaire. Vallée étroite, parfois dominée par des escarpements. Nombreux vallons secs dans les roches calcaires. L'évolution de la vallée est cependant assez avancée : des îles, de petites plaines alluviales et trois méandres recoupés (Anhée, Annevoye, Profondeville).

d'eau sont brusques, brutaux et capricieux ; la portée des crues de l'Ourthe atteint
3 à 4 mètres ; si par malheur elles coïncident avec celles de la Meuse, elles provoquent sur toute la vallée, en aval de Liége, des inondations désastreuses. A Liége
même, on a dû régulariser l'écoulement des eaux : on a remplacé par un lit unique
les nombreux bras de l'Ourthe qui sillonnaient le quartier d'Outre-Meuse.

L'HYDROLOGIE CALCAIRE. — Les terrains primaires de Belgique contiennent
des assises calcaires, remarquables par le développement des phénomènes kars-
tiques. Cavités, grottes, rivières souterraines constituent à la fois l'intérêt
géographique et l'attrait pittoresque de ces régions. Ces phénomènes s'observent
particulièrement dans les calcaires du Givétien (Dévonien) et du Viséen (Carbonifère). Comme ces terrains se disposent en longues bandes, orientées Ouest-
Est, c'est sur des zones de même direction que se groupent tous les faits propres
à l'influence des calcaires ; ainsi s'alignent, au pied du massif ardennais, les sites
célèbres de Couvin, de Han, de Rochefort et de Remouchamps (fig. 2).

Sur les sols fissurés que donne le calcaire, les eaux disparaissent dans les
profondeurs par des trous auxquels le langage populaire applique différents
noms : *chantoir, aiguigeois, adugeoir, douve, béloire, agole, agolina*. En certains
lieux, ces trous criblent littéralement la surface ; on en compte une cinquantaine
près de Lustin au fond du pittoresque ravin de Tailfer. Moins profonds que dans
le Karst ou les Causses, ils ne dépassent guère 50 à 60 mètres. Nulle part ils ne
pullulent comme aux environs de Remouchamps. Le long d'une vallée sèche (le
vallon des Chantoirs) on voit une quinzaine de ruisseaux s'arrêter brusquement
de couler et s'enfouir par des centaines de trous : Van den Broek y a reconnu et
catalogué plus de 200 de ces chantoirs et aiguigeois. Dans une seule petite dépression près de Deigné, il en signale une soixantaine. « Le chantoir de Grandchamps,
dit-il, s'ouvre en plein champ, profond de 25 mètres, entre des parois couvertes
d'arbres, de fougères : vrai nid de verdure au milieu des plaines cultivées. Un
minuscule ruisselet s'y précipite par trois cascatelles après avoir bondi et
rebondi sur le rocher calcaire, couronné de broussailles, paré de mousses. La
chanson des cascatelles justifie le nom de chantoir donné à ces descentes de ruisseaux qui exhalent leur douce plainte avant leur emprisonnement sous terre. »

Sur ce sol troué, les rivières se perdent par les fissures du fond de leur lit.
Elles se dérobent, pour surgir de nouveau plus bas. Deux affluents de la Lesse,
la Lomme et la Wamme, disparaissent et reparaissent plusieurs fois. La Lesse
traverse en souterrain le massif de Han (fig. 5) ; plus bas, à Furfooz, elle alimente
un bras souterrain qui circule en siphon sous le lit superficiel. A plusieurs reprises,
l'Ourthe au voisinage de Bohon, ainsi que ses affluents la Magrée et le Pouhon
s'évanouissent dans le sol. Beaucoup de fontaines, à Dinant, à Celles, à Esneux,
ne sont que les résurgences de rivières souterraines. Dans la vallée du Bocq, à
3 kilomètres d'Yvoir, on voit sortir de terre la curieuse fontaine intermittente de
Crupet, qui paraît régie par un système compliqué de siphons et de réservoirs
inégaux.

L'intense circulation souterraine de l'eau réagit puissamment à la surface
du sol. Sur tout son passage, cette eau dissout d'énormes masses de roche. On a
calculé que la Lesse, en traversant la grotte de Han, enlève plus de 5 000 kilogrammes de matière en une journée, ce qui représente, au bout d'un an, un total
de près de 1900 tonnes.

Cette destruction souterraine amène une descente progressive des chenaux et, par suite, un soutirage des eaux superficielles. Entre Belvaux et Han, on observe une vallée sèche ou chavée qui décrit un cercle de plus d'un kilomètre de diamètre; on n'y voit d'eau qu'après de longues pluies. C'est une ancienne boucle de la rivière, asséchée par le drainage souterrain de la grotte voisine. Ces abandons de méandres

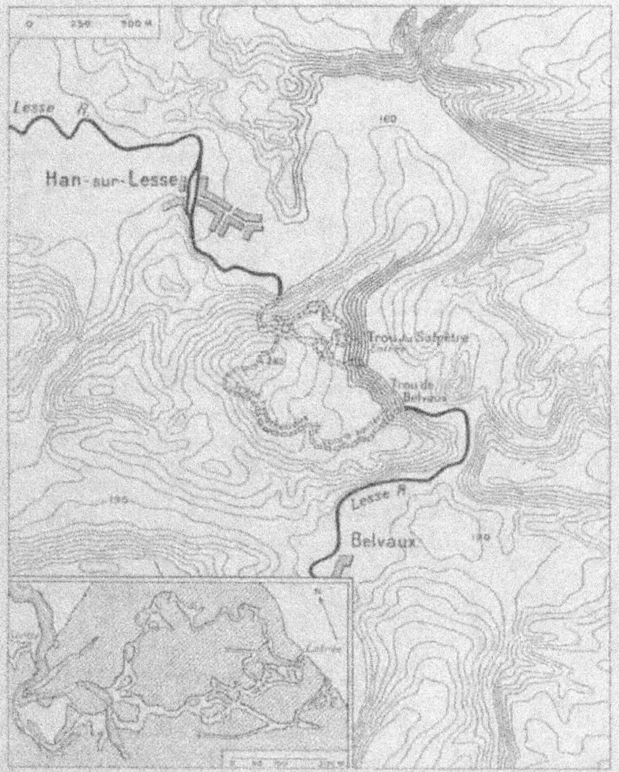

Fig. 5. — Les environs de Han et la perte de la Lesse, d'après Van den Broek et la carte de Belgique à 1 : 40 000 (feuille Saint-Hubert, n° 59).

On voit, à l'Est de Han, le grand méandre abandonné par la Lesse. La rivière a laissé cet ancien tracé, soutiré par le réseau de circulation souterraine. — En bas, à gauche, le plan de la grotte de Han.

par capture souterraine sont fréquents en terrain calcaire : on en constate d'autres, sur la Lesse à Furfooz et sur l'Ourthe entre Durbuy et Barvaux (fig. 5).

Le long des chenaux souterrains sans cesse agrandis, des cavités et des grottes se sont formées. Elles abondent en curiosités naturelles qui les ont rendues célèbres. Dans la vallée de la Lomme, la grotte de Rochefort se compose de deux grandes salles auxquelles on accède par quatre grandes cheminées qui sont des aiguigeois. A Remouchamps sur l'Amblève, on trouve une double série de cavernes superposées; une troisième paraît en voie de formation au-dessous; ces grottes, qui s'ouvrent à 15 mètres au-dessus du niveau de la rivière, ont servi d'asile aux hommes préhistoriques : on y a découvert plusieurs milliers de silex taillés de la fin de l'âge du Renne. On peut visiter d'autres grottes à Tilff, à Éprave, à Jemelle, à Dinant, à Rosée et en bien d'autres endroits. Mais la plus belle et la plus grande, comparable aux plus célèbres d'Europe, se trouve à Han, sur la Lesse. Devant le village de Han, la Lesse s'engouffre sous terre par le Trou de Belvaux, voûte mystérieuse que personne encore n'a pu explorer (fig. 5). C'est plus haut, par une ancienne perte, le Trou du Salpêtre, qu'on pénètre dans la grotte. On traverse les salles splendides, ouvrage de l'eau, toutes hérissées de pointes et de flèches, décorées de concrétions bizarres, de colonnes et de guirlandes en pierre. Puis on retrouve la rivière dont les eaux se sont rassemblées dans l'ombre, et on la descend en bateau jusqu'à l'issue éblouissante en pleine lumière. On évalue à 5 kilomètres la longueur des galeries jusqu'ici explorées à Han. Mais la Lesse n'a pas encore terminé sa carrière pittoresque; elle rencontre, au Sud de Dinant, près de Falmignoul et de Furfooz, une autre bande de calcaire; de Chaleux à Anseremme, elle frôle le pied d'un superbe escarpement tout creusé de cavernes et de grottes; presque toutes ces excavations, qui débouchent de 20 à 45 mètres au-dessus de la rivière actuelle, représentent les sorties d'autant de rivières souterraines qui venaient se déverser au niveau plus élevé que la Lesse occupait jadis (Pl. VIII, C).

Ces régions calcaires, riches en beautés naturelles, jouent, comme châteaux d'eau, un rôle économique. Elles recèlent d'énormes réserves d'eau qu'on recherche pour l'alimentation des villes. Dans le Carbonifère, certaines roches dolomitiques et certaines variétés de calcaires donnent, une fois dissoutes, les éléments d'un gravier filtrant qui épure les eaux. C'est ainsi que dans la vallée du Bocq, en amont de Spontin, des galeries recueillent une eau excellente destinée à Bruxelles. Dans la vallée du Hoyoux, on a capté en 1905 les sources de Modave pour Bruxelles. De grands projets visent la captation des eaux du Condroz. L'eau pure des hautes terres remplace, en partie déjà, dans les cités flamandes l'eau saumâtre des dunes.

LES CÔTES LUXEMBOURGEOISES. — Sur le versant méridional du massif ardennais, des terrains triasiques et jurassiques s'appuient, en couches faiblement inclinées vers le Sud. Ils appartiennent à une zone affaissée qui vers l'Ouest se rattache au Bassin de Paris et vers l'Est s'avance en pointe dans le massif primaire. On a donné quelquefois à cette avancée orientale des terrains de Lorraine le nom de Golfe du Luxembourg; cette expression résulte de l'aspect actuel de la carte géologique : les bords du « golfe », hachés de failles, limitent d'une manière nette les dépôts triasiques; mais il s'agit d'un compartiment effondré où ces dépôts se sont conservés.

Ici, comme en France, au Nord du Morvan et à l'Ouest des Vosges, le contact du massif ancien et des couches du bassin a réalisé les meilleures conditions pour le développement d'une topographie de « côtes ». De l'alternance des couches dures et des couches tendres résulte l'alternance de corniches et de dépressions. Comme les couches s'inclinent vers le Sud, c'est vers le Nord que se tourne l'abrupt des corniches. Cette alternance se produisant sur de courtes distances, les corniches ou côtes luxembourgeoises se rapprochent les unes des autres sur un petit espace (fig. 6).

Dans l'épaisseur des formations triasiques et jurassiques, deux assises se prêtent particulièrement à la formation de ce type de relief : les grès du Lias et les calcaires jurassiques. Les grès du Lias (Sinémurien) donnent une côte remarquable, presque soudée au massif ardennais en territoire français; elle pénètre en Belgique à Muno, traverse le Luxembourg belge par Florenville, Tintigny, Chantemelle, Guirsch au Nord d'Arlon; elle entre dans le Grand-Duché qu'elle parcourt du Sud-Ouest au Nord-Est, pousse ses bastions boisés au delà de la vallée de la Sure (Sauer) jusqu'aux environs de Bitburg en Prusse rhénane, puis, revenant vers le Sud par Echternach, atteint la Moselle près de Sierck. Dans le paysage elle forme, vue du Nord, une crête boisée, de tracé irrégulier avec des rentrants profonds et des promontoires allongés; parfois elle se morcelle en buttes qui jalonnent son front comme autant d'avant-postes. Les rivières, la Sure, la Prum, l'Enz, la fragmentent en de petits plateaux forestiers, appelés

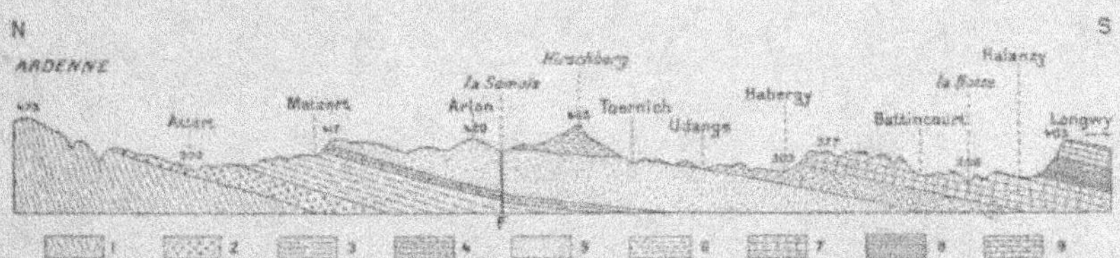

Fig. 6. — Coupe Nord-Sud à travers le Luxembourg belge, d'après LERICHE.

1, Terrains primaires du massif ardennais; 2, Marnes et grès du Trias; 3, Sables et argiles du Lias (Rhétien et Hettangien); 4, Grès calcaires de Florenville (Sinémurien dans le Lias), formant une côte; 5, Marnes, sables et grès (Charmouthien dans le Lias); 6, Schistes (Charmouthien dans le Lias); 7, Grès calcaires et ferrugineux (Charmouthien), formant une côte; 8, Schistes et marnes (Toarcien dans le Lias); 9, Calcaires avec minerais de fer (Bajocien dans le Jurassique), formant une côte.

Hardt en territoire germanique. Le long de l'Alzette, depuis Mersch jusqu'à Luxembourg, elle dessine un rentrant fort prononcé ; avec sa corniche couronnée d'arbres et ses talus plantés de vergers qui s'élèvent au-dessus des champs de la large vallée, elle rappelle le cadre agreste et frais de nos vallées du Valois et du Soissonnais (fig. 7).

Cette longue côte est séparée, vers le Nord, des hauteurs de l'Ardenne par une dépression ouverte sur les couches tendres du Trias et du Lias. La Semois, affluent de la Meuse, s'y écoule vers l'Ouest; l'Attert, affluent de la Moselle par la Sure, vers l'Est. Le long de ces rivières s'étend un pays bocager où les prairies et les champs se mêlent aux bois et aux marais.

Ayant gravi la côte vers le Sud, on arrive sur de grands plateaux, doucement inclinés vers le Sud selon la pente même des couches. Leur surface n'a rien d'uniforme, parce que le plongement des couches fait affleurer une série d'assises diverses; chacune d'elles donne localement le ton au paysage, mais aucune n'est assez homogène, continue et résistante pour déterminer un trait dominant du relief; aussi règne-t-il, sur ces plateaux luxembourgeois, une certaine monotonie, une certaine sévérité d'horizons; partout le regard s'arrête à la ligne sombre des bois qui garnissent les hauteurs. Le paysage ne s'accidente que dans la partie orientale, car la Moselle exerce sur ses affluents un appel beaucoup plus vigoureux que la Meuse. Tandis que les vallées tributaires de la Meuse ne commencent à s'encaisser que fort loin vers l'Ouest, que tout le haut bassin de la Semois

forme une large plaine tranquille sans entailles vives ni ravins, les affluents de
la Moselle s'encaissent profondément : de là, des sites hardiment sculptés, comme
celui que l'Alzette a préparé pour la ville de Luxembourg ; de là, les reliefs accidentés et les gorges sauvages de l'Est du Grand-Duché (fig. 38 et Pl. XXV, B).

Pour trouver une seconde ligne de côtes, il faut parvenir dans le Sud du
Luxembourg, aux affleurements de calcaire jurassique (Bajocien et Bathonien).
Alors se dressent, en une masse importante, les hauts plateaux de Lorraine.
Leur côte commence en France près de Montmédy ; elle touche à peine, près de
Virton, au territoire belge ; elle porte Longwy, en France ; elle domine Differ-
dange, Esch, Dudelange ; puis, tournant brusquement vers le Sud, elle rentre

Fig. 7. — Le pays des Côtes luxembourgeoises.

en France ; de Thionville à Metz et au delà, elle barre l'horizon vers l'Ouest ; ce
sont les Côtes de Moselle. Dans ses flancs, on exploite les gisements de fer qui
alimentent les hauts fourneaux lorrains, belges et luxembourgeois.

Ainsi, sur ses approches méridionales, le massif ardennais regarde vers un
pays de côtes. C'est ce pays, abrité contre les rigueurs du Nord, plus bas, plus
chaud et plus fertile, qui porte en Luxembourg l'appellation de Bon Pays ou de
Gutland, par opposition aux rudes plateaux de l'Ardenne et de l'Eifel.

II. — LES PLAINES DE BELGIQUE

Au Nord du grand sillon Meuse-Sambre-Haine, le sol belge s'incline doucement vers la zone basse où se rassemblent aux environs d'Anvers toutes les
eaux du pays. Le sol belge nous apparaît comme la large paroi d'un bassin,
limité au Sud par le massif primaire et les collines de l'Artois ; la paroi occidentale se trouve en Angleterre, dans le Bassin de Londres.

La structure du bassin belge. — La surface du sol de ce bassin s'incline vers le Nord, mais beaucoup moins vite que les couches qui la composent : on voit les plus anciennes de ces couches affleurer sur les bords, puis disparaître vers le centre du bassin sous de plus récentes. Cet enfoncement des couches ne s'accomplit pas de la même manière sur tout le bord du bassin : entre l'Est et l'Ouest, entre la région brabançonne et la région flamande, il y a des différences de substratum qui créent des différences de relief.

Au Nord du sillon Sambre-Meuse, dans la région brabançonne, les terrains du massif ancien disparaissent sous des terrains plus récents, mais sans s'éloigner beaucoup de la surface. Les vallées de la Dendre, de la Senne et de la Dyle les ont rencontrés en s'approfondissant. Une masse puissante de roches anciennes se maintient donc sous la surface à des profondeurs relativement faibles : solide infrastructure, elle maintient le pays élevé. A Rhode Saint-Genèse (10 km. Sud de Bruxelles), le primaire se trouve encore à 75 mètres seulement de profondeur. Sur ce soubassement qui s'enfonce de plus en plus vers le Nord, reposent des masses énormes de sables qui occupent tout le Nord du pays. C'est de la superposition de ces deux éléments fondamentaux — un socle résistant qui affleure ou s'éloigne peu de la surface dans le Sud et d'épaisses assises de sables qui recouvrent tout dans le Nord — que procèdent les formes de relief de la Belgique moyenne.

Vers l'Ouest, dans la région flamande, les conditions structurales changent. L'affaissement des marges solides du bassin se fait vite, le long des failles de l'Artois. La craie de l'Artois et du Boulonnais plonge rapidement sous des épaisseurs de 100 à 200 mètres de sables et d'argiles tertiaires. Toutes ces couches récentes plongent plus vite que la surface ne s'incline; ainsi affleurent-elles successivement par leur tranche, les plus anciennes au Sud, les plus jeunes au Nord : sables du Landénien, argile des Flandres (Yprésien), puis les assises de plus en plus nettement sableuses du Panisélien, du Bruxellien, enfin les argiles et les sables du Tongrien, du Rupélien et du Diestien. Toutes les roches dures sont enfouies à des centaines de mètres de profondeur : à Ostende, le puits artésien n'a pénétré dans le primaire qu'à plus de 300 mètres. Par opposition à la région brabançonne, qui est une région haute de l'architecture, cette région flamande est une région basse : le plancher solide, depuis longtemps affaissé, se trouve trop loin de la surface pour influencer son modelé. D'autre part, sur ces terrains meubles, les eaux courantes ont eu le travail facile. Ainsi, à côté des hautes plaines du Brabant, se sont développées les basses plaines de Flandre.

Les hautes plaines. — Une série de rivières traverse les hautes plaines : l'Escaut, la Dendre, la Senne, la Dyle, la Geete; elles se dirigent vers la grande gouttière du Rupel et de l'Escaut. Fortement encaissées lorsqu'elles atteignent les roches du soubassement ancien au voisinage de Lessines, de Hal, de Quenast, d'Ottignies ou de Jodoigne, leurs vallées s'épanouissent à la traversée des sables dans le Nord du Brabant. Mais, dès que l'on quitte leurs paysages agrestes ou sauvages et que l'on gravit leurs versants, on rentre dans l'uniformité des hautes plaines.

Cette tranquillité du relief, reflet des formes aplanies du soubassement profond et de l'horizontalité des couches récentes, s'exagère encore sous l'influence du limon. Ce limon, masse meuble d'argile sableuse, épaisse de vingt mètres en Hesbaye, plus mince dans l'Ouest, recouvre presque partout le pays. Il forme le sol qu'on cultive et sur lequel on circule : boue visqueuse et compacte quand il a plu, bloc crevassé et durci quand il fait sec. A l'arrière-saison, au moment de l'arrachage des betteraves et des chicorées, on marche péniblement sur les chemins limoneux; les voitures s'enfoncent dans les ornières. Le limon s'étend sur toutes les parties planes, sur les espaces unis; il ne manque que sur les pentes inclinées d'où les eaux ruisselantes l'ont entraîné. Sous sa nappe presque continue à travers les hautes plaines du Hainaut et du Brabant, toutes les formes s'égalisent et s'émoussent; les molles ondulations se fondent avec les larges dépressions du relief. Entre les massifs boisés de Sambre-et-Meuse et les plaines mouillées de la Flandre, ces espaces libres et plans ouvrent de vastes horizons sans obstacles : c'est une zone historique de grande circulation, le chemin des armées, le champ de bataille des peuples.

Les plaines basses. — A l'Ouest du Hainaut et du Brabant, commencent de grandes plaines très basses qui se poursuivent jusqu'aux rivages de la mer du Nord. Argiles et sables, sables et argiles, presque tout est tendre, presque rien ne résiste dans le sol flamand. Tout s'aplanit, tout se nivelle. Formes en creux et formes en relief se confondent en une même surface ondulée. Le sillon des vallées s'y grave légèrement; l'œil discerne à peine des versants. En largeur, ces vallées occupent d'énormes espaces; en aval de Courtrai, celle de la Lys atteint 11 kilomètres, sur lesquels l'altitude ne dépasse pas 20 mètres. Sur presque tout le bassin de l'Yser, sur le Nord de la Flandre, sur la plaine du Bas-Escaut et du Rupel depuis Gand jusqu'à Diest, c'est la même uniformité des bas niveaux; depuis Vilvorde jusqu'aux approches de Turnhout, sur une distance de 50 kilomètres, aucun point ne s'élève au-dessus de 20 mètres. D'un bassin à l'autre, on passe par des seuils insensibles. Partout on a devant soi l'image d'une vraie plaine; du haut des monts de sable qui la dominent çà et là, on embrasse un horizon immense où tout l'espace semble s'étaler sur un même plan.

Parfois la platitude rappelle la surface horizontale de l'eau : tel est le sol de la Plaine maritime, submergée par la mer durant l'époque historique, au début du vᵉ siècle après Jésus-Christ; à peine exondée, elle s'élève de quelques mètres au-dessus du niveau moyen de la mer; mais, sans la protection de ses dunes et de ses digues, elle serait recouverte par les fortes marées.

Seules, au-dessus de la plaine flamande, quelques collines sableuses accidentent l'horizon régulier. La langue populaire les décore du nom de « monts », mais elles ne dépassent guère 150 mètres. « Par leur contraste avec l'égalité de l'immense surface unie, dit Houzeau, elles font la même impression que les taupinières de La Fontaine. » Elles se succèdent, de l'Ouest à l'Est, en un curieux alignement qui commence en territoire français avec le mont Cassel, se continue avec le mont des Cats (158 m.) et le mont Kemmel, puis avec les monts de Renaix, et se termine au delà de la Dendre avec les collines de Moerbeke, de Wollezeele et de Castre. L'orientation de ces groupes de collines, conforme à l'orientation des affleurements des différentes couches du bassin flamand, fait penser à une ligne de côte, semblable à celles qui forment les traits fondamentaux du relief du Bassin de Paris et du Bassin de Londres. Même dans ce modelé presque effacé, on perçoit encore l'influence de la structure.

ÉVOLUTION DU RÉSEAU HYDROGRAPHIQUE. — Dans toute cette partie de la Belgique, la direction Sud-Ouest–Nord-Est des vallées est déterminée par la pente générale des terrains tertiaires, qui conduit les eaux vers la zone d'affaissement des bouches de l'Escaut et du Rhin. On observe cette orientation sur beaucoup de rivières et de tronçons de rivières : l'Aa supérieur, l'Yser, la Lys, la haute Deule, l'Escaut de Cambrai à Condé et d'Espierres à Gand, la Dendre, la Senne, la Dyle et la Geete. Mais cette simplicité du dessin originel n'est plus intacte; les vicissitudes de l'évolution du réseau ont obligé des rivières à se détourner localement de leur chemin et à suivre des coudes à angle droit, tels que ceux qu'on observe sur l'Escaut, la Deule et l'Aa. Bien plus, à une époque assez récente de l'histoire du sol, l'écoulement général vers le Nord-Est fut entièrement arrêté par la formation d'un grand creux où s'établirent

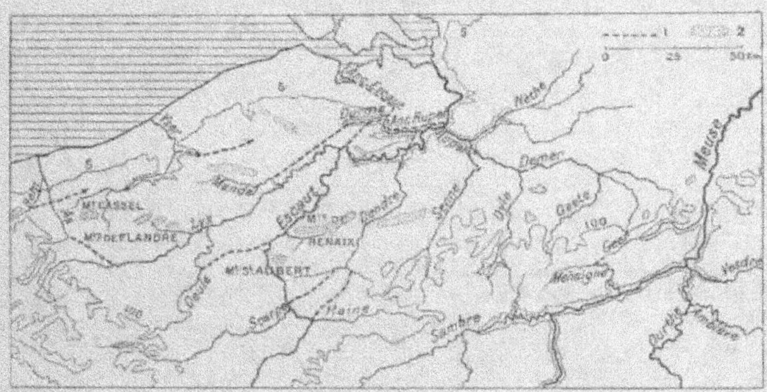

Fig. 8. — L'évolution du réseau hydrographique de la Basse-Belgique.
1, Anciennes directions d'écoulement; 2, Lignes de collines, vestiges probables d'anciennes lignes de côtes.

le Demer, la Dyle et le Rupel; cette rivière transversale, recueillant les eaux de l'Escaut et de la Lys, les menait à la mer vers le Nord-Ouest jusqu'aux grands estuaires de la Zélande. L'Escaut d'Anvers, orienté Nord-Sud, n'existait pas encore. Il eut pour origine un bras de mer, l'Escaut oriental d'aujourd'hui, qui prenait naissance dans la zone basse de Zélande : de ce chenal suivi par de puissantes marées, les eaux s'avancèrent jusqu'au Rupel et à l'Escaut, qui furent détournés vers le Nord. Pendant longtemps, l'Escaut conserva cette issue; passant devant le site de Bergen op Zoom et par le chenal de Tolen, il allait porter ses eaux jusqu'aux bouches de la Meuse. C'est plus tard, durant le moyen âge, que le bras de mer, appelé l'Escaut occidental, prit la prépondérance et qu'il devint la bouche principale du grand fleuve flamand (fig. 8).

On a l'impression d'un réseau fluvial en perpétuel déplacement. Sur ces terrains meubles et plats, où le sillon des rivières s'enfonce à peine et s'élargit sans cesse, une action faible suffit à déranger les reliefs. La masse des eaux fluviales reprend inlassablement le modelé incertain, détruit les rives, coupe les méandres, transporte les bancs. Toutes ces modifications, relatées par une multitude de documents historiques, s'accomplissent toujours sous nos yeux, tant que des travaux d'art n'ont pas fixé les rapports de l'eau et de la terre. Sur le large fond plat de sa vallée à pente insensible, la Lys décrit des boucles instables que le courant déforme et déplace sans cesse : c'est en se développant et en s'accentuant au Sud de Deynze qu'une de ces boucles a détourné le cours de deux petites rivières, la Mandel et la Caele. Le long de l'Escaut, de Wetteren à Termonde, on reconnaît, sur des bas-fonds circulaires, coupés de fossés et de fondrières, semés d'étangs aux eaux dormantes, le tracé de plusieurs grands méandres abandonnés (fig. 9).

Toutes ces vallées larges, plates et basses présentent, dans leur cours inférieur, le trait original d'être visitées par les marées. Chacune d'elles devient un bras de mer, deux fois par jour gonflé par le flux. Peu de pays subissent par plus d'artères la pénétration de la mer. L'estuaire de l'Escaut forme la porte d'entrée : de là, le flot se propage dans toutes les ramifications du réseau. Sur le Rupel, la marée atteint une amplitude de 3 m. 50 à Rumpst et fait varier la largeur du courant de 100 à 230 mètres. Par le Rupel, elle remonte la Nèthe sur toute sa longueur de 15 kilomètres ; elle pousse jusqu'à Boeckt sur la Grande Nèthe et jusqu'à Emblehem sur la Petite. Les fortes marées se font sentir sur la Dyle jusqu'en amont de Muysen (à 13 km. de son embouchure), sur la Senne jusqu'au pont de Hombeek (à 9 km. du confluent). Sur l'Escaut, le phénomène prend une ampleur remarquable. En étiage fluvial la marée remonte jusqu'à l'écluse de la Pêcherie, à Gand, à 92 kilomètres d'Anvers; en hautes eaux fluviales, elle s'arrête à Wetteren. Sur la Durme, elle s'avance jusqu'à Moorbeke, à 59 kilomètres d'Anvers. Elle mesure une amplitude de 4 m. 50 à Anvers, 2 m. 77 à Termonde, 1 m. 55 à la sortie de Gand. Elle fait varier la largeur de l'Escaut de 175 mètres à 250 mètres à Mariakerke (aval de Termonde), de 325 mètres à 550 mètres à Hemixem (amont d'Anvers). La marée s'empare littéralement du fleuve; elle emplit son lit, elle change complètement sa nature, A Termonde, elle apporte dix fois plus d'eau que le fleuve; plus bas en aval d'Anvers, cent fois plus. Chenal d'eau profonde, ce fleuve offre aux navires devant Anvers un tirant d'eau qui varie de 5 m. 40 à 9 m. 50. Toutes les conditions naturelles qui peuvent résulter de l'évolution du relief se réunissent en ce point pour avantager Anvers : une longue pénétration de la marée à l'intérieur des terres et, en arrière de l'estuaire, une plaine basse, aboutissement d'un cycle d'intense déblaiement qui a fait converger vers la même issue toutes les artères du réseau hydrographique.

III. — LE DELTA DES PAYS-BAS

Depuis longtemps, la région où l'Escaut, la Meuse et le Rhin viennent déboucher dans la mer du Nord forme une zone d'affaissement continu, sur laquelle les fleuves n'ont jamais cessé d'empiler leurs alluvions, un immense delta qui date essentiellement des derniers temps du Tertiaire et du Quaternaire.

Sur cette terre de cailloux et de sables on observe cependant l'empreinte d'agents physiques autres que les rivières. On sait maintenant que la surface du delta a été dérangée par des failles récentes en relation avec le soubassement profond, que les glaciers scandinaves sont venus y déposer leurs matériaux, surtout dans le Nord, et que tout l'Ouest fut submergé temporai-

FIG. 9. — La vallée de l'Escaut, en aval de Wetteren, d'après la carte de Belgique à 1 : 40 000.

Fond plat couvert de prairies, et parcouru par de nombreux fossés de drainage au réseau géométrique. En trois endroits, la rectification artificielle du lit de la rivière a détaché du tronc principal trois petites boucles. Sur la rive septentrionale, deux grands méandres abandonnés témoignent de l'évolution avancée de la rivière sur ces terrains plats et peu consistants.

rement sous les eaux d'une grande lagune littorale dont les dépôts d'argile marine recouvrent en partie les dépôts fluviatiles. Ces éléments divers contribuent à créer le fond et les formes du paysage.

FLEUVES, ALLUVIONS ET VALLÉES. — On trouve ce grand delta ébauché dès une époque ancienne, ainsi que nous l'a montré l'étude de l'évolution de la cuvette germanique; mais les plus puissants apports sont le fait d'époques récentes, le Pliocène supérieur et le Pléistocène inférieur. Les cailloux ardennais descendus par la Meuse et le Rhin s'accumulent avec les cailloux scandinaves apportés par les torrents glaciaires. Comme le disait le géologue néerlandais Staring, « Charles XII aurait aussi bien pu revendiquer le territoire néerlandais comme un débris de la Norvège que le fit plus tard Napoléon comme une alluvion du Rhin ».

La masse des graviers et des sables qui constitue ce delta s'élève vers le Sud et vers l'Est à des altitudes comprises entre 50 et 100 mètres; elle s'abaisse lentement vers l'Ouest et le Nord-Ouest jusqu'au-dessous du niveau de la mer. A l'origine, elle formait une haute surface continue sur laquelle les fleuves se déplaçaient. Cette continuité n'a pas persisté. Les rivières, ramenées à des débits plus modestes, se sont enfoncées dans la masse du delta sous l'influence d'un abaissement de leur niveau de base; de larges vallées aux versants bien marqués se sont ouvertes et creusées; elles débitent le delta en plusieurs fragments de terrasse. Ainsi se développa le trait fondamental de la topographie, à savoir la distinction entre les vallées et les terrasses (fig. 1 et Pl. IV, B).

Dans les vallées, qui atteignent en ces terrains meubles d'énormes largeurs, les crues déposent leurs limons et leurs boues : de là, ces plaines argileuses qui suivent les fleuves, en contraste avec les cailloux et les sables des terrasses. Elles accompagnent la Meuse, le Rhin, l'Ijsel, le Vecht; à l'Ouest de Nimègue et de Grave, les deux plaines du Rhin et de la Meuse s'unissent en une seule : Meuse, Waal et Lek y circulent entre de longues îles argileuses que protègent des digues. Entre les vallées, s'élèvent les fragments de terrasses : ils s'abaissent de l'Est vers l'Ouest, descendant de 160 mètres à Bonn, à 80 mètres à l'Est de Roermond, à 65 mètres à l'Est de Venlo, à 40 mètres au Sud-Ouest de Nimègue, à 20 mètres à l'Est d'Utrecht. Chaque morceau, entouré de plaines et de vallées, constitue un territoire bien individualisé; entre l'Escaut et la Meuse, c'est la Campine; entre la Meuse et le Rhin, ce sont les terrasses caillouteuses, s'allongeant de Crefeld à Nimègue, mais pénétrant peu en territoire néerlandais. Entre le Rhin et l'Ijsel s'élève le plateau de la Veluwe. Entre l'Ijsel et l'Ems, s'étend le pays ondulé que drainent les affluents de l'Ijsel et du Vecht. Ainsi se reconnaissent, dans l'intervalle des grandes vallées, les débris du delta disséqué par les rivières. Terrasses et vallées sont les deux termes extrêmes du relief, bien rapprochés toutefois dans l'échelle des hauteurs. Mais ils suffisent, tant ils signifient par le contraste des conditions de vie, à inspirer toute une nomenclature topographique. La notion de hauteur est très répandue : Hoogeveen, Hoogezand, Hoogwoud, Hoogland, et le moindre site, élevé au-dessus d'une vallée, s'érige en montagne : Bergen op Zoom, Sevenbergen, Hardenberg; le suffixe *berg* foisonne dans la toponymie néerlandaise, et il est rare qu'il ne s'applique pas, sauf dans la région des dunes, à quelque point haut de la terrasse de cailloutis et de sable.

ANCIENS GLACIERS, TOURBIÈRES ET LIMONS. — Les glaces, venues de Scandinavie durant le Pléistocène, ont recouvert le territoire des Pays-Bas au Nord du Rhin. Elles n'ont dépassé le cours du fleuve que de Nimègue à Crefeld; elles atteignaient là la vallée de la Niers. Vers l'Ouest, elles arrivaient près d'Utrecht, d'Amsterdam et de Texel. Leur passage a laissé des traces (voir la carte hors texte en couleurs).

Cheminant sur un sol de gravier et de sable, rencontrant les vallées de l'Ems, de l'Ijsel, de l'Eem et du Rhin, la glace laboura, remania et refoula les matériaux de la surface; sous sa poussée il se forma des accumulations, des tertres, des collines. Toute une ligne de hauteurs, l'un des reliefs les mieux marqués des Pays-Bas, lui doit son existence : on la suit dans les collines de Gooi (à l'Est d'Utrecht et à l'Ouest d'Amersfoort) et dans le rebord de la Veluwe (au Nord et à l'Est d'Arnhem); on la retrouve de Nimègue à Clèves (rive gauche du Rhin), puis à l'Eltenberg au Nord d'Emmerich (rive droite du Rhin), et, de nouveau, sur la rive gauche du fleuve, de Xanten à Crefeld. Ces bourrelets de sables et de cailloux dominent les plaines fluviales : ils montent à 70 mètres dans les collines de Gooi, à 100 mètres au Sud de Nimègue et même davantage dans la Veluwe et l'Eltenberg. Leur disposition en une série de lobes suggère l'idée d'une moraine frontale; mais la vue de leurs couches contournées et dérangées ramène à l'hypothèse d'une moraine de poussée : à Berg en Daal près de Nimègue, on peut observer, sur le front d'une carrière, des lits d'argile et de lignite entièrement redressés.

En même temps que, sous la poussée de sa masse, le glacier remodelait le relief, il apportait sur le pays ses propres dépôts : argiles de fond, cailloutis, sables, blocs erratiques. Ces dépôts n'abondent vraiment qu'au Nord du Vecht. Ils apparaissent en petites masses isolées à Texel, à Wieringen, à Urk; mais leur présence ne devient un élément du paysage que dans les provinces de Drente, de Frise et de Groningue. Au centre de la Drente, des argiles glaciaires mêlées de cailloutis couvrent de larges espaces; leur épaisseur dépasse souvent dix mètres. Des blocs erratiques jonchent la surface : la Drente en possède beaucoup qui ont fourni les matériaux des monuments mégalithiques, appelés *Hunebedden*.

Sur les territoires évacués par la glace, il se forma des tourbières. Les eaux de fonte des glaciers et les eaux des rivières toujours pleines avaient creusé, parmi les cailloux et les sables, de larges chenaux mal égouttés et mal drainés; roseaux, laiches, nénuphars et mousses, entassés dans ces marais, fournirent les matériaux d'épaisses couches de tourbe (*veen*). En dehors des vallées, sur les plateaux, l'écoulement des eaux, entravé par l'enchevêtrement des tertres et des bassins, ne s'accomplissait pas mieux : d'autres tourbières naquirent. Basse tourbière et haute tourbière, *hoogeveen* et *laageveen*, composent l'un des traits les plus originaux du paysage néerlandais. On le remarque déjà au Sud de la Meuse dans le Peel, mais il devient prépondérant à l'Est de l'Ijsel, dans les provinces d'Over-Ijsel et de Drente, où les glaciers ont le plus longtemps séjourné. Les grandes tourbières de Bourtange déterminent une véritable frontière naturelle entre l'Allemagne et les Pays-Bas; elles ont puissamment contribué à l'isolement politique des Pays-Bas (Pl. VI, A).

La période glaciaire, caractérisée par un climat humide, fut coupée par des périodes de climat sec, durant lesquelles, sur un sol presque dépourvu de végétation, les vents soulevaient des tourbillons de poussières : ces poussières, ramassées

sur le domaine des matériaux glaciaires et transportées vers le Sud, puis remaniées
par le ruissellement, composent les dépôts de limon ou lœss. Le limon tapisse
les pentes de la Veluwe près d'Arnhem; il revêt le versant oriental des terrasses
depuis Nimègue jusqu'à Goch; et surtout il s'étale sur les hautes plaines du
Brabant, de la Hesbaye, du Limbourg et de la Prusse rhénane. Argile épaisse
parfois de 10 à 15 mètres, riche en éléments calcaires, il donne une zone de terroirs
fertiles, qui s'étend au Sud de la zone des graviers et des sables du grand delta.
Mais il ne se cantonne pas sur le Centre de la Belgique et le Sud des Pays-Bas;
il forme, à travers l'Europe, depuis le Hainaut jusqu'à la Silésie, une longue bande
de bonnes terres au contact des plaines et des massifs.

IV. — LE LITTORAL

Plaine de Belgique et delta des Pays-Bas, toutes ces terres basses se ter-
minent sur la mer du Nord par une côte plate, limite instable entre l'eau et le
continent. La position actuelle de cette côte n'est que la plus récente parmi les
vicissitudes qui composent son histoire. La tendance continuelle du sol à s'affaisser
provoqua plusieurs fois le retour de la mer sur les parties les plus basses de la
plaine. A une date très récente du Pléistocène, une transgression marine recou-
vrait encore les deux Hollandes avec les parties voisines de la Frise et de la
Zélande : il existait, sur ces fonds déprimés, une vaste lagune, un *haff*, comme
disent les géographes allemands. Selon les oscillations du niveau de la mer, cette
lagune, fermée par un cordon de dunes, recevait librement les eaux marines, ou
bien revenait à des conditions plus continentales : de là, alternativement, des
dépôts d'argile ou des dépôts de tourbe. Sur le bord intérieur de la lagune, où
la mer s'avançait plus rarement, on ne trouve avec l'argile marine et au-dessus
d'elle qu'une seule couche de tourbe, épaisse de 8 mètres au Nord-Est de Waver-
veen. Sur le bord extérieur plus exposé aux allées et venues de la mer, il y eut
arrêt, puis reprise du dépôt de tourbe : près de Zwammerdam, au-dessus de l'argile
marine, on voit reposer une couche de tourbe, puis de l'argile marine (1 m. 30),
puis de la tourbe (4 m.), puis de l'argile fluviale (3 m.). Dans la Zélande, sur
laquelle confluent les grands fleuves, on remarque beaucoup plus d'épisodes
fluviatiles; au-dessus de l'argile marine ou *klei*, se superposent une couche de
tourbe de 0 m. 75 à 2 mètres, un dépôt de sables et d'argiles d'estuaire, et enfin
une assise de 20 à 45 mètres de sables fluviatiles. Le fait que la surface du plus
récent de tous ces dépôts se trouve au voisinage du niveau actuel de la mer,
tantôt en dessus, tantôt au-dessous, prouve que, depuis le dépôt des plus anciens,
le pays s'est encore affaissé. L'oscillation est en permanence; l'instabilité règne.
Actuellement cette côte, exemple d'une régularisation très avancée, décrit,
sur plus de 1000 kilomètres, les grandes courbes régulières qui forment le rivage,
depuis le Pas de Calais jusqu'au Jutland; d'un bout à l'autre, c'est un cordon
littoral de dunes qui constitue presque en entier le front de mer : muraille de
sable, haute de 30 mètres près de Coxyde en Flandre, large de 1 500 mètres
près de Knocke, réduite à 50 mètres près de Blankenberghe; morcelée en îles
par les estuaires zélandais; continue en Hollande depuis Hoek van Holland jusqu'au Helder. Tout près de Haarlem, de leur sommet, qui s'élève à 60 mètres,
on découvre une vue admirable sur la plaine, sur les jardins, les polders et les
cités jusqu'aux faubourgs d'Amsterdam. Au delà du Helder, vers le Nord-Est,

la chaîne des dunes se poursuit dans les îles frisonnes : Texel, Vlieland, Terschelling, Ameland, Schiermonnikoog et Rottum. Au premier regard, les dunes apparaissent en un chaos de monticules sableux, jetés en désordre les uns à côté des
autres, plantés de ces graminées aux tiges souterraines, les oyats, qui fixent leur
mobilité. En réalité, on perçoit, dans les dépressions qui séparent ces monticules,
une orientation Ouest-Est presque constante; dans ces dépressions humides,
appelées *pannes* en Flandre, la végétation trouve plus d'eau et d'abri qu'à la
surface des dunes; les arbres, peupliers, bouleaux et saules, s'y groupent en petits
bois; arbustes et plantes grimpantes y composent parfois d'épais fourrés; en
hiver, l'eau s'y répand en marais où viennent s'abreuver les goélands, les mouettes
et les oiseaux de passage.

Cette côte régulière avec son cordon de dunes est de construction récente.
Ces sables proviennent de la démolition des falaises de France, et ils n'ont commencé à s'accumuler que depuis l'ouverture du Pas de Calais. Transportés par
les courants, tous ces matériaux s'acheminèrent par le détroit vers la partie
méridionale de la mer du Nord, où ils formèrent les longs alignements des bancs
de Flandre; poussés sur la plage, le vent les entraîne ensuite vers l'intérieur; on
remarque que c'est précisément à l'extrémité des bancs qu'on voit s'étaler sur
le rivage les parties les plus larges, les plus hautes, les mieux nourries de la zone
des dunes (Pl. V).

Ce rempart fragile de sable n'est pas une limite éternelle entre l'eau et la
terre. Il y eut souvent, il y a toujours, sur certains points, des retours offensifs
de la mer. Les estuaires, et particulièrement les bouches du Rhin, ouvrent des
brèches à l'offensive des flots. Les marées y montent très haut. Tandis que
leur amplitude moyenne ne dépasse guère 1 m. 25 au Helder et 1 m. 70 à Hoek van
Holland, elle atteint 3 m. 53 à Flessingue, 3 m. 85 à Terneuzen, 4 m. 33 à Bath,
3 m. 45 à Tholen : chiffres plus élevés encore pour les marées de printemps. Ces
fortes dénivellations, jointes à la violence des courants de marée, ébranlent les
sols vaseux et mal fixés des rives; même quand il y a des digues, elles peuvent en
saper les bases : de là, fréquemment, des destructions de rives, que l'on désigne
en Zélande par les termes divers de *grondbraak, val, grondval, slikval, dijkval*. De
tous ces événements, le plus désastreux que l'histoire ait enregistré aboutit à la
formation du Biesbosch. Au début de XVe siècle, au débouché de la Meuse, s'étendait un territoire bien cultivé, appelé Waard, compris entre Heusden, Gorinchem,
Dordrecht et Geertruidenberg et entouré de tous côtés par des digues. A la suite
d'une exploitation intensive de tourbe, des excavations trop nombreuses avaient
affaibli la cohésion des terrains protégés, et compromis la solidité des digues qui
leur servaient de soutien; l'assaut répété des fortes marées ouvrit des brèches
fatales; des inondations avaient eu lieu en 1374, 1376, 1377, 1379, 1393 et 1396,
sans qu'on eût rien fait pour les éviter. Pour comble d'imprudence, on avait
laissé s'ouvrir une baie à travers les terres molles de l'île d'Overflakkee, laquelle
semblait être, du côté de la mer, une protection pour les polders du Waard.
Cette baie fut le chemin par lequel s'élança, le 18 novembre 1421, jour de la
Sainte-Élisabeth, la masse d'eau qui submergea tout l'arrière-pays déjà ébranlé
par les inondations antérieures. Au cours de cette catastrophe, un nouveau bras
de mer, le Hollandsch Diep, se forma; une grande partie du Waard disparut sous
les eaux; de ce territoire jadis cultivé et peuplé, il ne reste plus qu'une quinzaine
de kilomètres carrés, morcelés en une centaine d'îlots; tout le reste appartient

à une vague étendue de terres mouillées et de chenaux envasés, appelée le Biesbosch (bois de roseaux). Vingt-huit villages avaient péri; deux villes avaient cruellement souffert, l'une, Geertruidenberg, qui ne s'en releva jamais, l'autre, Dordrecht, où la vie put revenir (Pl. VII, B).

Le mur tremblant des dunes supporte aussi des chocs terribles. En certains points, il résiste. A l'Ouest de Dunkerque, les bancs de Flandre protègent les dunes, et même ils les nourrissent de sable. Mais, quand ils cessent, les dunes n'ont plus de rempart contre la mer. A l'Est d'Ostende, l'histoire enregistre maints reculs de la côte. Ostende dut se déplacer plusieurs fois : en 1334, la mer détruisit sa vieille église; en 1395, une partie de ses habitants fut obligée de se réfugier à l'intérieur. Entre Wenduyne et Heyst, faute d'un banc de sable protecteur, les vagues frappent directement la plage, de leur pleine force : Blankenberghe se trouve dangereusement exposé. A Kadzand, il ne resterait sans doute rien des dunes, si l'on n'avait cuirassé le rivage d'épis et de pieux. En Hollande, entre Hoek van Holland et Scheveningen, la côte n'a pas cessé de reculer au XVIIe et au XVIIIe siècle : devant Mosselput, ce recul mesurait 315 mètres de 1611 à 1711, 265 mètres de 1712 à 1737, 70 mètres de 1738 à 1800. D'autres observations ont montré que, de 1843 à 1890, la mer a refoulé de plus de 15 mètres le pied des dunes. Aussi toute cette côte ne conserve sa stabilité que grâce aux ouvrages permanents qui la défendent.

La formation du Zuiderzee apporte un exemple plus complexe d'offensive marine. Elle comporte deux épisodes principaux, l'un antérieur à l'histoire, l'autre qui se place en pleine période historique. Le premier fut la rupture de la ligne des dunes, sa fragmentation en plusieurs îles et la pénétration de la mer sur les bas-fonds de la mer des Wadden : cet événement était déjà chose accomplie à l'époque romaine. Nous savons, d'autre part, qu'à la même époque et pendant le haut moyen âge il existait, sur l'emplacement de la partie méridionale du Zuiderzee actuel, une large étendue d'eau appelée le lac Flevo; ce lac s'écoulait dans la mer des Wadden par un chenal, le Fli ou Vlie, que les bateaux fréquentaient. Le second épisode fut la transformation du lac en une grande baie marine par la submersion des terrains bas où coulait le Fli; tout porte à croire qu'elle s'opéra lentement; l'histoire mentionne des avancées de la mer en 1170, en 1237, en 1250 et en 1285; il semble que la dernière de toutes, celle qui ouvrit largement le Zuiderzee vers la mer, date de la fin du XIVe siècle.

Ainsi la régularisation, qui domine sur toutes ces côtes, ne donne pas que des formes stables. Il y a des retours de la mer sur des terres qu'on pourrait croire fixées; la mer s'élance par les estuaires, fait brèche dans les dunes, s'avance parfois assez loin dans l'intérieur. Il est difficile d'affirmer si ces invasions marines ne sont que des phénomènes locaux, ou bien si elles ne trahissent pas plutôt une tendance permanente à l'affaissement.

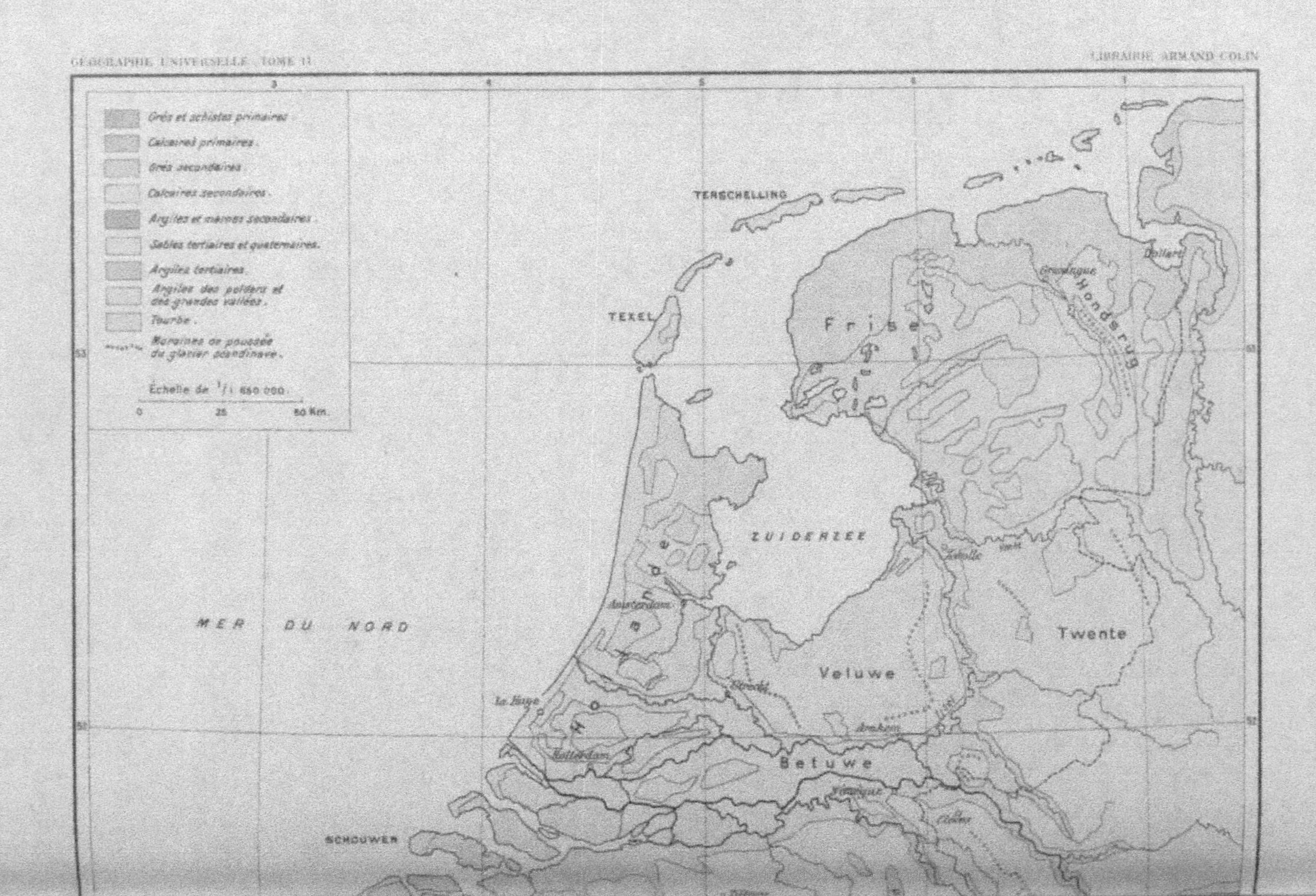
Grès et schistes primaires.
Calcaires primaires.
Grès secondaires.
Calcaires secondaires.
Argiles et marnes secondaires.
Sables tertiaires et quaternaires.
Argiles tertiaires.
Argiles des polders et des grandes vallées.
Tourbe.
Moraines de poussée du glacier scandinave.
Échelle de 1/1 650 000.
0   25   50 Km.
TERSCHELLING
TEXEL
Frise
Groningue
Hondsrug
Dollart
ZUIDERZEE
Zwolle
MER DU NORD
Amsterdam
Veluwe
Twente
la Haye
Utrecht
Arnhem
Rotterdam
Betuwe
SCHOUWEN

CARTE DES SOLS DE LA BELGIQUE ET DES PAYS-BAS

d'après Michotte Blink et Schmid18

CHAPITRE II

LA LUTTE CONTRE LES EAUX

Les pays riverains de la mer du Nord, en Flandre, en Zélande, en Hollande et en Frise, tiennent une place originale dans l'histoire de la civilisation. S'il est vrai que l'homme peut créer lui-même le milieu géographique, on peut dire qu'ils sont une œuvre humaine : car c'est l'homme qui les a sauvés des eaux, et c'est lui qui toujours par son effort quotidien les protège contre elles. Le combat se livre sur un triple front, contre trois ennemis, contre la mer, les rivières et les marais (fig. 1).

L'eau trouve un allié dans le terrain, qui est bas, plat et mou. Le niveau du pays est en effet très bas, inférieur à certains niveaux de l'eau de la mer et de l'eau des fleuves. Dans la Plaine maritime de Flandre, l'altitude du sol se tient au-dessous du niveau moyen des hautes mers : sans les digues et sans les dunes, il serait inondé à toutes les hautes mers. Dans les Pays-Bas, sans les digues, les deux cinquièmes du territoire subiraient le même sort. Il faut compter aussi avec les coups de vent du Nord-Ouest, qui, soulevant de longues vagues dans la mer houleuse, exagèrent la hauteur du flot. Parfois les eaux atteignent des niveaux inattendus et submergent des terrains qu'on croyait en sécurité. Les 13 et 14 janvier 1916, dans l'île de Marken, la marée dépassa de 32 centimètres le plus haut niveau observé; la mer inonda près de 15 000 hectares au Nord d'Amsterdam. Les estuaires ouvrent des brèches par où le danger pénètre à l'intérieur du pays. Les Hollandais appellent « calamiteux » les polders si souvent attaqués que, les frais de défense dépassant les moyens de leurs propriétaires, l'État doit contribuer à leur entretien : or le plus grand nombre de ces polders se trouvent le long de l'Escaut maritime ou Hont. Même les eaux des fleuves coulent plus haut que le pays. Elles traversent un delta où la lenteur du courant les oblige à déposer leurs alluvions et à exhausser leur lit; elles occupent dans ce lit une position instable d'où les crues se répandent sur les zones basses. Le long du Lek, les territoires dont l'altitude est inférieure au niveau moyen des eaux d'été commencent à Wijk bij Duurstede; le long du Waal, plus à l'Est, dès Ochten. Dans les deux cas, soit contre les marées, soit contre les grandes rivières, les hommes qui veulent habiter les bords doivent construire des digues pour barrer la route aux eaux. Mais, même alors, il reste, en dehors des digues, des eaux immobiles sur le sol plat, des eaux qu'aucune pente ne sollicite, tels les marais de la lisière orientale de la Plaine maritime ou bien les tourbières de Frise et de Hollande.

Comment les évacuer vers les régions plus hautes qui les entourent, si ce n'est en les élevant artificiellement?

La terre même qu'il faut défendre contre les eaux n'a pas de consistance. Le sable, l'argile et la tourbe offrent une proie facile à l'érosion. Les tempêtes éventrent le flanc des dunes; elles minent les rivages tourbeux, comme ceux de l'île de Schokland dans le Zuiderzee, dont il fallut évacuer les habitants en 1859 et 1860. Bien plus, l'eau de mer s'infiltre dans les couches sableuses des plaines maritimes, menaçant de mort la végétation : il faut organiser le drainage, de manière à maintenir l'équilibre entre les eaux extérieures et les eaux intérieures. On voit de même l'eau des fleuves descendre lentement dans les dépressions latérales; même en dehors des crues, les marais se forment naturellement : pour empêcher une inondation permanente, il importe de drainer.

Si l'homme veut s'établir et vivre en paix, il doit protéger sa terre contre la mer, contre les rivières et contre les marais. Contre la mer, cette lutte n'est pas seulement défensive; elle se termine souvent par la conquête de terres nouvelles. Contre les rivières, elle reste presque uniquement défensive, car elle se borne à leur attribuer un lit nettement limité et fixé une fois pour toutes. Contre les marais, la lutte est successivement défensive et offensive : car elle consiste d'abord à chasser l'eau, puis à l'empêcher de revenir.

I. — LA LUTTE CONTRE LA MER

LA DÉFENSE CONTRE LA MER. — Toutes ces plaines basses, sans cesse exposées aux transgressions marines, possèdent dans les dunes un rempart naturel. Partout où les dunes sont continues et hautes, elles assurent une protection presque complète. Si la Plaine maritime de Flandre s'est peuplée si vite par comparaison avec les autres plaines de Hollande, elle le doit à la permanence de la muraille des dunes, qui lui a donné la sécurité et qui n'exige pour ainsi dire pas de travaux d'entretien. Malheureusement il y a des brèches, et parfois fort larges, dans la ligne des dunes. Sur les 530 kilomètres du littoral zélandais, 50 seulement peuvent compter sur cette défense (7 en Flandre zélandaise, 26 dans Walcheren, 17 dans Schouwen); partout ailleurs, sur 480 kilomètres, le salut des terres est au prix de puissantes constructions.

Le combat le plus dramatique se livre depuis des siècles à l'extrémité occidentale de l'île de Walcheren, que défend la digue fameuse de Westkapelle. Entre l'Escaut oriental et l'Escaut occidental, elle s'avance en mer, comme un brise-lames, au milieu d'eaux terribles; le long du rivage, que ne protègent pas les bancs d'une plage, court l'Oostgat, chenal profond de 10 à 30 mètres, où les tempêtes soulèvent des vagues énormes. L'histoire relate de fréquents assauts suivis de brèches, en 1408, 1422, 1530, 1808. Depuis le XVIIe siècle, la mer a emporté des morceaux de l'île : 700 mètres entre Zoutelande et Westkapelle, 850 devant Domburg. L'homme vit là en alerte perpétuelle : jadis, quand se répandait la nouvelle d'une brèche dans la digue, de toutes parts accouraient aussitôt en longues files les chariots des paysans, chargés de fascines pour aveugler la voie d'eau. C'est au cours du XIXe siècle qu'on a construit et progressivement consolidé la digue actuelle, large de 100 mètres, longue de 3 800 mètres, élevée de 8 m. 50 au-dessus des basses mers et de 4 m. 80 au-dessus des plus hautes marées (Pl. V).

Au Nord de la Zélande, depuis Hoek van Holland jusqu'au Helder, des dunes longent la côte; mais elles ont des points faibles qu'il a fallu fortifier; ainsi, à Petten, au Nord-Ouest d'Alkmaar, une tempête ayant ouvert une brèche, on a dû établir une puissante digue en pierres, longue de plus de 5 kilomètres, la Hondsbossche. Dans l'archipel Frison, formé des morceaux d'un cordon de dunes brisé, l'existence même des îles dépend de la solidité du rempart de sable. Ameland ne reste intacte que grâce à des travaux de défense. A Vlieland, en 1850-1851, les vagues ayant crevé les dunes sur trois points et presque tronçonné l'île, on dut boucher les trous et barder le pied des dunes, sur une longueur de 9 kilomètres, avec des épis de bois et de pierre.

En arrière du front des dunes, par les chenaux, les estuaires et les baies, la mer pénètre au loin dans les terres, sur le fond argileux de l'ancienne lagune; il y a là une seconde côte à protéger, côte précieuse à cause des champs fertiles qui la bordent. C'est pour elle que se livre le combat le plus rude, parce que, dans cette lutte, l'homme n'a plus d'allié naturel; pour la fixer il fallut la construire. Sur les côtes du Zuiderzee, les limites de la terre et de l'eau ont été presque partout déterminées par l'homme; au milieu du golfe se dresse l'île d'Urk, ouvrage presque artificiel, dont les murs dominent l'eau de plusieurs mètres; de même l'île de Marken ne résiste aux tempêtes que par son armature de maçonnerie. Presque toutes les îles de Zélande sont pareillement des œuvres d'art; elles résultent de la juxtaposition de morceaux de terre, soudés les uns aux autres et bastionnés au cours des siècles; vues de l'extérieur, elles s'élèvent au-dessus de la mer comme des forteresses de pierre; quand on circule dans les eaux zélandaises, on voit l'horizon se terminer sur ces remparts massifs et trapus; seules dépassent les pointes des clochers et les cimes des arbres. Quand on prend pied sur terre, on trouve comme une atmosphère de place de guerre; à Walcheren, le long de la voie ferrée qui de Middelburg gagne Westkapelle, à chaque digue que franchit le chemin de fer, des poutres sont disposées d'avance pour servir à la construction de bâtardeaux en cas d'inondation (fig. 10 et 11).

LES CONQUÊTES SUR LA MER. — Tous les ouvrages que l'homme construit ont pour but de protéger les terres qu'il a conquises sur les eaux. Une grande partie du pays est faite de ces agrandissements successifs aux dépens des laisses de mer. Sous nos yeux, le dépôt de nouvelles alluvions prépare de nouvelles conquêtes.

Les riverains de la mer connaissent bien la genèse de ces dépôts; ils en notent et ils en nomment les phases successives. Lorsque, du haut d'une digue zélandaise ou frisonne, on jette le regard sur la plage à marée basse, on voit très distinctement entre la digue et l'eau deux zones bien différentes. Au loin, plus près de l'eau, c'est une plage boueuse et grise, dont la surface brille au soleil; chaque jour, la marée la couvre et la découvre : on l'appelle *slikke*. Plus près de la digue, c'est une zone, un peu plus élevée, couverte d'une pelouse serrée et rase, sur laquelle seules s'étendent les marées de vive eau : on appelle ces sortes de prés salés *schorren* en Zélande, *gorzen* en Hollande, *kwelder* en Frise, *biezen* sur les côtes de l'Over-Ijsel, *wierwaarden* le long du Zuiderzee; au large des digues, ils couvrent plus de 8 000 hectares en Groningue, 7 200 en Zélande, 3 000 dans le Nord-Brabant et le Nord-Hollande, 2 200 en Frise; ils représentent un stade de fixation du sol assez avancé pour qu'on puisse y faire paître des moutons et bientôt les mettre en culture, après les avoir endigués. En Zélande, on considère comme mûr pour l'endiguement tout terrain de *schorre* élevé de 30 à 50 centimètres au-dessus des hautes marées ordinaires, c'est-à-dire quand il n'est plus inondé que par les hautes marées de printemps. Une fois endigués, ils portent longtemps de belles récoltes sans engrais. Aussi la propriété de ces riches terrains soulève bien des contestations. En 1844, l'État néerlandais y prétendit, en vertu du droit français; mais depuis 1870 il abandonne toute revendication en faveur des particuliers. Au contraire, en Belgique, les schorres appartiennent au domaine public ; l'État les concède à des particuliers ou à des sociétés qui les enclosent et les mettent en valeur.

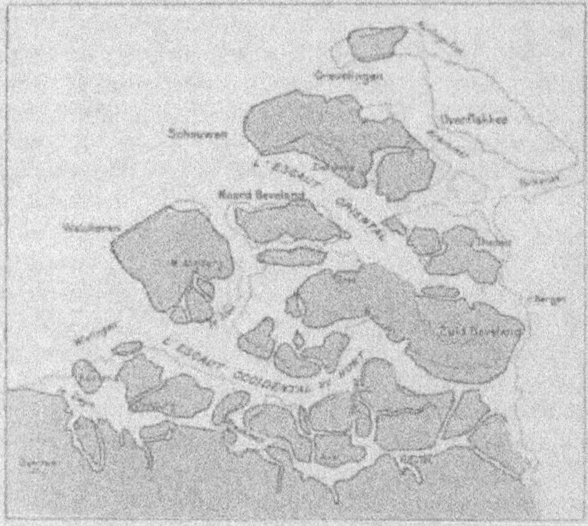

C'est par la conquête et l'endiguement des schorres et des alluvions marines que se sont formés la plupart des territoires côtiers de Flandre, de Zélande, de Hollande et de Frise. Chaque province a son histoire mouvementée et héroïque, que nous font connaître les anciens documents et qui se répète de l'une à l'autre. On en peut choisir en Zélande et Hollande les exemples les plus remarquables. Dans la seule Zélande, 9 000 hectares proviennent de gains sur la mer, mais 28 000 ont été emportés par elle. Tout terrain se compose d'un assemblage de petites

FIG. 10. — La Zélande à la fin du XIVe siècle, d'après BLINK.
Le grisé indique les territoires qui étaient déjà protégés contre la mer à la fin du XIVe siècle.
Les lignes pointillées indiquent la limite des territoires actuels.

îles peu à peu soudées entre elles (fig. 10). La Flandre zélandaise ne forme une province continue que depuis le colmatage des chenaux qui séparaient les îles primitives : Kadzand, Biervliet, Axel, Zaamslag, Hulst; les chenaux étaient des bras de mer allongés Nord-Sud (Saaftingen, Hellegat, Zoutvliet, Braakman, Beverne); l'un d'eux, le Braakman, partage encore, en deux parties la Flandre zélandaise. Le noyau de Walcheren se compose de quatre îles, réunies par les travaux d'endiguement. Noord Beveland, inondée en 1532, a été reconquise presque en entier. Au début du XIIIe siècle, Zuid Beveland se décomposait en plusieurs îles : la dépression verdoyante, où subsiste encore le long bras d'eau du Schengen au Nord de Goes, était encore, au moyen âge, un chenal intérieur où passaient les navires allant de Middelburg à Anvers; toute communication par cette route cessait en 1480. Six îles, encore séparées au début du XIIIe siècle, constituent le territoire de Schouwen. Duiveland résulte d'une série d'annexions réunies autour du polder primitif des Vierbannen. Tholen est la coalescence de cinq petites îles qui existaient au XIIe siècle; pour son étendue de 10 745 hectares, elle possède 59 kilomètres de digues de mer et 125 kilomètres de digues intérieures.

Phot. A. Demangeon.

LES DUNES À WESTKAPELLE (WALCHEREN).

Le sable de la dune planté d'oyats; à droite, les défenses de rive; à gauche, la plaine cultivée protégée par la dune.

Phot. Koningl. Luchtvart

A. — UN VILLAGE AU MILIEU DES TOURBIÈRES PRÈS DE GOUDA
(SUD HOLLANDE)

Phot. Koningl. Luchtvart.

B. — LE SYSTÈME DES CANAUX À RIDDERKERK, AU NORD DE DORDRECHT.
Moulins et pompes de dessèchement.

Depuis 1907, l'île de Sint-Filipsland, rattachée à la côte du Nord-Brabant, est devenue une presqu'île. Tout récemment encore, Goedereede et Overflakkee, maintenant unies, étaient tronçonnées par des bras de mer, le Schorrezee et le Hals (fig. 11). Voorne et Putten, aujourd'hui île unique, étaient jadis séparées par le Bornisse, large chenal envasé qu'on endigua durant le xvi⁰ et le xvii⁰ siècle. L'île de Voorne elle-même naquit en 1356 d'un polder, le polder Oudenhorn, autour duquel d'autres terres vinrent par la suite s'agglutiner. L'île de Rozenburg avec Hoek van Holland provient aussi d'un morceau de terre arraché aux eaux, et, de même, l'île de Dordrecht, péniblement reconstituée avec les débris échappés à la grande inondation de 1421. Ainsi, à travers mille vicissitudes, malgré les retours offensifs de la mer, on assiste à la lente construction de la terre et à son émersion.

Chaque marée continue à apporter son alluvion impalpable; chaque année apparaissent des schorres nouvelles qui attendent l'endiguement. Sur toute la rive méridionale de l'Escaut, en Flandre zélandaise, une vingtaine de milliers d'hectares sont mûrs : depuis le début du xx⁰ siècle, de nouveaux polders y sont nés le long du Braakman et de la région de Saaftingen. Les endiguements progressent si vite dans le chenal qui sépare Zuid Beveland du Nord-Brabant que l'île se soudera bientôt au continent. Dans les eaux frisonnes, l'île d'Ameland communique avec la terre ferme depuis 1872 : en travers des bas-fonds des wadden, on a jeté une digue longue de 8 400 mètres, dépassant de 0 m. 50 le niveau des hautes mers; on pense qu'elle provoquera des atterrissements et que, de proche en proche, les wadden d'Ameland et de Terschelling se transformeront eux-mêmes en terre ferme; et, de fait, on constate les progrès du comblement (fig. 12).

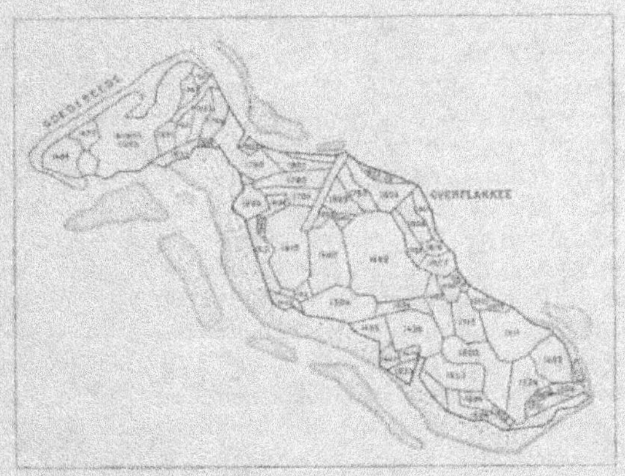

Fig. 11. — Les étapes de la conquête d'une île par l'endiguement : Goedereede et Overflakkee, Hollande méridionale, d'après Blink.

Les nombres indiquent la date de la création des différents polders. Les surfaces en pointillé indiquent les territoires découvrant à marée basse.

Le dessèchement du Zuiderzee. — De toutes les entreprises humaines tentées ici pour soustraire des terres à la mer, aucune n'égale en hardiesse et en grandeur le dessèchement du Zuiderzee. C'est, en vérité, une douzième province que le gouvernement néerlandais décida d'annexer lorsque, en application de la loi du 14 juin 1918, il ordonna de commencer les travaux au mois de juin 1920. Le Zuiderzee, la « mer du Sud » des Frisons, était devenu, depuis le xiv⁰ et le xv⁰ siècle, la route maritime d'Amsterdam. L'accroissement des tonnages le fit abandonner à la fin du xix⁰ siècle pour des canaux artificiels de plus fort tirant d'eau; il n'est plus aujourd'hui qu'une pêcherie, fréquentée par de petits bateaux côtiers. L'idée de le fermer par une digue et de le conquérir sur les eaux remonte à la première moitié du XIXe siècle : un projet de van Diggelen, ingénieur du Waterstaat à Zwolle, fit assez de bruit pour que le gouvernement décidât en 1849 de lui demander un rapport. Après de longues études et d'ardentes controverses, un plan de desséchement fut officiellement adopté au printemps de 1894. Il consiste, pour barrer le Zuiderzee, à construire une digue de 30 kilomètres, partant du polder Anna Paulowna (côte Est de Nord-Hollande), passant par l'île de Wieringen et se terminant à Piaam, sur la côte orientale du golfe. A l'intérieur du Zuiderzee ainsi fermé, on desséchera, après les avoir eux-mêmes endigués, quatre territoires : 1° entre Wieringen et la côte de Medemblik (Wieringermeer); 2° le Hoornsche hop, au Sud d'Enkhuizen jusqu'à l'île de Marken; 3° dans le Sud du golfe, depuis Muiderberg jusqu'au Keteldiep; 4° au Nord-Est, depuis Lemmer jusqu'à Blokzijl, en passant par les îles d'Urk et de Schokland. Il restera ainsi, à l'intérieur du Zuiderzee, entre ces quatre polders, des étendues d'eau par lesquelles Kampen, Amsterdam et Enkhuizen pourront communiquer entre elles et avec les eaux frisonnes; ce sera, en réalité, un lac d'eau douce, dont le niveau sera maintenu supérieur à celui des grands polders de Nord-Hollande et de Frise et qui pourra fournir à ces régions, dans l'intérêt de l'agriculture et de la navigation, un fort appoint d'eau douce en été. Les territoires desséchés auront une superficie totale de 211 000 hectares (30 000 de plus que la Zélande) (fig. 12). Les avantages de cette conquête seront nombreux. Le Zuiderzee, devenu lac intérieur, sera à tout jamais délivré des tempêtes qui, à plusieurs reprises et surtout en 1825 et en 1916, ont ravagé ses côtes. On aura facilité l'écoulement des eaux des régions riveraines. On fera l'annexion d'une terre fertile. Contrairement à l'opinion de certains polémistes qui parlaient de marécages sans valeur, on obtiendra des terrains arables de première qualité sur les trois quarts du fond desséché. Par des sondages et des analyses de sol, van Bemmelen a montré que, sur les 157 000 hectares qu'il a étudiés, 108 000 sont couverts d'une couche de bonne argile épaisse de plus d'un mètre, 5 500 de gravier, et le reste, de tourbe et de sable. Ce sont des conditions qui rappellent les sols fertiles des polders de l'Ij, au Nord-Ouest d'Amsterdam. On pense que les travaux dureront trente-deux ans, et l'on compte pouvoir, au fur et à mesure de leur achèvement, allotir annuellement 10 000 hectares prêts à cultiver, avec leurs canaux, leurs fossés, leurs chemins et leurs ponts. On pourra comparer la province du Zuiderzee à la province de Zélande pour la nature des terres et la valeur agricole. Mais le Zuiderzee aura deux avantages : d'abord il sera plus étendu; ensuite, il sera mieux placé, baigné par des eaux tranquilles, tandis que la Zélande demeure exposée aux tempêtes de ses bras de mer tumultueux. Les Pays-Bas auront accru leur territoire d'une conquête pacifique, la plus grandiose qu'ils aient réalisé sur leur sol.

II. — LA LUTTE CONTRE LES RIVIÈRES

Par eux-mêmes les Pays-Bas ne nourrissent que de petites rivières, peu redoutables. Au contraire, ils livrent passage à de puissants fleuves, nés à l'étranger, qui trouvent sur le territoire néerlandais une issue vers la mer. Comme il arrive le plus souvent sur un delta, le Rhin et la Meuse ont, en crues et même parfois en eaux moyennes, un niveau plus élevé que les territoires qu'ils traversent; sans les digues, ces territoires seraient presque constamment inondés.

C'est à Mook pour la Meuse, et déjà à Wesel pour le Rhin que commencent les conditions hydrologiques du delta. De Mook à Megen, la Meuse traverse une région dont l'altitude est de 5 à 10 mètres + A. P.[1]; de Megen à Heusden, de

Fig. 12. — La mer des Wadden et le plan du desséchement du Zuiderzee.

1, Au-dessous du niveau de la mer; 2, De 0 à 5 mètres de profondeur; 3, Au-dessous de 5 mètres de profondeur; 4, Territoire des futurs polders; 5, Digues. — La ligne de traits entre Wieringen et Zurig indique l'emplacement de la digue de fermeture du Zuiderzee. Le pointillé indique les territoires découvrant à marée basse.

1 à 5 mètres; or, ce niveau est bien inférieur à certains niveaux du fleuve; ainsi à Grave où le niveau moyen des eaux d'hiver est à 7 m. 75, le maximum de la crue de 1882 a atteint 11 mètres + A. P., dépassant d'un mètre la plus haute altitude du territoire riverain : de là, la nécessité des digues qu'on a élevées à Grave jusqu'à 11 mètres + A. P. A partir de Mook, les digues sont continues sur la rive droite; à partir de Grave, elles bordent les deux rives vers l'aval sans

1. La mesure des altitudes aux Pays-Bas se fait par rapport à un plan horizontal qui marque le niveau moyen des eaux dans le port d'Amsterdam. Le zéro de l'hypsométrie hollandaise est donc le zéro de l'échelle d'Amsterdam (*Amsterdamer Peil*); on le désigne par les deux lettres initiales A. P.

interruption. En ce qui concerne le Lek et le Rhin, on constate que les hautes eaux de 1882 ont atteint 15 m. 56 à Lobit, 14 m. 74 à Pannerden, 13 m. 18 à Arnhem; or les pays riverains n'arrivent qu'à l'altitude 14 mètres près de Lobit, 10 m. 70 à Westervoort (Est d'Arnhem); ici encore les digues sont nécessaires sur les deux rives et continues de Wesel à Arnhem. D'Arnhem à Amerongen, la rive droite du Rhin étant bordée par les hautes terrasses de cailloutis de la Veluwe, les digues sont inutiles (sauf en un point, en arrière de Wageningen). Au delà d'Amerongen, les digues reprennent pour ne plus cesser; entre Kuilenburg et Vreeswijk, le niveau du fleuve est, en tout temps, plus haut que le pays riverain; en aval de Vreeswijk jusqu'à Lekkerkerk, il les domine continuellement de 0 m. 70 à 1 m. 70; le sol s'abaisse même encore davantage à mesure qu'on s'éloigne du fleuve, puisque le lit du fleuve s'élève peu à peu sur ses propres alluvions; il ne peut donc pas être question d'un écoulement naturel des eaux du pays vers le Rhin : le Lek, coule emmuré de digues qui l'empêchent d'inonder le voisinage. En ce qui concerne le Waal, la crue de 1882 a dépassé, en amont de Nimègue, de 2 à 3 mètres le niveau du pays riverain; les digues sont donc continues de chaque côté. A Nimègue, bâti sur une haute terrasse, elles deviennent inutiles; elles recommencent bientôt pour ne plus s'interrompre; entre Meuse et Waal, le sol est inférieur au niveau moyen des eaux d'été; à plus forte raison est-il dépassé de 3 à 4 mètres par les plus hautes crues. En somme, presque tout entière, la plaine du Rhin et de la Meuse est un *polderland*, c'est-à-dire un pays composé de casiers, de compartiments entourés par des digues, un pays où l'écoulement des eaux doit se faire artificiellement (fig. 13).

Les compartiments du sol, transformés en polders, se groupent en deux grandes îles allongées que limitent respectivement la Meuse et le Waal, le Waal et le Lek; en outre, ils s'étendent, au delà de la Meuse vers le Sud, jusqu'aux premières pentes sableuses du Nord-Brabant; ils s'étendent aussi au delà du Lek vers le Nord, le long des anciens bras du Rhin (Kromme Rijn, Vecht, Oude Rijn, Hollandsch Ijsel) et se confondent peu à peu, dans cette partie méridionale de la province de Hollande, avec les bas pays qui reposent sur l'argile marine ou qui proviennent du desséchement des lacs. Entre la Meuse et le Waal, les territoires appelés Bommelerwaard et Land van Heusden en Altena ne sont que des groupements de polders; le premier forme une longue île basse et plate dont le sol est inférieur de plus de 3 mètres au niveau des plus fortes crues. Entre le Waal et le Lek, l'Alblasserwaard et les Vijfheerenlanden constituent une vraie cuvette dont il faut évacuer les eaux au moyen de pompes. Sur la rive droite du Rhin, certains polders descendent à des altitudes étonnamment basses : Prins Alexander polder, 5 mètres à 5 m. 75 — A. P.; Zuidplas polder, 5 mètres — A. P. ; polders de Zevenhoven, 5 mètres — A. P.

La situation des fleuves dans ce lit artificiel a quelque chose de paradoxal. Passant en étrangers dans le pays, ils n'en reçoivent, pour ainsi dire, pas d'eau. Le Rhin ne recueille que d'insignifiants ruisseaux; il ne peut en recevoir d'autres, son lit étant trop élevé. Tout le drainage du pays est détourné vers la mer par des chenaux artificiels ou vers des canaux situés plus bas; le fleuve ne charrie en territoire néerlandais que des eaux suisses et allemandes. Il n'a plus d'autre domaine propre que celui dont les digues lui imposent les limites. Sur la Meuse, en aval de Grave, la distance entre les digues ne dépasse guère un kilomètre, sauf dans les courbes des méandres. Sur le Rhin jusqu'à Pannerden, elle varie de

Mais les eaux stagnantes ont leur domaine le plus vaste en Hollande et en Frise, sur le fond de l'ancienne lagune littorale ; elles l'ont même accru, avec le temps, de toutes les excavations d'où l'homme a extrait la tourbe. Avant le XVIIᵉ siècle, la province de Nord-Hollande renfermait de vastes surfaces lacustres : danger permanent, parce que la poussée des vents de tempête forçait les eaux à s'étaler et à gagner du terrain. C'était une nécessité, mais un grave problème, que de faire disparaître ces mers intérieures (*meer*). Comme elles occupaient des lieux très bas et enfoncés, on ne pouvait espérer qu'elles se videraient d'elles-mêmes. On ne dut songer à les drainer que lorsqu'on fut en possession de moyens puissants pour élever l'eau, et particulièrement de pompes mues par des moulins à vent. Ces opérations de dessèchement représentent donc une phase toute récente de la lutte contre l'eau. Les plus anciennes de ces *droogmakerijen* datent du XVIIᵉ siècle, et les plus nombreuses se trouvent dans le Nord-Hollande. La méthode consiste à entourer la surface à dessécher d'une digue de ceinture bordée d'un canal (*ringvaart*) ; on pompe l'eau, qui se déverse dans le canal, puis s'évacue au dehors. Le premier grand travail de dessèchement fut celui de la Beemstermeer (Nord-Hollande), qui dura de 1608 à 1612, mit en action quarante moulins à vent

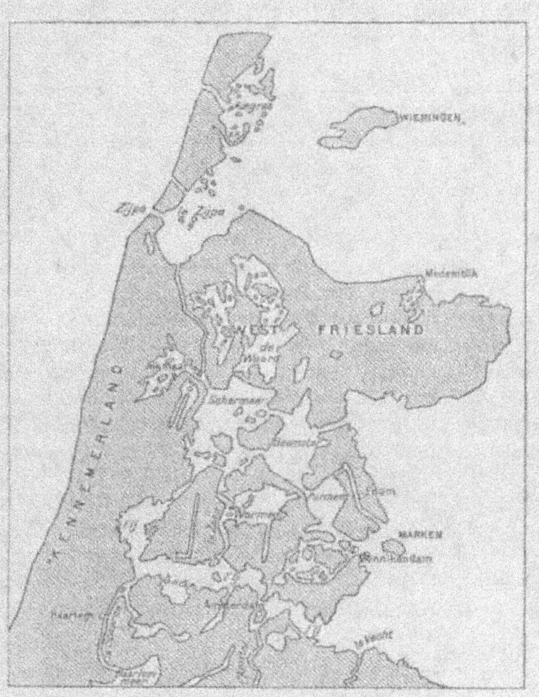

Fig. 14. — Le Nord de la Hollande en 1288, d'après DE VRIES et BLINK.

La bras du Zuiderzee, le Zijpe, traverse complètement la presqu'île. Un autre bras, l'Ij, s'avance très loin vers l'Ouest.
De grands lacs (*meer*) occupent une grande partie du territoire.

et permit de mettre en culture 7 174 hectares de bonnes terres. Ce succès encouragea d'autres entreprises sur la Purmermeer en 1622 (2 680 hectares), sur la Wormermeer en 1625 (1 661 hectares), sur la Heer Hugo Waard en 1631 (3 337 hectares), sur la Schermermeer en 1631 (4 828 hectares). Plus tard ce fut, en Sud-Hollande, le tour du Zevenhovensche polder en 1809 (1 660 hectares), du Zuidplas polder en 1839 (4 000 hectares), du Prins Alexander polder en 1874 (2 825 hectares) ; dans la province d'Utrecht, le tour du Groot Mijdrechtsche polder en 1877 (1 840 hectares), et, dans le Nord-Hollande, celui de l'Ijploder en 1877 (4 823 hectares). Tous les lacs n'ont pas encore disparu ;

il reste encore çà et là de nombreux *plas* ou fonds de tourbière à dessécher, soit à l'Ouest du Zuiderzee autour de Loosdrecht, de Naarden, de Nieuwkoop et d'Alkmaar, soit à l'Est, en Frise (Sneekermeer, Slotermeer, Tjeukemeer et d'autres) (fig. 14 et Pl. VI, A).

Mais la plus grande entreprise du genre fut le desséchement de la mer de Haarlem. A l'origine, c'était un groupe de petits lacs provenant de l'exploitation de la tourbe; au début du xve siècle, ils s'unirent en une seule nappe d'eau, qui dès lors ne cessa pas de s'agrandir : 3 000 hectares en 1500, 5 600 en 1531, 14 450 en 1647, 15 400 en 1687, 17 775 en 1808. Pendant les tempêtes, l'eau débordait sur les campagnes; on pouvait redouter qu'en se déplaçant elle ne rejoignît le Zuiderzee et n'isolât complètement la presqu'île de Hollande. A plusieurs reprises, on parla du desséchement au xviie et au xviiie siècle; mais on ne l'entreprit qu'en 1839; il était terminé en 1852. Autour des terrains à dessécher, on construisit une digue circulaire de 59 500 mètres avec un canal de ceinture large de 38 à 45 mètres; sur la digue, on établit trois machines à vapeur, qui mettaient en mouvement vingt-sept pompes, et l'on asséchea 18 500 hectares; on créa ainsi un canton nouveau, l'un des plus fertiles du pays (fig. 15).

Ces *droogmakerijen* constituent peut-être les plus originales des œuvres de l'art humain aux Pays-Bas. L'effort ne consiste pas seulement à limiter le domaine des eaux, mais encore à les épuiser et à les soulever pour les expulser : travaux énormes, trop lourds pour les particuliers. Aussi est-ce l'État qui en prend la charge; pour la mer de Haarlem, on a dépensé près de 14 millions de florins; or la vente des terrains n'en a rapporté que 8. Les frais d'épuisement restent toujours très élevés; sur ces fonds de *meer* desséchés, on note les altitudes les plus faibles du pays : 3 m. 26 — A. P. dans le Schermer, 3 m. 80 — A. P. dans le Purmer, 4 m. 15 — A. P. dans le Haarlemmer, 5 m. 61 — A. P. dans le Zuidplas polder. De l'intérieur de la mer de Haarlem, on a l'étrange impression de voir au-dessus de sa tête circuler les bateaux dans le canal de ceinture : on s'y trouve à plus de 4 mètres au-dessous du niveau moyen de la mer et à 8 mètres au-dessous de celui des hautes marées. Mais ces terres, asséchées à tant de frais, ont une fertilité légendaire; elles justifient un effort prodigieux de conquête.

IV. — *DIGUES ET POLDERS. LE « POLDERLAND »*

Le dessein permanent de protéger le pays contre les atteintes de l'eau a créé un type original de territoire artificiel qu'on appelle *polder*. Ce terme contient trois notions. D'abord, c'est un territoire endigué, complètement isolé des voisins par des digues : domaine fermé qu'aucun cours d'eau venant de l'extérieur ne traverse plus et qui pratiquement ne reçoit plus que l'eau des pluies. Ensuite ce territoire ne possède plus qu'un écoulement artificiel. S'il est plus élevé que le niveau des basses mers, les eaux peuvent s'écouler à marée basse par des écluses; à marée haute, on ferme les écluses, et l'écoulement des eaux se trouve arrêté. S'il est plus bas que le niveau moyen des mers, tout drainage naturel étant impossible, il faut organiser un épuisement artificiel. En troisième lieu, chacun de ces territoires conserve vis-à-vis des autres son indépendance; il possède un niveau qui lui est particulier et qui détermine les conditions de son écoulement. Régler le niveau de l'eau dans un polder, c'est tout un art; il faut non seulement tenir compte de minuscules différences d'altitude, mais encore du mode d'utilisation du sol; ainsi, quand le sol est destiné à la pâture, il suffit de maintenir le niveau de l'eau à environ 40 centimètres de la surface; quand on le consacre au labour, il faut le drainer jusqu'à une profondeur de 0 m. 75 à 1 m. 25.

Les polders offrent une infinie variété de dimensions, aussi nombreuses que les circonstances qui ont présidé à leur naissance. Dans l'île de Tholen (10 745 hec-

Fig. 15. — La mer de Haarlem.

Exemple d'un grand polder, issu d'un dessèchement moderne : fossés et canaux à angle droit. — Entre le polder et les dunes, ligne de villages agricoles le long de la route. — Échelle, 1 : 160 000.

tares), on compte 57 polders, petits et grands, dont le plus étendu, le Poortvliet polder, mesure 1 635 hectares, et le plus petit, le Molen polder, 2 hectares. Leur forme diffère et dépend de la genèse du dessèchement. Tantôt on a desséché progressivement, morceau par morceau, une dépression circulaire : les parcelles se disposent alors en bandes qui vont en s'effilant vers le centre de la dépression. Tantôt on a desséché tout d'un coup, d'une manière systématique, un vaste marais : les champs se répartissent alors en larges quadrilatères dont les côtés sont dessinés par les fossés et les chemins se coupant à angles droits; c'est le cas par exemple, pour le Prins Alexander polder, la Haarlemmermeer. Tantôt on a desséché, le long de la mer, les schorres au fur et à mesure de leur maturité : les terres se disposent alors sans ordre régulier, au hasard des opérations de renclôture. Mais, quelles que soient ces diversités d'origine, il y a un paysage de polder, où dominent les lignes droites, où les compartiments du sol, délimités géométriquement, s'enchassent les uns dans les autres, comme les pièces d'un damier. Ce paysage artificiel accompagne, depuis le Jutland jusqu'à la Flandre, les côtes basses de la mer, les rives des grands fleuves, les bords des estuaires et des baies, le fond des dépressions marécageuses et tourbeuses. Un tiers du territoire des Pays-Bas est *polderland* (fig. 1, 13 et 15).

Les digues. — L'élément constitutif du polder, c'est la digue qui établit le barrage contre l'eau extérieure. C'est sur les côtes, contre les assauts de la mer, que le génie humain a réalisé ses chefs-d'œuvre dans la construction des digues. Une digue de mer exige des travaux préparatoires : sondages pour explorer le sous-sol et sa consistance; levés de profils pour connaître la forme des chenaux à endiguer. Les digues elles-mêmes sont de massives levées faites de sable et revêtues d'argile; il en est qui atteignent une hauteur de 10 mètres et, à la base, une largeur de 100 mètres. Elles descendent vers la mer par une longue pente douce; certains ingénieurs prônent les digues à parois verticales; mais les digues hollandaises s'inspirent d'une expérience séculaire. Sur le sommet et sur les flancs de la digue, on plante du gazon. Mais ce tapis d'herbe ne suffit pas toujours à la protéger : il faut souvent entreprendre toute une œuvre de cuirassement. Tantôt on recouvre les pentes d'une couche de *krammat* (mélange d'argile et de paille ou de roseaux), ou d'une masse de broussailles et de branches entrelacées; tantôt, et surtout depuis le milieu du xviiie siècle, on applique un revêtement de pierres, roches primaires de Belgique, basaltes du Rhin ou même granite de Scandinavie; tantôt on pave le versant de la digue avec des briques. Mais il ne suffit pas d'armer la digue; il faut encore des ouvrages avancés pour briser l'élan des vagues : de là, sur la plage qui découvre à marée basse, des estacades de pieux en bois, parfois tout armurés de clous en fer; des épis ou rangées de pieux qui s'avancent dans l'eau, protégés eux-mêmes par des enrochements. Les mêmes soins s'appliquent aux digues fluviales, quoique avec un moindre luxe de renforcements.

En Zélande, l'entretien des digues exige des efforts acharnés. Pour la fameuse digue de Westkapelle (Walcheren), les défenses comprennent, en partant de la mer : des épis formés de deux ou quatre rangées de pieux de sapin, unis entre eux par des poutres, les intervalles étant remplis avec des fagots et des pierres; puis, des enrochements de gros blocs de calcaire; puis, une estacade de lignes de pieux parallèles; sur les parties hautes du versant de la digue, une épaisse couverture de nattes en paille tressée; sur le sommet, un chemin de fer à voie étroite servant à amener les matériaux, comme, dans une forteresse, les rails destinés au transport des munitions. Seul l'État peut entreprendre ces énormes travaux. On cite en Zélande le Nieuw Neuzen polder, de 441 hectares, qui a coûté pour travaux de défense de 1860 à 1900 la somme de deux millions et demi de florins; chaque hectare, d'une valeur locative de 69 florins, exige une dépense de 33 florins pour les digues; l'État doit donc aider le propriétaire; la défense de ces terres est considérée comme un service public (Pl. V).

L'ÉVACUATION DES EAUX. — A l'intérieur d'un polder, l'eau doit être maintenue à un certain niveau, de manière que le sol ne soit ni trop humide, ni trop sec; et, pour cela, chaque polder possède des règles précises. Contre l'excès d'eau qui peut naître d'une trop grande abondance des pluies ou d'une évaporation insuffisante, on creuse des fossés et des canaux qui occupent souvent un vingtième, et parfois un dixième, de la surface du polder; ils déversent leur trop plein dans un collecteur principal. Si le niveau déterminé comme dangereux est atteint, il faut vider l'eau. Cette évacuation s'accomplit directement vers la mer ou vers les rivières quand le polder n'est pas trop bas; indirectement par pompage quand le polder est trop bas.

Pour presque toute la Plaine maritime en Belgique, l'évacuation directe est la pratique ordinaire. Elle se règle sur le niveau de la mer, dont les amplitudes sont ici très fortes. On ouvre les écluses à marée basse, et l'eau de tous les collecteurs s'écoule. Mais l'expérience a conduit à transformer le système des collecteurs. Au XVIIe siècle, on avait fait aboutir les canaux de dessèchement dans les principales artères navigables, telles que le canal de Watten à Calais, la rivière de l'Aa, le canal de Bourbourg, le canal de Dunkerque à Nieuport pour la France; la rivière de l'Yser, le canal de Plasschendaele, le canal d'Ostende à Bruges pour la Belgique. Mais, les intérêts de la navigation étant souvent opposés à ceux du drainage, on décida de rendre le système d'évacuation indépendant du système de navigation. Presque partout il y a maintenant des canaux spéciaux pour l'évacuation : ainsi le Langhegracht, le Schelvliet, le Noord Eede; on les voit parfois passer au-dessous des canaux de navigation, ou bien les traverser au moyen d'une écluse.

Dans les Pays-Bas, certaines régions de polders s'écoulent naturellement, au moment du reflux, par le simple jeu des écluses; c'est le cas pour la Zélande presque entière, car l'amplitude des marées (3 m. 62 à Flessingue contre 1 m. 25 au Helder) y crée la dénivellation nécessaire pour la décharge des eaux. Pour la même raison, sur les côtes de Frise et de Groningue, l'évacuation des eaux des polders se fait à marée basse (amplitude des marées, 2 m. 68 à Delfzijl, 2 m. 34 à Rottum) (fig. 16).

Tout autre est la condition des polders éloignés de la mer et qui, par surcroît, occupent un niveau inférieur à celui des basses mers. L'écoulement par la seule gravité devient impossible; il faut employer des réservoirs intermédiaires et des engins élévatoires. Les réservoirs intermédiaires s'appellent des *boezem*. Ce sont des bassins ou des cours d'eau artificiels, aménagés à un niveau supérieur entre les polders qu'il s'agit de drainer, et entourés eux-mêmes par des digues; on les destine à recueillir provisoirement l'eau de ces polders, qu'on élève jusqu'à eux. De là, cette eau gagne la mer ou une rivière par des écluses; ou bien, s'il faut racheter une différence de niveau trop importante, elle gagne un autre boezem, d'où elle peut s'écouler cette fois directement vers la mer. Tantôt les boezem ont été spécialement creusés pour remplir leur fonction; tantôt on a pu aménager à cet effet un canal de ceinture autour du polder, ou bien un canal de navigation, ou bien un tronçon de rivière barré. Ainsi l'Oude Rijn de Leyde à Utrecht, l'Amstel, la Schie, la Rotte, l'Ijsel de Hollande ne sont plus des rivières, mais des chapelets de boezem. Tout le polderland se divise ainsi en territoires dont les eaux ont un émissaire ou des émissaires en commun. On peut donner comme exemple le Rijnland, dont le domaine de 77 626 hectares s'étend de Gouda à

Haarlem et depuis les dunes jusqu'à l'Amstel et qui comprend des zones extrêmement basses, comme la mer de Haarlem; ses eaux sont amenées dans les collecteurs ou boezem en quatre points : à Katwijk dans la mer du Nord, à Gouda
dans l'Hollandsch Ijsel, à Halfweg et à Spaarndam dans le boezem du polder
de l'Ij; en ces deux derniers points, il faut les élever mécaniquement pour atteindre le niveau du canal de la Mer du Nord qui traverse le polder de l'Ij. Celui-ci
n'est lui-même qu'un bassin fermé, séparé du Zuiderzee par la digue de Schellingwoude avec ses écluses d'Orange, et de la mer du Nord par les monumentales
écluses d'Ijmuiden. On peut citer encore l'Amstelland (300 000 hectares) qui
s'écoule, partie dans le canal de la Mer du Nord par Amsterdam, partie dans le
Zuiderzee par les écluses d'Ipensloot et de Diemerdam. Certains groupes de
polders évacuent leurs eaux non vers la mer, mais vers les rivières : ainsi
l'Alblasserwaard et le Vijfheerenland situés entre Merwede et Lek, qui sont
drainés vers le Lek; ainsi le Schieland et le Delftland qui déversent leur eau
vers la Nieuwe Maas (Pl. VI, B).

Tout ce drainage exige des engins élévatoires. L'art des polders n'a atteint
sa perfection que lorsqu'on put disposer d'une force motrice pour élever l'eau.
C'est à partir du début du xve siècle que se multiplient les moulins à vent
actionnant des pompes; ils apparaissent alors comme un élément familier du
paysage hollandais. Pour les polders les plus profonds, un groupe de moulins
ne suffit pas; il en faut plusieurs, disposés en gradins, se passant l'eau d'un étage
à l'autre. La puissance et la régularité de ces engins permettent de régler avec
précision pour chaque polder le niveau d'eau qui lui convient et que l'expérience
interdit de fixer arbitrairement. Non seulement on peut chasser l'eau en excès,
mais encore amener de l'eau extérieure pour les besoins des plantes en été : on
put ainsi, en un seul été, introduire dans la mer de Haarlem 15 à 16 millions
de mètres cubes d'eau. L'homme devient le maître du niveau des eaux souterraines : le jardinier hollandais n'a pas besoin d'arrosoir.

L'emploi de la vapeur a considérablement accru les moyens de pompage. Peu
à peu disparaissent les moulins à vent; on ne verra bientôt plus leurs charmantes
et pittoresques constructions, peintes de couleurs vives, tout animées d'un tour-
billonnement d'ailes; ils cèdent la place aux cheminées de brique, d'où s'échappent
des nuages de fumée noire. Le moulin à vapeur connut ses premiers succès dans
les grands dessèchements du Zuidplas en 1839, du polder Anna Paulowna en 1845,
et surtout de la mer de Haarlem en 1846. De 1865 à 1885, la transformation se
précipitait; à la fin du xixe siècle, la vapeur évacuait déjà l'eau d'une plus
grande surface de polders que le vent. Actuellement dans les Pays-Bas, plus de
500 moulins marchent à la vapeur, près de 1 500 au vent. Dans un avenir prochain, l'électricité aura supplanté la vapeur; on aura des Centrales électriques qui
commanderont le service de plusieurs groupes de polders.

L'ORGANISATION DES TRAVAUX HYDRAULIQUES. — Pour le polderland une
bonne organisation du service des eaux est une nécessité vitale. Elle existe de
longue date, fondée par l'association des propriétaires de la terre sur le principe
de la défense en commun et de la coopération. On applique ce principe dans les
polders et dans les unions de polders.

La cellule primaire du système est le polder, c'est-à-dire tout territoire
entouré d'une digue. Dès l'origine, on voit que dans chaque polder la construc-

tion et l'entretien des digues, des fossés, des écluses et des ponts incombent aux habitants proportionnellement à l'étendue de leur propriété. Chaque polder possède son administration, élue parmi les propriétaires, qui règle les travaux et perçoit les redevances. Tout habitant contribue aux dépenses communes; mais, en cas de danger, il doit s'attendre à une réquisition personnelle. Jadis les administrations des polders avaient même des pouvoirs judiciaires; elles les ont perdus au profit des autorités provinciales ou nationales. Malgré tout, dans ses limites même modestes, le polder reste une unité territoriale et administrative, indépendante de la commune et de la province : il est rare que des limites de polders coïncident avec des limites de communes.

Ces polders ne peuvent vivre isolément; leur existence dépend, dans une large mesure, des polders voisins. Pour entretenir les digues, pour organiser l'écoulement des eaux, pour maintenir les canaux et les écluses, il faut une vue d'ensemble qui dépasse l'horizon d'un polder particulier. Aussi voit-on naître l'association presque en même temps que le polderland. Dans la Plaine maritime de Belgique, elle existe dès le XIIe siècle; les syndicats de polders s'y nomment *wateringen* (wateringues); ils sont administrés par une assemblée de grands propriétaires et par une commission exécutive chargée de diriger les travaux et de désigner les fonctionnaires (*watergraves* ou *dijkgraves*, receveurs). Au cours des temps, l'État intervint souvent dans ce système coopératif; mais, en fait, les wateringues ont toujours conservé leur autonomie, leur autorité élue, leur budget propre. En Zélande, nous trouvons au XVe siècle l'île de Walcheren partagée en quatre *wateringen*, chacun administré par le comte de la digue et les jurés; aujourd'hui presque rien n'a été changé; dans chaque watering, il y a un conseil composé d'un président, de quatre conseillers et de dix-huit commissaires, et un groupe de fonctionnaires appointés par le syndicat (greffier, receveur, ingénieur).

Partout dans les Pays-Bas nous voyons, de même, des associations locales chargées du service des eaux; elles portent différents noms, *waterschap, heemraadschap, hoogheemraadschap*, et elles présentent des variétés d'organisation; mais elles fonctionnent toutes sur les mêmes principes : assemblée dirigeante composée de propriétaires élus et désignant son président et son secrétaire; fonctionnaires exécutant les ordres de l'assemblée : *dijkgraaf, kadegraaf, poldermeester, gezworene* (juré), *heemraad* (inspecteur), *penningmeester* (trésorier).

Ces syndicats locaux exercent aujourd'hui une action beaucoup moins prépondérante qu'autrefois, car l'État, l'association nationale, revendique maintenant sa part d'autorité et de responsabilité dans ces grands services. Aux Pays-Bas, tout ce qui concerne les rivières, les canaux, les digues, les routes, les ports, les travaux hydrauliques se concentre sous le contrôle du *Waterstaat*, qui est le ministère du domaine des eaux. Cette administration ne remonte qu'aux dernières années du XVIIIe siècle; elle eut, avant de pouvoir s'organiser, à vaincre les résistances de l'esprit local si vivace aux Pays-Bas; elle s'installait définitivement en 1798. Elle introduit l'unité, la méthode, la force dans l'œuvre nationale de la défense contre les eaux; non seulement elle surveille et contrôle les associations locales, mais encore elle entreprend les travaux qui seraient trop lourds pour de petits groupements; elle réunit toutes les données et fait toutes les études nécessaires à leur exécution; elle classe et coordonne les observations hydrométriques dans le pays entier; elle a dressé une carte spéciale du royaume, dite carte du Waterstaat, à l'échelle de 1 : 50 000, achevée en 1892 et constamment revisée, comprenant cent quatre-vingt-trois feuilles en couleurs ; œuvre magnifique qui représente avec soin les polders, chemins, barrages, digues, écluses, travaux d'art. Contre l'eau, qui est l'ennemie héréditaire, l'État s'érige en protecteur du pays. S'il collabore toujours avec les associations locales nées au contact direct du danger, il n'en est pas moins l'âme de la résistance nationale [1].

V. — *LA PRÉPONDÉRANCE DE L'ŒUVRE HUMAINE*

De peu de contrées au monde on pourrait dire, à plus juste titre, que le paysage y est une œuvre de la civilisation. L'homme n'a pas eu partie gagnée dès le début; il a dû se plier aux conditions de la nature pour s'établir, mais il s'est fait peu à peu le maître de l'évolution du pays; cette maîtrise elle-même ne faiblit que lorsque l'homme lâche prise. Les plus cruels retours de la nature sauvage coïncident le plus souvent avec les reculs de la civilisation, de même que les triomphes du travail humain éclatent aux époques de richesse et de paix. A l'origine du peuplement, on constate plus de précocité et de stabilité dans les établissements humains des plaines de Flandre; c'est que, en arrière du cordon des dunes, il y a plus de sécurité. Par contre, on observe plus de lenteur et d'incertitude dans le peuplement des régions situées au Nord de l'Escaut, plus exposées aux inondations à cause de leurs chenaux et de leurs estuaires. Dans la Plaine maritime, des noms de localités apparaissent dès le VIIe siècle; le pays était asséché dès la fin du IXe; le long des estuaires, les premières digues se construisent au Xe siècle; de nombreux villages en *kerke* et en *kapelle* se fondent alors; au XIIIe siècle, le golfe de l'Yser se réduit à une petite crique. A l'abri des dunes, l'homme respire; son grand souci n'est plus que dans l'évacuation des eaux intérieures; il ne redoute plus la mer.

Il n'en est pas de même dans les régions plus septentrionales, où il faut faire front aux attaques de la mer et aux inondations des grands fleuves. Pendant longtemps, sur les côtes de Zélande et de Frise et le long du Rhin dans la Betuwe, les lieux habités ne furent autres que des tertres, des hauteurs artificielles appelées *terpen*, ou *wierden*; en l'absence de digues, c'étaient les seuls points émergeant au-dessus des hautes eaux. En Frise et Groningue, certains terpen portent encore des villages (fig. 41); en Zélande, ces buttes, beaucoup plus petites, ne pouvaient guère recevoir plus d'une famille; on les rencontre nombreuses aussi dans le delta du Rhin, où des noms comme Woerden et Hoogewoerd rappellent ce type d'établissement humain. On n'en vient aux digues qu'assez tard; l'art de les construire exigea de longues expériences. Il ne semble pas qu'on ait élevé des digues efficaces avant le XIIIe siècle. Le mot *polder* apparaît pour la première fois dans un nom de lieu en 1219. Nous savons que, au début du XIIe siècle, la plus grande partie de la Zélande était sans digues et, d'autre part, que le premier *watering* de Walcheren date de 1293. De même, il est question de digues dans le Rijnland vers la fin du XIIe siècle. On a l'impression que l'art hydraulique

---

1. Nous rappelons que, depuis 1818, le zéro de l'hypsométrie néerlandaise est le zéro de l'échelle d'Amsterdam, c'est-à-dire le niveau moyen des hautes marées dans l'IJ devant Amsterdam, à l'époque où ce bras de mer communiquait encore librement avec le Zuiderzee.

ne se développa qu'avec l'autorité des comtes de Hollande, c'est-à-dire avec la conscience d'un intérêt général. Le fait semble évident pour le delta du Rhin. Au XIe siècle, les rives de la Merwede et du Lek passent pour inhabitables à cause de leurs marais et de leurs fourrés ; mais, quand la Gueldre cesse d'être morcelée en petites seigneuries et que la souveraineté comtale s'y établit, on voit commencer la construction des digues ; au début, les grandes digues appartiennent

Fig. 16. — Polders maritimes, dans le Nord de la province de Groningue, d'après la carte des Pays-Bas à 1 : 50.000.

Les villages (Uithuizen et les autres) occupent l'ancien rivage. En avant de ce rivage, trois séries de polders, séparées par des digues (dijk). Champs allongés dans la direction de l'écoulement.

au domaine (*ban*) du comte : d'où leur nom de *bandijk* ; les premières sont signalées le long des bras du Rhin à la fin du XIIIe et au commencement du XIVe siècle (Tielerwaard, Bommelerwaard, Betuwe, Alblasserwaard). On commence à percevoir la liaison qui existe entre les progrès de la défense du sol et les progrès de l'organisation politique.

L'influence des événements humains sur le domaine des eaux se marque d'une manière permanente. L'histoire enregistre des conquêtes pendant les époques de travail, des catastrophes pendant les périodes de négligence. En Flandre zélandaise, les travaux d'endiguement commencent au XIIIe siècle par l'effort des moines de Gand, de Cambron, de Courtrai, de Ter Deest : jusqu'au dernier quart du xive siècle, les progrès sont remarquables. Mais, à la fin du xive et au début du xve siècle, en raison des troubles qui marquent en Flandre le règne de Louis de Nevers, on néglige les digues; des inondations ravagent le pays d'Oostburg et d'Ijzendijke; le large estuaire du Braakman gagne du terrain vers Axel. Durant une partie du xve siècle, le travail recommence; on édifie la fameuse digue du Comte Jean, qui protège les territoires de Bentille, de Caprycke, de Bassevelde et de Bouchaute; les grandes abbayes, constructrices de polders, ont des rivaux dans les riches bourgeois, tel le bourgeois Bladelin qui fait enclore de vastes espaces du Braakman. De 1477 à 1500, après la mort de Charles le Téméraire, sous le règne de Maximilien, on traverse une période de guerres; la mer, reprenant l'offensive, envahit de grands territoires le long de l'Escaut. Avec Charles-Quint, la paix revient; de grandes entreprises se fondent grâce aux capitaux de grandes familles, tels les Laureyns et les de Baenst; des terres sont conquises autour de Watervliet, de Wulpen et de Kadzand. Sous Philippe II, la guerre fait rage dans les Pays-Bas; Sluis et Groede sont inondés en 1583; presque tout le pays d'Axel se couvre d'eau. Après la paix, les endiguements reprennent; on reconstitue les polders ruinés entre Axel et Hulst, et dans l'Aardenburger Ambacht. Puis surviennent les guerres de la fin du xviie et du début du xviiie siècle; elles remettent en question les conquêtes faites sur l'eau et provoquent de nouvelles pertes. A partir du milieu du xviiie siècle, on revient au travail fécond; on restaure le domaine continental; on crée le Hoofdplat polder en 1775, le Thomaes en 1845, le Paulina en 1845, l'Elizabeth en 1865, le Koninginne polder en 1891; l'art des ingénieurs s'accroît en méthode et en puissance; tous les anciens estuaires, le Hellegat et le Braakman, reculent et s'acheminent chaque jour vers le dessèchement complet.

Les mêmes alternatives de succès et de pertes se retrouvent dans la lutte des Hollandais contre la mer. On note dans leur histoire trois époques d'offensive contre les eaux : l'une durant la première moitié du xive siècle, l'autre depuis le milieu du xvie jusqu'au dernier tiers du xviie, la troisième qui a commencé vers 1840. La seconde, la plus brillante, coïncide avec l'essor commercial des Provinces-Unies, avec la constitution de grosses fortunes coloniales; les bourgeois engagent leurs capitaux dans la conquête de la terre; c'est une époque héroïque de labeur pacifique, où, chaque année, les endiguements refoulent les eaux; ils gagnent annuellement 1 448 hectares de 1591 à 1615, 1 783 hectares de 1616 à 1640, 1 163 hectares de 1641 à 1665. C'est aussi le temps où les ingénieurs hollandais, passés maîtres dans les travaux hydrauliques, sont appelés sur tous les points de l'Europe, en Angleterre, en France et en Allemagne, où l'on veut pousser la lutte contre les eaux. La moyenne annuelle des territoires nouvellement endigués tombe à 500 hectares de 1666 à 1715. Elle ne se relève à un taux considérable, près de 1 600 hectares, qu'après 1840 : l'emploi des pompes à vapeur permet la mise en valeur des fonds de *meer* et aboutit à la création des grandes *droogmakerijen*.

Ainsi l'homme a marqué sur toute la nature l'empreinte de son travail. Il a dessiné les lignes du paysage en construisant les digues, en traçant les fossés rectilignes, en constituant les polders aux formes géométriques; il a fixé les limites de la terre et de l'eau sur un territoire que jadis elles se disputaient. Ces morceaux de sol hollandais, « ce n'est pas, dit Kohl, de la pierre, de la terre; c'est du sang, de la chair, de la sueur des hommes ». « Dieu ayant fait la mer, dit un proverbe,

Phot. A. Demangeon.

A. — POLDER DE LA VALLÉE DU RHIN, INONDÉ, A BEEK,
PRÈS DE BERG EN DAAL (NIMÈGUE).

Phot. A. Demangeon.

B. — LE BIESBOSCH, PRÈS DE WILLIAMSDORP.

Phot. Briquet.

A. — LA VALLÉE DE L'AMBLÈVE, PRÈS DE SON CONFLUENT AVEC L'OURTHE,
AU NORD-EST DE COMBLAIN-AU-PONT.
Au loin, le haut plateau des Fagnes

Phot. Briquet.

B. — STAVELOT : VUE DE LA VILLE. A DROITE, LA VALLÉE DE L'AMBLÈVE.
Petite ville ardennaise; dépression du haut plateau; boisements de conifères.

Phot. Briquet.

C. — HAN-SUR-LESSE.
Fond de méandre, abandonné par la rivière qui a été happée par le gouffre souterrain.
Plateaux calcaires, versants roides et boisés.

le Hollandais s'est chargé des côtes. » La conservation de son œuvre exige la persévérance de son labeur. Le pays tout entier prend à son compte la fière devise de la Zélande : *Luctor et emergo.*

BIBLIOGRAPHIE.

(Chapitres I et II.)

H. Baulig, Le relief de la Haute Belgique (*Annales de Géographie*, XXXV, 1926, p. 206-235). — H. Blink, *Nederland en zijne bewoners*, Amsterdam, 1892, 3 vol. — A. Briquet, Le sous-sol des Pays-Bas d'après les recherches récentes (*Annales de Géographie*, XXX, 1921, p. 334-350). — J. Cornet, Études sur l'évolution des rivières belges (*Ann. Soc. Géol. Belgique, Mémoires*, XXXI, 1904, p. 360-500). — P. Fourmarier, 1° *La tectonique de l'Ardenne belge*; 2° *La Géologie du pays de Liège*, Liège, 1922 et 1924. — M. Leriche, Les régions naturelles de la Belgique (*Revue de l'Université de Bruxelles*, 1913, p. 185-217). — J.-A. Pierrot, Études hydrologiques et géologiques. Bassin de la Meuse (*Ann. Assoc. Ingénieurs Gand*, 1891). — E. van den Broeck, E.-A. Martel et Ed. Rahir, *Les cavernes et les rivières souterraines de la Belgique*, Bruxelles, 1910, 2 vol. — C.-J. van Mierlo, La carte lithologique de la partie méridionale de la mer du Nord (*Bull. Soc. belge Géol.*, XIII, 1899, *Mémoires*, p. 219-265). — A.-A. Beekman, De Zuiderzee droogmaking (*Tijd. Kon. Nederland Aard. Gen.*, 1918, p. 743). — A.-A. Beekman, *Nederland als polderland*, Zutphen, 1915, 2° éd. — H. Blink, Der Rhein in den Niederlanden (*Forsch. zur deutschen Landes u. Volkskunde*, Stuttgart, 1889). — J.-G. Kohl, *Reisen in den Niederlanden*, Leipzig, 1850, 2 vol. — Mémorial publié à l'occasion du Cinquantenaire de l'Institut Royal des Ingénieurs néerlandais, La Haye, 1899. — G.-A.-F. Molengraff, *Niederlande. Handbuch der regionalen Geologie*, Heidelberg, 1913. — Fr. Müller, *Das Wasserwesen der niederländischen Provinz Zeeland*, Berlin, 1898. — Nederland (*Handboek voor de Kennis van*), 'S Gravenhage, 1922. — A. Norlind, *Die geographische Entwickelung des Rheindeltas bis zum Jahr 1400*, Amsterdam, s. d. — J.-C. Ramaer, *De omvang van het Haarlemmermeer.... voor de droogmaking*, Amsterdam, 1892. — E. Reclus, *Géographie Universelle*, tome IV, Paris, 1883. — J. Schramme, etc., *Des Polders*, Bruxelles; Paris, 1904. — M. Veros-Duverger, *De l'organisation des travaux publics en Belgique et en Hollande*, Paris, 1885. — G. de Vries, *De zeeveringen en waterschappen van Noord-Holland*, Haarlem, 1895. — W.-H. Wheeler, *The Sea Coast*, Londres, 1903.

DEUXIÈME PARTIE

LA BELGIQUE

CHAPITRE III

LA BELGIQUE. L'ÉTAT ET LA NATION

La Belgique est le dernier né des deux États qui se partagent le bassin inférieur du Rhin, de la Meuse et de l'Escaut. Il ne s'est pas fondé pour répondre aux vœux d'une nationalité. S'il existe maintenant en Belgique un sentiment national, il est le produit d'une formation politique. L'État belge naquit, non pas d'une force interne, mais d'une rencontre de forces extérieures. De grands États, qui avaient pensé absorber tous ses territoires, se mirent d'accord pour former un être politique avec ce qui restait. Fait significatif, presque toutes les provinces belges ont leur homonyme en pays voisin. Il y a une Flandre belge, une Flandre française, une Flandre néerlandaise; un Hainaut belge et un Hainaut français; une Lorraine belge et une Lorraine française; un Luxembourg belge et un Luxembourg grand-ducal; un Brabant belge et un Brabant néerlandais; un Limbourg belge et un Limbourg néerlandais. Le contrôle des bouches de l'Escaut ayant toujours été considéré comme un acte de portée internationale, tous les États voisins ont veillé aux destinées politiques des territoires belges. Le nom même de Belgique remonte loin dans le passé, puisqu'il vient des peuples celtes qui habitaient le pays, mais il n'a vraiment ressuscité, pour prendre un corps, qu'à l'époque moderne. Il s'applique à un État qui couvre 30 441 kilomètres carrés. Ses frontières s'étendent sur 67 kilomètres le long de la mer, 431 kilomètres vers les Pays-Bas, 100 kilomètres vers l'Allemagne, 129 kilomètres vers le Luxembourg et 614 kilomètres vers la France. Elles résultent d'une longue histoire. Elles ne sont pas d'origine naturelle, mais politique.

I. — LA FORMATION DES FRONTIÈRES DE LA BELGIQUE

Jusqu'au début du XIXe siècle, l'État français nourrit des projets de conquête sur le territoire des « Pays-Bas ». Au cours de sa croissance, il avait déjà plusieurs fois arrondi son domaine à leurs dépens. Depuis le moyen âge, les provinces

françaises limitrophes des Pays-Bas avaient leurs intérêts économiques tournés
vers l'Escaut; les bonnes terres à froment de Picardie avaient leurs marchés en
Flandre, pays ouvrier et pastoral. L'Artois vendait ses grains et ses laines à Gand
et à Bruges; sur sa lisière septentrionale s'échelonnait une série de villes, Calais,
Guines, Aire, Lillers, Saint-Venant, Béthune, Lens et Douai, qui expédiaient les
blés par bateau vers les Flandres. La France, ayant annexé l'Artois en 1659,
voulut conquérir ce qu'elle considérait comme le complément économique de
cette province; elle réunit en 1668 et en 1678 la Flandre méridionale et le Hainaut.
De chaque côté des frontières sans cesse déplacées, la pénétration économique
s'étendait fort loin; villes françaises et villes flamandes appartenaient à une même
communauté industrielle fabriquant le drap. Ypres, Gand et Bruges, aussi bien
que Saint-Omer, Valenciennes, Lille et Douai, trafiquaient au xIIe siècle avec les
foires de Champagne. C'est de Courtrai et de Gand, que Valenciennes, Cambrai
et Saint-Quentin reçurent au xvIe siècle les procédés de la fabrication des toiles
fines; c'est d'Arras que la sayetterie vint s'établir à Amiens au xve siècle. Cette
liaison économique, fort étroite encore au xvIIe siècle, semblait à la royauté
française une raison de réaliser l'union politique. Cette ambition ne réussit
qu'en partie; elle dut s'arrêter en route devant la volonté des Flamands et surtout
devant l'opposition de la Hollande et de l'Angleterre. Un instant les armées de la
Révolution réalisèrent le rêve de la monarchie française; la Belgique, annexée à
la République française, fut divisée en neuf départements : Lys (Bruges), Escaut
(Gand), Dyle (Bruxelles), Deux Nèthes (Anvers), Meuse inférieure (Maastricht),
Sambre-et-Meuse (Namur), Ourthe (Liége), Jemappes (Mons), Forêts (Luxembourg). Mais le régime français sombra sous l'attaque de l'Europe. Pour mettre
les bouches de l'Escaut et du Rhin à l'abri de toute domination trop puissante,
les traités de 1815 créèrent un État des Pays-Bas, qui englobait avec les Provinces-Unies les ci-devant Pays-Bas catholiques ou Belgique; on exécutait même
de 1816 à 1821 de grands travaux de fortification pour barrer la route à tout
retour offensif de la France. La frontière de la Belgique vis-à-vis de la France
redevenait, dans ses grands traits, ce que Louis XIV l'avait laissée.

Du côté des Pays-Bas, la fixation de la frontière belge s'accomplit en deux fois;
du côté du Nord, elle date du traité de Munster (1648); du côté de l'Est, du traité
de 1839, qui régla la séparation de la Belgique et des Provinces-Unies. Du côté
du Nord, comme du côté de la France, cette frontière est une limite de conquête;
car les Provinces-Unies, aussitôt constituées en un État, visèrent à dominer les
bouches de l'Escaut, afin de défendre Amsterdam et leurs ports contre la concurrence d'Anvers. Les agrandissements territoriaux que leur laissent les traités
de Westphalie consacrent à leur profit le démembrement du territoire belge;
elles annexent la moitié du Brabant avec Bergen op Zoom, Breda, Bois-le-Duc et
Grave; Maastricht avec une partie du Limbourg; la Flandre zélandaise avec
l'Écluse, Philippine, Sas de Gand, Axel, et Hulst. Ces annexions coupaient les
bouches de l'Escaut de leurs communications directes avec la vallée du Rhin et
surtout avec la mer. Jusqu'à la fin du xvIIIe siècle, l'État hollandais s'opposa
toujours à l'ouverture de l'Escaut.

Après l'écroulement du régime français en 1813, la Belgique, restée sans
propriétaire, fut attribuée par les États victorieux au royaume des Pays-Bas.
Dans la pensée des Alliés d'alors, ce nouvel État devait former boulevard contre
la France. Mais, l'union de la Belgique et des Pays-Bas n'ayant pas été heureuse,

les grandes Puissances réglèrent la séparation; il fallut partager des territoires fort enchevêtrés le long de la Meuse. On assura aux Pays-Bas la possession intégrale de la rive droite de la Meuse, et l'on constitua cette pointe paradoxale du territoire néerlandais, qui, à travers le Limbourg, s'avance jusqu'à Maastricht. Pour dédommager la Belgique de ce qu'elle perdait ainsi sur les rives de la Meuse, on lui attribua la partie wallonne du duché de Luxembourg; le duché de Luxembourg appartenait d'ailleurs en 1790 tout entier aux Pays-Bas autrichiens; et la Belgique, héritière de ces Pays-Bas, pouvait, non sans raison, soutenir que cette compensation équivalait pour elle à un démembrement.

Ainsi s'acheva la constitution territoriale de l'État belge, État neutre, sous le contrôle et par la volonté d'États rivaux, parmi lesquels la Grande-Bretagne joua toujours un rôle de premier plan. Jamais elle ne consentit à laisser entre les mains d'un État puissant les bouches de l'Escaut, la route commerciale vers l'Europe centrale. Si elle lutta contre la Révolution et l'Empire, c'est parce qu'Anvers était devenu français. Si elle entra dans la guerre de 1914, c'est parce que l'Allemagne ne cachait pas son dessein d'en faire un port allemand.

Le tracé des frontières de la Belgique, œuvre de la politique d'autres pays, n'assure pas son entière indépendance. Libérée d'une neutralité qui ne l'a point garantie contre les convoitises et les violences de son voisin de l'Est, elle a reçu, après la Grande Guerre, les territoires en grande partie wallons d'Eupen et Malmédy, mais Anvers se trouve toujours séparé de son arrière-pays allemand par la longue bande de territoire néerlandais du Limbourg. L'idée de joindre Anvers au Rhin par un canal hante les esprits depuis le XVIIe siècle; mais cette jonction serait impossible sans le consentement et même le concours des Pays-Bas. N'est-il pas à craindre qu'ils hésitent devant un projet qui a pour but le développement du rival de Rotterdam?

La situation se présente bien plus grave du côté de l'Escaut. L'Escaut, le chenal d'Anvers, traverse, pour gagner la mer du Nord, 70 kilomètres de territoire néerlandais. Toute sa rive gauche, ou Flandre zélandaise, appartient au royaume des Pays-Bas. Cette question territoriale des bouches de l'Escaut domine toute l'existence d'Anvers. Depuis 1648 jusqu'en 1793, de par les traités de Westphalie, cette issue vers la mer lui fut interdite, et ainsi son commerce ruiné. La liberté de l'Escaut, reconnue par les traités de Vienne, appartient maintenant au droit européen. Mais ces traités n'ont pas touché à la souveraineté territoriale. En temps de paix, tous les travaux à faire sur le fleuve ne peuvent s'exécuter qu'en accord avec les Pays-Bas. En temps de guerre, les Pays-Bas peuvent bloquer les passes et interdire l'accès d'Anvers. Politiquement, les Pays-Bas considèrent l'Escaut maritime comme des eaux intérieures; ils y agissent sans autre guide que leur propre intérêt. Mais, du point de vue de la Belgique, le tracé de ses frontières fait peser une servitude sur sa grande voie maritime.

II. — *LES NATIONALITÉS EN BELGIQUE*

Dans ce petit État qui se place sur les confins du monde roman et du monde germanique, deux langues se partagent la population : une langue romane qui est le wallon et une langue germanique qui est le flamand. Cette dualité linguistique peut avoir une portée profonde sur la politique intérieure du pays et sur la consistance de la nationalité belge (fig. 17).

Numériquement les Flamands l'emportent sur les Wallons. Depuis qu'il existe de bons recensements, on remarque toutefois l'accroissement du nombre des habitants qui parlent le wallon ou le français : leur proportion par rapport à la population totale a passé de 421 p. 1 000 en 1841 à 505 en 1920[1].

A quelques détails près, la limite des deux langues n'a pas changé depuis des siècles ; on a l'impression de deux blocs immuables, cantonnés sur leur territoire propre. Le wallon occupe les provinces de Hainaut, de Namur, de Liége et de Luxembourg, c'est-à-dire le haut pays. Le flamand occupe les provinces de

FIG. 17. — Carte de la Belgique, donnant la division par provinces.
1, Limite de la langue wallonne et des langues germaniques ; 2, Limite du flamand et de l'allemand.

Flandre occidentale, de Flandre orientale, d'Anvers et de Limbourg. Seul le Brabant se partage nettement entre les Wallons (660 116 en 1920) et les Flamands (804 145) ; l'agglomération bruxelloise est une zone d'interpénétration des deux

1. Les statistiques donnent pour 1920 les résultats suivants, qui ne sont pas tout à fait comparables à ceux des statistiques précédentes, les questions posées n'étant plus exactement les mêmes.

Nombre d'habitants parlant :		Proportion pour 100.
Le français seulement.	2 855 835	38,55
Le flamand seulement.	3 187 073	43,04
L'allemand seulement.	16 877	0,23
Le français et le flamand.	960 960	12,98
Le français et l'allemand.	45 073	0,61
Le flamand et l'allemand.	2 350	0,03
Les trois langues.	34 158	0,46
Aucune des trois langues.	303 243	4,10
Total	7 405 569	100,00

éléments. Partout ailleurs les deux langues s'observent sans se mêler; dans une même ville, elles vivent à part; dans les villes de contact, comme Renaix, on parle flamand sur le côté d'une rue, wallon sur l'autre côté. Entre les Flamands et les Wallons, il y a des différences physiques et mentales : les Flamands, de tête allongée, de plus grande taille, de carnation claire, solides, lourds, taciturnes, renfermés, travailleurs obstinés; les Wallons, plus petits et trapus, de tête ronde, plus bruns, plus légers, plus ardents, plus spontanés. Souvent la même domination politique les a unis; jamais ils ne se sont fondus.

Le wallon qu'on parle en Belgique n'est, comme le picard, qu'un patois français. Son nom même (*Welsch*, *Wallus*, *Gallus*), d'origine germanique, le désigne comme le champion des langues romanes contre les langues germaniques. Son domaine s'enfonce comme un coin dans la masse germanique, entre les Flamands du Limbourg et les Allemands de Lorraine; appuyé sur d'anciennes villes comme Liége, défendu par son pays accidenté et forestier, il y tint tête, sans faiblir, à la poussée de la langue ennemie, sans autre dommage que l'acquisition de certains mots et de certaines tournures germaniques et de ces fortes aspirations qui rendent le patois de Liége plus dur et plus difficile à comprendre que le picard. De Liége à Mons et à Tournai, on reste dans cette atmosphère de langage français . « Sans doute, dit Vidal de la Blache, les différents patois qui se parlent en pays wallons ne flattent pas l'oreille par des sons très harmonieux, ni toujours très intelligibles, mais alors même qu'on ne comprend pas, on se sent dans sa langue. Des intonations connues, l'abus des diphtongues nasales, de vieux mots qu'on saisit au hasard dans le flux du discours vous transporteraient dans quelque village picard. Il y a aussi ces éternels traits de race du vieux peuple gaulois, le goût des reparties piquantes et le plaisir d'exercer sa langue. On a toujours eu le mot vif et le franc parler à Tournai, à Dinant, à Liége, et même envers les puissants, et non sans risques. Les dictons satiriques pleuvent de village en village, et l'on s'y fait, comme en notre pays de France, une guerre acharnée de plaisanteries et de malices. Cette population joyeuse et hardie est une vraie fille du sol gaulois, une plante vivace qui a conservé la saveur du cru. »

Le wallon dut très tôt son importance politique et sociale à ses parentés françaises. Par l'usage des gens cultivés, le français devint la langue de la haute société, l'instrument du progrès intellectuel, même en pays flamand. En Flandre, l'aristocratie et la bourgeoisie adoptèrent le français comme langue principale. Cette prépondérance du français remonte loin dans le passé, aux comtes de Flandre qui étaient les vassaux des rois de France, au clergé de Flandre qui dépendait au moyen âge de l'archevêché de Reims, aux hommes d'affaires qui fréquentaient les foires de Champagne. Dès le XIIIe siècle, on suit le français dans les monastères flamands; on le parle à la cour; il remplace le latin dans les chartes et les comptes. Plus tard, sous les ducs de Bourgogne, toutes les hautes classes l'emploient. Depuis cette époque, on peut dire qu'on n'a jamais cessé en Flandre de l'accepter et de le pratiquer comme la langue d'une civilisation plus raffinée et comme l'organe de communication intellectuelle avec un grand peuple. Par les livres, par les journaux, par les théâtres, il maintient encore sa primauté sur les esprits; il l'exerce particulièrement à Bruxelles, qui dessine, le long de la frontière des langues, une véritable enclave française en terre flamande. Pour beaucoup de Belges, même flamands, cette diffusion du français apparaît comme une nécessité matérielle : pour un peuple qui parle une langue de petite circulation comme le flamand, il faut une seconde langue qui ne le cantonne pas et qui le rattache au plus grand monde, et cette seconde langue nationale ne peut être que le français.

LE MOUVEMENT FLAMINGANT. — Le flamand prétend aujourd'hui à plus d'indépendance; il veut se suffire à lui seul, même pour les relations universelles. Ce mouvement flamingant commença seulement vers le milieu du xixe siècle, mais ce retard s'explique. La langue flamande, appelée jadis thiois (*dietsch*) par les Wallons, est un dialecte du *platt deutsch*, comme le néerlandais. Elle eut au moyen âge une littérature; des textes écrits la fixaient déjà. Mais l'usage du français par les hautes classes la relégua au rang de patois populaire. Mais, après 1830, dans une Belgique indépendante, elle prit conscience de sa force. Les premiers recensements de Belgique furent une surprise, même pour les Flamands, auxquels ils révélèrent leur véritable proportion dans le pays : 7 contre 4. Le clergé se fit l'apôtre de la langue populaire; issu lui-même des classes humbles, il aimait sa langue maternelle, et il la défendait dans l'intérêt de la religion. En face des Wallons frondeurs, il s'opposait à toute francisation comme dangereuse pour la foi. Les paysans, les petits bourgeois, les prêtres accueillirent avec enthousiasme l'idée d'une rénovation de la langue flamande; à ce sentiment national s'ajoutait la volonté d'une réaction contre le français. Depuis la fin du xviiie siècle, sous l'influence de l'esprit centralisateur qui soufflait de France, le français avait été imposé officiellement dans la vie publique; en 1793, on avait supprimé l'emploi du flamand dans les tribunaux; après 1830, le français devint la langue de l'État, des lois, des tribunaux, des assemblées, de l'armée. Aussi le réveil flamand se fit contre le français, au nom des langues germaniques. On rechercha ses parentés germaniques; on se rapprocha du néerlandais. Le flamand fut adopté en 1864 comme langue littéraire et enseigné dans les écoles de la Belgique flamande. Les conquêtes du flamand n'ont plus cessé.

Le programme flamingant repose sur cette idée que la langue, c'est tout le peuple : « De taal is gansch het volk ». Pratiquement toute la vie matérielle et morale d'un peuple dépend de l'usage de sa langue maternelle. Plus sa langue est forte, mieux il est outillé pour la pensée et pour l'action. Il est mauvais que la classe dirigeante se distingue des autres en parlant une langue étrangère; il faut qu'elle-même parle et pense en flamand. Pour cela, il faut donner à tous les Flamands un enseignement complet dans leur propre langue, non seulement aux gens du peuple, mais encore à tous ceux qui forment son élite, depuis l'école jusqu'à l'Université, afin qu'un même esprit pénètre dans toute la société. Voilà pourquoi, la Belgique ayant quatre universités de langue française, Gand, Liége, Louvain et Bruxelles, les Flamands ont voulu avoir la leur à Gand.

La langue flamande exige liberté et égalité complètes dans le pays. Une série de lois ont reconnu la même valeur aux deux langues : emploi obligatoire du flamand dans toutes les écoles et par tous les fonctionnaires en pays flamand; emploi de la langue du prévenu dans l'instruction criminelle et les plaidoiries; emploi du flamand au même titre que le français dans les débats législatifs ainsi que dans la rédaction et la publication des lois; connaissance obligatoire du flamand pour presque tous les fonctionnaires susceptibles d'entrer en rapports avec des Flamands. Jusque dans les moindres détails, on montre en Belgique le souci de tenir la balance officielle égale entre les deux langues : inscriptions bilingues sur les monnaies, sur les billets de banque, sur les timbres-poste, sur les plaques des rues, sur les affiches des gares. Il existe, en fait, deux langues nationales en Belgique.

La nationalité belge. — Cette dualité de langues pose le problème de la nationalité belge. Y aurait-il deux nationalités en Belgique? Malgré la coexistence de trois langues, on ne peut nier la solidité de la nationalité suisse. C'est que la république suisse a derrière elle une existence six fois séculaire et que cette longue vie en commun a cimenté les trois éléments. Quant à l'État belge, il n'a pas encore duré un siècle. Wallons et Flamands n'ont pas encore trouvé l'équilibre et la règle de leur régime d'association; il en résulte des passions qui agitent l'État. Certains pensent que cette dualité correspond à une dualité de civilisations et d'intérêts matériels : d'un côté, en Flandre, des paysans assez arriérés, courbés sur une terre qu'ils ne possèdent pas, satisfaits d'un bas niveau de vie, émigrant pour améliorer leur sort; de l'autre, en Wallonie, des paysans aussi, des villageois, souvent propriétaires de leur champ, plus instruits, plus aptes à de hauts salaires; d'un côté, les intérêts commerciaux d'un grand port qui vit en partie du trafic étranger; de l'autre, une région industrielle qui craint la concurrence de l'étranger; d'un côté, la Flandre qui ne veut plus parler que sa propre langue; de l'autre, la Wallonie qui ne veut pas laisser opprimer la sienne par la langue de la majorité. Voilà, dit-on, les éléments d'un séparatisme. En réalité, on ne voit pas les deux parties de la Belgique vivre à part, séparées par une vraie frontière, isolant ce qui n'existerait plus ou dépérirait sans l'unité belge, Anvers, Bruxelles, Charleroi et Liége, le Congo. Mais on peut très bien concevoir, à la place de l'État actuel, qui a été conçu sur le type centralisé, un État construit sur le type fédératif, qui laisserait aux deux groupes leur autonomie sans détruire la solidarité nationale.

Rien dans le passé de la Belgique ne fait de la centralisation la condition de l'unité nationale. Car l'histoire politique du pays nous révèle surtout des traditions de vie municipale et corporative, de provincialisme, de particularisme; elle nous montre les brillantes destinées des dynasties locales et des grandes communes; elle témoigne même du caractère décentralisé de souverainetés uniques, comme celle de la maison de Bourgogne et de ses héritiers espagnols et autrichiens. De nos jours, les provinces ont succédé presque dans les mêmes cadres aux anciens comtés et duchés, aux anciennes principautés : Luxembourg, Liége, Namur, Hainaut, Brabant, Flandre. En face de l'État, elles conservent des compétences et des droits beaucoup plus étendus que n'en possèdent les départements de la France centralisée. L'histoire elle-même semble avoir préparé la Belgique à un régime fédératif faisant une large place aux libertés locales et aux autonomies régionales.

BIBLIOGRAPHIE

H. Pirenne, *Histoire de Belgique*, Bruxelles, 5 vol., 1908 à 1921. — *Congrès international pour l'extension de la langue française*, 2e session, Arlon-Luxembourg-Trèves, Paris, 1908. — Th. Denecke, *Sprachverhältnisse und Sprachgrenze in Belgien*, Hambourg, 1915. — K. Brämer, *Nationalität und Sprache in Belgien (Forsch. Landes und Volkskunde)*, Stuttgart, 1887. — J. Destrée, *Wallons et Flamands*, Paris, 1923. — R. Dollot, *Les origines de la neutralité de la Belgique*, Paris, 1902. — Baron Guillaume, *L'Escaut depuis 1830*, Bruxelles, 1902. — G. Kurth, *Notre nom national*, Bruxelles, 1910; *La frontière* linguistique en Belgique et dans le Nord de la France (*Acad. Sc. Lettres et Beaux-Arts de Belgique*), in-8°, XLVIII (Lettres), Bruxelles, 1895 et 1898. — H. Charriaut, *La Belgique moderne*, Paris, 1910. — H. Heyman, *La Belgique sociale*, Paris, 1916. — P. Reclus, Le progrès du français dans l'agglomération bruxelloise (*La Géographie*, 15 nov. 1913).

RENSEIGNEMENTS STATISTIQUES

ARRONDISSEMENTS	SUPERFICIE EN HECTARES		POPULATION EN 1925	
PROVINCE D'ANVERS	283 157		1 101 454	
Anvers		97 156		697 405
Malines		50 359		219 485
Turnhout		135 642		184 564
PROVINCE DE BRABANT	328 297		1 611 952	
Bruxelles		110 710		1 147 694
Louvain		112 766		285 919
Nivelles		104 821		178 339
PROVINCE DE FLANDRE OCCIDENTALE	323 396		865 006	
Bruges		65 559		172 600
Courtrai		44 305		225 488
Dixmude		34 337		45 475
Furnes		28 380		41 387
Ostende		29 594		91 279
Roulers		29 721		108 421
Thielt		30 445		71 094
Ypres		61 057		109 262
PROVINCE DE FLANDRE ORIENTALE	300 028		1 119 591	
Alost		47 121		217 242
Audenarde		41 248		112 411
Eecloo		36 211		69 517
Gand		90 632		408 398
Saint-Nicolas		49 819		167 665
Termonde		34 997		144 388
PROVINCE DE HAINAUT	372 166		1 258 358	
Ath		49 328		84 743
Charleroi		56 099		446 978
Mons		61 124		265 334
Soignies		54 770		168 009
Thuin		90 823		137 700
Tournai		60 022		155 594
PROVINCE DE LIÈGE	289 811		949 301	
Huy		72 120		99 045
Liège		75 750		541 925
Verviers		100 081		236 230
Waremme		41 860		72 101
Eupen et Malmédy[1]	98 942		59 785	
PROVINCE DE LIMBOURG	240 766		330 656	
Hasselt		90 895		149 209
Maeseyck		86 106		72 509
Tongres		63 765		108 938
PROVINCE DE LUXEMBOURG	441 812		222 195	
Arlon		32 051		40 843
Bastogne		98 981		40 917
Marche		93 663		42 291
Neufchâteau		145 882		56 515
Virton		72 035		41 629
PROVINCE DE NAMUR	366 626		353 363	
Dinant		157 081		86 945
Namur		112 442		208 341
Philippeville		96 503		58 077
LE ROYAUME (Capitale : BRUXELLES)	3 044 101		7 871 661	

1 Les cantons d'Eupen, Malmédy et Saint-Vith sont rattachés depuis 1925 à la province de Liège.

CHAPITRE IV

L'ARDENNE. LE PAYS LORRAIN. LE CONDROZ
ET L'ENTRE-SAMBRE-ET-MEUSE

I. — L'ARDENNE

Pays haut et froid, l'Ardenne apparaît dans le langage populaire avec la figure originale d'une région naturelle bien distincte des voisines. Elle dépasse presque partout 400 mètres, se maintient sur de larges surfaces à plus de 500 mètres et atteint 651 mètres à la Baraque de Fraiture, 675 mètres à la Baraque Michel et 692 mètres à Botrange. La notion de forêt y est inséparable de la notion de haut massif; de partout on entre en Ardenne en traversant de grands bois; de loin elle s'annonce par la ligne sombre des masses d'arbres; aux siècles passés, avant les grands défrichements, les voyageurs la décrivaient comme une vaste solitude forestière peuplée d'animaux sauvages. « Terra montuosa et ferarum abundans », dit un texte du xive siècle. Son nom est un vieux mot celtique qui, comme celui de Hardt, comme le mot germanique de *Wald*, associe l'idée de montagne et l'idée de forêt. A la notion populaire d'Ardenne, il s'ajoute un concept de pays pauvre, dur à cultiver, par opposition aux campagnes dorées de la Moselle et de la Lorraine; elle repose sur un sol de quartzites et de phyllades, de grès et de schistes, pauvre en calcaire, à peine vêtu d'une pellicule de terre maigre.

Les hauts plateaux ardennais forment une masse triangulaire dont on peut situer les sommets vers Hirson en France, Diekirch en Luxembourg et Düren en Prusse rhénane; ils appartiennent à quatre États, mais la plus grande partie se trouve en Belgique. Le cœur de l'Ardenne s'étend entre la Meuse et l'Amblève. Vers les extrémités, des noms locaux s'appliquent parfois à certains de ses cantons : Thiérache, en France, à l'Ouest de la Meuse; Œsling, dans le Grand-Duché de Luxembourg; Hautes Fagnes ou Hohe Venn entre l'Amblève et le pays d'Aix-la-Chapelle; plus à l'Est, au delà de la dépression large où s'écoulent en sens inverse la Ruhr (Roer) vers la Meuse et l'Our vers la Moselle, l'Ardenne cesse; c'est alors sous le nom d'Eifel que le massif primaire se continue jusqu'au Rhin. L'Ardenne s'étend, en tout, sur une superficie d'environ 10 225 kilomètres carrés (fig. 18).

La nature ardennaise. — Quand on vient du dehors en suivant une vallée, l'Ardenne donne l'impression d'un pays de montagne. Semois, Lesse, Ourthe, Amblève, Vesdre, toutes les rivières en sortent par des couloirs sinueux et sau-

A. — LE VILLAGE DE HOCKAI, DANS LES HAUTES FAGNES, A L'EST DE SPA.
Surface tranquille du plateau ardennais; pâtures; horizon de forêts. Altitude : 560 mètres.

B. — HABITATION RURALE A HAUT-FAYS, DANS L'ARDENNE, AU SUD DE BEAURAING.
Maison épaisse, construite en schiste, avec un revêtement de planches.

Phot. A. Demangeon.

A. — LE TRAVAIL EN FORÊT, A HAUT-FAYS, DANS L'ARDENNE.
L'ÉCORÇAGE DES CHÊNES.

Phot. A. Demangeon.

B. — MAZÉE, VILLAGE BELGE AU SUD-OUEST DE GIVET.
Maisons groupées dans un vallon des plateaux calcaires, non loin de la vallée du Viroin.

vages, où les eaux se divisent, en bouillonnant, entre les blocs qui jonchent le
lit. La masse des bois enveloppe tout de silence et d'ombre ; c'est seulement quand
on débouche sur les plateaux que l'horizon se découvre. On voit alors s'étendre
de vastes surfaces monotones, faites d'ondulations tranquilles et de larges dépressions sans pente ; sur ces croupes à peine mouvementées règnent des pâtures
entourées de fils de fer ; des plantations de pins dressent leur maigre silhouette ;
dans la paix des landes et des bois, sous le voile des longues brumes qui parfois
assombrissent même les matinées d'été, le paysage apparaît triste et sévère ; des

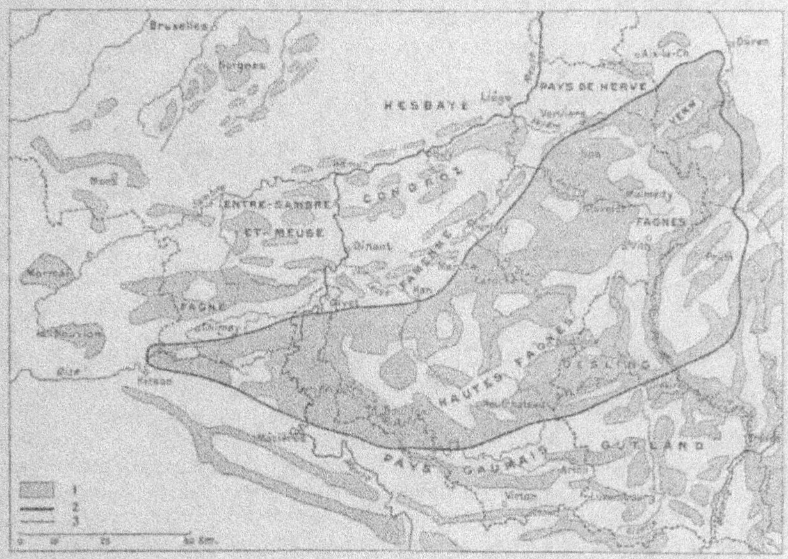

Fig. 13. — Haute-Belgique et Luxembourg. L'Ardenne.
1, Forêts ; 2, Limite de l'Ardenne ; 3, Limites d'États.

tourbières nues et désolées couvrent les parties les plus hautes des plateaux,
entre Malmédy et Verviers, entre Houffalize et Stavelot (Pl. II et VIII, A et B).

Par son climat original, l'Ardenne prend figure de pays montagnard. Les
chutes de pluie dépassent un mètre partout ; elles atteignent même 1 100 à
1 200 millimètres dans la région des sources de la Lesse et de l'Ourthe, 1 300 millimètres autour de la Baraque Michel. Elles tombent en novembre et décembre,
amenées par les dépressions océaniques, ainsi qu'en juin et juillet, provoquées
par de gros orages. Cette humidité du climat amène de fréquents brouillards :
150 jours par an à la Baraque Michel, contre 65 à Bruxelles. Dans cette atmosphère toute imprégnée de vapeur, les troncs d'arbres se couvrent de mousses et
de lichens ; parfois de superbes touffes d'épiphytes pendent des branches. Mais
la nature ardennaise se distingue surtout par ses hivers rigoureux. La moyenne
de janvier y est de 5° inférieure à celle d'Ostende : c'est pour ce mois le même
écart qu'on observe entre Paris et Stockholm. Les gelées commencent et finissent

tard; la première paraît en moyenne le 5 octobre à Bastogne, la dernière, le 11 mai. L'année compte 98 jours de gelée à Spa, 112 à Stavelot, 145 à Bastogne. Durant l'hiver de 1896, il a gelé à Bastogne pendant 75 jours consécutifs (fig. 19). La neige tombe tard en saison et dure longtemps. La violence des vents sur ces hauts plateaux rend les hivers plus pénibles encore; elle tord et déjette les arbres; elle compromet la végétation du pin sylvestre. Les hommes doivent se protéger contre la bise; en haute Ardenne, on voit les maisons se revêtir, du côté menaçant, d'ardoises et de tôle, leur toit bas descendre jusqu'à terre; elles se tapissent derrière de hauts remparts d'épicéas ou de hêtres.

Sous des conditions si rigoureuses, la période de végétation dure six semaines de moins qu'aux environs de Liége. Au moment même où la Hesbaye effectue déjà ses semailles d'hiver et où la Flandre soigne ses cultures dérobées de navets, l'Ardenne n'a pas encore fait la moisson de l'avoine. L'âpreté du climat, hostile aux céréales, ne laisse quelque répit qu'à la forêt, forêt de chênes, de charmes, de hêtres et de bouleaux et forêt d'épicéas et de pins sylvestres. Aussi, dans la physionomie géographique de l'Ardenne, c'est la forêt qui donne le trait original qu'on perçoit dès l'abord.

L'ÉCONOMIE ARDENNAISE. — La forêt couvre toujours de grands espaces en Ardenne; dans certains arrondissements, elle occupe souvent plus du quart et parfois plus du tiers du territoire. « Immense forêt de petits chênes », selon l'expression de Michelet, elle n'a pas la luxuriance des futaies de la forêt de Soignes. Même quand on les abandonne à toute leur venue, les arbres ne s'élèvent jamais haut; sur les plateaux battus par les vents, ils ne trouvent pas de défense; il faut descendre dans les vallées abritées pour les voir se grouper en bois épais. A l'origine, le peuplement de ces forêts ardennaises ne comprenait pas de résineux, mais uniquement des feuillus : le chêne, le hêtre, auxquels s'associaient le charme, le coudrier et le bouleau. Depuis le milieu du XIXe siècle, la plantation méthodique des résineux tend à transformer le pays (Pl. X, A).

Durant des siècles, la forêt fit partie intégrante de l'économie ardennaise; par leurs droits d'usage, les paysans en tiraient des ressources précieuses, bois, pâturage et litière. Ces habitudes n'ont pas encore entièrement disparu; dans beaucoup de villages, les bois, propriété communale, s'exploitent au profit de tous; la commune vend, au grand bénéfice de son budget, les écorces et le produit des coupes de bois faites dans les futaies et les pineraies; chaque famille reçoit son bois de chauffage, un terrain d'essartage; elle possède un droit de litière, de ramilles, de faînes et de glands; les travaux dans les bois fournissent de l'ouvrage aux habitants pendant l'hiver. La pratique du sartage, qui consiste à mettre en culture des morceaux de forêt défrichée en brûlant le gazon et les branches sèches, tombe en désuétude, mais elle se perpétue encore le long des vallées de la Meuse en France, de la Semois en aval de Bouillon, de l'Ourthe entre Houffalize et Laroche, de la Sure près d'Esch en Luxembourg; à l'arrière-saison, d'épaisses fumées se répandent sur les pentes et, poussées par le vent, portent au loin leur âcre senteur.

Mais cet antique procédé recule partout depuis que le progrès agricole a pénétré dans ces pays arriérés. Depuis le dernier quart du XIXe siècle, l'évolution marche à pas de géant. Pour avoir des terres plus fertiles, on ne se contente plus de l'essartage et de la jachère. Par l'emploi des engrais commerciaux et le développement des fourrages artificiels, on a multiplié les ressources alimentaires des bestiaux, augmenté le cheptel et accru les quantités du fumier qu'on peut fournir à la terre. L'Ardenne est un de ces pays, anciennement pauvres, que l'économie nouvelle a faits riches. Partout s'étendent les pâtures, les prairies, les fourrages artificiels, parfois jusqu'à occuper plus de la moitié du territoire, comme à Sibret, à Bastogne, à Neufchâteau, à Houffalize. Les villages, jadis concentrés sur eux-mêmes et ne produisant que pour leur propre consommation, se tournent

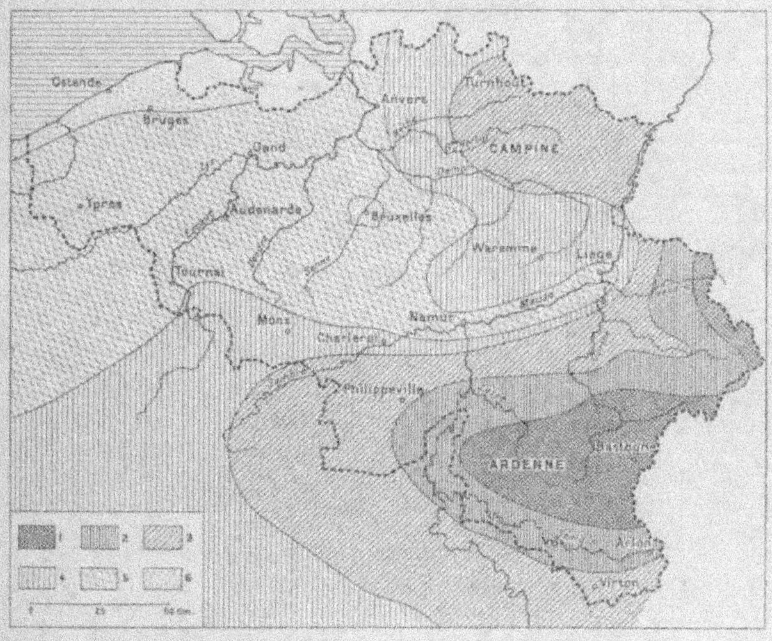

Fig. 19. — Carte des gelées en Belgique.

Nombre de jours de gelée par an : 1, De 120 à 140; 2, De 100 à 120; 3, de 80 à 100; 4, De 70 à 80; 5, De 60 à 70; 6, De 50 à 60. On remarque le contraste entre la Haute-Belgique et la Basse-Belgique, et le caractère déjà froid et continental de la Campine.

maintenant vers le marché général. L'Ardenne, qui ne vendait jadis que ses bois, expédie aujourd'hui du bétail, du beurre, des pommes de terre, de l'avoine.

Les cultures traditionnelles, le seigle, l'avoine, la pomme de terre, gardent encore une place dans les « terres à champs ». Mais toute l'attention va dorénavant au bétail. On abandonne les vieilles coutumes de l'élevage extensif, la pâture dans les bois, le troupeau communal mené chaque jour par le berger communal sur les terres vagues, les prairies laissées sans drainage et sans irrigation. Chaque village ardennais jusque près des hauts sommets s'entoure maintenant d'une zone de pâtures soignées, tout enclose de pieux, de palissades et de fils de fer. Chaque ferme considère ses bêtes comme sa grande richesse. Sur une petite exploitation de 30 hectares, il n'est pas rare de compter une vingtaine de bêtes à cornes, deux chevaux et une dizaine de porcs.

Les bêtes à cornes sont par excellence des bêtes de rapport. Le pays ne se prête pas à l'engraissement, qu'il laisse aux régions de culture intensive. De l'Ardenne descendent, vers les pays de culture riche, les jeunes bêtes destinées à l'engraissement pour la boucherie des villes. Les autres, les vaches, restent en Ardenne pour produire du lait. Dès le mois d'avril, quand la jeune herbe paraît, on les met en pâture; on les y laisse jusque vers la Toussaint. L'hiver, elles vivent à l'étable. Rarement le lait se vend en nature; il sert, avant tout, à la fabrication du beurre dans les laiteries coopératives qui se sont multipliées depuis 1895, à Bastogne, Carlsbourg (Paliseul), Libramont, Soy, Moircy, Hotton, Chérain. Ce n'est pas le lait que les cultivateurs portent à ces laiteries, mais la crème extraite du lait par leurs écrémeuses centrifuges. Avec le lait écrémé ils élèvent des porcs; toutes les fermes en possèdent pour leur provision de viande; mais il en est beaucoup qui livrent au marché de Bastogne des cochons de lait et des cochons gras.

L'Ardenne possédait jadis sa race de chevaux, petites bêtes légères et résistantes, élevées à la dure dans les landes et les bois. Mais cette race indigène disparaît, croisée avec la race brabançonne, plus grande, moins rustique et plus élégante. Le paysan ardennais garde le goût de cet élevage délicat; il fait naître les chevaux qui doivent travailler sur ses champs et ceux qu'il destine au marché; aux foires de chevaux de Neufchâteau, de Saint-Hubert, de Bastogne, d'Arlon, il vient des maquignons de toute la Belgique et beaucoup d'Allemands.

Paysans. Villages et villes. — Par leur caractère de cultivateurs-propriétaires, les paysans ardennais s'opposent aux grands fermiers du Condroz et de la Hesbaye, ainsi qu'aux petits locataires et journaliers de la Flandre. La plupart d'entre eux travaillent la terre qui leur appartient. Cette propriété paysanne, très ancienne, a subi depuis un siècle un grand morcellement, conséquence de la division des héritages dans un pays de forte natalité. Heureusement la mise en valeur de grandes étendues de biens communaux et le développement de la culture intensive ont fait gagner aux héritages ce qu'ils avaient perdu par les partages. De plus, cette population énergique, rompant avec la routine, comprit les bienfaits de l'association; partout le principe des efforts en commun s'applique à la fabrication du beurre, à l'achat des engrais, des outils et des machines. Utilisant la main-d'œuvre familiale et compensant leur faiblesse individuelle par la coopération, toutes ces petites exploitations réunissent les meilleures conditions requises pour un atelier agricole.

Les exploitations modestes dominent dans l'Ardenne : les plus petites allant de 3 à 30 hectares, les plus grandes, de 30 à 60 hectares. Dans le canton de Gédinne, sur trente et un villages, seize ne renferment aucune exploitation supérieure à 20 hectares. C'est une démocratie de petites gens, vivant de la même vie que leurs ouvriers, quand ils en emploient, se nourrissant de pain de seigle et d'épeautre, de pommes de terre, de viande de porc, de légumes récoltés sur le petit jardin. Dans la famille, tout le monde travaille, même les enfants, qui gardent les bêtes, ramassent le foin et arrachent les pommes de terre. Ces paysans laborieux et sobres se montrent froids et positifs en affaires, mais intelligents et instruits; nulle part les campagnes n'envoient plus d'enfants à l'école; tous savent qu'en s'instruisant on accroît sa valeur personnelle et le rendement de son travail. Ils habitent de petits villages, aux maisons groupées;

sur cent villages, dix seulement ont plus de 300 habitants. Les maisons sont petites, à la mesure des exploitations presque toutes modestes; devant la porte, près du chemin, trône le fumier et, tout près, le tas de fagots et de bûches. Maisons tristes et sombres, construites en schistes du pays, rarement égayées par des couleurs ou des plantes vertes (Pl. IX).

Dans un pays où les bois et les landes tiennent encore tant de place, on s'étonne de trouver une densité de population de 40 à 50 habitants par kilomètre carré; elle s'explique par le grand nombre de foyers dans cette société de petits cultivateurs-propriétaires et par le rôle économique de la forêt. Elle a parfois dépassé les ressources du pays et provoqué l'émigration vers les usines de la vallée de la Meuse et vers les chantiers forestiers de la France du Nord. Mais ces exodes se raréfient, surtout depuis la fin du XIXe siècle : ayant enrichi sa terre par son travail, le paysan lui doit l'aisance; il tend à devenir sédentaire.

Dans ce même pays rural et forestier, longtemps pauvre et isolé, la vie urbaine n'a pas d'anciennes ni de profondes racines. Les premiers centres de relations générales s'établirent auprès des abbayes, à Saint-Hubert, à Stavelot, à Malmédy. Durant des siècles, les mêmes villes persistent dans leur fonction de marchés locaux, et nous les retrouvons telles aujourd'hui. Si quelques-unes ont grandi et si quelques villages sont devenus des bourgs, ils le doivent aux routes modernes et aux voies ferrées. Il n'y a de centres faisant figure de villes que dans le Nord-Est de l'Ardenne, au voisinage de l'influence de Liège et d'Aix-la-Chapelle. Spa, ville d'été, doit sa fortune à ses sources gazeuses et ferrugineuses fréquentées dès le XIVe siècle; elle reçut au XVIIIe siècle des visites princières qui consacrèrent sa renommée; ville artificielle, ville de plaisir, placée dans un cadre admirable de bois, elle ajoute à ses 8 300 habitants une population éphémère d'une douzaine de milliers d'étrangers (Pl. XI, A). Stavelot (5 200 hab.), jadis siège d'une abbaye bénédictine, doit son animation actuelle à ses tanneries établies le long de l'Amblève (Pl. VIII, B). Malmédy (5 200 hab.), située près de la frontière des langues, a fait retour à la Belgique en 1919.

Dans les vallées qui, de tous côtés, descendent de l'Ardenne, beaucoup de petites villes paisibles et pittoresques, comme Houffalize, Laroche, Saint-Hubert, Gédinne, Bouillon, attirent les touristes. Sur les hauts plateaux, il en est qui n'ont d'autre fortune que leur position au croisement des voies ferrées : telles Libramont, Bertrix, Paliseul. D'autres, plus anciennes, représentent les marchés traditionnels où les paysans s'approvisionnent et où se vendent les bestiaux : ainsi Neufchâteau et Bastogne, toutes deux reliées au réseau ferré. Les courants de circulation générale n'évitent plus l'Ardenne, car trois grandes lignes de chemin de fer la traversent, reliant Dinant, Namur et Liège au Luxembourg et à la Lorraine.

II. — *LA LORRAINE BELGE*

Au Sud du massif ardennais, la Belgique possède un petit territoire d'affinités toutes méridionales. Par son altitude plus faible, son climat plus doux, son relief de côtes, il se rattache au pays lorrain. Uni jusqu'en 1839 à l'ancien duché de Luxembourg, il en fut détaché avec le reste du Luxembourg wallon pour être attribué à la Belgique. Il s'étend sur 945 kilomètres carrés, superficie cinq fois et demie plus petite que le département français des Ardennes. Si petit qu'il soit, ce territoire offre la variété de paysages, si commune dans le Bassin de Paris et fournie par l'alternance des roches dures et des roches tendres, des côtes et des dépressions. Lorsque, de Virton et de Messancy, les yeux se dirigent vers le Sud, ils s'arrêtent sur la plus puissante de ces côtes : la corniche de calcaire de Longwy, qui domine parfois de plus de 150 mètres le fond des vallées de la Chiers et du Ton, toute hérissée de bois; c'est le « Mont », la « Montagne », la « côte » de la toponymie populaire; sur le sol dur et sec, seuls les arbres peuvent enfoncer leurs racines; les labours sont rares. Mais cette côte contient les puissants gisements de fer de la minette. Malheureusement le tracé de la frontière ne laisse en Belgique qu'une infime partie de ce trésor (fig. 7).

Par la variété du relief, la Lorraine belge contraste déjà avec le compact massif de l'Ardenne : le climat complète l'opposition. Non pas parce qu'il évoque, ainsi qu'on l'a dit ambitieusement, l'idée d'une petite Provence, ni qu'on doive célébrer ici le seuil des pays du soleil. En réalité, c'est par comparaison avec l'âpre Ardenne que ce terroir mérite d'être appelé le « bon pays » : 300 mètres d'altitude de moins à Virton qu'à l'Est de Neufchâteau; une position abritée contre le Nord, des hivers moins rigoureux, moins de neige, des étés plus chauds; de là, plus de précocité dans la végétation, des moissons plus vite terminées, plus de temps pour les travaux des champs; la possibilité de céréales à longue maturité, l'apparition d'arbres délicats comme le châtaignier et le noyer, la multiplicité des arbres fruitiers. C'est l'opposition classique du bon et du mauvais pays. Mais le bon pays lui-même n'est pas exempt des fortes gelées et des nuits froides communes dans les situations continentales.

Quoique moins tyrannique que dans l'Ardenne, la forêt tient sa bonne place dans l'économie. Les bois couvrent le cinquième de l'arrondissement d'Arlon, et bien davantage dans celui de Virton. Peu de villages n'en possèdent pas, et chaque ménage y conserve des droits d'usage. Dans cet encadrement de bois, la vie agricole demeure assez dure. La terre lorraine n'a pas la fécondité des limons et des alluvions; elle manque d'acide phosphorique; elle souffre de la sécheresse sur les sables; elle fatigue les attelages sur les argiles. Les paysans observent encore l'ancien assolement triennal : comme céréales d'hiver, le blé ou le seigle; comme céréale de printemps, l'avoine, consommée par les chevaux de la ferme; et, pour la troisième année, tantôt des pommes de terre, tantôt du trèfle et de la luzerne, tantôt même la jachère nue. Pas de cultures dérobées, peu de cultures soignées, sauf un peu de tabac sur les bords de la Semois; des pratiques encore surannées, peu d'engrais du commerce, des champs envahis parfois par les bluets et les coquelicots.

Au sein de cette culture traditionnelle, les jeunes générations ont introduit un élément de richesse : l'élevage pour le commerce. Partout l'herbe et les plantes fourragères ont conquis les jachères et fait reculer les céréales à pain. La population des étables fournit le principal revenu de la ferme; de 1846 à 1911, le nombre des bovins a passé, dans les arrondissements d'Arlon et de Virton, de 34 700 à 42 800, leur poids ayant augmenté dans une proportion bien plus forte. La production du lait pour la vente s'est étendue au pays tout entier; et, là aussi, les paysans apportent la crème aux laiteries qui fabriquent le beurre; la première laiterie, fondée à Virton en 1894, a donné l'exemple à d'autres, à Saint-Mard, Messancy, Nobressart, Florenville, Étalle; le beurre trouve un débouché dans les villes et les centres industriels du reste de la Belgique. Avec les résidus de laiterie, on engraisse des porcs ; ces animaux se rencontrent fort nombreux dans toute la campagne ; il n'est pas rare de les voir pâturer en troupeau sur la place herbue du village ou bien sur les chaumes à l'arrière-saison. Tous les travaux des champs se font avec des chevaux ; mais ces bêtes ne naissent pas dans le pays ; on les achète aux foires de Ciney et de Binche. Telle est cette vieille terre à céréales, impropre aux cultures délicates, orientée par le progrès moderne vers la production du lait.

Comme dans presque toute la Lorraine, nous sommes dans un domaine de petite propriété et de petite exploitation ; la moyenne de l'exploitation se tient entre 6 et 20 hectares ; presque les trois quarts de la terre se cultivent en faire-valoir direct, morcelés, dépecés en une multitude de petits champs. Les villages lorrains se ressemblent tous, avec leurs tas de fumier et de bois amoncelés devant les portes, leurs grands chariots à ridelles qu'on laisse exposés dans la rue, avec leurs maisons basses et trapues, souvent revêtues de planches et d'ardoises, avec leurs aires dans les granges où l'étranger qui passe peut voir le battage des gerbes, avec leurs vieilles habitudes sociales, le travail dans les bois, l'usage en commun du lavoir et de la fontaine, les veillées d'hiver dans le « poêle ».

La vie de village avec ses travaux champêtres domine partout. Elle souffre cependant du voisinage du bassin minier de Lorraine ; des usines métallurgiques existent, en territoire belge, à Athus, Halanzy et Musson ; elles arrachent les hommes à la terre, et beaucoup de villages ont perdu tous leurs ouvriers agricoles ; les usines françaises et luxembourgeoises entretiennent et renforcent encore cet exode. Mais, sauf en ce coin industriel du Sud-Est, les conditions rurales l'emportent en Lorraine belge. Il n'y a que de petits bourgs ruraux, comme Étalle, Florenville et Virton. La seule ville est Arlon (11 500 hab.), chef-lieu de la province de Luxembourg. Elle se trouve au milieu d'un arrondissement où les deux tiers de la population parlent allemand ; ce canton tudesque s'oppose au pays Gaumais, c'est-à-dire à la partie wallonne du Luxembourg méridional. Arlon, vieille cité, l'*Orolaunum* des Romains, doit l'existence à son rôle d'étape sur la voie ancienne de Trèves à Reims ; au moyen âge, elle occupe le centre d'une clairière défrichée au milieu des forêts, tout près de l'abbaye cistercienne de Claire-fontaine ; durant plusieurs siècles, elle apparaît dans l'histoire comme place forte, mais sans jamais atteindre les proportions d'une grande cité ; beaucoup de ses habitants étaient encore des cultivateurs en 1830 ; ce n'est guère que depuis 1870 que l'aspect urbain l'emporte. Avec ses places ombragées de grands arbres et ses rues bien propres, elle fait figure de petite capitale provinciale, bourgeoisement et administrativement habitée. Ce qu'elle a de mouvement, elle le doit à sa position de ville frontière pourvue d'une garnison et à sa gare de chemin de fer sur la ligne de Luxembourg à Bruxelles.

III. — LE CONDROZ ET L'ENTRE-SAMBRE-ET-MEUSE

Entre l'Ardenne et la dépression de Sambre-et-Meuse, s'étendent des plateaux tour à tour agricoles et boisés, aux aspects sévères. D'Ouest en Est, ils mesurent 120 kilomètres, du Nord au Sud, 40 kilomètres. La profonde vallée de la Meuse, qui les traverse de Givet à Namur, les divise en deux parties : à l'Ouest, l'Entre-Sambre-et-Meuse ; à l'Est, le Condroz. Quand on vient de l'Ardenne, on descend, pour les atteindre, plus de 200 mètres sur une courte distance. Moins élevés, moins rudes, moins froids, moins boisés, ils sont aussi plus ouverts, plus fertiles, plus peuplés que le massif ardennais. Mais, comparés aux plaines de Belgique, ils ont des rudesses sauvages dans leurs collines de grès et de schistes et dans leurs vallées profondes; leur climat se montre parfois brutal; il y gèle quatre-vingt-quinze jours par an et quelquefois encore au mois de mai; de violents orages à grêle éclatent en été; entre l'hiver et l'été et entre la nuit et le jour, les écarts de température traduisent une position encore continentale et une altitude moyenne encore élevée de 250 à 350 mètres.

Les terrains primaires du Dévonien et du Carbonifère avec leurs grès et leurs schistes ne donnent à ces plateaux que des sols pierreux et maigres, favorables à la végétation forestière. Les anciens documents nous décrivent le pays comme une grande forêt. Malgré les défrichements, les bois couvrent encore plus du tiers des arrondissements de Dinant et de Marche; les vieux noms locaux de Fagne et de Famenne évoquent encore maintenant l'idée de la forêt; parfois on y retrouve les horizons de l'Ardenne, sombres et sévères.

Mais l'originalité du pays provient essentiellement de la présence de bancs calcaires dans le sous-sol. Avec lui, les bois s'éclaircissent, les horizons se découvrent; sur ses assises perméables, recouvertes d'une terre argileuse, les champs s'établissent; dans les vallées, le long des parois chaudes de la roche blanche, des plantes délicates s'aventurent. Dès que le calcaire apparaît sur la bordure de l'Ardenne, aux approches de Durbuy, de Marche et de Beauraing, on a la sensation d'une nature nouvelle, propice aux céréales; de gros villages cultivent les champs; dans les creux s'abritent des vergers de pommiers. La même bande de calcaire, très longue et très large, traverse tout l'Entre-Sambre-et-Meuse, depuis Trélon, au delà de la frontière, par Chimay et Mariembourg, jusqu'à Givet: elle apparaît comme un trait de clarté entre les masses forestières de la Fagne et de la Thiérache, avec ses champs de blé, avec ses *sarts* qui mordent sur les bois, avec sa trentaine de gros villages agricoles; on la trouve habitée dès l'âge de pierre, et mentionnée dans les textes du haut moyen âge comme une terre heureuse et peuplée (fig. 20). Ailleurs, le calcaire, recouvert de limon, forme par endroits des plateaux aux surfaces planes et régulières, tranquilles campagnes vouées à la culture : ainsi, dans le Condroz, entre les vallées du Hoyoux et du Bocq, les terroirs de Havelange et de Warzée, de Ciney, de Gesves et de Haillot; ainsi, dans l'Entre-Sambre-et-Meuse, les environs de Saint-Gérard, de Florennes et de Thuillies; ce sont de hautes plaines au sol gras et fort, découpées en vastes pièces de labour, découvertes, monotones.

Entre ces plateaux calcaires, dans les vallées, il règne une atmosphère de calme et d'abri. Dès l'aurore du peuplement, elles ont offert aux hommes leurs sites et leurs grottes; les stations magdaléniennes se succèdent dans les vallées de la Meuse et de la Lesse (Pl. VIII, C); on a reconstitué l'existence d'établissements humains très peuplés dans les cavernes de Goyet, de Furfooz, de Hulsonniaux. Les vallées du calcaire sont des voies plus chaudes où se tempèrent les rigueurs du climat des plateaux. Elles accueillent les plantes du Midi, tels les buis, les genévriers, les orchidées de la vallée de l'Eau Blanche près de Chimay. Entre les rochers calcaires de l'Amblève près de Tilff, des vergers et des pépinières se chauffent au soleil. A Dinant, des cultures en terrasses, des espaliers garnissent les parois de la vallée de la Meuse. En aval de Walzin, au pied des escarpements calcaires de la vallée de la Lesse, on voit s'aventurer quelques ceps de vigne, des figuiers et fleurir des vergers. Dans les paysages austères du Condroz et de l'Entre-Sambre-et-Meuse, le calcaire fait paraître un peu de variété, de lumière et de joie.

L'ÉCONOMIE AGRICOLE ET LA SOCIÉTÉ RURALE. — Au début du XIXe siècle, alors que les Flandres pratiquaient déjà depuis des siècles la culture intensive, le Condroz en restait encore au vieil assolement triennal : grains d'hiver, grains de printemps, jachère ; la terre devait se reposer une année sur trois ; on la fumait tous les trois ans ; on chaulait tous les neuf ans. Mais, au cours du XIXe siècle, la jachère morte disparut peu à peu ; on y mit des pommes de terre et des plantes

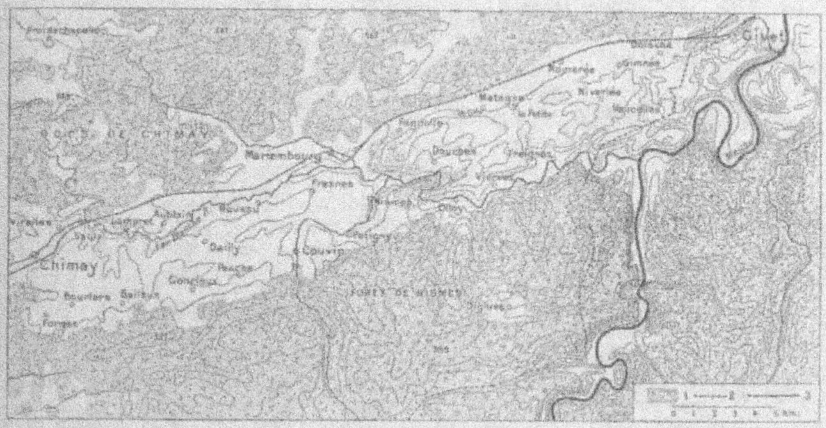

FIG. 20. — Influence du calcaire sur le peuplement.
De Givet vers Chimay et au delà jusqu'à la frontière française, s'étend une bande de terrain calcaire, presque sans forêts, semée de gros villages, entre deux régions schisteuses couvertes par de grands bois.

fourragères. L'épeautre, variété de blé rustique, reculait devant le froment. L'avoine étendait son domaine partout ; elle l'emporte maintenant, même sur le blé. Le pays, demeuré fidèle aux céréales, a donc appris à les mieux cultiver et à accroître leur rendement. Mais, comme toutes les régions qui l'entourent, une évolution nouvelle l'entraîne chaque jour davantage vers l'économie herbagère.

Les plus gros revenus se tirent des bêtes à cornes et des chevaux. Aux différents stades de leur développement, les bovins trouvent des acheteurs sur les marchés de Ciney, de Huy, de Durbuy et de Marche, et ils sont expédiés vers les pays herbagers, comme les environs de Chimay, ou vers les pays de culture intensive, comme la Flandre, qui les engraissent ; déjà, au début du XIXe siècle, les brasseurs du département de la Dyle venaient acheter les bœufs maigres. La laiterie n'atteint pas le même degré d'industrialisation que dans l'Ardenne et la Campine, quoiqu'il existe des beurreries coopératives dans le pays de Chimay et en Famenne ; le beurre se fabrique le plus souvent à domicile, et chaque ferme s'occupe de l'expédier à la ville proche ou vers le pays de Charleroi. Pratiqué depuis longtemps dans toute ferme moyenne, l'élevage du cheval est une affaire d'expérience et de soin, où le fermier de ces campagnes excelle; gardés dans les pâtures pendant toute la belle saison, les poulains se vendent à l'âge de dix-huit mois ou de deux ans pour le pays de Herve, pour la Flandre et pour l'Allemagne. Les foires de chevaux de Ciney attirent de loin les marchands; il s'en tient une vingtaine par an; celle de février réunit parfois jusqu'à 4 000 bêtes. Ainsi tous ces plateaux agricoles s'orientent vers l'économie pastorale. C'est l'étable qui concentre le gros de la fortune du cultivateur. Sur une ferme de 40 hectares, près de Chimay, qui consacre presque les neuf dixièmes de ses terres aux plantes herbagères et fourragères, on compte huit à dix chevaux et trente bêtes à cornes. Près de Ciney, une ferme de 90 hectares entretient vingt chevaux et soixante bêtes à cornes.

Un curieux terroir, d'une rare fertilité, compris dans l'Entre-Sambre-et-Meuse entre Beaumont, Walcourt et Thuin, se distingue par son originalité agricole. Jadis dépendance de l'évêché de Liège, on conserve encore l'habitude de l'appeler « le pays de Liège ». Sa valeur propre lui vient d'une épaisse couche de limon qui fait de ses terres presque les meilleures de la Belgique. Au milieu d'un pays d'économie herbagère, il demeure fidèle à la culture intensive, sur de grandes exploitations de 200 à 400 hectares. La betterave à sucre y alterne avec le froment, l'orge et l'avoine. Presque toute la récolte de betterave se concentre, à la fin de la saison, sur la râperie de Thuillies et la sucrerie de Donstiennes. Presque toute la terre est en labours. Les animaux de ferme jouent leur rôle beaucoup moins comme bêtes de rapport que comme bêtes de trait; ce n'est que lorsqu'on a utilisé les bœufs aux labours et aux charrois pendant plusieurs campagnes qu'on les engraisse avec la pulpe et qu'on les vend à la boucherie; seules, les juments, bêtes d'élevage, donnent leurs petits. Ce canton limoneux représente l'un des foyers de culture rationnelle les plus avancés de la Belgique. Autour de Gozée, de Thuillies, de Fontaine-Valmont, il étale ses vastes campagnes plates, divisées en pièces de terre immenses, surveillées par des fermes aux bâtiments énormes semblables à des forteresses.

A la différence de l'Ardenne, le Condroz et l'Entre-Sambre-et-Meuse ont un régime prédominant de grande propriété et de grande exploitation. L'atmosphère sociale change, parce que le pays vécut toujours sous l'influence directe des villes, de Liège, de Namur et même de Bruxelles, riches de capitaux en quête de placements fonciers. La grande propriété occupe de solides positions. Les cotes foncières de plus de cent hectares, qui couvrent seulement 4,5 p. 100 de l'étendue cadastrale dans le district ardennais de Gédinne, en occupent 49 p. 100 dans le district de Dinant, plus de 40 à Ciney et à Nandrin; la proportion dépasse le tiers à Andenne, le quart à Rochefort, Namur et Florennes. Des communes entières appartiennent à quelques seigneurs terriens.

Les terres de grande propriété, rarement exploitées par leurs propriétaires, sont cultivées par des fermiers; elles se divisent en fermes de grande étendue, supérieures à 40 et 50 hectares, dépassant parfois 100 hectares. Dans le seul canton de Ciney, on compte deux cent quarante fermes de plus de 50 hectares, couvrant la moitié du territoire. Tous ces grands fermiers habitent des maisons isolées au milieu de leurs terres : bâtiments massifs, rangés autour d'une cour carrée en ordre compact et fermé; autour de la ferme, règne une vaste pâture, clôturée de fils de fer, où se tiennent pendant la belle saison les bêtes à cornes et les poulains; du côté le plus abrité, un verger de pommiers. Çà et là, dans les campagnes, entre les territoires des grandes fermes, des villages aux maisons de brique ou de torchis groupent les petites gens, humbles cultivateurs ou simples ouvriers travaillant dans les carrières du voisinage et les usines du pays industriel (Pl. X, B).

Les villes. — Économie champêtre et forestière, surface accidentée et coupée par de profondes vallées, éloignement des grandes voies de circulation, tout devait rendre la vie urbaine précaire et mesquine. Les villes, parfois très anciennes, n'ont pas d'influence au delà de leur rayon local. Dans l'Entre-Sambre-et-Meuse, une série de petites cités, à la fois marchés et forteresses, se sont fondées dans les clairières, au croisement des chemins qui traversaient les grands bois de la Thiérache et de la Fagne : Chimay, bâtie au pied du roc calcaire qui porte le château de ses princes, longtemps centre des fourneaux et des forges qui travaillaient le fer dans les villages de la forêt; Couvin, citée dans une charte du ixe siècle, adossée à un rocher qui domine la vallée de l'Eau Noire, aujourd'hui marché de bois, petit bourg de 3 000 habitants, où se groupent des fours à chaux, des brasseries, des carrières; Mariembourg, jadis forteresse qui protégeait vers le Sud-Ouest l'accès du pays de Namur; Philippeville, fondée en 1555 par Charles-Quint avec le même but militaire; Walcourt avec sa vieille église gothique; Florennes avec des tanneries et des fours à chaux; Beaumont, citadelle des comtes de Hainaut au xie siècle, maintenant petit marché agricole. Sur la Sambre, dans la partie de la vallée où ne remonte pas l'activité de Charleroi, la jolie ville de Thuin (6 600 hab.) domine la rivière du haut d'un éperon rocheux : au sommet, la ville haute, derrière de vieux remparts qu'on franchit par de rudes escaliers et des sentiers raboteux, avec ses rues pavées et propres, paisible au pied de la tour carrée de son beffroi; au bord de l'eau, la ville basse avec la gare, le port et les établissements industriels, scierie, tanneries, chantier de bateaux et ateliers de machines agricoles (Pl. XI, B).

Dans le Condroz, les villes ne sont que de modestes marchés agricoles. Ciney, la plus vivante (5 200 hab.), s'anime surtout les jours de foire au bétail. A la limite méridionale du Condroz, une ligne de bourgs marque le contact de l'Ardenne : Durbuy, Marche, Rochefort et Beauraing. Le développement des voies ferrées n'a rien changé à la destinée de ces petites villes, car le trafic traverse le pays sans s'y arrêter; depuis 1858, la ligne de Luxembourg à Namur traverse ces plateaux aux fortes rampes; mais les trains de minerai de fer se dirigent sur Charleroi, et les wagons de marchandises luxembourgeoises et lorraines, vers Anvers.

Une seule grande voie naturelle s'ouvre à travers ces rudes plateaux : la vallée de la Meuse, le chemin d'eau entre la Lorraine et les Pays-Bas; à l'époque moderne, la canalisation de la rivière permit la circulation des bateaux de 1 m. 80 à 2 m. 10; une voie ferrée la longe depuis Givet jusqu'à Dinant et Namur. Aussi la vallée se déroule en un couloir populeux, bordé de petites agglomérations qui parfois se rejoignent; la beauté du paysage en fait un lieu de villégiature pour les citadins du pays industriel. Ainsi se succèdent, à partir de la frontière française, Hastière-Lavaux, Waulsort et Anseremme. Avec Dinant, on atteint un foyer ancien de vie urbaine (7 700 hab. en 1910, 6 500 en 1926); bâtie au pied d'un roc calcaire à pic, que couronnent les ruines d'une vieille citadelle, la ville s'allonge au bord de la rivière en une rue unique vers laquelle dévalent les ruelles; parfois les maisons semblent accrochées à la paroi rocheuse. Cette position forte attira sur la cité les malheurs de la guerre; elle souffrit gravement au XVe siècle, fut pillée aux XVIe et XVIIe siècles, presque détruite en 1914 par les Allemands. Mais elle eut aussi son rôle économique; au XIIIe siècle, elle travaillait le cuivre et le laiton, et ses produits se répandaient dans toute l'Europe; les Dinantais avaient alors un comptoir à Londres, et ils s'affiliaient à la Hanse teutonique; de nos jours, quoique le séjour et le passage des étrangers constituent le principal revenu de la ville, elle conserve encore une certaine activité industrielle dans ses ateliers de construction métallique, ses tanneries, ses filatures et tissages de laine. En quittant Dinant vers l'aval, on passe devant Yvoir, Profondeville, Wépion, entre des versants rocheux percés de grottes et entaillés par des carrières; les vergers, les jardins, les parcs d'agrément, les villas se pressent, et l'on arrive à Namur, dans le grand sillon de Sambre-et-Meuse, où palpite et foisonne la vie industrielle (Pl. I, A, et IV, A).

BIBLIOGRAPHIE

L. Boutry, La forêt d'Ardenne (*Ann. de Géog.*, XXIX, 1920, p. 216, et la population de l'Ardenne, Id., p. 199). — L. Frédérico, *En Nouvelle Belgique*, Bruxelles, 1923. — J. Frost, *Agrarverfassung in Belgien*, Berlin, 1902. — P. Gillet, *Monographie forestière de la Famenne*, Gembloux, 1910. — Ministère de l'Agriculture de Belgique, *Monographies agricoles* (Ardenne, Condroz, région jurassique), Bruxelles, 1899-1900. — V. Muller, Le plateau de l'Ardenne (*Science Sociale*, 1903). — G. F. Prat, *Histoire d'Arlon*, Arlon, 1874. — R. Ulens, *Le Condroz*, Bruxelles, 1920. — E. Vandervelde, *La propriété foncière en Belgique*, Paris, 1900. — L. Vieuxlst, *La Lorraine belge*, Bruxelles, 1920. — E. Vliebbroù et R. Ulens, *L'Ardenne*, Bruxelles, 1912.

Phot. Aéronautique militaire belge.

A. — SPA, VILLE D'EAUX ET RÉSIDENCE D'ÉTÉ.
Paysage forestier. Au fond, ligne régulière des hauts plateaux.

Phot. Aéronautique militaire belge.

B. — THUIN, VILLE SUR LA RIVE DROITE DE LA HAUTE SAMBRE.
La ville bâtie en gradins sur le versant de la vallée. A gauche, la vallée commence à s'encaisser
dans les plateaux boisés. A droite, dans le fond, campagnes au sol régulier.

Phot. Aéronautique militaire belge.

A. — PAYSAGE INDUSTRIEL PRÈS DE CHARLEROI.
Au premier plan, un terril de mine; au second plan, usines métallurgiques de la Providence.

Phot. Aéronautique militaire belge.

B. — NAMUR, AU CONFLUENT DE LA SAMBRE ET DE LA MEUSE.
Au premier plan, sur la rive droite de la Meuse, maisons et jardins du faubourg de Jambes.
Entre les deux rivières, la vieille citadelle de Namur. Sur la rive gauche de la Sambre canalisée, la ville.

CHAPITRE V

LE PAYS INDUSTRIEL. — DE L'ESCAUT A LA VESDRE PAR LA SAMBRE ET LA MEUSE

Depuis Mons jusqu'à Verviers, sur un trajet de plus de 175 kilomètres, à condition de ne pas trop s'éloigner des vallées de la Haine, de la Sambre, de la Meuse et de la Vesdre, on ne quitte guère l'atmosphère de la grande industrie. Le paysage naturel n'apparaît qu'à travers les œuvres de l'homme : chevalements des fosses à charbon, cônes hirsutes des terris, alignements d'usines, hautes cheminées de brique exhalant leur fumée noire, chemins charbonneux, routes pavées, voies ferrées entrecroisant leur réseau serré, rivières barrées, canalisées et éclusées, voies d'eau contiguës aux voies de fer, interminables agglomérations de petites maisons, villages devenus des bourgs monotones et tous pareils, multitudes d'hommes pressés à raison de 320 par kilomètre carré, une population totale de près de deux millions d'habitants, plus du quart de la population belge. Peu de pays au monde donnent le même spectacle du travail intense; pour retrouver pareille accumulation de mines et d'usines, il faut aller dans les districts les plus animés du Lancashire, de la Westphalie et de la Pennsylvanie. Si l'on projette cette zone de travail et de peuplement sur une carte physique, on perçoit la raison profonde de sa continuité dans le bassin houiller qui traverse la Belgique depuis la région de Valenciennes jusqu'à la région d'Aix-la-Chapelle (fig. 34). L'impression d'unité, qui provient de l'uniformité de la vie industrielle, permet de confondre tout l'ensemble sous la même appellation de pays industriel, mais rien n'est plus varié que les paysages naturels, depuis le pays de la Haine à l'Ouest jusqu'au pays de Herve à l'Est, en passant par la vallée de la Sambre et la vallée de la Meuse : le pays de la Haine ou bassin de Mons, cuvette au fond plat où les eaux s'écoulent lentement sur le sol tourbeux, entre des lignes de saules et de peupliers; la vallée de la Sambre, d'abord étroit sillon entre les parois de schistes et de grès près de Thuin, puis large dépression où la rivière dessine de longs méandres indécis à travers les prairies; la vallée de la Meuse, couloir aéré et lumineux entre des murs escarpés de roches calcaires (Pl. XIV); le plateau de Herve, montueux et verdoyant, bocage touffu de haies et d'arbres, tout entier en pâtures et en vergers (Pl. XIII, C).

Chaque groupe industriel a évolué dans un cadre naturel d'aspect original : Liège le long de vallées encaissées, Charleroi dans la large dépression de la Sambre aux versants adoucis, Mons au milieu des horizons monotones de sa plaine marécageuse. Mais des conditions communes les unissent ; ils vivent tous sur la traînée souterraine de charbon qu'ils exploitent et sur la ligne d'eau, rivières et canaux, qui, d'un bout à l'autre, fait circuler la vie à travers cette grande région industrielle.

I. — LA HOUILLE ET LE FER

Le bassin houiller, trésor commun de Mons, de Charleroi et de Liége, long de 170 kilomètres et large de 3 à 17 kilomètres, occupe une surface de 1 380 kilomètres carrés. Par suite d'un relèvement transversal dans le fond de la dépression houillère au ruisseau de Samson en aval de Namur, la formation s'incline vers l'Ouest pour former le bassin de Hainaut et vers l'Est pour former le bassin de Liége. L'extraction de la houille rencontre des difficultés qui tiennent aux conditions de gisement. Si le terrain houiller affleure sur d'assez grandes étendues, on a déjà épuisé les veines d'affleurement et les plus voisines de la surface ; les puits se sont enfoncés progressivement ; leur profondeur moyenne atteint 300, 500 mètres, bien supérieure à celle des puits de la Ruhr ; certains même descendent très loin, à 950 mètres à Montigny-sur-Sambre, 990 mètres à Marcinelle, et jusqu'à près de 1 200 mètres à Fléau. Ces grandes profondeurs, jointes à l'allure tourmentée des couches, obligent à plus de travaux et à plus de frais. A considérer les parties les plus profondes de chaque bassin, on compte de 130 à 160 couches de houille dans le bassin de Mons, reparties sur une profondeur de 2 775 mètres ; plus de 80 dans le bassin de Liége, reparties sur 1 500 mètres. Mais ces couches ont moins d'épaisseur que dans les autres pays ; leur puissance varie de 0 m. 30 à 1 m. 20, avec une moyenne de 0 m. 70. Cette multiplicité de couches minces entraîne de lourdes opérations de galeries et de boisages ; elle rend difficile l'emploi de moyens mécaniques pour l'abattage du charbon ; aussi le rendement du mineur belge est presque deux fois moindre que le rendement du mineur britannique, six fois moindre que celui du mineur américain. A ces inconvénients s'ajoute le danger du grisou, assez fréquent dans les mines belges.

Quoique limitée par tant d'obstacles techniques, la production de charbon n'en demeure pas moins l'un des éléments fondamentaux de l'économie belge. Au cours du XIXᵉ siècle, elle n'a fait que s'accroître en fonction des progrès accomplis à la fois par les moyens d'extraction et par la consommation nationale.

PRODUCTION DE LA HOUILLE EN BELGIQUE (MOYENNE ANNUELLE)

1851-1860.	8 035 000 tonnes.	66 500 ouvriers.
1871-1880.	15 033 000 —	103 000 —
1891-1900.	21 003 000 —	121 000 —
1901-1910.	23 100 000 —	110 000 —
1914-1918.	15 200 000 —	120 000 —
1925-1926.	24 200 000 —	160 000 —

Cette production, dont 70 p. 100 viennent du bassin du Hainaut, atteignit son maximum durant les premières années du XXᵉ siècle. La mise en exploitation du bassin de Campine (1 150 000 t. en 1925) prépare de belles perspectives pour l'avenir. Ces quantités de houille représentent un contingent remarquable pour un si petit pays. Mais, par la proportion des différentes qualités de charbon extraites, elles ne sont pas tout à fait adéquates à ses besoins. En fait de charbons industriels et de charbons domestiques, la Belgique produit plus qu'elle ne consomme ; mais elle n'a pas assez de charbons à gaz ni de charbons à coke.

Phot. Breguet

A. — LA VALLÉE DE LA MEUSE, A SAMSON, EN AVAL DE NAMUR.
Falaises de calcaire.

Phot. Breguet

B. — LA VALLÉE DE LA VESDRE, A TROOZ, ENTRE LIÈGE ET VERVIERS.
Vallée industrielle, enfoncée dans les plateaux de roches anciennes.

Phot. Breguet

C. — LE PAYS DE HERVE, NON LOIN DE BATTICE.
Aspect bocager : haies, arbres et pâtures.

Phot. Aéronautique militaire belge.

LA VALLÉE DE LA MEUSE, A VISÉ, EN AVAL DE LIÉGE.

Au fond, versants de craie. Dans les champs, cultures et vergers. Dans la rivière, deux îles sableuses. Autour de Visé, des vergers.

Les pays de la Sambre et de la Meuse en Belgique sont le royaume du fer. Cette industrie remonte loin dans le passé; des textes la mentionnent au xe siècle; elle faisait au moyen âge la richesse de la principauté de Liége, du comté de Namur et du comté de Hainaut. Elle n'avait pas alors ses centres sur les bords des deux rivières comme aujourd'hui, mais plus au Sud, à l'intérieur du massif primaire, auprès des gisements de minerai qu'on exploitait dans les calcaires dévoniens et carbonifères, au sein des grandes forêts et dans les vallées aux cours d'eau rapides.

La révolution industrielle a forcé l'industrie métallurgique à se déplacer. Dans le pays de Namur, elle la transporta, des forêts de l'Entre-Sambre-et-Meuse, auprès des houillères de Charleroi. Dans le pays de Liége, elle l'a concentrée davantage auprès de Liége, sur le bassin houiller où elle avait depuis longtemps tendance à se grouper. Des deux régions, c'est le pays de Liége, plus avancé et plus expérimenté, qui accueillit le premier les nouvelles inventions. Le germe fut apporté par John Cockerill, fils d'un mécanicien du Lancashire, venu sur le continent pour installer des machines à filer; il fondait en 1820 à Seraing le premier four à puddler, et en 1823 le premier haut fourneau marchant au coke; il étendait peu à peu à toutes les opérations métallurgiques l'application de la machine à vapeur. L'usine de Seraing livrait de 1823 à 1830 les premières souffleries mécaniques pour hauts fourneaux; en 1835, la première locomotive et les premiers rails. La révolution gagnait aussi le pays de Charleroi, où, dès 1823, s'élevaient des hauts fourneaux au coke à Couillet et à Châtelineau. Toute la métallurgie du fer vint progressivement s'établir sur les bassins houillers; dès 1840, cette migration était un fait presque accompli; en 1860, il n'y avait plus dans l'Entre-Sambre-et-Meuse qu'une dizaine de petits fourneaux fonctionnant au bois.

Actuellement, la métallurgie du fer belge, établie sur la houille, ne trouve pour ainsi dire plus de minerai dans le pays. On n'exploite plus les dépôts filoniens de l'Entre-Sambre-et-Meuse; on a presque épuisé les gisements d'oligiste de la province de Liége et aussi les minettes du Luxembourg; on attend peu de chose des minerais d'alluvion de Campine. La production de minerai tombait de 785 300 tonnes en 1861-1870 à 195 500 tonnes en 1881-1900, 150 450 tonnes en 1913, 98 700 tonnes en 1924; en même temps, la consommation des mines s'accroissait. Aussi la Belgique, qui vers 1865 se suffisait encore en minerai de fer, devait demander à l'étranger, en 1880, 87 p. 100 du minerai qu'elle traitait et, en 1910, 98 p. 100; les quatre cinquièmes viennent maintenant de Lorraine et du Luxembourg. Bien plus, il lui faut aussi importer de la fonte et des aciers bruts. A cause de cette insuffisance des matières premières brutes et demi-finies, la métallurgie belge tend à devenir de plus en plus une industrie de transformation élaborant des produits finis pour l'exportation et tenant sa supériorité d'une main-d'œuvre experte [1].

II. — LE GROUPE DE MONS

Le pays de Mons, dont la partie méridionale s'appelle particulièrement le Borinage, est par excellence le pays noir, la région du charbon. Ce n'est pas lui qui produit le plus de houille; en 1925, sur un total de 23 133 000 tonnes, il n'en fournit que 4 930 000 (Charleroi, 7 528 000; Liége, 5 200 000; le Centre,

---

1. Production métallurgique de la Belgique, en milliers de tonnes métriques (année moyenne): Fonte : 1851-1860, 284; 1871-1880, 518; 1891-1900, 904; 1901-1910, 1 400; 1913, 2 484; 1919, 250; 1924, 2 808. — Acier brut : 1871-1880, 684; 1901-1911, 1 320; 1913, 2 467; 1919, 675; 1924, 2 800

3 860 000). Mais il a l'extraction du charbon comme seule grande industrie.
Tandis que Charleroi y ajoute la métallurgie et la verrerie, tandis que Liége
unit le travail du fer au travail du zinc et même au travail de la laine, le bassin
de Mons vit du charbon seul : pays original, bouleversé par les mineurs, hérissé
de terris, sillonné de transporteurs aériens, planté d'échafaudages ; à chaque pas,
des rames de wagons chargés de houille, des bateaux rangés le long des « rivages »
sous la poussière noire. Tout le pays vit de l'extraction et de l'expédition du
charbon ; il en vit aussi par les industries qui travaillent pour les mines (explosifs
à Flénu, appareils d'éclairage à Frameries et à la Bouverie, câbles à Mons,

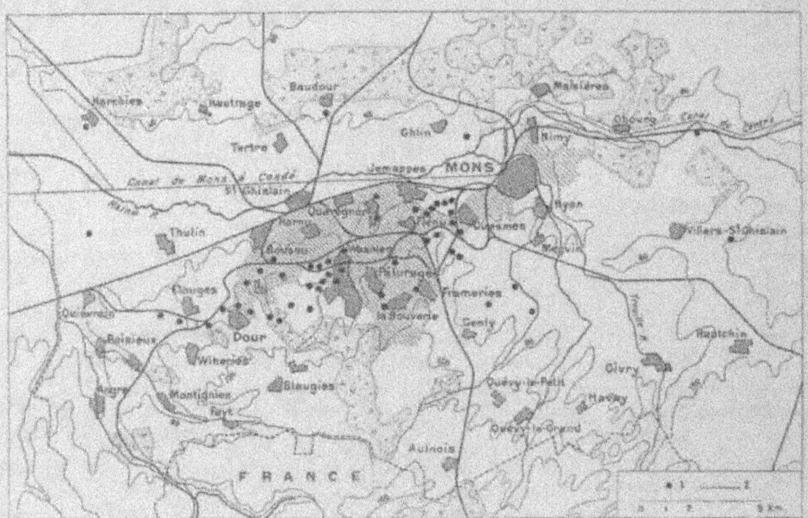

Fig. 21. — Le pays charbonnier de Mons.
1, Puits de mine ; 2, Canaux. — Le grisé plus ou moins dense indique la densité plus ou moins forte de la population.

Hornu et Dour), par les industries dont la houille fournit la matière première
(produits chimiques à Élouges, Jemappes, Mons), par celles qui consomment
d'énormes quantités de combustible (produits réfractaires et céramiques à Baudour, Mons, Nimy, Pâturages, Quaregnon, Quiévrain, Saint-Ghislain), par celles
qui préparent le charbon à ses usages divers (fours à coke, usines de briquettes et
d'agglomérés) et par celles qui fabriquent le matériel des mines (Mons, Cuesmes,
Jemappes, Boussu, Wasmes). Il y a bien quelques autres industries : verrerie,
sucrerie, engrais, construction de machines à vapeur. Mais le charbon est roi ;
la mine de houille domine la vie (fig. 21).

Dans cette immense agglomération charbonnière, il y a peu de vraies villes,
mais plutôt de gros bourgs de mineurs, tous pareils dans leur livrée noire :
Ghlin, Baudour, Cuesmes (10 200 hab.), Jemappes (15 000 hab.), Flénu, Qua-
regnon (17 000 hab.), Hornu (12 200 hab.), Boussu (12 300 hab.) ; et, plus au Sud,
Frameries (13 600 hab.), Pâturages (11 900 hab.), Wasmes (15 500 hab.), la
Bouverie, Dour (12 000 hab.), Élouges, Quiévrain. Deux cités seulement ont

une histoire, un passé : Saint-Ghislain (4 600 hab.), née auprès d'une abbaye de Bernardins, et Mons, la capitale du Borinage (28 000 hab.). A l'origine de Mons, on trouve la colline de sable qui domine la plaine et qui lui donna son nom (en flamand, *Bergen*); là s'éleva très tôt une forteresse, puis au VIIᵉ siècle un couvent; là se tint durant des siècles un marché régional, une cité de bourgeois et de tisseurs de laine, une place forte sans cesse prise et reprise; de ce long passé, la ville conserve sa cathédrale, son hôtel de ville, son beffroi. Du sommet de la ville, on descend par des rues fortement inclinées et bordées de vieux hôtels jusqu'aux larges boulevards plantés d'ormes qui font le tour de la ville sur l'emplacement des anciens remparts. Aux portes du pays noir, l'antique cité, tranquille et cossue, ne pouvait s'isoler entièrement; elle participe à cette vie moderne qui l'assiège; elle possède deux Instituts commerciaux, une École industrielle et surtout une École des Mines célèbre, où se forment les hommes d'affaires, les contremaîtres et les ingénieurs de la région charbonnière.

III. — LE GROUPE DE CHARLEROI

Depuis Rœulx et Binche à l'Ouest jusqu'aux approches de Namur vers l'Est, s'étend le vaste groupe industriel de Charleroi. Très dense déjà autour de la Louvière et de Morlanwelz, il s'épanouit en une masse énorme autour de Charleroi, dans la vallée de la Sambre; puis il s'amincit et s'allonge en bordure de la rivière en aval de Charleroi (fig. 22). Le développement industriel y a pour base la houille des bassins du Centre et de Charleroi, qui donnent ensemble la moitié de la production belge. Ils ne fournissent pas seulement des charbons industriels et des charbons domestiques, mais encore d'excellents charbons à coke. Les fours à coke de Haine-Saint-Pierre, de Haine-Saint-Paul, de Houdeng-Aimeries, de la Louvière, ainsi que ceux de Châtelet, de Couillet, de Marchienne-au-Pont, traitent assez de combustible pour en exporter vers la France et vers le Luxembourg. C'est sur cette richesse en combustible que repose la métallurgie du Hainaut.

Le travail du fer embrasse toute la série des opérations, depuis l'élaboration de la fonte jusqu'à la fabrication des articles finis : hauts fourneaux et aciéries de la Louvière, de Marchienne, de Couillet, de Châtelet; tréfileries de Dampremy, de Marchienne, de Fontaine-l'Évêque; construction de chaudières à Gilly, Jumet, Lodelinsart, Marcinelle, Châtelet et bien d'autres lieux; constructions métalliques et mécaniques, machines à vapeur, matériel de chemin de fer, matériel électrique, quincaillerie, fer-blanc. Quand on suit la vallée de la Sambre depuis Marchienne jusqu'à Châtelineau, on traverse le foyer du travail du fer, dans le plus impressionnant des paysages d'usines, tout noir, tout calciné et, durant la nuit, tout fulgurant de fumées rouges, de gerbes d'étincelles et de pluies de feu (Pl. XII, A).

Auprès de l'industrie métallurgique travaille l'industrie chimique, grosse consommatrice de houille. C'est à Couillet que fut fondée en 1865 la première usine Solway pour la fabrication de la soude; la puissante société en exploite une autre à Jemappes, puis d'autres à l'étranger, en France, en Espagne, en Italie. La préparation de la soude, qui consomme beaucoup d'ammoniaque, mène à la récupération des sous-produits des fours à coke, source d'ammoniaque : cette opération, inaugurée en 1882 à l'Ouest de Mons, occupe un millier de fours. Les fabrications s'enchaînent et se commandent : coke, ammoniaque, soude, acide sulfurique, engrais.

Les industries s'appellent les unes les autres : il faut des bonbonnes, des tuyaux, des récipients pour les acides, des briques pour les fours à coke, les hauts fourneaux et les laminoirs, des cornues à gaz : de là, le développement remarquable des usines de produits réfractaires et, par analogie, des produits céramiques.

L'industrie du verre, l'une des gloires du pays de Charleroi, trouve sur place la houille, les produits chimiques, les produits réfractaires dont elle a besoin; les canaux lui apportent les sables de l'Entre-Sambre-et-Meuse et de la Campine, le calcaire du Hainaut et le plâtre de Paris; elle occupe ici cinquante-six établissements, verreries et glaceries, avec 30 000 ouvriers. Les verreries pour vitres, bouteilles, pannes et tubes disposent d'une main-d'œuvre hautement réputée, que les industriels américains de Pennsylvanie ont su attirer, quand, vers 1875, ils fondaient leurs verreries; grâce à l'excellence des produits et au soin des emballages, les usines belges expédiaient à l'étranger en 1912 près de 220 000 tonnes de verres à vitres. Les glaceries se trouvent presque toutes le long de la basse Sambre, à Aiseau, Auvelais, Moustier, Franière, Floreffe; la première date de 1836; elles travaillent surtout pour l'exportation et écoulent leur production vers la Grande-Bretagne, les États-Unis, les Pays-Bas, l'Australie.

Autour de ces usines se presse une grosse agglomération d'hommes. On peut y reconnaître trois masses principales de population. Il y a d'abord le groupement établi entre Mons et Charleroi sur le bassin du Centre; toutes les villes, même celles qui ont un passé, sont submergées par la marée ouvrière : Binche (11 000 hab.), Anderlues (11 400 hab.), Carnières, Haine-Saint-Pierre, Morlanwelz, Manage, Trazegnies, Forchies, Fontaine-l'Évêque, la Louvière (24 000 hab.), Houdeng-Goegnies, Houdeng-Aimeries, Haine-Saint-Paul, Strépy. Il y a le groupement moins compact de la basse Sambre, entrecoupé d'espaces champêtres et verdoyants : Farciennes (10 300 hab.), Tamines, Auvelais, Ham, Jemeppe, Moustier, Floreffe. Il y a surtout le groupement de Charleroi, qui emplit d'un océan de maisons toute la dépression et tous les versants doucement inclinés de la vallée de la Sambre; chaque ville, individualisée par l'administration, se confond avec ses voisines en une vaste cité qui vit de la même vie : Dampremy (13 400 hab.), Marchienne-au-Pont (22 900 hab.), Monceau-sur-Sambre (8 900 hab.), Mont-sur-Marchienne (10 800 hab.), Roux (10 600 hab.), Lodelinsart (11 400 hab.), Jumet (30 000 hab.), Gosselies (10 000 hab.), Ransart (10 000 hab.), Gilly (25 400 hab.), Montignies (25 400 hab.), Châtelet (14 600 hab.), Châtelineau (17 300 hab.), Marcinelle (21 000 hab.), Couillet (12 400 hab.). Charleroi elle-même (27 400 hab.) est une ville récente fondée en 1666 en l'honneur de Charles II, roi d'Espagne; elle prit la place de l'ancien village de Charnoy; jusqu'à l'époque industrielle, elle joua surtout un rôle militaire, auprès d'un passage de la Sambre. La ville basse avec la gare s'étend sur les bords du canal et de la rivière; de là, on monte vers la ville haute où s'élève l'hôtel de ville; avec ses magasins, ses boutiques et ses maisons bourgeoises, la cité n'offre ni charme, ni originalité; à ses portes commence le pays noir avec ses maisons ouvrières en briques, ses usines aux longs murs sombres, les tours des hauts fourneaux et les amas coniques de schistes houillers (fig. 22).

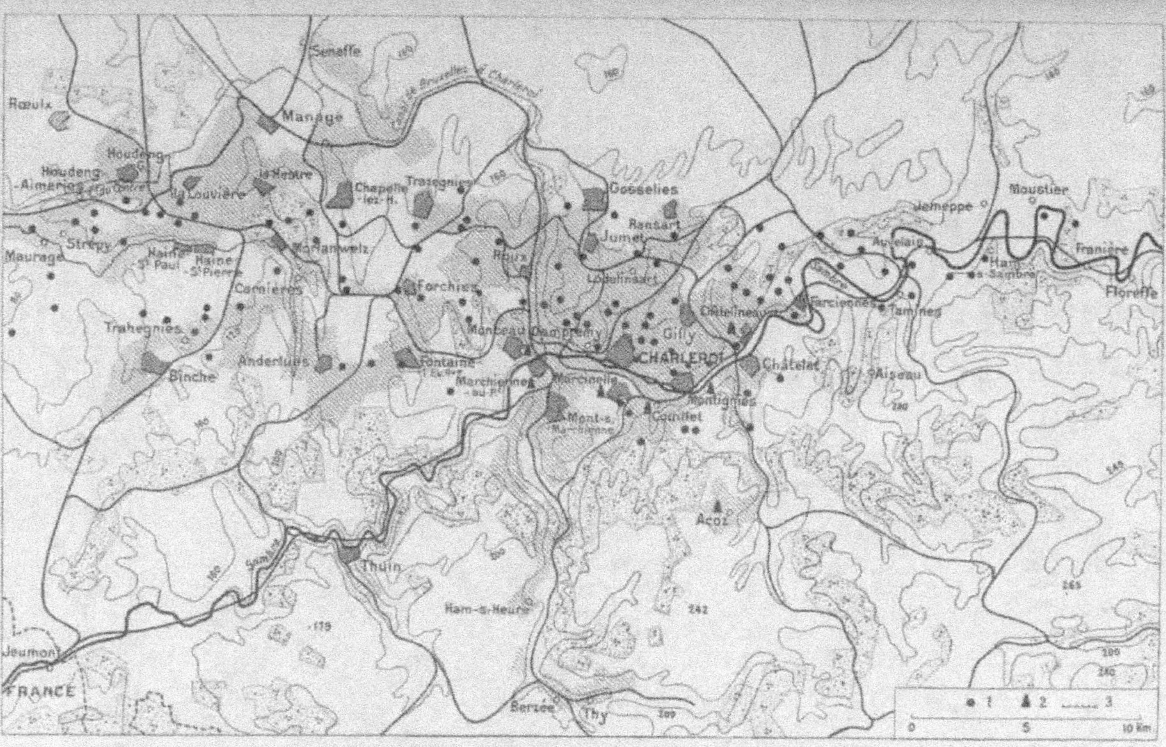

Fig. 22. — Le pays industriel de Charleroi.

1, Puits de mine; 2, Hauts fourneaux; 3, Canaux. — Le grisé plus ou moins dense indique la densité plus ou moins forte de la population. Quelques localités à population trop dispersée n'ont pu être indiquées que par le centre de la commune.

IV. — LA VALLÉE DE LA MEUSE, DE NAMUR A LIÉGE

Dans la vallée de la Meuse, depuis Namur jusqu'à Liége, la vie industrielle ne disparaît pas : elle se clairsème et s'espace. Les couches profondes et stériles de la cuvette houillère se rapprochent de la surface; l'exploitation du charbon cesse entièrement, sauf auprès d'Andenne. L'industrie se localise sur les points où la vie urbaine, plus ancienne qu'elle, l'attire, à Namur et à Huy. Elle se développe aussi en certains autres points, auprès de la route d'eau si commode qui l'unit à Liége et à Charleroi et lui apporte le charbon.

Au confluent de la Meuse et de la Sambre, sur un plateau qui domine les vallées de plus de 100 mètres, s'élevait une forteresse, dès l'époque mérovingienne; c'est à cette position guerrière que Namur doit son origine et maints épisodes de son histoire. La ville se développa au pied de la montagne fortifiée, sur les rives de la Sambre, car Namur est beaucoup plus la ville de la Sambre que la ville de la Meuse; six ponts y traversent la Sambre; un seul, avec le viaduc du chemin de fer, franchit la Meuse et mène aux jardins maraîchers et aux usines du faubourg de Jambes. C'est surtout le passé récent, l'époque des maîtres de forges du xvii⁰ et du xviii⁰ siècle, qui marque dans l'architecture de la ville, avec l'église Saint-Loup, la cathédrale et l'hôtel de ville. De nos jours, Namur a les caractères d'un centre d'affaires provincial, habité par des bourgeois, des fonctionnaires, des commerçants et des artisans. Cependant la présence d'une population urbaine, la convergence des voies ferrées et le passage des bateaux de rivière ont fixé à Namur et dans ses faubourgs certaines formes de travail industriel : ateliers de construction de chaudières, usines à briquettes, tanneries, savonneries, ateliers de confection, usines de lin. Si l'on ajoute aux 32 000 habitants de Namur les 7 400 de Jambes et les 6 800 de Saint-Servais, on obtient 45 000 âmes pour l'agglomération namuroise (Pl. XII, B).

Au confluent du Hoyoux dans la Meuse, au débouché de l'ancienne route du Condroz, s'est bâtie la ville forte de Huy, dont le château commandait dès la fin du x⁰ siècle la voie fluviale. Avec sa haute citadelle aux murs blancs, sa collégiale gothique aux tours magnifiques, et ses maisons de riches bourgeois, Huy a fort grand air. Sa fortune date de loin. Des gisements de cuivre et d'étain y ont fait naître, comme à Dinant, le travail de la fine métallurgie; comme les minerais locaux ne suffisaient plus, les marchands hutois allaient par la Meuse et le Rhin en chercher aux mines allemandes de Goslar. A partir du xvi⁰ siècle et du xvii⁰ siècle, le travail du fer l'emporta; il emplit du bruit de ses forges et de ses marteaux toute la vallée sauvage du Hoyoux; encore aujourd'hui, depuis Modave jusqu'à Huy, cet étroit ravin rappelle les paysages industriels de l'Ardenne française : usine de terres réfractaires à Modave, tôlerie et fonderies à Régissa et à Marchin, chaudronneries, papeteries, raffineries de sel dans les faubourgs méridionaux de Huy. La ville compte 14 400 habitants et, avec ses dépendances industrielles, plus de 20 000 (Pl. I, B).

Namur et Huy représentent entre Charleroi et Liége les grandes étapes urbaines de la voie Sambre-et-Meuse. Mais, dans cette large vallée, superbe entre ses rochers calcaires (Pl. XIII, A), opulente de champs et de vergers, sillonnée par le va-et-vient de la batellerie, beaucoup de bourgs se succèdent, dont aucun n'ignore la vie industrielle : Andenne (7 500 hab.) avec des charbonnages, une fonderie de fer, une fabrique de porcelaine, un atelier de construction mécanique; Ben Ahin avec des fours à chaux et des usines de céramique; Ampsin avec une usine de zinc, Amay (6 200 hab.) avec une fabrique de produits réfractaires; Hermalle et Engis avec des usines de zinc. Mais, peu à peu, l'horizon s'assombrit vers l'Est; les versants et les fonds de vallées se couvrent de maisons; on pénètre dans l'agglomération liégeoise.

V. — *LE GROUPE DE LIÉGE*

Au confluent de la Meuse et de l'Ourthe, un peu en aval du confluent de l'Ourthe et de la Vesdre, dans un cadre de collines raides et de vallées profondes, Liège ne possédait donc pas, pour les relations générales, les avantages de la

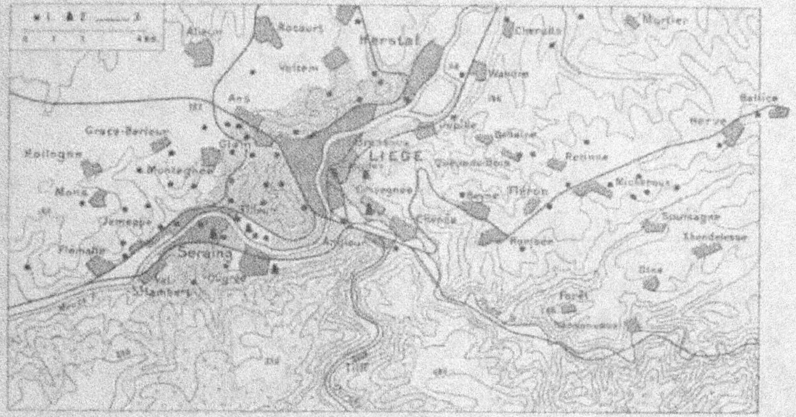

Fig. 23. — Le pays industriel de Liège.

1, Puits de mine; 2, Hauts fourneaux; 3, Crassex. — Le grisé plus ou moins dense indique la densité plus ou moins forte de la population.
On voit que le pays industriel s'étend à l'Ouest de la vallée de la Meuse sur la Hesbaye, à l'Est sur le pays de Herve. Il cesse presque brusquement vers le Sud, à la rencontre du massif ardennais.

position de Maastricht, laquelle fut, dès l'époque romaine, une étape de la grande route de Cologne vers les Pays-Bas. C'est plus tard, comme ville épiscopale, que Liège apparaît dans l'histoire, probablement au VIIIe siècle; elle contenait sans doute quelques richesses, puisque les Normands la ravagèrent en 881. Elle grandit surtout par l'influence de ses évêques saxons et franconiens, auxquels les empereurs d'Allemagne, pour s'en faire des alliés contre les seigneurs féodaux, donnèrent fortune et autorité. Comme l'écrit Pirenne, « on y comptait au début du XIe siècle huit églises et deux grands monastères.... Au XIIIe siècle, ville ecclésiastique hérissée de tours d'églises, elle vit de sa situation de capitale, de siège de diocèse, de ses couvents, de ses chapitres, de ses clercs, de ses prêtres ». Centre de l'immense domaine territorial patiemment réuni par les princes-évêques, elle constitue un foyer de richesse; une classe de marchands et de banquiers puissants s'y fonde et, grâce à elle, toute une vie de métiers; au XIIIe siècle, Liège avait beaucoup de forgerons, de « férons » qui habitaient la Féronstrée et le quartier des Vennes le long des bras de l'Ourthe; mais rien encore n'y rappelle l'intensité du travail des villes de Flandre, leurs masses ouvrières, leurs échanges lointains.

C'est à partir du milieu du xive siècle qu'une transformation profonde s'accomplit dans la vie économique de Liége. « Cette ville de prêtres, dit Pirenne, va devenir une ville de charbonniers et d'armuriers. » De cité ecclésiastique, elle se mue en cité industrielle. Cette évolution a sa source dans l'exploitation du charbon de terre. On extrait déjà la houille, et les bateaux de la Meuse la transportent au loin. On l'emploie dans la métallurgie, non pas pour la fonte du minerai, qui se fait longtemps encore au charbon de bois, mais pour la manufacture des objets en fer. Tandis que la production du fer se dissémine dans les forêts du Condroz et de l'Entre-Sambre-et-Meuse, le travail de transformation du fer tend à se concentrer à Liége et dans les villages voisins. Au xive siècle, tout un quartier dans les îles de la Meuse et surtout dans l' « îleau des Fèvres », constitue une cité ouvrière pleine de forgerons, de couteliers, de serruriers, d'armuriers, de cloutiers, de chaudronniers. A partir du xve siècle, l'usage de plus en plus répandu des armes à feu donne l'élan à l'armurerie liégeoise; à la fin du xviiie siècle, on y recense soixante-dix à quatre-vingts fabricants d'armes, occupant 6 000 ouvriers; plus de 5 000 cloutiers travaillent dans le faubourg et les environs. C'est l'emploi de la houille, combustible à bon marché, qui a fondé cette supériorité séculaire de Liége.

Le bassin houiller de Liége, large d'une quinzaine de kilomètres, s'étend de part et d'autre de la vallée de la Meuse, à la fois sous les dernières ondulations de la Hesbaye et sous les collines du pays de Herve. Soixante-dix mines occupent 25 000 ouvriers, les unes sur la rive gauche à Ans, Flémalle, Glain, Grace-Berleur, Herstal, Jemeppe, Liége, Montegnée, Seraing, Tilleur; les autres sur la rive droite, à Angleur, Ougrée, Bellaire, Fléron, Grivegnée, Micheroux, Retinne, Romsée, Soumagne, Wandre, Battice, Xhendelesse. Déjà pourvu d'une main-d'œuvre habile, Liége trouva, dès le début de la révolution industrielle, dans ses charbons à coke, la première condition de la grosse métallurgie. Actuellement les hauts fourneaux et les aciéries se concentrent dans la vallée, en amont de Liége, auprès de la voie navigable, à Seraing, à Ougrée, à Angleur, à Grivegnée, à Longdoz, à Chênée. Il possède des entreprises puissantes, comme la société d'Ougrée-Marihaye, et surtout la célèbre firme Cockerill de Seraing, remarquable par l'universalité de sa production métallurgique. A Liége et tout autour de Liége, on voit se grouper toutes les fabrications qui transforment le fer et toutes celles qui s'y rattachent par les nécessités de l'économie industrielle : constructions métalliques, chaudronnerie, machines à vapeur, locomotives, matériel de chemin de fer, matériel électrique, cycles et automobiles, produits réfractaires, produits chimiques, fonderies de métaux, fabriques de clous, d'épingles, de câbles, de cordes et de fils métalliques, bateaux de rivière, en un mot toutes les provinces du royaume du fer (fig. 23).

Dans l'une de ces provinces, l'armurerie, les artisans liégeois ont conquis une réputation universelle, grâce à une habileté traditionnelle héritée de génération en génération. Le rôle parfois encore prépondérant de la main-d'œuvre permet à cette industrie de se disperser; on la trouve non seulement à Liége, mais le long de la vallée de la Vesdre en aval de Nessonvaux; puis le long de la vallée de la Meuse à Herstal, à Jupille, à Argenteau, et enfin à l'écart des vallées en de gros villages comme Cheratte, Mortier, Forêt. Beaucoup de pièces se fabriquent en usine, et la fabrication d'un pistolet Browning de gros calibre exige l'emploi de plus de trois cents machines-outils; mais certaines opérations délicates s'exéeutent toujours à domicile. Fusils de guerre, fusils de chasse, pistolets, revolvers, carabines de Liège s'exportent dans le monde entier; la fabrique liégeoise dépassait de beaucoup en 1913 la fabrique de Birmingham et de Saint-Étienne; mais la guerre de 1914 lui porta un coup terrible, dont on put craindre un moment qu'il serait mortel; le chômage était presque complet à la fin de 1921, mais la situation se relève peu à peu.

Une industrie essentiellement belge, l'industrie du zinc, est de création liégeoise, et toujours une spécialité liégeoise. Depuis longtemps on exploite le minerai de zinc dans la vallée de la Meuse entre Huy et Chokier, et surtout à Moresnet, au Sud-Ouest d'Aix-la-Chapelle. De bonne heure, dès le moyen âge, les articles de laiton, alliage de cuivre et de zinc, ou dinanderies, se fabriquaient à Dinant; mais ce ne fut qu'au début du xixe siècle qu'on sut traiter le métal pur. Le grand gisement de calamine de la Vieille Montagne (Altenberg, près de Moresnet) ayant été concédé en 1806 par Napoléon Ier à des industriels belges, la petite usine de Saint-Léonard à Liége réussit à obtenir du zinc assez pur et malléable : ce fut le noyau de la célèbre Société de la Vieille Montagne, fondée en 1837, qui représente aujourd'hui la plus puissante organisation du monde pour la fabrication et le commerce du zinc; pratiquement, c'est elle qui, ayant créé un nouveau métal, lui donna son importance universelle. D'application en application, le zinc trouva des débouchés de plus en plus vastes : laiton à cartouches, galvanisation des tubes de chaudières, tuyaux, bassins, réservoirs, emballages, toitures, doublage des navires; il fallut chercher du minerai en Suède, en Prusse, en Angleterre, en Italie, en France, en Algérie et Tunisie, en Australie; la Belgique traite maintenant cent fois plus de minerai de zinc qu'elle n'en extrait; elle domine toute la production européenne de zinc par ses usines du groupe liégeois (Valentin-Cocq, Hollogne, Angleur, Flône, Tilff), par celles de Campine (Baelen-Wetzel) et par celles que ses capitaux font vivre en France et en Allemagne. Sa production de zinc brut a passé de 3 600 tonnes en 1840 à 60 000 en 1900, 108 000 en 1912, auxquelles il faut ajouter 80 000 tonnes de zinc laminé; après la Grande Guerre, elle se releva vite et atteignit 113 000 tonnes en 1922. Ces quantités énormes de métal dépassent de loin les besoins de la Belgique; pareille production ne peut se soutenir sans l'exportation. Aussi, par cette industrie qui lui est presque personnelle, le groupe liégeois contribue à former l'un des traits originaux de l'économie belge, qui ne peut vivre sans exporter.

Auprès de la houille, auprès des industries fondamentales, d'autres industries sont venues prendre racine, comme des plantes adventices dans une serre chaude : ainsi l'industrie du verre sous sa forme la plus délicate, la cristallerie. Les cristalleries du Val-Saint-Lambert, fondées en 1825 et occupant de 4 000 à 5 000 ouvriers, fabriquent toutes les qualités de verre, depuis le verre commun destiné à la gobeletterie bon marché et aux lampes, jusqu'au verre blanc pour l'éclairage et les articles de table, jusqu'au cristal pour les articles de luxe, verres mousselines et verres taillés, industrie d'exportation travaillant surtout pour le marché étranger. Ajoutons-y un grand nombre d'usines, presque toutes situées à Liége, venant puiser aux mêmes sources de capital et de main-d'œuvre : usines de plomb, usines de caoutchouc, savonneries, tanneries, huileries, fabriques de pianos, fabriques de balances, papeteries, usines électriques, ateliers de bonneterie et de confection, et enfin des tissages de laine, qui annoncent le voisinage de Verviers.

Quoique cette vie industrielle se presse aux portes de Liége et qu'elle pénètre même dans certains quartiers, la ville conserve une allure aristocratique et bourgeoise, héritée du passé, avec les hôtels privés, les monuments, les palais, les églises, et renforcée par le présent avec les parcs, les boulevards, les quais, les ponts, les musées et les théâtres. Le site urbain, entre ses hautes collines, est de toute beauté; du Champs des Oiseaux au Sud, de la Chartreuse à l'Est et surtout de la Citadelle au Nord, on découvre toute la cité; elle s'allonge auprès du fleuve majestueux, et elle s'épanouit sur les hauteurs. Le cœur du vieux Liége se trouve sur la rive gauche, autour de la place Verte, de la place Saint-Lambert, de la place du Marché, et non loin du quai de la Batte; là s'élève le Palais de Justice, qui fut la résidence des princes-évêques; là se déroulèrent les grands événements de l'histoire municipale; là se pressent les petites rues toutes remplies, les jours de marché, par la cohue des petites gens et des voitures.

On éprouve dans cette ville wallonne une impression d'animation particulière qu'on ne retrouve pas au même degré dans les villes de Flandre. On n'y aime point la vie recluse; on flâne volontiers, l'été, sur les boulevards et les quais; on saisit au passage, dans la foule, de joyeuses reparties qu'un savoureux accent de terroir assaisonne. Dans cette ville, bastion avancé de la famille romane en face des Germains, on respire une atmosphère presque française, fortement teintée d'un esprit de fier particularisme; il y a toute une littérature populaire de chansons fines et naïves, de *cramignons* charmants. Il y a surtout la grande Université wallonne, fondée en 1817, doublement liégeoise de caractère, d'abord parce que, avec son École des Mines et des Arts et Manufactures et son Institut électro-technique, elle collabore pratiquement au travail de la ruche industrielle qui l'entoure, ensuite parce que, avec ses professeurs, dont plusieurs eurent une réputation européenne, elle perpétue sur cette lisière du germanisme le souffle de l'esprit de la terre romane.

Plus de 168 000 habitants vivent dans la ville de Liége, mais on ne saurait l'isoler de la banlieue qui la prolonge vers l'aval et vers l'amont de la Meuse : c'est là surtout que s'étend le domaine de la grande industrie, vers l'aval à Bressoux (13 900 hab.), à Herstal (23 400 hab.), à Jupille (7 200 hab.), vers l'amont à Grivegnée (13 000 hab.), à Chênée (9 800 hab.), à Angleur (10 900 hab.), à Ougrée (18 200 hab.), à Seraing (41 400 hab.), à Tilleur (6 700 hab.), à Jemeppe (12 900 hab.); sur les versants qui montent vers la Hesbaye et vers le pays de Herve, toute une cohorte de gros bourgs étendent au loin les limites de l'agglomération liégeoise, dont on peut évaluer la population totale à près de 500 000 habitants.

VI. — LE GROUPE DE VERVIERS

La vallée pittoresque de la Vesdre qu'on remonte de Liége à Verviers fait passer du pays du fer au pays de la laine; le développement de l'industrie lainière en cette région accidentée s'explique, à l'origine, par les rivières qui donnaient leur force aux moulins et leur eau pure aux lavoirs de laine. C'est à ces avantages beaucoup plus qu'à l'abondance de la matière première que Verviers doit d'avoir dès le xve siècle distancé Liége dans la manufacture des draps; celle-ci quitta la vieille cité pour se répandre dans les campagnes de la haute Vesdre; vers la fin du xviiie siècle, elle y occupait plus de 30 000 personnes; tisserands et fileurs se dispersaient dans cinquante-huit villages et huit cent cinquante hameaux autour de Verviers et d'Eupen. La révolution industrielle pénétra le milieu verviétois dès le début du XIXᵉ siècle. Le hasard fit qu'un employé de la maison Simonis de Verviers, venu à Hambourg en 1798 pour acheter des laines espagnoles, y rencontra un ouvrier mécanicien britannique, William Cockerill (le père de Jean Cockerill, fondateur des usines de Seraing), expert dans les machines nouvelles; engagé par la maison Simonis, il se rendit à Verviers: il y

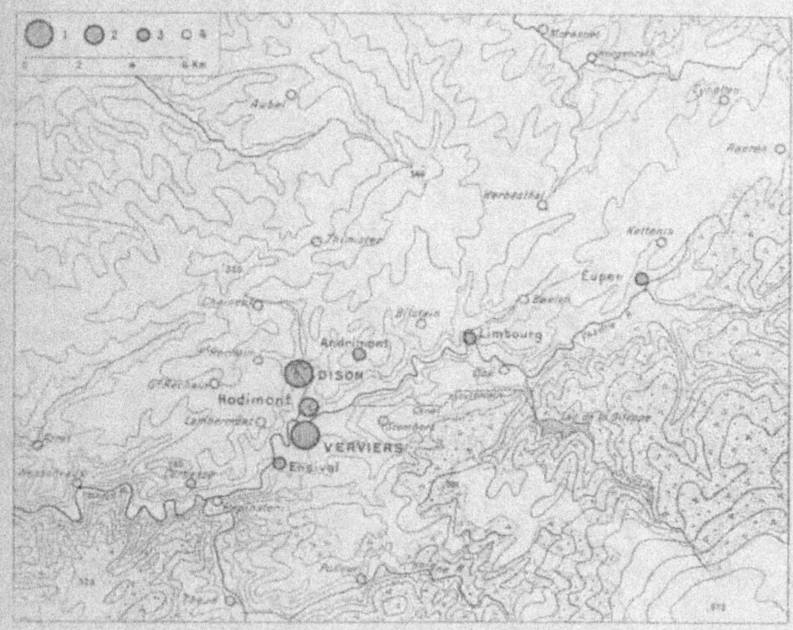

Fig. 24. — Le pays industriel de Verviers.
Établissements s'occupant du travail de la laine : 1, Plus de 100; 2, De 50 à 100; 3, De 8 à 15; 4, De 1 à 8.

construisit le premier moulin à filer mécaniquement la laine qu'ait connu le continent. Un peu plus tard, son gendre, mécanicien de Nottingham, venait établir le premier atelier de construction de machines à filer. La technique nouvelle eut bientôt conquis la région de Verviers et d'Aix-la-Chapelle. L'esprit d'entreprise est l'un des traits originaux de la fabrique verviétoise ; on la vit la première adopter successivement toutes les inventions modernes, machines à peigner, métiers à filer automatiques, machines à laver la laine, machines à échardonner, procédés de récupération des graisses, commande électrique dans les filatures et les tissages. La région de Verviers concentre plus de la moitié de la production lainière de Belgique; elle y emploie près de 30 000 ouvriers. Depuis longtemps, la laine indigène ne suffit plus à la consommation industrielle; de 1866 à 1910 le troupeau belge a diminué des quatre cinquièmes. Aussi Verviers travaille surtout des laines argentines et australiennes; elles proviennent, pour une faible part, des ventes aux enchères de Londres; presque toujours elles arrivent directement des pays d'origine où les négociants de Verviers les font acheter; elles débarquent à Anvers, et le chemin de fer les amène à Verviers.

La grande originalité de Verviers consiste dans le travail de préparation des laines, lavage et carbonisation, accompli avec perfection grâce à l'excellente qualité des eaux. On a construit en 1878 le barrage de la Gileppe, haut de 45 mètres et long de 235 mètres, qui retient les eaux descendues de la forêt de Hertogenwald; le réservoir de 80 hectares ainsi formé emmagasine l'eau pure et sans calcaire, que des conduites mènent aux centres lainiers de Verviers, Hodimont, Dison et Ensival. Le lavage de la laine s'effectue avec tant de soin que les établissements de Verviers travaillent aussi pour les filatures des pays étrangers. Cette opération en fait naître d'autres : des usines extraient la potasse des eaux de suint, d'autres récupèrent la graisse issue de la laine après lavage. On traite ainsi annuellement à Verviers plus de 40 millions de kilogrammes de laine brute.

Les filatures de laine peignée de Verviers ne filent pas seulement les rubans de peignés que leur fournissent les peignages locaux; elles en importent beaucoup de Roubaix; par contre, elles exportent à l'étranger la moitié de leur fabrication. Les filatures de laine cardée, la grande spécialité de Verviers et de sa région, occupent près de 10 000 ouvriers; elles travaillent surtout pour le marché étranger, particulièrement pour Bradford. Le tissage, talonné par la concurrence allemande, française et anglaise, représente pour Verviers moins de travail et moins de bénéfices que la filature; il produit cependant une grande variété d'étoffes : draps, tissus unis, nouveautés, cheviots, mérinos, cachemires, popelines, flanelles, feutres, satin de Chine; sur les trois mille métiers qu'il occupe, plus de mille appartiennent à de petits façonniers; on rencontre encore des métiers à domicile.

Dans ces districts lainiers, la vie industrielle n'accapare pas le paysage, comme dans les pays de la houille et du fer. L'océan des maisons ouvrières n'envahit pas la campagne. La terre ne disparaît pas sous une croûte de charbon et ne se voile pas de fumée. Le long des vallées encaissées et sur les pentes montueuses, il y a toujours, parmi les constructions industrielles, des échappées de verdure, des bois et des herbages; les usines se rangent dans un cadre agreste et forestier (Pl. XIII, B). Elles se répartissent entre de gros bourgs qui s'égrènent le long des vallées, Nessonvaux, Cornesse, Pepinster, Baelen; autour d'Eupen, elles se disséminent dans les villages (Kettenis, Eynatten, Raeren, Herbesthal, Hergenrath). Il n'y a de grande ville que Verviers (42 000 hab.); avec ses satellites immédiats, comme Dison (10 700 hab.), Hodimont (3 600 hab.), Ensival (6 500 hab.), Andrimont (5 900 hab.), elle compose une agglomération de près de 80 000 âmes. Verviers monte sur la rive gauche de la vallée de la Vesdre; ses maisons claires et propres s'étagent le long des pentes dans un air calme. Elle avance ses faubourgs et ses quartiers de villas vers Lambermont jusque dans les herbages du pays de Herve et vers Heuzy jusque dans les solitudes boisées qui annoncent l'Ardenne (fig. 24).

Ainsi se déroule, à travers le territoire belge, le pays industriel. En tant que région humaine, il n'a pas échappé à l'intense migration qui, durant le XIX⁰ siècle, a poussé les hommes vers les villes tentaculaires. De 1811 à 1921, Liège a passé de 48 000 à 168 000 habitants, Seraing, de 2 000 à 41 300, Herstal, de 5 300 à 23 400, Angleur, de 950 à 10 900. Mais ce mouvement n'a pas eu la même ampleur qu'en Westphalie et en Angleterre. Il n'y a vraiment qu'une grande cité, Liége. Mons, Charleroi, Verviers ne sont que des villes moyennes. Tout le reste de la population industrielle se distribue entre une cinquantaine de petites villes.

Cette limitation de l'afflux vers les villes tient à une cause éminemment belge : la modération de l'exode rural. Les campagnes qui entourent la région industrielle demeurent encore le séjour d'une partie de la population ouvrière. Les ouvriers tiennent profondément à leur coin de terre, à leur jardin, à leur petite étable, à leur foyer champêtre ; ils y reviennent chaque soir. Ce lien entre la terre et le peuple des usines ne se maintient si étroit que grâce au réseau de voies de communication très serré et peu coûteux dont dispose la Belgique ; les chemins de fer et surtout les chemins de fer vicinaux sont les merveilleux desservants de cette main-d'œuvre rurale ; les ouvriers des plateaux de Herve descendent vers les usines de Verviers et les charbonnages de Liége ; les gens de Gembloux et de Fosses s'en vont aux houillères et aux glaceries de la Sambre ; les travailleurs de Flandre se dirigent vers Mons et Charleroi. Ce réservoir d'ouvriers campagnards n'est sans doute pas inépuisable, car plusieurs charbonnages du pays de Charleroi et du Borinage ont déjà fait appel à des ouvriers polonais et italiens. Mais cette abondance et cette stabilité de la main-d'œuvre rurale constituent l'une des originalités et l'une des supériorités de l'industrie belge.

BIBLIOGRAPHIE

Ch. Binot, Le pays de Herve (*Bull. Soc. Géogr. Anvers*, 1912 et 1913). — Clapham, *The woollen and worsted Industries*, Londres, 1906. — G. Decamps, Mémoire historique sur l'origine et le développement de l'industrie houillère dans le bassin de Mons (*Mém. Soc. Lettres Hainaut*, 1880 et 1889). — [Fer] The Iron Resources of the World (*Intern. Geol. Congress*), Stockholm, 1910. — [Houille] Nombreux articles dans les *Annales des Mines de Belgique* et dans la *Revue Économique Internationale*. — L. Dechesne, *Industrie drapière de la Vesdre avant 1800*, Paris et Liége, 1926. — A. Julin, L'industrie armurière liégeoise (*Réforme sociale*, 1895). — A. Lalière, Le verre en Belgique (*Revue Écon. Intern.*, juin 1913). — J. S. Lewinski, *L'évolution industrielle de la Belgique*, Bruxelles, 1911. — [Liége] Exposition universelle de Liége. *Monographies des industries du bassin de Liége*, Liége, 1905. — [Verviers] Chambre de Commerce de Verviers, *Rapport général sur la situation* (périodique).

CHAPITRE VI

LA MOYENNE BELGIQUE
LES PLAINES DU HAINAUT ET DU BRABANT
LA HESBAYE. BRUXELLES

Depuis Tournai et Audenarde jusqu'à Liége et Maastricht, depuis l'Escaut jusqu'à la Meuse, on traverse de grandes plaines. Elles s'élèvent très doucement de l'Ouest vers l'Est, de moins de 20 mètres sur les bords de l'Escaut à plus de 150 mètres sur les coteaux qui dominent la Meuse. A mesure qu'elles montent vers l'Est, elles se rapprochent de l'état de plateau en ce sens que, l'altitude croissant, les rivières s'enfoncent et que la surface les domine. A l'Ouest, l'Escaut coule lentement entre des versants adoucis dans une large dépression qui est une plaine. A l'Est, la Meuse longe des collines de craie (Pl. XIV), au travers desquelles ses affluents, la Mehaigne et la Geer, passent en s'encaissant. Vers le Nord, au cours d'une rapide descente vers le sillon du Demer et de l'Escaut, il arrive parfois à la Dendre, à la Senne, à la Dyle et à la Geete de se creuser une vallée étroite et profonde. Mais, à condition de demeurer sur les plaines et les plateaux, on a partout l'impression d'une surface monotone et calme. On remarque d'autant plus cette uniformité que la surface ne repose pas partout sur le même sous-sol; à l'Ouest, dans le Hainaut, de Tournai à Hal par Leuze, Ath et Enghien, c'est encore l'argile des Flandres; au Centre, dans le Brabant, depuis Nivelles jusque vers Eghezée, Waremme et Tongres, c'est du sable qui forme le soubassement; à l'Est, sous une grande partie de la Hesbaye, c'est de la craie.

I. — LES PAYSAGES

L'élément caractéristique de ces plaines uniformes se trouve dans la nappe de limon qui s'étend indifféremment sur l'argile, le sable et la craie du sous-sol; elle amortit les inégalités du relief; elle contribue à la régularité des horizons. Terre arable par excellence, la culture en a extirpé les arbres; elle ouvre de vastes champs à la charrue. Quand le soubassement plus dur ne laisse pas les vallées s'enfoncer et mordre, la couverture de limon presque intacte conserve une remarquable continuité; il en résulte des terroirs plus plats et plus uniformes encore, que le langage populaire ne manque pas de désigner par un mot particulier : ainsi la Hesbaye, vieux vocable agricole, se définit comme la bonne terre propice aux moissons; elle apparaît dans le paysage à l'Est de Perwez, de Jodoigne et de

Phot. Aéronautique militaire belge.

A. — LA PLAINE DE HESBAYE, A TROU DU SART, AU NORD-EST DE NAMUR.
Villages groupés; champs morcelés; uniformité du plateau; vallons à peine enfoncés dans le plateau.

Phot. Aéronautique militaire belge.

B. — LES CARRIÈRES DE LESSINES.
Pays éventré par l'exploitation de la pierre.

Phot. A. Demangeon.

A. — PAYSAGE BRABANÇON, A OTTIGNIES.
Large vallée ouverte dans le sable. Bois de pins. Maisons éparses.

Phot. A. Demangeon.

B. — UNE GRANDE FERME A OTTIGNIES, AU SUD DE WAVRE.

Phot. A. Demangeon.

C. — ODEUR, UN VILLAGE DE HESBAYE.
Une grosse ferme; la mare du village.

Tirlemont; sur ses molles ondulations découvertes, la récolte ne laisse plus à l'automne qu'une steppe sèche et jaune, semblable aux guérets de la Picardie et de l'Artois; de gros villages se cachent derrière les seuls arbres de la plaine.

Ces horizons découverts s'arrêtent vers le Nord à une large lisière boisée qui les limitent vis-à-vis des paysages de Flandre et de Campine. De Renaix à Grammont, à Bruxelles, à Louvain et à Diest, une sorte de marche forestière ceinture la plaine limoneuse; elle suit une zone d'affleurements sableux, depuis les sables yprésiens et paniséliens des collines de Renaix et de leurs avant-postes jusqu'aux sables bruxelliens du Brabant septentrional et aux sables tongriens et diestiens des approches de la Campine. Au Sud de Bruxelles, sur la rive droite de la Senne, il y a sur les pentes sableuses tout un pays bocager d'une grâce un peu sauvage; on chemine à l'ombre des taillis de hêtres entre des talus escarpés; des pineraies grimpent parmi les éboulis du sable jaune; au-dessus des landes de bruyères et des touffes d'airelles surgissent çà et là des buissons de petits chênes et des bouquets de bouleaux (Pl. XVI, A). Plus dense et plus majestueuse, la forêt de Soignes s'étendait jadis sur les plateaux qui séparent les vallées de la Senne et de la Dyle; elle avait encore près de 10 000 hectares au début du XIXe siècle; elle ne dépasse guère maintenant 3 900 hectares; elle doit sa beauté à ses futaies de hêtres, colonnades superbes à l'ombre épaisse, retraites silencieuses que trouble chaque jour davantage la cohue des citadins. Vers le Sud, depuis Hoeylaert jusqu'au delà d'Ottignies, on retrouve les vestiges de l'ancienne extension des bois : des bouquets d'arbres dispersés dans les clairières, des pentes couvertes de pins, des tranchées dans le sable parmi les ajoncs et les genêts, des fonds de vallées humides où l'on surprend l'eau d'un étang qui brille derrière un rideau de bouleaux.

Au delà de Bruxelles, vers l'Est, malgré l'intensité des cultures, les aspects boisés se continuent du côté de Louvain et d'Héverlé. Jadis tout le pays entre Louvain et Diest était couvert d'arbres : c'est le Hageland ou pays des bois, presque entièrement conquis par la culture des essarts, ainsi qu'en témoignent les nombreux suffixes en *rode*; mais, à la fin du XVIIIe siècle, on n'y circulait pas sans peine à travers les fourrés; de nos jours, jamais on ne quitte longtemps l'horizon des bois; à côté de grandes landes tristes, semées de fondrières, il subsiste encore des taillis d'arbres feuillus et des plantations de pins, qui annoncent déjà la Campine.

II. — LA VIE AGRICOLE

Ces grandes plaines comptent parmi les régions les plus fertiles et les mieux cultivées de l'Europe. Cette aptitude agricole est un don de la terre limoneuse, mais elle est aussi l'œuvre de l'homme; car la culture y dépasse, sinon par l'habileté manuelle, du moins par la puissance et la science des procédés d'exploitation, même les laborieuses Flandres. Elle se différencie de la Flandre par une moindre place accordée au lin, au houblon et à la chicorée. Mais elle se caractérise par la production intensive du froment, de la betterave à sucre et de l'avoine, par l'élevage du cheval et par l'engraissement des bêtes à cornes. Nulle part le cultivateur n'a reconnu plus de valeur aux méthodes modernes; à partir de 1830-1840, l'usage des engrais commerciaux et des machines se répand; on conçoit la ferme comme une usine bien outillée, fonctionnant toujours à plein rendement par l'emploi judicieux de tous ses moyens. A certaines saisons, le personnel local ne suffit plus à l'accomplissement des travaux des champs; pour le sarclage des betteraves au début de juin, pour la moisson des céréales à la mi-juillet, pour l'arrachage des betteraves à la fin de septembre, on fait appel à des équipes d'ouvriers migrateurs qui viennent du Hageland et de Flandre. Au début du XIXe siècle, un tiers de la terre demeurait encore en jachère dans ces plaines; le rendement des récoltes n'atteignait pas le niveau des rendements de la Flandre sablonneuse; il a suffi de moins d'un siècle pour assouplir le sol, pour l'asservir, pour l'exploiter sans arrêt et pour créer un pays nouveau (Pl. XV, A).

Le froment continue d'être partout la grande céréale d'hiver. Malgré le progrès des machines, ou le moissonne, souvent encore, à la main : c'est la besogne des aoûterons flamands, armés du pic et de la sape. Le grain battu se vend sur les marchés traditionnels qui s'échelonnent autour du pays : Mons, Charleroi, Namur, Liége, Tongres, Saint-Trond, Tirlemont, Bruxelles. Pour alimenter les grandes brasseries du Borinage et du bassin de Charleroi, on cultive dans le Hainaut de grandes étendues d'escourgeon ou orge d'hiver. Pour nourrir les chevaux de culture, on fait à l'avoine sur les champs une place parfois plus grande qu'au blé. Mais toute grande culture a pour base la betterave à sucre; cantonnée sur les terres fortes de limon, elle se concentre surtout dans le Sud de la Hesbaye (arrondissements de Landen, d'Avennes, de Waremme) et dans le Sud-Ouest du Hainaut (Pâturages, Boussu, Dour, Chièvres, Leuze). Ces plaines contiennent à elles seules les trois quarts des champs de betteraves à sucre de toute la Belgique; elles possèdent neuf sur dix des sucreries belges; elles font de la Belgique l'un des plus grands fabricants de sucre du monde, vendant à la Grande-Bretagne une bonne partie de sa production (en 1925-1926, production totale de sucre, 309 000 tonnes).

Cependant ces plantes de grande culture ne déterminent pas partout l'orientation du travail agricole. Au contact des Flandres et particulièrement dans le pays de Tournai, l'influence flamande se fait sentir par des modes de travail plus menus et plus variés : champs de navets pour la nourriture des vaches en hiver, chicorée à café au Nord de Tournai et d'Ath, lin dans les mêmes régions, tabac aux environs de Ninove et de Grammont et à Obourg près de Mons. A côté des grandes fermes à betteraves, on aperçoit déjà, sur ces confins, des traits bien flamands : l'emploi de la vache au labour, la production abondante du lait et du beurre, l'emploi du chien pour tourner la grande roue de la baratte et pour traîner les charrettes.

Dans ces grandes plaines presque sans arbres, il y a pourtant des bocages d'arbres fruitiers. Entre Tongres, Looz, Saint-Trond et Glons, les villages au printemps se cachent derrière des arbres fleuris; presque toutes les fermes s'entourent d'une pâture plantée d'arbres fruitiers : pruniers autour de Vliermael, cerisiers autour de Saint-Trond, poiriers et pommiers autour de Looz. D'une manière générale, ce sont les pommiers qui dominent. La récolte donne assez de fruits pour qu'on en vende à l'étranger et pour qu'on en fabrique du sirop et des confitures. Jusqu'au milieu du XIXe siècle, cette industrie se pratiquait à domicile, et chaque ferme avait sa chaudière à sirop. Aujourd'hui les usines du canton de Looz, qui ont remplacé les ateliers domestiques, travaillent surtout pour le marché anglais.

Le domaine de la grande culture contient, surtout sur la lisière des sables et au voisinage des villes, des îlots de petite culture, où des milliers de petites gens se livrent pour le marché urbain à l'exploitation maraîchère, fruitière et même herbagère. La région de Bruxelles en fournit les exemples les plus originaux et les plus étendus. Vers l'Ouest de la grande ville, jusque vers Ninove, à Schepdael, Etterbeek et Dilbeek, ces petites fermes produisent du lait, des pommes de terre de primeur, des cerises, des groseilles, des framboises et surtout des fraises; chaque jour, dès l'aube, on part à Bruxelles par le tramway ou bien avec la charrette à chiens, pour vendre la cueillette; à Berckem-Sainte-Agathe, c'est à des serres et à des pépinières que s'applique le labeur. Vers le Nord, en tirant sur Malines et Louvain, on cultive les petits pois, qui arrivent sur le marché bruxellois de juin à août; autour de Vilvorde, on entretient des vaches laitières, et on engraisse des volailles. Vers l'Est, depuis que le vicinal atteint Vossem, chaque village expédie tous les jours des cruches de lait. Autour de Woluwe-Saint-Étienne et de Stockel, on produit le chou de Bruxelles et la chicorée de Bruxelles (*witloof*). Vers le Sud, à Hoeylaert, à La Hulpe, à Rixensart, on entre dans le domaine de la vigne, d'une vigne cultivée sous verre et dont les raisins de table trouvent un débouché en Angleterre et même aux États-Unis. Ces petites cultures soignées apparaissent comme l'un des traits propres à l'économie belge (Pl. XVII, A).

Sur toute exploitation un peu grande, on rencontre le cheval brabançon, bête massive et trapue, aux muscles puissants. Sur ces terres lourdes, le travail exige de forts attelages. La nécessité de les utiliser a suggéré l'idée de les produire; aussi tout le territoire compris entre Bruxelles, Nivelles, Ath et Alost est devenu un grand foyer d'élevage de chevaux; il faut y joindre plusieurs autres centres comme Perwez, Jodoigne, Gembloux et Ninove. Presque tous les cultivateurs un peu aisés se livrent à cet élevage, qu'ils ont poussé à la perfection grâce à leur longue tradition d'expérience et à leur curiosité intelligente; les bêtes, nées sur les grandes fermes herbagères du Brabant et du Hainaut, passent à l'âge de dix-huit mois sur les petites exploitations des pays de sable, où elles font par un travail modéré l'apprentissage de leur métier; ayant atteint trois ans, elles sont assez fortes pour la culture des terres lourdes de la Hesbaye et du Condroz; enfin, ayant acquis toute leur maturité et leur puissance, elles passent entre les mains de marchands qui les vendent dans les villes ou les expédient à l'étranger.

Dans chaque ferme de ce pays fertile, les bêtes à cornes s'associent étroitement à l'économie agricole. On n'observe pas ici de spécialisation concertée, soit vers le lait, comme dans les Flandres, soit vers la production du bétail maigre, comme dans l'Ardenne. Toute orientation particulière dépend de la dimension de la ferme, de la personnalité du cultivateur et surtout de la nature du marché le plus proche. Dans l'Ouest, dans le Brabant et le Hainaut, on observe sur les champs une plus forte proportion de plantes fourragères et herbagères; la main-d'œuvre se fait rare et chère, à cause des usines et des charbonnages de Mons et de Charleroi; les pâtures se développent au détriment des grains; on s'attache à produire du lait, du beurre, des œufs, des veaux, des porcs. Au contraire, dans l'Est, en Hesbaye, l'abondance des produits de culture et des pulpes de betteraves fait qu'on pratique dans les grandes fermes l'engraissement du bétail; on n'engraisse pas seulement les bêtes maigres du pays, mais encore celles qu'on fait venir de l'Ardenne, du Condroz et même de Hollande et de France; ces bêtes grasses de Hesbaye pourvoient les grands marchés de boucherie de Liége et de Bruxelles.

Une ceinture de villes anciennement riches et puissantes, comme Louvain, Bruxelles, Tournai, Mons, Namur et Liége, une lisière de centres industriels parvenus à la fortune au cours du XIXe siècle, voilà des influences qui ont fortement contribué à créer l'atmosphère sociale de ces campagnes. La propriété foncière se trouve entre les mains de familles aristocratiques et bourgeoises. Dans les cantons de Wavre, de Nivelles, de Genappe, de Hal, les cotes foncières supérieures à 100 hectares couvrent encore plus du cinquième de l'étendue cadastrale; dans la Hesbaye, plus du dixième. Ces proportions tendent à diminuer, car, depuis la Grande Guerre, beaucoup de fermiers ont acquis les terres qu'ils cultivaient. On assiste en Hesbaye à la progression du faire-valoir direct, demeuré jusqu'ici beaucoup moins répandu que le fermage; il ne s'applique encore qu'au quart des terres dans le Hainaut, au tiers dans le pays de Gembloux.

La forme essentielle de l'atelier agricole, si l'on considère le total des terres mises en culture, reste partout la grande exploitation de 50 à 100 et même 200 hectares; elle domine dans la Hesbaye, dans le pays de Quévy au Sud de Mons et dans les campagnes de Nivelles, de Fleurus et de Gembloux. Caractérisée par la puissance de ses moyens, la masse de ses produits et ses méthodes industrielles, elle fonctionne sous la direction d'une classe de fermiers riches et instruits. Le fermier est un homme d'affaires qui n'accomplit pas la besogne manuelle, mais qui oriente les opérations commerciales, l'achat et la vente des produits, des bêtes, des engrais et des machines. Il habite un type remarquable de ferme composée d'énormes bâtiments rangés autour d'une cour pavée; leur aspect de forteresses semble les préparer à jouer ce rôle, car plusieurs d'entre elles ont servi de réduits défensifs pendant les batailles : ainsi les fermes de Goumont, de Papelotte, de la Haie Sainte, du Mont-Saint-Jean près de Waterloo. Le plus souvent, elles s'isolent dans la campagne au milieu de leurs champs. Parfois cependant elles se groupent en imposants villages au Sud de Tournai ou bien dans le Sud-Est du Brabant et en Hesbaye. Et, dans ce dernier cas, elles attirent autour d'elles les habitations d'un grand nombre de petits cultivateurs et d'ouvriers ruraux (fig. 25; Pl. XVI, B et C).

Tous les habitants des campagnes ne vivent pas que de la culture. La plupart des villageois de situation modeste vont travailler dans les carrières. La Belgique centrale est le pays des carrières; leurs trous béants éventrent les pentes des vallées à chaque pas (Pl. XV, B). Des calcaires primaires on tire des pierres de taille le long de la Dendre, de la Senne à Soignies, de la Sennette aux Écaussines, de la Samme à Feluy-Arquennes; de la pierre à chaux le long de l'Escaut depuis Antoing jusqu'à Tournai, et le long du Piéton. Comme pierres à pavés, on exploite les quartzites de Dongelberg et les roches éruptives de Quenast et de Lessines. Ces carrières, dont les matériaux s'expédient jusqu'en France et dans les Pays-Bas, retiennent dans les villages des milliers d'ouvriers et les conservent à la vie rurale. D'autres vont travailler dans les centres industriels et dans les villes. La persistance de toutes ces petites gens dans le milieu rural explique l'étonnante densité de population de ces plaines agricoles. Abstraction faite des villes, on atteint par kilomètre carré pour les cantons ruraux des chiffres d'habitants qui, en d'autres pays, représentent des densités de banlieue urbaine : Assche, 326; Hal, 310; Tirlemont, 268; Genappe, 134; Jodoigne, 136; Nivelles, 249; Perwez, 125; Wavre, 175; Soignies, 248; Ath, 233; Lessines, 254; Leuze, 191; Quevaucamps, 232; Templeuve, 250; Peruwelz, 301 (Pl. XVII, B).

A. — LES SERRES DE HOEYLAERT, AU SUD-EST DE BRUXELLES.
Les cultures sous verre donnent un paysage très original.

B. — LE VILLAGE DE GOHISSART, À L'OUEST DE LODELINSART,
ENTRE FLEURUS ET CHARLEROI.
Multitude de maisons ouvrières avec leurs jardins et leurs petits champs.

LA GRAND'PLACE, A BRUXELLES.

A gauche, l'Hôtel de Ville. Au fond, les maisons des corporations.

III. — LES VILLES

La vie urbaine ne s'épanouit pas dans les plaines de la Belgique centrale aussi plantureusement que dans les plaines de Flandre ou que dans le sillon de Sambre-et-Meuse. Elle y apparaît plutôt comme un phénomène périphérique que comme un phénomène intérieur. Presque toutes les villes garnissent la lisière du pays : au Nord-Est, Maastricht (aux Pays-Bas), Tongres, Saint-Trond, Tirlemont, Louvain, Bruxelles; au Nord-Ouest, Bruxelles, Hal, Enghien, Ath, Leuze,

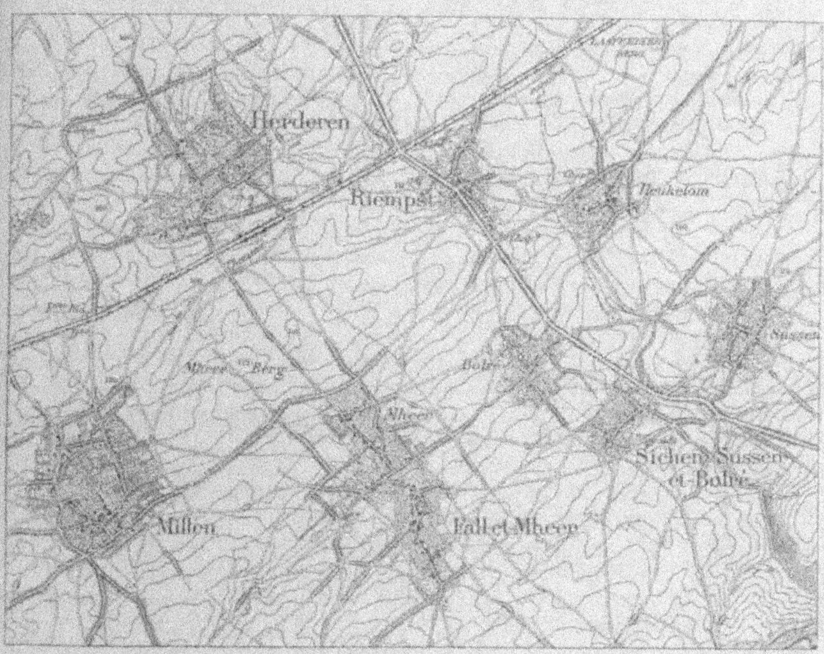

Fig. 25. — Les gros villages de Hesbaye, d'après la carte de Belgique à 1 : 40 000. Agglomérations rurales avec pâtures et vergers, séparées par des campagnes découvertes.

Tournai; au Sud, Mons, Namur, Huy et Liége. Les grands courants commerciaux, sources de la vie urbaine, l'ont plutôt frôlé que pénétré. Sans doute, on circule aisément sur ces larges croupes aux tranquilles horizons; à toutes les époques de guerre, elles ont vu défiler les armées; depuis Maastricht jusqu'à Tournai, elles sont semées de noms de batailles, quelques-uns même rappelant plusieurs rencontres : Neerwinden, Ramillies, Ligny, Waterloo, Seneffe, Fleurus, Fontenoy. Mais cette large étendue de plaines fut un chemin de soldats plutôt que de marchands; l'Escaut et la Meuse ne la touchent qu'à ses extrémités; les grandes voies d'eau lui sont extérieures. Aussi est-ce essentiellement à des routes transversales reliant ces grandes voies que le pays doit ses villes. Aux deux extrémités de la chaussée romaine, unissant les pays du Rhin au Pas de Calais, il y a une ville ancienne : Tournai (*Turnacum*) et Tongres (*Aduatuca Tungrorum*). D'autre part, tout le long de la route de terre qui menait des pays du Rhin vers Bruges au XIIe et au XIIIe siècle et vers Anvers au XIVe et au XVe siècle, le passage des marchands a fait naître des villes à Maastricht, Saint-Trond, Tirlemont, Louvain et Bruxelles. Enfin, depuis Bruxelles jusqu'à Tournai, au contact du pays wallon et du pays flamand, on suit une chaîne de petites villes : Hal, Enghien, Ath, Leuze, à laquelle répond, en territoire germanique, une chaîne parallèle de villes pareilles, Courtrai, Renaix, Grammont et Ninove. Ainsi les villes de la périphérie ont une valeur générale. Mais les villes de l'intérieur n'ont qu'une valeur locale.

Ces villes de l'intérieur se répartissent à peu près uniformément sur la plaine, disposées pour desservir chacune le rayon rural dont elle occupe le centre; dans l'Est, en Hesbaye, elles conservent un cachet plus agricole; dans l'Ouest, comme elles vivent dans un milieu industrialisé, elles tendent à former, à côté de leur marché rural, un centre de fabriques. Dans l'Est, elles ne sont que de petits bourgs qui n'atteignent jamais 5 000 habitants : Landen, Waremme, Perwez, Jodoigne, et même Gembloux, malgré ses distilleries, ses sucreries et son école d'agriculture. Dans l'Ouest, elles ont plus d'apparence, plus d'animation, plus de ressources : Peruwelz (7 900 hab.) avec ses usines de laine, ses fabriques de bonneterie, ses constructions métalliques; Soignies (10 700 hab.) avec ses carrières et ses fours à chaux; Braine-le-Comte (9 700 hab.) avec ses constructions métalliques; Braine-l'Alleud (10 300 hab.) avec ses filatures et ses tissages de laine; Seneffe avec ses ateliers de chemin de fer. Seule Nivelles (12 900 hab.) fait figure de bonne cité provinciale; issue d'un couvent du XIIe siècle, elle conserve de son passé une allure charmante et paisible, de vieux quartiers aux ruelles étroites, aux murailles fleuries; mais la vie moderne y pénètre avec des usines, des papeteries et des minoteries.

Depuis Tournai jusqu'à Bruxelles, une série de villes s'aligne en face du front flamand; elle suit la grande ligne de communications qui depuis plusieurs siècles mène de Lille, capitale de la Flandre française, à Bruxelles, capitale du Brabant. Tournai (36 200 hab.), sur l'Escaut, était déjà à l'époque romaine une importante cité sur la chaussée qui, par Bavay et Tongres, assurait les communications militaires des colonies rhénanes avec les points de passage vers la Grande-Bretagne. La rivière a toujours été un agent de sa fortune, mais surtout à l'époque moderne; grâce à lui, elle se trouve sur le grand courant de charbon qui du Borinage gagne les Flandres; elle put ainsi rajeunir ses vieilles industries et en créer d'autres, filatures de laine, bonneterie, filatures de lin, fabriques de ciment, de chaux, d'engrais, ateliers de constructions métalliques. Avec Chereq et Antoing, l'agglomération de Tournai réunit sur les bords de l'Escaut près de 50 000 habitants. La vie moderne pénètre dans la ville, le long de ses quais bordés d'arbres; mais elle respecte les aspects et les monuments du vieux Tournai, la cathédrale romane, le dédale des rues silencieuses qui l'entourent, l'antique pont aux trois arches ogivales et aux deux tours sur l'Escaut, le beffroi du XIIe et du XIVe siècle. Au Nord de Tournai, on gagne Bruxelles en traversant plusieurs villes d'origine ancienne, mais toutes gagnées par l'industrie : Leuze (5 700 hab.) avec ses filatures de laine et de coton et ses fabriques de bonneterie; Ath (10 600 hab.), vieille place forte sur la Dendre, qui groupe auprès de la rivière des brasseries, des scieries, des fabriques de meubles, de pianos, des ateliers de con-

struction, des tissages de lin; Lessines (10 800 hab.) avec ses carrières; Enghien
avec des ateliers de construction métallique et des tissages de toile; mais déjà,
lorsqu'on atteint Hal, on pénètre dans l'agglomération bruxelloise.

De Maastricht ou de Liége à Bruxelles, une autre rangée de villes, placée le
long de l'ancienne grande route commerciale du Brabant, marque les limites
des plaines limoneuses du côté des bas pays de sable. Tongres (11 400 hab.),
station romaine sur la chaussée de Cologne à Bavay, évêché dès le ive siècle,
vit surtout maintenant de son marché de bétail. A Saint-Trond (16 250 hab.), les
monuments, le beffroi, l'église gothique évoquent aussi une belle fortune dans le
passé; actuellement c'est la vie agricole qui détermine l'activité de la ville et
entretient ses brasseries, ses distilleries, ses sucreries, ses tanneries. Dans son
enceinte vaste qui embrasse des jardins et des champs, Tirlemont (20 300 hab.)
n'a pas retrouvé sa splendeur d'autrefois, alors qu'elle trafiquait sur la route de
Cologne et de Liége à Bruxelles et à Anvers.

De par sa position, Louvain pouvait devenir l'une des grandes villes de
Belgique. Elle se trouve à la limite des plaines basses et des collines brabançonnes; avec leurs buttes de sables et grès rougeâtres, que couronnent des bois,
ces collines font un cadre presque imposant à la large vallée de la Dyle; le fond
plat sillonné de fossés pleins d'eau et planté de peupliers et de saules apporte
jusqu'à l'aval de Louvain l'horizon des Pays-Bas. La rivière, petite, mais déjà
profonde et navigable, ouvrait un chemin vers l'Escaut; par elle les bateaux pouvaient remonter à l'intérieur jusqu'à cette route de Cologne à Anvers, dont Louvain fut une étape. Au xiiie siècle 3 000 métiers tissaient le drap; on raconte que,
une demi-heure avant la sortie des ateliers, il fallait sonner la grosse cloche pour
avertir les passants de se garer de la foule; il y avait à Louvain des tanneries, des
fabriques d'armes; un fort trafic se dirigeait par la route de terre vers les villes
du Rhin. Mais l'étoile de Louvain pâlit, comme celle des villes de Flandre, lorsque
les draps anglais apparurent sur le marché continental; des crises économiques
et des révoltes de tisserands décidèrent au xive siècle le déclin de Louvain comme
cité manufacturière. Alors commence sa fortune comme cité universitaire; c'est
en 1425 que la cour de Brabant, fondant une Université, l'établit dans l'ancienne
Halle aux draps. Dès lors la ville vivra surtout de cette Université, l'une des plus
célèbres d'Europe pour la théologie et la médecine et qui de 1517 à 1521 fut illustrée par l'enseignement d'Érasme; au temps de Juste Lipse, elle comptait cin-
quante-deux collèges et plus de 6 000 étudiants. Moins fréquentée au xviie et au
xviiie siècle, supprimée en 1797, restaurée en 1816, elle est devenue depuis 1836
la grande université catholique libre qui forme une bonne partie du personnel politique administratif, judiciaire et industriel de la Belgique. Au mois d'août 1914,
au cours du sac de la ville par les Allemands, un incendie détruisit sa bibliothèque contenant neuf cent vingt manuscrits et 230 000 volumes. Tout est
maintenant tranquille dans cette ville ecclésiastique consacrée à l'étude; on y
goûte la paix des maisons religieuses. Parfois une fête d'étudiants fait crépiter
la joie dans le cortège des toques noires pour les Wallons et des bérets rouges
pour les Flamands; parfois aussi l'animation règne sur les places, les jours de
marché; les paysans en galoches circulent entre les rangs pressés des vaches
et des cochons. Mais le calme se rétablit bientôt. Cependant le mouvement
industriel vient battre aux portes de la ville. Un canal ouvert en 1793 part de
Louvain, atteint le Rupel au bout de 30 kilomètres et joint ainsi la ville à

l'Escaut; le long des quais du port, beaucoup de marchandises venant d'Anvers se déchargent. Non loin du canal et à proximité du chemin de fer dans la banlieue Nord, tout un groupe industriel se développe : brasseries, minoteries, scieries, fonderie, ateliers de chemin de fer, usine d'engrais chimiques, chantiers de construction métallique Dyle et Bacalan et, vers l'aval, énormes amidonneries de riz de Wygmael. Si l'on ajoute aux 41 000 habitants de Louvain les habitants de sa banlieue, 9 200 pour Héverlé, 11 200 pour Kessel-Loo, 4 000 pour Wilsele, on obtient une agglomération de plus de 65 000 habitants à une vingtaine de kilomètres de l'agglomération bruxelloise (Pl. XXIV).

IV. — BRUXELLES

Le site de Bruxelles sur les bords de la Senne rappelle celui de Louvain sur les bords de la Dyle; les collines sableuses et boisées du Brabant y descendent vers le fond plat d'une vallée marécageuse qui ouvre le chemin des pays bas et des estuaires à marée. Mais ce site n'avait en lui-même aucune valeur propre pour l'éclosion d'un germe urbain. Comme à Louvain, c'est le passage de la grande route de Cologne vers les Flandres et Anvers qui détermina la destinée de Bruxelles; la vie industrielle se fixa près de la route; les métiers à tisser la laine se multiplièrent; une nouvelle ville drapante se développa. Mais elle n'égalait pas encore Louvain au XIIIe et au XIVe siècle. Si Bruxelles éclipsa Louvain, elle le dut au choix que firent d'elle les princes de Brabant comme capitale. Au XIe siècle, les comtes de Louvain, qui allaient au siècle suivant devenir ducs de Brabant, fondaient un château sur la hauteur du Caudenberg, site sauvage parmi les bois qui dominaient la vallée de la Senne; Louvain restait leur capitale, et Bruxelles n'était encore que leur Versailles; mais ils aimaient cette résidence personnelle, éloignée de leur turbulente cité ouvrière. Cette préférence se marqua davantage avec les ducs de Bourgogne : ils séjournèrent souvent à Bruxelles, amenant avec eux leur noblesse française dont les palais et les parcs couvrirent bientôt le Caudenberg. A la fin du XVe siècle, la maison de Habsbourg, devenue propriétaire des Pays-Bas, fit beaucoup de frais pour Bruxelles; Charles-Quint y vécut avec sa cour. En 1546, Marie de Hongrie, gouvernante des Pays-Bas, quittait Malines, son séjour habituel, pour Bruxelles. Puis, lorsque les Pays-Bas du Sud se séparèrent politiquement des Provinces-Unies, Bruxelles prit un rôle prépondérant comme capitale; Philippe II y établit, avec Marguerite de Parme, le siège du gouvernement général des Pays-Bas. Depuis cette époque, Bruxelles demeura la résidence des souverains, la ville officielle, le centre gouvernemental : c'est par cette fonction qu'elle grandit jusqu'au rang de grande cité. Pour ce rôle de capitale, elle possède des avantages de situation : elle occupe dans le territoire belge une position centrale, à égale distance de la frontière hollandaise et de la frontière française, à égale distance de la mer du Nord et des pays du Rhin. Dans ce pays bilingue, elle se trouve sur la frontière des deux langues; nulle part on n'observe plus étroit le contact et même le mélange des deux nationalités; « entre les Wallons au sang chaud et les Flamands à la tête dure, Bruxelles forme comme un anneau d'alliance ».

Cette fonction de capitale, exercée depuis quatre siècles, a modelé la physionomie même de la ville, l'une des plus belles d'Europe. Chaque époque, chaque régime s'y reflète dans la figure matérielle des choses; les monuments de la vieille cité brabançonne se mêlent aux palais des gouverneurs autrichiens et aux édifices modernes. Le présent n'étouffe pas le passé; le neuf ne triomphe pas comme dans les villes parvenues. Séjour de l'aristocratie, des fonctionnaires, des riches bourgeois, des artistes et des savants, la cité ne souffre pas, sauf dans les quartiers de la Senne, de la souillure du charbon, de la laideur des fabriques, de

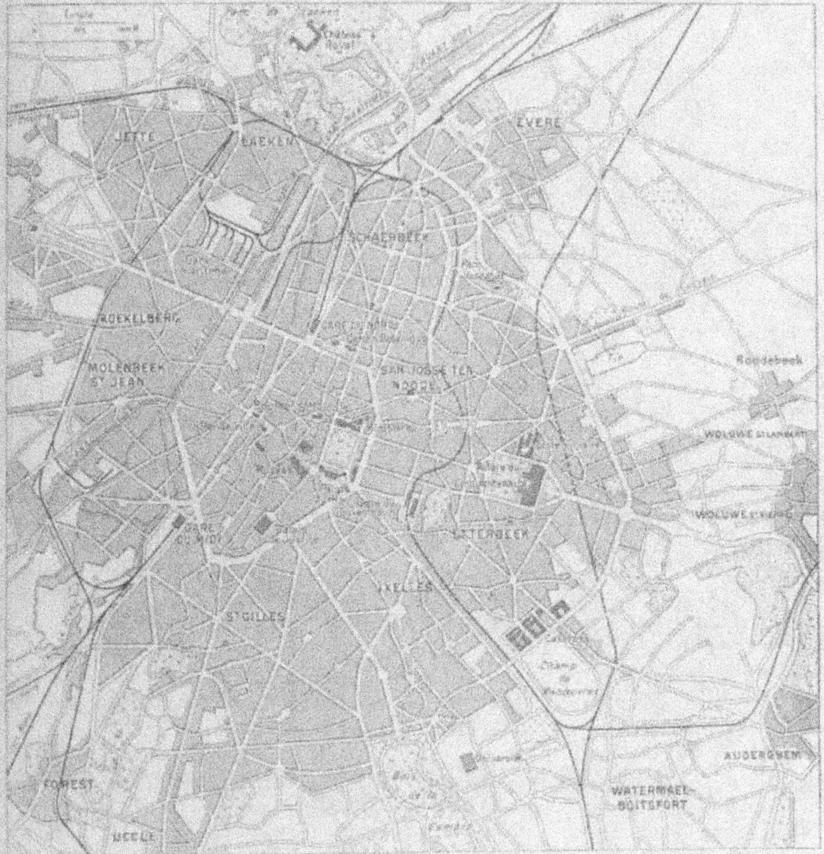

Fig. 26. — Plan de Bruxelles.

la misère des bouges, comme tant de villes britanniques; il y règne un air d'aisance confortable et de claire propreté; les maisons sont peintes de couleurs gaies, renouvelées avec soin; des rues larges, des boulevards spacieux, des jardins, des parcs font pénétrer l'air, la lumière, la verdure. Ville attirante, recherchée, parce qu'elle plaît et parce qu'elle sait se rendre plaisante, capitale d'un pays où l'on passe, hospitalière, séjour de tolérance et de liberté où les exilés et les fugitifs de l'Europe ont souvent trouvé refuge. On compare parfois Bruxelles à Paris pour l'agrément et le charme, pour l'aisance de la vie, pour les richesses de l'esprit. Mais on ne peut pas dire que Bruxelles soit à la Belgique ce que Paris est à la France; car, comme capitale, elle a moins de rayonnement que Paris; son influence a pour limite l'influence des autres villes, dans un pays où l'esprit communal est une forme du tempérament national.

Dans Bruxelles, devenue une grande agglomération urbaine, il y a deux masses : la ville et la banlieue; la ville grandie dans la vallée de la Senne, et sur ses versants, avec toutes ses grandes artères dirigées Nord-Sud, parallèlement à la vallée; la banlieue, création de l'époque moderne, desservie par de grandes artères qui rayonnent vers tous les points de l'horizon. La ville elle-même comprend deux parties, la ville basse dans la vallée et la ville haute sur la colline, raccordées l'une à l'autre par des pentes rapides aux rues étroites et sinueuses. Cette division remonte aux origines mêmes de la ville, les princes et leur noblesse s'étant établis sur le Caudenberg, les bourgeois et les artisans dans la vallée (fig. 26).

Jusqu'aux transformations de l'édilité moderne, les quartiers de la vallée, sillonnés de bras d'eau, formaient un dédale pittoresque de rues populaires. « La Senne, écrit Camille Lemonnier, serpentait à travers cette agglomération de petites maisons tassées...; ses bras s'étendaient partout, plongeant au cœur de cette existence besogneuse, avec des amas de grosses écumes jaunâtres aux barrages, des remous de vapeurs bouillantes le long des usines, des traînements lents de flaques huileuses sur tout son parcours.... En automne, des brouillards montaient de ses vases, assombrissant l'air de crêpes opaques à travers lesquels les réverbères, le soir, avaient l'air d'yeux rouges larmoyants; et ses pestilences saturaient l'atmosphère d'une odeur particulière où se confondaient les relents de caoutchouc, de cambouis, de charogne et de vieille suie mouillée.... » Les paysages de la ville basse ont disparu depuis que, sous l'administration du bourgmestre Anspach (1868), on a voûté la Senne, transformé ces quartiers en une ville propre et neuve et tracé le grand boulevard qui, à travers ces espaces conquis, mène de la gare du Midi, à la gare du Nord. Mais tout n'a pas changé dans la ville basse. Elle conserve les beaux monuments du passé municipal et particulièrement ceux de la Grand'Place : l'Hôtel de Ville avec sa façade gothique et les maisons des corporations avec leur étonnante ornementation de pilastres, de balustrades et de pignons (Pl. XVIII). C'est là, comme autrefois, aux jours de réunion populaire, le cadre merveilleux des défilés, des manifestations. Entre les deux gares, la basse ville demeure toujours le centre des affaires, le quartier des boutiquiers et des commerçants; là se trouvent les Halles, le Marché au poisson, l'Hôtel des Postes, la Bourse et, sur le bord de la Senne canalisée, les abattoirs, les entrepôts et les bassins du port; comme autrefois, c'est l'agglomération populeuse, flamande de langue et de mœurs.

Sur les collines de la rive droite, la haute ville est le quartier officiel, aristocratique et mondain. Là se fixèrent les organes de la fonction de capitale : palais souverains, ministères, musées, Palais de Justice, académies; là se sont développés de vastes quartiers, aux rues larges, aux boulevards plantés d'arbres; ils s'étendent chaque jour vers l'Est, le long des avenues qui traversent les faubourgs jusqu'aux parcs magnifiques de la banlieue : parc du Cinquantenaire, parc de Tervueren, bois de la Cambre.

Autour de la ville, qui compte 213 900 habitants, tout un cercle de faubourgs ne cesse d'empiéter sur les champs et les bois de la banlieue : sur la rive gauche, Anderlecht (71 800 hab.), Molenbeek Saint-Jean (67 400 hab.), Laeken, Koekelberg (13 300 hab.), Jette (17 600 hab.); sur la rive gauche, Saint-Gilles (65 200 hab.), Uccle (37 500 hab.), Watermael Boitsfort (13 700 hab.), Ixelles (85 000 hab.), Etterbeek (42 000 hab.), Saint-Josse-ten-Noode (31 000 hab.), Schaerbeek (109 600 hab.). Même au delà de cette agglomération la poussée urbaine progresse, et de nouveaux faubourgs naissent : Forest (34 400 hab.), Auderghem (10 800 hab.), Woluwe Saint-Pierre (11 200 hab.), Woluwe Saint-Lambert (13 800 hab.), Evere (7 900 hab.) (fig. 26). Il y a ainsi un Plus Grand Bruxelles qui, dans un rayon de 6 à 7 kilomètres autour du cœur de la ville, embrasse près de 800 000 habitants. Le développement énorme et rapide de cette banlieue date de la dernière moitié du XIXe siècle. Anderlecht, Schaerbeek et Ixelles n'étaient encore en 1830 que des villages vendant à la ville leur beurre et leurs cerises; les habitants de Saint-Gilles portaient le sobriquet de « hacheurs de choux » (*Koolenkappers*), juste reconnaissance de leur talent à cultiver les choux dits de Bruxelles; de 1830 à 1900, Schaerbeek passait de 3 000 à 32 000 habitants, Molenbeek, de 4 000 à 54 000. La banlieue contient maintenant trois fois plus d'habitants que la ville. Grâce à la commodité des moyens de transport, des milliers d'ouvriers et de fonctionnaires habitent la banlieue et viennent chaque jour travailler à Bruxelles; comme à Londres et à Paris, le centre de la ville se dépeuple; bureaux, banques et magasins en chassent les logements.

L'agglomération bruxelloise n'est pas, comme tant de cités de l'Europe occidentale, fille de l'industrie. Mais elle rassemble tellement d'hommes et de richesses qu'elle devait, comme centre de consommation et marché de main-d'œuvre, attirer des industries. Ce sont d'abord les survivants des métiers d'autrefois, transformés à la moderne : filatures et tissages de laine de Bruxelles, d'Anderlecht, de Leeuw-Saint-Pierre; usines de coton et de soie de Saint-Gilles, d'Uccle, de Molenbeek, d'Anderlecht. Ce sont ensuite des industries de transformation fabriquant des articles chers à l'aide d'une main-d'œuvre de choix : fonderies de bronze, de cuivre, de nickel; manufactures de caoutchouc; fabriques de gants coupés à domicile par des ouvriers bruxellois et cousus par des milliers d'ouvriers à la campagne; fabriques d'instruments de musique, de carrosserie; imprimeries, papeteries, tanneries. Il faut ajouter toute l'équipe des industries alimentaires préparant la bière, la farine, le tabac. Aux approches de la capitale, les usines se continuent le long des canaux et des chemins de fer : vers le Nord, à Vilvorde (21 300 hab.) avec ses usines de produits chimiques, ses fabriques de brosses, ses manufactures de dentelle; vers le Sud, le long de la vallée de la Senne, toute une chaîne d'établissements industriels, ateliers de construction métallique et mécanique, usines de produits chimiques, fabriques de moteurs à gaz, jusqu'à la petite ville de Hal (16 100 hab.), qui travaille aussi à la construction métallique, aux produits chimiques, à la sucrerie, à la papeterie, à l'imprimerie, et même jusqu'à Tubize (7 800 hab.), centre de la fabrication de la soie artificielle.

Dans cette vaste agglomération d'hommes, les voies de communication sont la condition du travail industriel, de l'approvisionnement et des relations générales. A Bruxelles, se croisent plusieurs courants de transit international vers l'Angleterre, les Pays-Bas, l'Allemagne, la Suisse et la France. La liaison est assurée avec le bassin houiller de Charleroi par le canal de Bruxelles à Charleroi, dont la mise à grande section avec un mouillage de 3 mètres sera terminée vers

1930. D'autres travaux ont réalisé la jonction de Bruxelles avec la navigation maritime. Depuis longtemps déjà, la ville communiquait avec l'Escaut maritime par le canal de Willebroeck; ce canal, construit de 1550 à 1561, amélioré de 1829 à 1835, est transformé depuis 1922 en un canal maritime, long de 28 kilomètres, comportant quatre écluses de 114 mètres et un mouillage de 6 m. 50; il permet l'arrivée à Bruxelles des bateaux de mer ayant ce tirant d'eau; il aboutit, dans l'Ouest de la ville, à des bassins fluviaux dont le trafic marchandises s'éleva en 1922 à 2 915 000 tonnes, et à un grand bassin maritime qui reçut en 1925, 369 navires de mer avec 172 800 tonnes de marchandises. Comme d'autres villes belges, comme Gand et Bruges, Bruxelles possède une jonction directe avec la mer : il se relie à l'estuaire de l'Escaut, la grande porte maritime de la Belgique.

BIBLIOGRAPHIE

H. DEMAIN, *Les migrations ouvrières à travers la Belgique*, Louvain, 1919. — DUMONT-WILDEN, *La Belgique illustrée*, Paris, 1910. — J. FROST, *Agrarverfassung in Belgien*, Berlin, 1909 — P. L. MICHOTTE, Le canal maritime et le port de Bruxelles (*Annales de Géographie*, XXXII, 1923, p. 418-425). — MINISTÈRE DE L'AGRICULTURE, *Monographie de la région limoneuse*, Bruxelles, 1899-1900. — L. NOIR, Louvain, Oxford, 1915. — E. VLIEBERGH et R. ULENS, *La population agricole de la Hesbaye au XIXe siècle*, Bruxelles, 1909.

CHAPITRE VII

LA BASSE-BELGIQUE. LA FLANDRE ET LA CAMPINE

I. — LA FLANDRE. LE PAYSAGE. LA VIE RURALE

En Belgique, la Flandre correspond, dans son ensemble, à la partie de la plaine basse qui s'étend à l'Ouest de l'Escaut ; mais elle déborde au delà du fleuve vers l'Est jusque dans le pays d'Alost, de Grammont et de Renaix. D'aucun côté, sauf vers la mer, ses limites ne s'appuient à des limites naturelles qu'auraient fixées le sol, le relief, les eaux ou les bois ; de tous côtés, elles sont l'œuvre de la politique, aussi bien vers le Hainaut et le Brabant que vers la France et les Pays-Bas. Ainsi que nous le démontre l'étude des formations politiques, la Flandre est un groupement historique et non pas une région naturelle. Partie d'un petit canton sableux situé entre Bruges et Thourout, elle rayonna vers tous les points de l'horizon, jusqu'en Artois et en Zélande, grande après les conquêtes des comtes, petite après leurs défaites ; l'extension du nom de Flandre varie comme les limites de l'État flamand. Mais le nom survit et s'incorpore avec le groupement territorial que cet État régit le plus longtemps. De ce territoire, on a fait deux provinces du royaume de Belgique, la Flandre occidentale et la Flandre orientale ; leurs limites méridionales ont un trait commun très significatif : elles suivent, à peu de chose près, la limite des langues.

LES PAYSAGES FLAMANDS. — Deux régions naturelles fort distinctes se partagent le territoire historique de la Flandre : la Plaine maritime et la Flandre intérieure ; la Plaine, au sol argileux, plat, sans arbres ; l'intérieur, au sol sableux, accidenté et boisé. Toutes deux elles possèdent en commun ce caractère d'être essentiellement des morceaux de terre aménagés et transformés par le travail humain, l'une sauvée des eaux et constamment protégée contre leurs retours possibles, l'autre naturellement peu fertile, mais rendue féconde par un labeur séculaire.

La Plaine maritime avec son liséré de dunes borde la mer du Nord sur une longueur de 67 kilomètres ; comprise à l'intérieur de la courbe hypsométrique de 5 mètres, elle ne dépasse une largeur de 10 à 15 kilomètres que le long de l'Yser vers Dixmude et Merckem. Elle repose sur une nappe d'argile, épaisse parfois de 3 mètres, dépôt de la plus récente des invasions marines : terre compacte, collante, imperméable, hostile à la circulation, mais d'une étonnante fer-

tilité. Elle est si plate que le regard s'étend à l'infini sur la verdure des champs
et des prés; les eaux des fossés paraissent dormir. Les vents de mer soufflent avec
tant de force qu'il n'y a dans la plaine presque aucun arbre, sauf les saules et les
peupliers têtards, au tronc court et trapu, tout encroûté de lichens et de mousses,
qui poussent le long des fossés. Dans les champs, toute la face de la terre porte
des traits artificiels : l'œil y suit le tracé régulier, géométrique, des fossés et
des canaux qui mènent l'eau vers les écluses, points d'écoulement choisis et
imposés; fossés et canaux sont les limites et les clôtures des champs.

La Flandre intérieure, beaucoup plus grande que la Plaine, s'élève doucement et longuement vers les horizons semblables du Hainaut et du Brabant,
sans qu'on puisse dire où elle finit. Le sable joue un grand rôle dans la constitution du sol; depuis le début du Tertiaire jusqu'au Quaternaire récent, les mers
l'ont déposé en couches épaisses; il couvre la moitié des Flandres ensemble et
les trois quarts de la seule Flandre orientale. Il donne des sols faciles à remuer,
mais pauvres en chaux et en acide phosphorique, perméables, arides; pour les
cultiver, il fallut les féconder et les conquérir; mais la lutte n'est pas terminée, et
les landes, qui couvrent le pays entre Bruges, Eecloo, Ruysselede et Thourout,
donnent encore l'image de la stérilité primitive. La Flandre intérieure n'offre pas
les horizons plats de la Plaine maritime; elle a des ondulations, des mouvements,
des accidents, des chemins creux, des ravins, des buttes; aux environs d'Alost et
à l'Est d'Ypres, on découvre des coins sauvages aux reliefs imprévus. Et surtout
le pays flamand, vu d'une hauteur, apparaît comme une forêt coupée de clairières;
cet aspect boisé, auquel il doit le nom de *Houtland* ou pays des arbres, provient
rarement de l'existence de forêts; c'est que, dans ce pays abondamment peuplé,
l'arbre accompagne toujours l'habitation et le champ, dans les haies, le long des
chemins, des fossés, des clôtures, des jardins; l'occupation multiple se traduit
par la multiplicité des arbres. Aucun coin de Flandre n'égale en densité bocagère
le pays de Waes avec ses rangs pressés de grands arbres d'un seul jet plantés
autour des terres. Tous ces arbres ont leur rôle dans la vie économique : peupliers,
chênes ou hêtres, on les abat pour leur bois; de nombreuses scieries débitent leurs
troncs, et, dans les chemins verts du pays de Waes, il n'est pas rare de rencontrer
une échoppe de sabotier. Comme dans la Plaine maritime, l'empreinte humaine
domine dans le paysage; elle se marque dans le morcellement infini du sol entre
des milliers de champs si petits que le rapprochement de leurs arbres donne l'illusion de la forêt. Ce pullulement de l'exploitation résulte d'une prise de possession ancienne, du travail d'une armée de bras qui depuis des siècles refoulent la
bruyère, transforment la terre et créent la fécondité. Un sol primitivement maigre
et hostile est devenu un jardin (fig. 27; Pl. XIX).

L'AGRICULTURE FLAMANDE. — Peu de pays au monde ont poussé aussi loin
l'art de cultiver, de maîtriser la terre. A l'origine de cette civilisation agricole,
on trouve l'aiguillon de la vente, la proximité de débouchés urbains, la nécessité
de faire vivre les agglomérations d'ouvriers. La production flamande se caractérise
par la réunion coordonnée de tous les moyens capables de faire rendre à la terre
tout ce qu'elle peut : la combinaison ingénieuse des cultures les plus susceptibles
d'utiliser les variétés locales de sol; la recherche des plantes riches donnant des
produits commerciaux; l'entretien d'un très nombreux cheptel; l'exploitation
intensive du champ par l'application d'une somme énorme de travail.

Phot. Briquet.

A. — PAYSAGE DE FLANDRE, NON LOIN DE RENAIX.
Le mont de l'Hotond. Champs et bouquets de bois.

Phot. Briquet.

B. — PAYSAGE DE FLANDRE, ENTRE AUDENARDE ET RENAIX.
Vallonnements, bouquets d'arbres, prairies et champs, maisons dispersées.

Phot. Briquet.

C. — PAYSAGE DU PAYS DE WAES, AU NORD DE TAMISE.
Champs à surface bombée; lignes de peupliers.

Phot. A. Demangeon.

A. — UNE CHAUMIÈRE FLAMANDE, KOPPENBERG, AU SUD D'AUDENARDE.

Phot. A. Demangeon.

B. — ATTELAGE ET VOITURE DE PAYSAN, PRÈS DE WETTEREN (FLANDRE).

Phot. A. Demangeon.

C. — UNE CHAUMIÈRE EN CAMPINE, PRÈS DE GENCK.

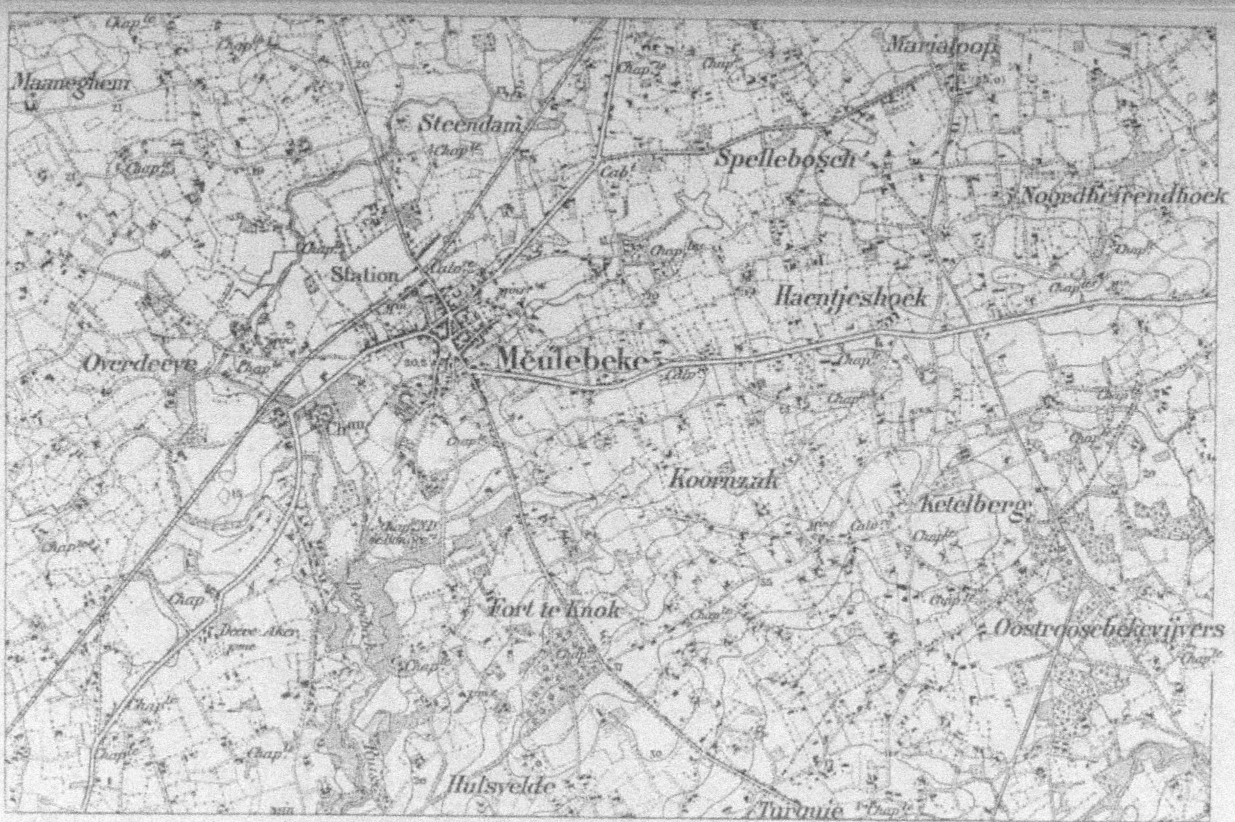

Fig. 27. — Aspect de campagne flamande, entre Thielt et Iseghem, d'après la carte de Belgique à 1 : 40 000.

Poussière des habitations, épaisses à travers la campagne. Clôtures et haies enserrant les petits champs.

Selon les aptitudes locales de la terre, on peut distinguer en Flandre plusieurs variétés d'associations de plantes cultivées : la variété du sable, la variété du limon, la variété des polders, la variété des dunes. Dans l'agriculture du sable, le seigle est par excellence la plante à pain; on le sème fin septembre ou octobre; on le consomme à la ferme. On abandonne peu à peu le sarrasin, le pionnier de la culture d'autrefois dans les sables. La pomme de terre, plantée en avril et alternant avec le seigle, occupe une place fondamentale dans l'économie, parce qu'elle nourrit à la fois les hommes et les animaux. Pour le bétail, on plante, en culture dérobée, des navets; cette pratique rendue facile par le seigle qui mûrit vite, et par la douceur des arrière-automnes, assure une copieuse alimentation pour les bêtes à cornes. Tout autre est l'association dans les pays de limon, au Sud de Somergem, de Thielt, de Roulers et de Houglede : forte étendue du froment sur les terres lourdes; importance de l'avoine, qui révèle l'emploi du cheval comme bête de trait; beaucoup de plantes fourragères et de racines pour le bétail, trèfle, pommes de terre, raves et betteraves; et surtout développement des plantes industrielles, la chicorée, le lin, la betterave à sucre, le houblon, remarquable surtout dans le pays de Courtrai. Aux terres lourdes et fertiles des polders correspond un autre type d'association : d'abord l'union traditionnelle du froment, la plante à pain, de l'orge, le grain à bière, et de l'avoine, la céréale des chevaux; puis un choix de nourritures très substantielles pour le bétail, féveroles et pois; quelques plantes industrielles, la betterave à sucre, la chicorée, le lin, mais moins répandues que sur le limon; enfin, vocation originale de ces terres humides et verdoyantes, l'herbe en vastes pâtures où paissent les bêtes. Sur les sables arides et pauvres des dunes apparaît l'association du seigle, des navets en culture dérobée et de la pomme de terre, enrichie, depuis l'éclosion des stations balnéaires, par la culture maraîchère; par contre, le bétail tient peu de place sur la petite exploitation des dunes.

Sur les sols de Flandre, naturellement fertiles ou fertilisés par la culture, les plantes industrielles, exigeantes et épuisantes, ont toujours trouvé un terrain d'élection. La culture du lin s'étendit à toute la Flandre à partir du XVe siècle; il s'agissait de fournir des fibres aux milliers de métiers à toile qui occupaient encore au début du XIXe siècle 330 000 personnes dans les campagnes; on appelait alors cette plante la mère nourricière des Flandres; mais, à partir du milieu du XIXe siècle, devant la concurrence du coton et les progrès du machinisme qui ruina les ateliers domestiques, la culture du lin s'effondra; elle disparut de beaucoup de régions et se concentra dans le Sud des provinces flamandes, autour de Courtrai, d'Ingelmunster et de Thielt; les Flandres renferment aujourd'hui les trois quarts des champs de lin de la Belgique, une quinzaine de milliers d'hectares; en se localisant, cette culture s'est maintenue près des pays les plus habiles à la soigner, près de la Lys, cette rivière précieuse dont les riverains pratiquent depuis des siècles l'art difficile du rouissage, et dans une contrée où la densité de la population rurale assure aux travaux du lin une abondante main-d'œuvre. Les mêmes avantages de sol et de travail sont recherchés par d'autres plantes riches et délicates : la betterave à sucre autour de Somergem, de Nevele et de Thielt; la chicorée à café, presque concentrée dans la Flandre occidentale autour de Roulers sur de toutes petites exploitations qui travaillent à la bêche; le tabac qui a son domaine privilégié surtout dans les cantons de Werwicq, de Messine et d'Ypres de la Flandre occidentale; le houblon enfin, plus localisé encore que le tabac et qui a deux centres de culture, le pays d'Alost et le pays de Poperinghe. A ces formes déjà anciennes de la culture soignée, qui exigent tant d'art patient et calculé, l'époque moderne en joint d'autres, non moins habiles et non moins fructueuses, par l'horticulture et le jardinage de luxe. Nulle part on ne trouve réunies autant de conditions favorables : la tradition d'une main-d'œuvre experte, les qualités incorporées à la terre par le long travail des générations, l'extrême division du sol créant la nécessité de la petite culture intensive, les engrais fournis par les grandes villes et surtout la proximité des marchés urbains assurant une vente régulière. Aucun de ces centres de culture maraîchère n'égale l'ampleur du vaste jardin qui entoure Gand, à Destelberghem, Everghem, Gentbrugge, Loochristy, Meirelbeke, Melle, Oostacker, Saffelaere et autres villages, spécialisé dans la production des plantes et des fleurs de luxe. Sur plus de 400 hectares, on cultive les fleurs en plein air, orchidées, roses, œillets, chrysanthèmes. Dans plus de 2 500 serres qui couvrent de leurs toits de verre près de 450 000 mètres carrés de terrain, on soigne azalées, rhododendrons, lauriers, palmiers, araucarias, bégonias. Merveilleuse industrie qui ne pourrait pas vivre sans exporter : plantes et fleurs de Gand s'expédient en Europe centrale, en Grande-Bretagne, en Hollande, en France et jusqu'aux États-Unis. Beaucoup de ces établissements horticoles sont de véritables usines par l'importance de leurs capitaux et l'énormité de leur production; mais il arrive parfois que l'ouvrier, devenant jardinier à son compte, tire toute une fortune d'un coin de sable.

Le paysan flamand sait exploiter ses bêtes avec autant d'art que sa terre. Depuis longtemps, il associe étroitement ses animaux à la fertilisation du sol; avant beaucoup d'autres paysans, il les a conçus comme des machines à fournir du fumier. On est étonné du nombre de bêtes entretenues sur les fermes; une exploitation de 40 hectares peut nourrir dix vaches à lait, trente-cinq autres bêtes à cornes, huit chevaux, six truies et leur portée, sans parler de la basse-cour. L'alimentation de ces animaux dépend beaucoup plus des plantes cultivées que de l'herbe des pâtures; presque tout ce qui se récolte est destiné aux bêtes : fourrages, navets, betteraves, pommes de terre; elles se nourrissent et s'engraissent à l'étable, et non pas en plein air; il n'y a d'exception remarquable que dans la Plaine maritime, où l'herbe couvre plus du quart du terrain; les herbages du Furnambacht, entre Furnes, Dixmude et Loo, sont célèbres pour leurs qualités d'engraissement: on y laisse les bêtes jour et nuit pendant la belle saison.

La spéculation propre à toute la Flandre consiste dans l'économie laitière; chaque ferme produit et vend du beurre sur le marché des villes; sur les petites exploitations, un chien, enfermé dans une grande roue en bois, fait mouvoir la baratte; ailleurs, de nombreuses laiteries coopératives se chargent de la fabrication. Grâce aux résidus de laiterie et aux énormes quantités de pommes de terre récoltées, on peut nourrir des porcs; chaque ferme les élève et les engraisse pour sa propre consommation, car souvent le saindoux remplace le beurre chez les paysans et les ouvriers; parfois elle les vend tout jeunes à d'autres fermes qui les engraissent, ou bien, tout élevés et gras, aux marchés qui les expédient en Angleterre; les porcs pullulent dans le pays des sables et des bruyères, où domine la toute petite culture, autour de Couckelaere, de Maldegem, d'Aeltre et d'Eecloo.

Ce qui donne le plus d'efficacité et le plus d'intensité au labeur de la terre en Flandre, c'est la somme étonnante de main-d'œuvre humaine qui s'applique à la moindre surface. Comme en Lombardie et comme en Chine, le paysan de Flandre, surtout dans le Nord, laboure sans le secours d'un animal, à la bêche, comme pour un jardinage. Le rôle des bras humains ne se limite pas au labour : on voit des gens traîner sur leur champ une herse à dents de bois; on en voit d'autres, d'un baquet traîné sur une brouette, répandre le purin sur leur bout de terre. Quand l'homme est parti soit pour la pêche en mer, soit pour la moisson en d'autres pays, c'est la femme qui le remplace en tous les travaux. La terre est l'objet d'un soin patient, opiniâtre, inlassable. Dans la Flandre du Sud, sur le limon fertile, on emploie des chevaux, mais ailleurs, quand le travail ne s'effectue pas à la main, on emploie la vache : force modeste à la portée du petit paysan. Malgré ces faibles moyens, la terre ne souffre pas; soumise et assouplie, elle produit plus qu'une autre; grâce à la culture dérobée, elle donne deux récoltes par an; jamais épuisée, parce qu'on lui restitue méthodiquement sous forme d'engrais ce qu'on lui prend; car toujours, et depuis des siècles, on a recherché, avec une sorte de subtile ingéniosité, tout ce qui peut enrichir le champ : fumier de ferme, ordures ménagères et boues des villes, excréments humains, vases des fossés et des canaux, fiente des volailles, cendres de tourbe, suie, tourteaux, engrais chimiques.

La population rurale de la Flandre. — Le paysan flamand est un petit et très souvent un tout petit cultivateur. Nulle part en Belgique on ne trouve d'exploitations aussi menues sur toute une province. On regarde comme grandes celles qui dépassent 20 hectares. Dans la Flandre orientale, on n'en dénombre pas 100 qui cultivent plus de 50 hectares; mais on en compte près de 60 000 qui occupent de 50 ares à 10 hectares, et plus de 50 000 inférieures à 50 ares. Cet émiettement de la terre atteint son maximum dans les dunes. Petites terres, petites gens, sobres, tenaces et endurants, mais parfois routiniers, lents et de peu d'initiative; le progrès moderne pénètre parmi eux avec une lenteur extraordinaire, beaucoup moins vite que chez les paysans d'Ardenne et de Campine. Petites terres, pauvres gens parfois, obligés de demander des ressources complémentaires à l'émigration (Pl. XX, A et B).

A ce type de paysan flamand généralement répandu dans la région des sables, il existe en Flandre une exception : c'est le fermier de la Plaine maritime. Dès qu'on arrive dans les polders, on entre dans le domaine des grandes fermes de 25 à 40 hectares, parfois davantage : installations puissantes pourvues de forts attelages et d'un outillage moderne. Le type social change; le fermier de la Plaine a de l'aisance, une table mieux servie, des capitaux placés; incapable d'effectuer seul avec sa famille les travaux champêtres, il fait venir pour la moisson, pour les betteraves et pour le lin les humbles ouvriers qui émigrent de l'intérieur.

Partout, sur les terres grasses des polders comme sur les terres légères des sables, le sol appartient rarement à ceux qui le cultivent. Le cultivateur n'est pas généralement propriétaire. Le fermage l'emporte de beaucoup sur le faire-valoir direct. Cette prédominance du fermage tient à la manière dont se constitua la propriété foncière : défrichements de bruyères accomplis par les abbayes; domaines appartenant aux hospices et aux villes, ainsi qu'aux familles bourgeoises; dans la Plaine maritime, endiguements de polders et dessèchements de marais, entreprises capitalistes qui laissèrent la terre entre un petit nombre de mains. Pour toute la Flandre, la proportion des terres tenues en fermage dépasse les deux tiers et, dans la Flandre occidentale, les quatre cinquièmes de la surface cultivée.

La terre, âprement disputée par la multitude des hommes qui veulent la cultiver, coûte cher à louer; chaque famille n'en peut obtenir assez pour gagner sa vie : de là, la nécessité de l'émigration. La cause profonde de ce mouvement réside dans l'extraordinaire densité de la population : elle dépasse 310 par kilomètre carré pour toute la Flandre; mais elle atteint des chiffres étonnants dans certaines régions, plus de 400 dans les arrondissements d'Alost et de Courtrai; même dans la région des dunes, abstraction faite des stations balnéaires, on en compte 84. De là, les migrations journalières et hebdomadaires vers les bassins houillers, vers les travaux des ports, vers les usines textiles, vers les petits métiers urbains, vers les briqueteries. De là, les migrations saisonnières pour la cueillette du houblon à Alost et à Poperinghe, pour la moisson et les betteraves de la Plaine maritime et de la Wallonie et surtout pour les travaux agricoles de France. Cet exode vers la France, déclenché après 1871, entraînait environ 50 000 travailleurs en 1900; leur nombre dépassait encore 35 000 vers 1910; il atteint aujourd'hui une vingtaine de milliers. Ce sont les *Franschmans*, gaillards solides et sobres, qu'on voit débarquer dans les gares françaises, portant sur leurs épaules leur gros sac de toile bleue; ils s'en vont prêter le secours de leurs bras au Nord français, à la Picardie, à la Brie, à la Beauce; mais on les rencontre aussi au delà de la Loire jusqu'en Auvergne. Depuis la guerre, leurs équipes ont repris le chemin de la France; on en voit même beaucoup qui, renonçant à revenir chez eux, s'installent comme fermiers sur des exploitations abandonnées et fixent leur foyer et leur famille en terre française.

A la différence des paysans de l'Ardenne et de la Hesbaye, les paysans flamands habitent généralement des maisons dispersées à travers la campagne, chacune auprès des terres exploitées. Au Sud d'une ligne qui passerait par Dixmude, Thourout, Gand et le bas Escaut, la dispersion est poussée à l'extrême : il s'agit d'une véritable poussière d'habitations, semées selon le gré individuel, sans qu'on puisse distinguer s'il y a des limites communales à travers cette multitude d'établissements ruraux; cette ubiquité de l'habitat fait penser à un immense village de plusieurs milliers de kilomètres carrés, tout pénétré de jardins et de bocages (fig. 27).

II. — LA VIE URBAINE

Depuis des siècles la sève urbaine circule à travers le pays flamand. « Elle est, dit Vidal de la Blache, dans l'histoire et dans le sang des habitants. C'est comme citadins que les Flamands se sont sentis eux-mêmes, qu'ils ont lutté contre l'étranger. » L'amour de la cité fut longtemps la forme du patriotisme flamand. La première grande floraison des villes commence à partir du xiie siècle, pour atteindre son plein épanouissement au xive; elle puise sa force dans l'industrie drapière, dont les marchés d'exportation s'étendent à toute l'Europe; Bruges et Gand font vivre près de 80 000 habitants au début du xive siècle; les petites villes comme l'Écluse, Poperinghe ou Ypres n'ont pas moins de vitalité que les grandes. Puis avec la décadence de l'industrie du drap survint la décadence des villes; la ruine, consommée à la fin du xve siècle, s'aggrava par les troubles politiques et par les guerres; le commerce maritime s'éloigna des murs de Bruges, et ses métiers tombèrent dans le silence; Ypres baissa de 40 000 habitants en 1257 à 6 000 en 1486; durant le XVIIIᵉ siècle, les métiers retrouvèrent bien leur prospérité; mais le réveil de l'industrie ne profita guère qu'aux bourgades rurales peuplées d'ouvriers à domicile. Une grande poussée urbaine s'est produite de nouveau au XIXᵉ siècle sous l'influence de la révolution industrielle; la progression des villes devient alors fonction de l'intensité du travail des usines. Toutes les villes que n'atteint pas l'économie nouvelle végètent : Termonde, Audenarde, Ypres; toutes les anciennes qu'elle vivifie ressuscitent et s'accroissent sans mesure : Alost, Courtrai, Gand; enfin tous les villages qui l'accueillent deviennent des villes : Renaix, Tamise, Roulers.

Sans moyens de communication, sans la circulation facile des choses et des hommes, toute agglomération urbaine n'est qu'un corps sans veines et sans artères. Pour la circulation intérieure, la Flandre possède un réseau ferré, l'un des plus denses du monde, presque sans ouvrages d'art, sauf les ponts, sans fortes rampes et sans tunnels; elle possède surtout un merveilleux réseau de navigation. Dans ces plaines aux rivières lentes et commodes, rapprochées les unes des autres et faciles à unir, la voie d'eau est la route familière et, jadis, en l'absence de bons chemins, la plus praticable; par les plus petites rivières, elle pénètre jusque dans les campagnes reculées. Les Flamands songèrent très tôt à améliorer les voies d'eau pour assurer les communications entre les campagnes et les villes, entre les villes elles-mêmes et entre les villes et la mer; et ils n'ont pas cessé de les entretenir et de les développer. Dès le XIIᵉ siècle, on voit se constituer l'Yperlet canalisé, unissant Bruges à l'Yser, puis à l'Aa et à Calais; on creuse en 1187 le canal de Poperinghe, en 1284 le canal d'Ostende à Oudenbourg. Plus tard, le réseau se complète et se perfectionne : canal de Gand à Bruges en 1724, canal de Bruges à Nieuport en 1639, canal de Gand à Terneuzen en 1827 et toute une série de branches et de tronçons. Actuellement, au-dessus du dédale des petits chemins d'eau, quatre grandes voies dominent la navigation intérieure de la Flandre : l'Escaut descendu par un énorme courant de houille, fréquenté annuellement par 12 500 bateaux, et qui va bientôt pouvoir, grâce à de nouveaux ouvrages, porter des péniches de 600 tonnes avec un tirant d'eau de 2 m. 30; la Lys qui transporte du charbon et du lin; le canal de Gand à Bruges, qui attire des usines sur ses rives, et le canal de Gand à Terneuzen, qui amène à Gand les navires de mer.

LES VILLES DE LA CÔTE. — La façade maritime de la Flandre ne possède pas, sauf Ostende, de grande ville; c'est à l'intérieur, sur l'Escaut, que se trouve Anvers, le grand port de mer. Mais cette lisière de dunes et de plages sableuses, bande de sol presque stérile, a fait fortune grâce aux stations balnéaires qui garnissent le rivage : la Panne, Nieuport, Ostende, Blankenberghe (6 900 hab.), Heyst (5 600 hab.), Knocke; elle forme une guirlande de petites cités, d'un bout à l'autre unies par une belle route et des tramways. Plusieurs d'entre elles, anciens villages de pêcheurs, conservent encore des barques qui vont croiser sur les bancs du large. Nieuport, à l'embouchure de l'Yser, se relève des destructions de la guerre; c'est un petit port de cabotage, et surtout le débouché d'une série de canaux avec écluses, qui commandent l'écoulement de l'arrière-pays. Zeebrugge, port créé de toutes pièces en 1907 au débouché du canal maritime de Bruges, devait donner à cette ville un débouché en eau profonde sur la mer du Nord; il est formé par une rade de 150 hectares, profonde de 11 mètres en certains points et protégée par une énorme digue de 2 km. 5; jusqu'ici la formation d'une ville n'a pas suivi la construction du port. Avec 45 000 habitants, Ostende représente seule la vie urbaine sur la côte; elle est le seul port belge établi directement sur le littoral, dans une brèche à travers les dunes, que les marées ont élargie et approfondie au XIVe siècle, puis abandonnée et presque bouchée au début du XVIIIe; pour rétablir le débouché, les hommes ont rouvert la brèche en creusant un chenal que des chasses naturelles, puis des chasses artificielles avec des bassins et des écluses de retenue, puis des dragages ont maintenu et maintiennent en l'état convenable de profondeur, environ 6 mètres; trois bassins à flot complètent les installations artificielles. Plusieurs fonctions occupent Ostende : port de pêche armant une quarantaine de chalutiers à vapeur et une soixantaine de chalutiers à voiles et pourvu de services de transport par trains rapides, il fournit de poisson frais les villes belges; port de commerce, relié à Londres et à Douvres par des services réguliers et fréquents, il dirige vers l'Angleterre les vivres frais (œufs, volailles, beurre, légumes, fruits) et les marchandises de valeur (tissus, vêtements) expédiés par la Belgique; port de voyageurs, ses paquebots rapides en font un lieu de transit international entre l'Europe centrale et l'Angleterre, le rival de Calais, de Flessingue et de Hoek van Holland; la ligne Ostende-Douvres transporta 76 000 voyageurs en 1890, 254 000 en 1913, 275 000 en 1924; station balnéaire à la mode, il comprend tout un quartier de rues neuves, de villas, d'hôtels et de palaces, fréquenté à la saison par un monde cosmopolite.

Les villes de l'intérieur. — Une ligne de villes, souvent marchés agricoles, marque le contact de la Plaine maritime et du Houtland : Poperinghe (12 300 hab.), Dixmude, Ghistelles, Furnes et surtout Bruges. Furnes (8 000 hab.), jadis chef-lieu d'une châtellenie des comtes de Flandre (Veurne Ambacht), conserve de son passé beaucoup de vieilles maisons, une grande place avec son hôtel de ville Renaissance, l'église Sainte-Walburge du XIVe siècle et un énorme beffroi en briques jaunes; elle ne sort de son silence que les jours de marché où se concentrent le beurre et les œufs de sa campagne fertile. Bruges offre un exemple célèbre des facteurs géographiques qui déterminent la grandeur et la décadence des villes. Toute sa fortune de grand port et de cité industrielle du moyen âge reposait sur le Zwyn, long estuaire qui amenait sous ses murs les navires de mer; sur cette côte basse et plate, elle offrait alors, au fond de cette grande baie, le seul accès possible vers la mer; elle l'avait aménagé à son service, construisant vers 1234 la première grande écluse maritime à sas connue en Europe, entretenant à Damme un avant-poste dont les coutumes s'imposèrent au droit maritime des gens du Nord sous le nom de *Zeerecht van der Dam*, lançant des navires dans ses chantiers de construction et armant une flotte puissante. A partir du XVe siècle déjà, devant l'envasement du Zwyn, commence la lutte tragique de Bruges pour garder le contact de la mer; en aval de l'écluse de Damme, les atterrissements obstruent le chenal; on essaie de creuser un chenal artificiel, on exécute des chasses, on cherche à amener les eaux de l'Escaut, on commence un canal maritime nouveau qui évite Damme; mais tous les efforts sont vains pour retenir la mer qui s'enfuit; en 1507 des chariots chargés peuvent traverser le fond du havre à marée basse; en 1561, le pilote de Blankenberghe annonce que trois navires espagnols chargés de laine sont trop grands pour entrer dans le Zwyn. Bruges n'a plus que 29 000 habitants en 1584; le commerce émigre peu à peu vers Anvers. La ville retombe à la situation d'un marché agricole, centre du commerce des chevaux de la région, résidence d'une bourgeoisie aisée et rentière. Depuis la fin du xvie siècle jusque vers la fin du xixe siècle, elle est la « ville morte » où rien ne change, comme un corps que la vie aurait abandonné, ses vieilles maisons, ses palais, ses rues étroites, ses canaux pleins d'ombre et de verdure, ses places silencieuses. Mais le désir de reconstituer sa vie extérieure reparut à la fin du xixe siècle; alors fut achevé en 1900 le canal maritime de Bruges à Zeebrugge, long de 10 kilomètres, profond de 8 mètres, qui rendait à la ville l'accès direct de la mer; tout un port avec des bassins, des terrains industriels et un outillage moderne a été creusé au Nord de la ville; les navires entrés y représentaient un mouvement de 316 000 tonneaux en 1913, 278 000 en 1925; les marchandises débarquées, 158 000 tonnes en 1921, embarquées, 26 000 tonnes. On voit poindre le début d'une vie industrielle. La ville passait de 41 000 habitants en 1830 à 52 900 en 1926.

À l'intérieur de la Flandre, à l'écart des grandes artères de la Lys et de l'Escaut, tout un essaim de petites villes, la plupart anciennes, se nourrit de la sève qui bouillonne dans ces campagnes surpeuplées, tantôt marchés ruraux gardant l'allure de gros villages aux maisons basses, tantôt foyers d'usines recrutant la main-d'œuvre patiente et bon marché du prolétariat rural : Ypres (14 900 hab.), ville du passé, dont la guerre a détruit les anciennes Halles au drap; Roulers (26 700 hab.), véritable centre de relations régionales, avec des fabriques de meubles (Pl. XXII); Iseghem (14 300 hab.) avec des fabriques de brosses et de chaussures; Thourout (11 500 hab.), très animée par ses ateliers de cordonnerie; Thielt (11 400 hab.); Eecloo (13 900 hab.), qui file de la laine; Lokeren (23 600 hab.) avec des filatures de chanvre; Saint-Nicolas-Waes (35 800 hab.), foire et marché, mais aussi ville de tisseurs et de sabotiers; Alost (36 600 hab.), avec des filatures, des huileries, des minoteries; Ninove (19 100 hab.), Renaix (22 700 hab.), où l'on tisse le coton et la laine.

Les vallées de la Lys et de l'Escaut, artères commerciales de la Flandre, ont leurs villes de rivière, de passage, d'étape, bâties souvent sur les basses terrasses qui échappent aux inondations, sauf Gand, la plus grande, qui occupe la plaine mouillée où confluent les deux cours d'eau. Sur l'Escaut, Audenarde (6 300 hab.), bâtie à l'endroit où la colline d'Edelaere resserre la vallée, fut une forteresse, célèbre par ses batailles et ses sièges; elle eut au xviie siècle dans ses murs et dans sa banlieue 20 000 ouvriers qui fabriquaient des tapisseries; elle appartient toujours au passé avec son hôtel de ville à coupole ajourée, ses pignons en escalier. Avec Wetteren (17 200 hab.), en aval de Gand, on rentre dans la vie industrielle; la ville a de grosses usines d'explosifs. À Termonde ou Dendermonde (9 700 hab.), l'Escaut est déjà un fleuve majestueux, sentant la marée; la ville, entourée de remparts gazonnés qu'ombragent de grands arbres, évoque avec ses canaux, ses bras d'eau et ses ponts un aspect des Pays-Bas; desservie par la batellerie, elle fabrique des cordages et des câbles. La même industrie travaille à Hamme (14 600 hab.). À Tamise (13 100 hab.), le fleuve endigué circule lentement dans une large vallée, toute coupée de rigoles et de fossés, sillonnée par d'anciens bras de l'Escaut, plantée de vertes oseraies : la ville est le centre de l'industrie de la vannerie.

La Lys est une véritable rue de villes « chacune placée à l'endroit où une boucle vient frôler le bord du lit majeur et donne une rive élevée » : c'est le

royaume du lin ainsi que de la briqueterie et de la tuilerie. On voit se succéder
sur les rives Armentières et Comines en France, Wervicq (10 200 hab.), Menin
(8 800 hab.), Courtrai (37 900 hab.), Deynze (5 200 hab.), petite ville animée
par ses fabriques de soieries et ses minoteries de Petegem. Courtrai conserve
dans son quartier central l'allure propre et paisible d'une vieille ville qui a son
histoire et ses monuments; mais c'est la cité du lin, qui s'y vend et s'y travaille;
elle a des faubourgs ouvriers aux murs de briques rouges, où l'on tisse des toiles;
elle reste le grand marché de la fibre qui fait vivre toutes les campagnes voisines;
aux approches de Courtrai, on aperçoit dans les eaux louches de la rivière les
lourdes masses du lin qui rouit, comme autant de radeaux immergés; sur les
rives, tout l'espace est couvert par la multitude des bottes de lin rangées qui
finissent de sécher.

III. — GAND ET L'INDUSTRIE TEXTILE

Au confluent de la Lys et de l'Escaut, Gand, la métropole des Flandres,
résume par son passé et par sa vie présente toute l'originalité et toute la fortune
du pays. Autour d'elle se groupent les grands intérêts économiques; elle est la
capitale de la filature et du tissage, le foyer traditionnel de l'industrie textile
de la Belgique.

Depuis longtemps, la Flandre est le pays du tissu; depuis des siècles, elle
forme un milieu industriel, rompu aux techniques délicates, toujours demeuré
assez souple et réceptif pour passer, en cas de nécessité, d'un textile à l'autre;
et c'est ainsi que, après la laine, elle adopta le lin, puis le coton. L'industrie drapière, richesse de la Flandre au XIIIe et au XIVe siècle, déclina à partir du XVIe
devant la concurrence anglaise; à la fin du XVIIIe siècle, ayant trouvé une rivale
victorieuse dans la manufacture du lin, elle émigra à Verviers.

Longtemps on avait tissé le lin dans les campagnes pour les besoins familiaux. C'est au XVIe siècle qu'on se met à fabriquer en grand la toile pour le
marché : les ouvriers ruraux, dont l'éducation technique avait été faite pour la
laine, appliquèrent les mêmes procédés et les mêmes soins au travail du lin.
Cette nouvelle industrie trouvait sur place le double avantage d'une excellente
matière première récoltée dans le pays et des qualités remarquables des eaux
de la Lys pour le rouissage. Elle fit une fortune si rapide qu'on dut bientôt
importer du lin de Russie; encore maintenant les usines belges font appel aux lins
étrangers pour les neuf dixièmes de leur consommation. Longtemps tout le travail
du lin, aussi bien la filature et le tissage que le rouissage et le teillage, s'accomplit
dans les campagnes; la filature et le tissage occupaient encore en 1843 près
de 330 000 ruraux belges, dont plus des deux tiers en Flandre. Mais en 1846
éclata une crise terrible due à la concurrence des machines anglaises et à l'avènement du coton; le métier à main était condamné; les ouvriers à domicile ne
sont plus maintenant qu'une dizaine de milliers, cantonnés dans la fabrication
des tissus les plus fins. Toute la masse de la production s'effectue maintenant
dans les usines urbaines, concentrées surtout à Gand. Quoiqu'il y ait des fabriques
à Courtrai, à Roulers et à Lokeren, Gand réunit les deux tiers des broches de la
filature du lin de toute la Belgique; elles produisent des filés de numéros moyens
et gros, dont la majeure partie s'exporte en Angleterre. Les tissages de lin sont
moins groupés que les filatures; les plus nombreux se trouvent à Gand et à
Courtrai, mais d'autres se répartissent entre Roulers, Alost, Iseghem, Turnhout;

ils exécutent toute la variété des tissus en fil, depuis les dentelles, les batistes, le linge de table, jusqu'aux coutils, aux toiles à voiles et à matelas, aux filets de pêche. Auprès du lin, le jute, nouveau venu, s'est fait une place : on le file à Tamise, à Lokeren, à Roulers, mais surtout à Gand, et l'on en tisse des sacs et des toiles d'emballage.

Le coton, qui devait détrôner le lin, avait fait son apparition en Belgique vers le milieu du xviiie siècle; mais il doit son triomphe à l'emploi des machines. C'est en 1798 que Bauwens établit à Gand la première *Mull Jenny* à filer le coton; c'est en 1805 et 1807 que fonctionnèrent les premières machines à vapeur appliquées à la manufacture des textiles. La puissance de cette industrie s'accrut si vite que Chaptal regardait Gand, après Lyon et Rouen, comme la troisième ville manufacturière de l'Empire; on peut la considérer dès lors comme la Manchester flamande. D'autres usines cotonnières se disséminent en Belgique, des filatures à Court-Saint-Étienne, à Braine-l'Alleud, des tissages à Saint-Nicolas, à Mouscron, à Braine-l'Alleud, à Termonde, à Alost. Mais c'est à Gand surtout que se concentre la fabrique du coton : vingt-huit filatures avec un million de broches, soixante-sept tissages avec 19 000 métiers. A la différence du lin, dont les filés s'exportent en grande partie, presque tous les filés de coton sont tissés sur place, et ce sont ces tissus de coton, calicots, cretonnes, velours, toiles, linge, que la Belgique vend à l'étranger. Avec ses usines de coton, de lin, de jute et de chanvre, Gand est le grand foyer du travail textile en Belgique : grande cité ouvrière où aboutit, transformée et enrichie, la tradition séculaire de l'art flamand du tissu. Depuis le début du xixe siècle, elle n'a pas cessé de grandir; elle passe de 55 000 habitants en 1801 à 103 000 en 1846, 161 000 en 1900, 164 000 en 1926; mais il y faut ajouter ses faubourgs industriels de l'Est : Mont-Saint-Amand (17 300 hab.), Gentbrugge (15 900 hab.), Ledeberg (13 600 hab.), et quelques autres bourgs, qui portent à plus de 230 000 la population de l'agglomération gantoise.

Il y a deux aspects juxtaposés dans la ville de Gand, le vieux et le nouveau : la vieille ville, dans une île au confluent des deux rivières, avec les monuments de l'histoire municipale, l'hôtel de ville, le beffroi, les églises, le château des comtes, les béguinages, les places et leurs maisons à pignon, les quais et les anciennes maisons des corporations; la ville nouvelle poussée vers l'Est à travers les prairies de la vallée avec les rues et les ruelles interminables des humbles maisons ouvrières, les longs murs noircis des usines et, le soir, à la sortie des ateliers, la foule des travailleurs en sabots. Une impression domine partout dans cette ville de confluence de larges vallées : l'ubiquité des eaux, les rivières, les canaux, les bras de rivière qui coupent la ville en tous sens, tous les traits du paysage hollandais; le territoire urbain se décompose en un archipel d'une dizaine d'îlots que raccordent, comme dans une Venise du Nord, des dizaines de ponts.

Plus que jamais la vie du centre gantois se lie intimement à la circulation par eau; il reste, comme dès l'origine, un foyer de batellerie, un carrefour de voies de navigation. Mais ce port fluvial, dont le mouvement atteint près de deux millions de tonnes de marchandises, ne suffit plus à desservir les intérêts gantois : par le canal de Gand à Terneuzen, la ville prend contact directement avec la mer. Gand se trouve à l'endroit où l'Escaut, se détournant brusquement vers Anvers, se rapproche assez de la mer pour donner aux Gantois l'idée de l'atteindre par leur canal particulier; au cours de leur histoire, les projets et les demi-réalisations n'ont pas manqué; le but est atteint maintenant. Le canal de Gand à Terneuzen, construit en 1825-1827, est long de 32 km. 8, dont 17 km. 5 en Belgique et 15 km. 4 dans les Pays-Bas; il comprend un seul bief et débouche dans l'Escaut à Terneuzen par trois écluses de mer; son tirant d'eau, de 4 m. 20 au début, fut porté à 6 m. 50 en 1870-1878, à 8 m. 75 en 1900-1911. Il permet l'arrivée des navires de mer dans le port maritime de Gand, installation toute moderne comprenant quatre grands bassins avec 63 hectares de surface d'eau, des cales sèches, des engins de levage électriques. Le mouvement à l'entrée progressa de 357 navires et 49 218 tonneaux en 1860 à 1 574 navires et 1 429 147 tonneaux en 1925. Les relations de Gand se font avec les ports d'Europe depuis la Baltique jusqu'à la Méditerranée, mais surtout avec la Grande-Bretagne; des lignes régulières l'unissent à Londres, Goole, Hull, Leith, Liverpool, Newcastle; par la même voie il est en relation avec la navigation rhénane qui utilise les eaux néerlandaises. Il reçoit beaucoup plus qu'il n'expédie; il exporte du charbon, des phosphates et superphosphates, des fruits frais; il importe des charbons anglais et allemands (c'est par Gand que transitent les charbons de la Ruhr à destination de la France), du coton, de la laine, du bois, du lin; son rôle dépasse même le territoire belge, puisque des cotons, des laines, des charbons débarqués à Gand sont réexpédiés vers la France. C'est toute une vie nouvelle qui pénètre à Gand avec le trafic de mer ; des relations étendues sur un vaste arrière-pays; des usines, filatures, constructions mécaniques, produits chimiques, scieries, dépôts de pétrole préparant dans la zone du port la formation d'un nouveau quartier industriel. Comme à Bruges et à Bruxelles, comme à Manchester en Angleterre, c'est en se rapprochant de la mer que la ville enrichit sa vie et élargit le domaine de son travail.

IV. — LA CAMPINE

Depuis l'Escaut jusqu'à la Meuse, au Nord de la large dépression où s'écoulent le Demer, la Dyle et le Rupel, tout le Nord-Est de la Belgique n'est qu'une vaste région de sables et de graviers; elle se continue sans changer de caractère sur le territoire néerlandais jusqu'aux rives de la Meuse et du Rhin vers Breda, Bois-le-Duc et Nimègue. Seules des frontières politiques ont pu établir des divisions dans cet ensemble uniforme et tracer les limites qui séparent les provinces belges d'Anvers et de Limbourg des provinces néerlandaises de Limbourg et de Nord-Brabant. Le même nom d'origine populaire s'étend, de part et d'autre des frontières, à ces étendues de landes et de bois : la Campine, *Kempenland*.

Les paysages de la Campine. — La Campine, surtout dans le Limbourg, représente la partie méridionale du grand delta des Pays-Bas. Plaine inclinée du Sud-Est vers le Nord-Ouest, elle atteint près de 100 mètres sur les bords de la Meuse et descend à 5 mètres sur les polders des rives de l'Escaut. De tous les côtés, on monte pour pénétrer en Campine, et surtout quand on vient de l'Est et du Sud-Est. Lorsque de Bilsen à l'Ouest de Maastricht le regard se dirige vers le Nord, on aperçoit un escarpement qui barre l'horizon : c'est le bord de la Campine, la tranche de cette immense terrasse pliocène de la Meuse, superposition de lits de sable et de cailloux, où l'on retrouve des débris de roches de l'Ardenne et des Vosges. Sur ces surfaces faiblement inclinées, les eaux s'écoulent lentement vers le Demer, vers les Nèthes, vers la Meuse et vers la Dommel néerlandaise; les lignes de partage entre les bassins se marquent à peine; des ruisseaux, tributaires de bassins opposés, viennent chercher leurs eaux de tête dans les mêmes marécages. Les vallées s'ouvrent, s'épanouissent dans ces molles épaisseurs de sable; sur leur fond plat, les eaux s'attardent en marais et en tourbières; entre les versants secs, elles sont le domaine de l'humidité, des prairies, de la verdure. Sur les plateaux, quand le sable est pur et léger, il s'accumule, sous la poussée du vent, en chaînes de dunes; parmi ces dunes, il en est, à l'Ouest de Herenthals, que l'homme a fixées par des plantations de pins; d'autres, comme dans la région du camp de Beverloo et dans la Campine orientale, se déplacent toujours au gré des rafales. Souvent les eaux de pluie se chargent, en s'infiltrant, de matières humiques et de sels ferrugineux; elles forment à une certaine profondeur, en les déposant, des couches d'un tuf ferrugineux analogue à l'alios des Landes de Gascogne; imperméable et dur, ce tuf s'oppose à la pénétration des racines et à la descente de l'eau; les plateaux se couvrent alors de marécages; les arbres disparaissent, laissant l'espace à la lande et à de pauvres arbustes.

Ces conditions, déjà pénibles pour la végétation, s'aggravent des rigueurs du climat. Le sable possède un grand pouvoir d'absorption et de radiation de la chaleur : de là, des jours d'été brûlants, et, au printemps, de fortes gelées nocturnes; il gèle souvent en mai et parfois en juin; certaines années, les hivers sévissent comme dans l'Ardenne. La lande est l'association végétale appelée par cette nature ingrate; aux touffes basses des bruyères se mêlent les buissons des genêts, des ajoncs, des genévriers; çà et là, de maigres graminées; dans les fonds noyés, des prêles, des joncs, des roseaux; dans les fonds humides mieux drainés, des bosquets d'aulnes, de saules, de houx, de petits chênes où grimpent les spirales de la bryone et du chèvrefeuille. Sur les sables, un arbre introduit par l'homme a résisté : c'est le pin sylvestre, dont la prodigieuse extension transforme entièrement le paysage. Mais l'action de l'homme, au moins dans ses efforts méthodiques, est trop récente pour avoir détruit toute la nature sauvage; il reste encore dans la Campine de vastes bruyères silencieuses où bourdonnent les abeilles durant les chaleurs de l'été; des espaces de sable poudreux où le pied s'enfonce; des surfaces tourbeuses avec des arbres rabougris et des arbustes chétifs.

La mise en valeur et l'économie rurale de la Campine. — La nature pauvre et ingrate du sol de la Campine a retardé longtemps la mise en valeur du pays. De grandes surfaces demeurent toujours incultes à l'état de landes et de bruyères. Ces landes, possédées le plus souvent en commun par les habitants, ont leur rôle assigné, de temps immémorial, dans l'économie de la terre; elles fournissent, soit comme litière des étables, soit comme cendres quand on a brûlé les mottes de gazon, les éléments fertilisants qui permettent de maintenir en culture permanente certains champs. Les troupeaux vont aussi pâturer sur ces terrains vagues. Chaque exploitation possède un certain nombre d'hectares de landes; elle en tire l'engrais qui, par l'intermédiaire de l'étable, enrichit la terre labourée; la cueillette de la litière et son transport occupent les gens pendant des journées; on la rencontre par grands tas dans tous les villages; on voit

Phot. Aéronautique militaire belge.

A. — PAYSAGE DE CAMPINE, PRÈS DE GENCK.
Lignes d'étangs dans la lande; à droite, champs cultivés.

Phot. Aéronautique militaire belge.

B. — MALINES ET L'ÉGLISE DE SAINT-ROMBAUT.

Phot. Aéronautique militaire belge.

ROULERS.

Petite ville industrielle de Flandre. Autour du centre de la ville, on voit les faubourgs rayonner le long des routes.
Au fond, campagne flamande avec ses champs divisés.

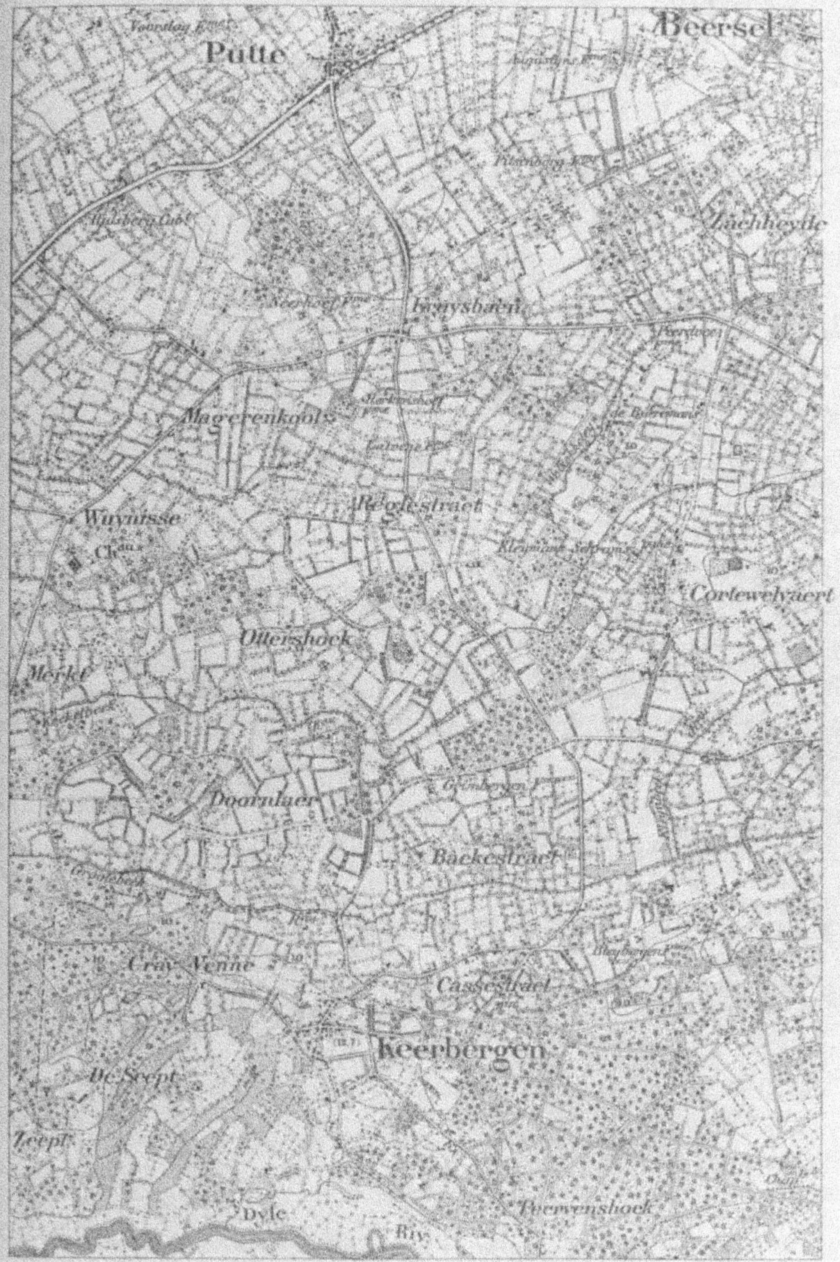

Fig. 28. — Aspect de la campagne, au Sud-Est de Malines, sur la lisière de la Campine,
d'après la carte de Belgique à 1 : 40.000.

Le morcellement des champs et l'enchevêtrement des clôtures. Au Sud, la large vallée de la Dyle et un méandre abandonné.

les hommes et les femmes la ramasser par gros paquets, qu'ils ramènent chez eux dans leur charrette ou leur brouette, parfois sur leurs épaules. C'est en la jetant macérée sur la terre qu'ils maintiennent la fertilité de leurs petits champs, voisins de leurs maisons (*binnenblok*). Ainsi parcelle par parcelle s'est étendue l'exploitation de la lande, autour des petits villages qui la parsèment comme des oasis verdoyantes (fig. 29).

C'est particulièrement dans la région occidentale que le progrès agricole a fait ses premières et ses plus décisives conquêtes. Le voisinage d'une grande ville comme Anvers prépara des capitaux, des initiatives. Le mouvement commence au XVIIIe siècle avec le grand programme d'améliorations foncières lié à la réduction des biens communaux : une ordonnance de Marie-Thérèse règle en 1772 la mise en vente des terrains incultes et dispense d'impôts pour trente ans les terres défrichées. Une loi de 1847 donne au gouvernement le droit de mettre en vente les landes communales; de grandes sociétés se forment pour mettre le pays en exploitation; l'abbaye de la Trappe près de Westmalle, à 25 kilomètres Nord-Ouest d'Anvers, transforme en bois, en champs et en prés l'un des cantons les plus arides de la bruyère; la ville d'Anvers acquiert d'immenses bruyères pour les améliorer avec les ordures urbaines; et, de même, l'État achète des terrains incultes autour de Turnhout. L'exemple, parti d'Anvers, s'étend de proche en proche à toute la Campine : de 1850 à 1900, plus de 50 000 hectares de landes entrent dans le domaine cultivé des provinces d'Anvers et de Limbourg.

Ces conquêtes foncières s'offrent sous trois aspects : la plantation de bois, l'irrigation des prairies, l'amélioration du sol. La Campine se couvre de forêts; on a planté des pins; on coupe les arbres tous les trente ans, et l'on vend le produit des coupes comme bois de mines; il est peu de gares en Campine qui n'aient leur scierie ou qui n'expédient des chargements de bois; la pineraie fait maintenant partie du paysage familier de la Campine, comme dans la Champagne pouilleuse, la Sologne et les Landes. L'irrigation des prairies, quoique réduite au mince liséré des vallées, n'est pas la moins curieuse des transformations de la Campine : aussi bien en territoire néerlandais qu'en territoire belge, les eaux de la Meuse, amenées par le canal de Maastricht à Bois-le-Duc et ses ramifications, ont changé d'arides bruyères en belles prairies; par les peupliers plantés le long des fossés et surtout par leur production de foin, ces prairies qui couvrent près de 3 000 hectares ont apporté à la lande une richesse nouvelle. Enfin, par la science agronomique, on améliore méthodiquement le sol; grâce aux engrais du commerce, à la chaux, au plâtre, aux scories et aux nitrates, on convertit les landes en prairies artificielles de graminées et de légumineuses qui donnent récolte au bout de trois ans; par la culture du lupin, on crée des terres arables; aux abords des villes, ces terres nouvelles égalent même en fertilité les jardins maraîchers.

Ainsi les aspects du paysage campinois évoluent : à la monotonie des bruyères succède la variété concertée des conquêtes nouvelles, champs, bois, prairies, qui gagnent chaque jour sur la lande. Vers la fin du printemps, cette nature apprêtée, toute ponctuée encore de coins sauvages, compose un tableau charmant où s'enchevêtrent les couleurs : le vert clair des champs de seigle, le vert profond des prairies, le gris bleuâtre des landes et le noir sombre des pineraies.

La production agricole reflète la nature des terres. Sur ces sols maigres et secs de sable, dominent le seigle, l'avoine, la pomme de terre. Par contre, pas ou peu de froment, très peu d'orge, peu de sarrasin, de trèfle, de betteraves

Fig. 29. — Un aspect de la Campine, au Nord-Ouest de Turnhout, d'après la carte de Belgique à 1 : 40 000.

Le village de Merxplas apparaît, avec ses champs et ses prairies, comme une clairière au milieu des bois et des landes. Beaucoup de petits bois et d'étangs. Briqueteries au bord des canaux.

fourragères. Mais nulle part on ne conçoit l'exploitation agricole sans cultures dérobées; elles permettent, après la moisson du seigle, de faire en fin de saison une seconde récolte; on sème ainsi la spergule (spurrie), plante fourragère qui fournit une excellente nourriture verte aux vaches laitières, et le navet qui leur assure un aliment frais pour l'hiver.

Malgré ses sables, la Campine possède ses cantons de culture intensive; sur sa lisière occidentale, la plus peuplée, la mieux travaillée et la plus voisine des grandes villes, elle étale depuis Anvers jusqu'au delà de Malines une zone d'exploitations maraîchères, ce qu'on pourrait appeler sa « ceinture dorée »; le menu travail des champs y rappelle ce qu'on voit de plus soigné dans le pays de Waes et dans les Flandres. C'est d'abord, en tirant vers Louvain, sur les territoires de Keerbergen, de Haecht, de Werchter, de Bael et d'autres villages, la culture des pois de primeur, plantés fin janvier, récoltés à la mi-juin, expédiés sur le marché des villes ou vendus à des usines de conserves; la culture des asperges et même de la chicorée witloof. C'est ensuite, plus au Nord, autour de Lierre, à Contich, à Duffel, à Wavre-Sainte-Catherine, la culture des pommes de terre hâtives, plantées fin février et arrachées vers la fin de juin; elle se pratique sur de petites exploitations, abondamment pourvues d'engrais par les barques qui les amènent des villes. Dans toute la banlieue rurale d'Anvers vers le Sud et vers l'Est, on voit de même s'épanouir la collection des cultures riches, vergers, jardins, pépinières, serres, associées de la grande ville, comme autour de Bruxelles et de Gand.

La richesse propre à ces pays de sable réside dans le bétail. Partout l'étable apparaît comme l'organe central de l'exploitation, celui qui apporte de l'argent à la maison : c'est à nourrir les vaches et les autres animaux que l'on consacre les récoltes, seigle, avoine, sarrasin, pommes de terre, navets, spergule; souvent on peut voir, suspendue dans la cheminée, l'énorme chaudière où cuit le mélange de pommes de terre et de navets destiné aux vaches. Dans l'Ouest de la Campine, au voisinage des grandes villes comme Anvers, Malines et Louvain, on se tourne souvent vers l'engraissement des veaux; on leur donne tout le lait des vaches; on les tient dans de petits réduits obscurs où l'immobilité les dispose à l'embonpoint. Dans l'Est de la Campine, la production laitière domine; il est des villages où presque chaque ferme possède une écrémeuse centrifuge; mais les laiteries coopératives se multiplient partout; le Limbourg compte parmi les grands producteurs de beurre de la Belgique.

Terre ingrate et conquise à force de travail, la Campine est un domaine de petite culture. L'ordinaire dans les campagnes, c'est l'exploitation de 6 à 7 hectares, voire même de 3 à 4, sans parler d'une multitude d'autres si modestes qu'elles ne suffisent pas à l'entretien de la famille. Ces petites gens travaillent le sol à l'aide d'un cheval ou d'une vache, ou même ils le labourent à la bêche. Beaucoup d'entre eux possèdent la terre qu'ils exploitent. Cette petite propriété paysanne s'est particulièrement développée dans la Campine limbourgeoise, plus éloignée des grandes villes; quand le domaine communal s'est démembré, c'est surtout entre les mains des paysans qu'il passa. Partout l'attrait de la terre s'exerce irrésistible; on peine dur pour acquérir un lopin. En attendant que le champ devienne assez grand pour nourrir toute la maisonnée, on émigre. De Campine partent des ouvriers vers les chantiers du port d'Anvers, les briqueteries de la vallée du Rupel, les usines établies le long des voies navigables. Des lisières méridionales du pays, des environs de Herenthals, de Westerloo, d'Aerschot et de Diest, d'autres s'en vont en Hesbaye et Brabant pour la moisson et les betteraves. La saison terminée, on rentre au foyer avec les économies qui paieront le loyer et aussi le coin de terre convoité (Pl. XX, C, et XXI, A).

LA VIE URBAINE ET LA VIE INDUSTRIELLE EN CAMPINE. — Un danger menace, et déjà compromet le calme de cette région agreste : la découverte récente d'un bassin houiller, prolongement des bassins d'Aix-la-Chapelle et du Limbourg néerlandais, annonce l'apparition d'une économie nouvelle. Des sondages effectués à partir de 1898 ont reconnu, depuis la Meuse jusqu'aux portes d'Anvers, sur une longueur de 80 kilomètres et une largeur de 12 à 20 kilomètres, l'existence d'un bassin houiller, orienté Sud-Est–Nord-Ouest, recouvert par des morts-terrains d'une épaisseur moyenne de 500 mètres; cette épaisseur s'accroît rapidement vers l'Ouest; elle atteint son maximum de 896 mètres au sondage de Vlimmeren, et elle rend encore assez difficile la reconnaissance du bassin vers l'Ouest. Mais l'exploitation a commencé dans l'Est de la Campine : elle a même présenté, à la traversée des morts-terrains aquifères, des problèmes angoissants pour les ingénieurs; il fallut, pour établir les cuvelages des puits, employer la congélation. L'exploitation du charbon a commencé au puits de Winterslag en octobre 1917; trois autres puits étaient entrés en service en 1924 (Beeringen, Limbourg-Meuse, Voordt sous Zolder); cinq autres étaient en cours de fonçage. En 1925, l'extraction s'élevait déjà à 1 150 000 tonnes. Cet avènement du bassin de Campine est un fait de longue portée pour la vie locale et l'économie belge. Tandis que le vieux bassin du Sud ne contient plus que trois milliards de tonnes, le bassin de Campine en apporte huit, dont quatre, il est vrai, à plus de mille mètres de profondeur; ce sont surtout des charbons à gaz et des charbons à coke, ceux qui tendent à s'épuiser dans le bassin du Sud. Déjà le pays se transforme sous l'afflux des ouvriers de charbonnages, recrutés dans les campagnes limbourgeoises; près de 5 000 travaillent à Winterslag; de jolies cités ouvrières avec leurs frais jardins, leurs larges rues, leurs maisons élégantes ont fait pénétrer dans la lande la vie urbaine. Winterslag compte 4 500 habitants; Genck, 14 000, et Waterschei, humble hameau hier encore, 1 500. Une fois tous les sièges d'extraction mis en marche, plus de 30 000 ouvriers viendront travailler dans ce pays presque solitaire vers 1910. Au milieu des bruyères et des pineraies de la Campine, nous voyons éclore une nouvelle région humaine (fig. 46).

Longtemps la Campine demeura un pays écarté, pauvre en circulation. Cet isolement a cessé grâce aux chemins de fer d'intérêt général et surtout aux vicinaux. A vrai dire, c'est par les canaux que la transformation commença. Le canal de Maastricht à Bois-le-Duc, qui traverse les confins orientaux de la Campine, fut construit de 1822 à 1826. Sur ce canal, à Bocholt, s'embranche le canal de jonction de la Meuse à l'Escaut (86 km. 3), achevé en 1856, qui se dirige vers Anvers par Herenthals; puis, sur ce dernier, le canal de Hasselt ouvert en 1858, le canal de Turnhout (1846), le canal de Turnhout à Anvers ou canal de la Campine (1874). Par l'Ouest et le Sud, grâce à l'Escaut et à ses affluents, d'autres voies navigables longent la Campine ou la pénétrent, par le Demer jusque près de Diest, par la Grande Nèthe jusque près de Gheel, par la Petite Nèthe jusque près de Herenthals. Aussi, entre les landes solitaires, ces rivières et ces canaux attirent l'animation sur leurs bords; ils ouvrent des chemins à la vie industrielle et à la vie urbaine. Ainsi sont venus s'établir une grosse usine à zinc de la Vieille Montagne à Baelen-Wezel (7 850 hab.), sur le canal de Hasselt; une fabrique de produits chimiques à Neerpelt sur le canal de jonction entre Meuse et Escaut; une autre fabrique de produits chimiques et une usine métallurgique à Lommel (8 900 hab.); des ateliers de chaudronnerie à Brée sur le canal de Maastricht, une verrerie à Moll. Sur les bords du Rupel, que la marée remonte, s'est développé le foyer le plus puissant de Belgique pour la tuilerie et la briqueterie, employant près de huit mille ouvriers à Boom (18 900 hab.), à Niel (9 800 hab.), à Rumpst.

A l'intérieur de la Campine, beaucoup de petites villes, bien desservies aujourd'hui par les voies de communication, se répartissent uniformément, assez rares dans l'Est, plus nombreuses dans l'Ouest : Moll (13 500 hab.) avec des tissages de laine; Herenthals (10 900 hab.) avec des tissages de laine aussi; Turnhout (25 700 hab.), qui fabrique des coutils, des toiles et des dentelles; Gheel (18 200 hab.), qui tisse des toiles; Arendonck (5 300 hab.) avec des usines de produits chimiques et des fabriques de bonneterie; Lierre (27 000 hab.), centre industriel à proximité d'Anvers, avec des fabriques de toile et de cotonnades, d'engrais chimiques, de brosses; Duffel (9 800 hab.), ville active comme Lierre, sous le rayonnement économique de Malines et d'Anvers et se livrant à une grande variété de travaux : tissages, blanchisseries de tissus, fonderie de cuivre, tissus métalliques. Peu de villes belges, même de modestes dimensions, échappent à l'emprise de la vie industrielle.

Une ligne de villes, échelonnées presque à égale distance les unes des autres depuis Maastricht jusqu'à Anvers, détermine pour la Campine la zone de contact avec les pays du Sud; ces villes anciennes marquent le tracé de la grande route du moyen âge qui joignait les pays du Rhin et de la Meuse aux pays du bas Escaut. Ce brillant passé se manifeste encore dans les monuments qu'elles ont conservés; chacune possède son église gothique; l'une d'elles, Malines, fut même la capitale du Brabant. Presque toutes, elles se transforment de nos jours par l'infusion de l'économie industrielle. Hasselt (21 200 hab.), chef-lieu du Limbourg belge depuis le jour où Maastricht fut attribuée au Limbourg néerlandais, est une ville propre et claire, animée surtout aux jours de marché; à ses portes, de grosses distilleries d'alcool se groupent en un petit quartier industriel; dans sa gare, plusieurs grandes lignes se croisent; à l'horizon prochain vers le Nord, montent les fumées du bassin houiller de Campine. Diest (8 300 hab.) est un centre de distilleries et de brasseries; Aerschot (8 400 hab.), un marché agricole. Au delà d'Aerschot vers l'Ouest, le long du Demer et de la Dyle, les bourgs se succèdent dans la vallée, et l'on arrive, à travers des campagnes pleines d'hommes, dans un grand carrefour urbain : c'est là que, entre Bruxelles, Louvain et Anvers, la ville de Malines s'établit sur la Dyle; elle appartient à la famille urbaine de l'Escaut, avec sa rivière à marée, ses canaux et ses bras d'eau.

Malines (*Mechelen*) figurait dès le Xᵉ siècle parmi les possessions de l'évêché de Liège. L'affluence des pèlerins, venant honorer la mémoire de saint Rombaud, commença sa fortune; mais sa grandeur date du XIVᵉ siècle, de l'essor de la draperie; elle figure alors parmi les plus riches cités des Pays-Bas; au XVᵉ siècle, elle est la capitale de l'État bourguignon. Ayant perdu le caractère de résidence officielle par le transfert du gouvernement à Bruxelles, elle reçut en 1560, comme dédommagement, le siège de l'archevêque, primat des Pays-Bas; depuis lors, elle n'a pas cessé d'être la métropole religieuse, la capitale spirituelle de la catholique Belgique; elle déclina à partir du XVIIᵉ siècle et tomba au rang de cité secon-

daire. Tout ce passé persiste dans l'aspect matériel de la ville, dans ses églises
et ses monuments civils, dans les anciennes maisons des corporations, dans la
Halle aux draps, dans le vieux pont de la Dyle; sur les anciens quartiers, il
plane une atmosphère de silence et de recueillement. Mais, depuis le milieu
du xixᵉ siècle, la vie moderne vient battre les portes de la cité; tout un quartier
nouveau, agité et bruyant, s'est bâti près de la gare et près des voies d'eau. Par le
canal de Louvain au Rupel et par la Dyle elle-même, Malines se relie à la navigation de l'Escaut; les bateaux lui amènent du charbon, des matériaux de
construction, des grains et des farines. Dans la gare de Malines se raccordent
toutes les grandes directions du trafic belge; auprès d'elle se groupent de vastes
ateliers de construction de matériel pour les chemins de fer; d'autres usines,
filatures et tissages de laine, fonderies de cuivre, complètent l'impression d'une
cité ouvrière. Avec ses 60 500 habitants, Malines ne compte plus dans la Campine; elle vit sur sa lisière; ses attaches sont ailleurs; elle se range dans la cohorte
des villes historiques qui gravitent autour de l'Escaut (Pl. XXI, B).

BIBLIOGRAPHIE

R. Blanchard, *La Flandre*, Lille et Paris, 1906. — R. Delmotte, L'industrie horticole à Gand (*Revue Écon. Intern.*, 1913). — G. Desmarez, *Les Villes flamandes*, Bruxelles, 1910. — G. Eeckout, Le port de Bruges au moyen âge (*Rev. Questions Scient.*, 1906). — V. Fris, *Histoire de Gand*, Bruxelles et Paris, 1913. — J. Frost, *Agrarverfassung in Belgien*, Berlin, 1909. — [Gand] Renseignements sur le port dans les rapports annuels de l'Association des intérêts maritimes de Gand, dans la *Revue Écon. Intern.* de 1913 et 1923, dans les *Annales des Travaux publics de Belgique*, passim. — E. Ronse, *L'émi-gration saisonnière belge*, Gand, 1913. — P. Thuysbaert, *Het Land van Waes*, Courtrai, 1913. — R. Vermaut et Ch. de Zuttere, *Enquête sur la pêche maritime en Belgique*, Bruxelles, 1909 et 1914.

[Campine] Rapport de la Commission chargée de l'étude de la Campine au point de vue forestier, Bruxelles, 1905. — Henriquet, *La Campine industrielle*, Bruxelles, 1924. — Th. Lebens, Les irrigations de la Campine (*Ann. Trav. publics Belgique*, 1897). — S. Leurs, *De Kempen*, Anvers, 1922. — E. Vlie-bergh, *De landelijke Bevolking der Kempen*, Bruxelles, 1906. — Sur le bassin houiller de la Campine, nombreux ouvrages dans les *Annales des Mines de Belgique*, dans le *Bulletin de la Société belge de Géologie* et les *Annales de la Société géologique de Belgique*, dans le *Bulletin de la Société d'Industrie minérale* et dans la *Revue Économique Internationale*.

CHAPITRE VIII

ANVERS

Anvers représente à lui seul toute une province de l'économie belge; il est le symbole et l'instrument de la Belgique commerciale. Mais il a des intérêts qui débordent son propre pays; il se trouve en une région de valeur européenne, sur laquelle la politique a fondé l'existence même de la Belgique; il appartient à ces Pays-Bas dont les estuaires et les fleuves ont de tout temps attiré les relations entre les mers britanniques et les pays allemands du Rhin; il occupe un point, à 88 kilomètres à l'intérieur des terres, atteint par la marée et par le débouché de tout un faisceau de rivières. Anvers doit sa fortune à ces voies d'eau. « Anvers, dit un proverbe, doit l'Escaut à Dieu et tout le reste à l'Escaut. »

I. — LES FORTUNES D'ANVERS

Nous savons par les documents historiques que saint Amand fonda une église au VIIe siècle sur l'emplacement d'Anvers, qu'un château fort s'y éleva sur une île aujourd'hui rattachée à la rive, que des moines bénédictins y créèrent des polders au VIIIe siècle et que les Normands vinrent ravager la petite ville au IXe. Mais l'histoire commerciale d'Anvers ne commence guère qu'au XIIIe siècle avec la visite de marchands lombards et le trafic des grains. Au XIVe siècle, des négociants wallons, allemands et vénitiens fréquentaient ses foires. Mais le foyer d'affaires des Pays-Bas se trouvait alors à Bruges, et non à Anvers; c'est vers le début du XVe siècle que le centre de gravité se déplaça sur Anvers; l'Angleterre, devenue fabricante de draps, voulut les vendre, et ne put garder, comme débouché continental, Bruges, sa rivale; les *Merchant Adventurers*, puissante compagnie d'exportation, orientèrent leurs navires sur Anvers, d'où leurs draps étaient réexpédiés à travers l'Europe. Bruges avait été la grande « étape » des laines anglaises; Anvers devenait celle des draps. Durant le règne de Henri VIII, l'Angleterre exporta jusqu'à 120 000 pièces de drap par an; presque tout passait par Anvers; d'après une enquête de 1550, 20 000 personnes vivaient à Anvers du trafic anglais; le commerce anglais avait son débarcadère sur les bouches de l'Escaut. Un autre trafic fonda la fortune d'Anvers : le trafic des épices; en 1503, on vit pour la première fois des navires portugais y amener les denrées précieuses de l'Orient, poivre, gingembre, clous de girofle, noix-muscades, mastic, gomme, camphre, ivoire; jadis elles arrivaient de Venise à Bruges; dorénavant, expédiées

Phot. Service de Propagande de la Ville d'Anvers.

A. — ANVERS. L'ESCAUT AVEC SES SINUOSITÉS A TRAVERS LES POLDERS.
Une partie du port (bassins America et Lefebvre); l'écluse Royers.

Phot. Albert Bohnen.

B. — ANVERS. VUE PANORAMIQUE.
L'Escaut et sa grande boucle; Anvers établi sur la rive concave; le port en rivière.
Au premier plan, la Grand' Place avec les maisons des corporations.

fois. Si l'on compare Anvers avec les autres ports d'Europe à l'égard du tonnage des navires entrés, on constate qu'il occupait le dixième rang en 1860, le quatrième en 1890, le deuxième en 1910 (si l'on ne comprend pas le cabotage, et si l'on ne considère que le trafic international). La Grande Guerre parut compromettre ses destinées; mais on avait tort de craindre une faillite; car le nombre des navires de mer entrés, qui était de 7 134 avec 14 139 615 tonneaux en 1913, s'élevait de nouveau à 10 143 avec 19 922 138 tonneaux en 1925. Considéré par rapport au trafic maritime de la Belgique entière, le trafic d'Anvers condense et domine la vie nationale. Malgré le développement maritime de ports plus jeunes, comme Gand, Bruges, Ostende et Bruxelles, Anvers possède, de très loin, l'hégémonie. Plus des quatre cinquièmes du trafic maritime de la Belgique se concentrent sur ses quais et ses bassins.

La réunion de certains traits individuels composent à Anvers une véritable personnalité. En premier lieu, Anvers est essentiellement un transporteur de marchandises. Les voyageurs et les émigrants y retiennent beaucoup moins l'attention qu'à Hambourg et à Liverpool; cependant on ne saurait négliger le transit des émigrants, puisqu'il en est parti 40 000 en 1900, 81 500 en 1910, 114 500 en 1913, 12 922 en 1924. En second lieu, en tant que place de commerce, Anvers effectue presque toutes ses transactions sur des marchandises. Le marché à terme y joue un rôle beaucoup moins grand qu'à Londres, par exemple : peu de cargaisons achetées par des négociants d'Anvers arrivent à destination sans passer par Anvers; les opérations commerciales de la place sont donc inséparables du trafic du port et s'accompagnent presque toujours d'un transport. En troisième lieu, le transit constitue un élément fondamental du trafic. Tout ce qui entre à Anvers n'est pas destiné à la Belgique; tout ce qui en sort ne provient pas de Belgique. Dans le trafic du port, le transit représente à lui seul plus de la moitié à l'exportation, et plus du tiers à l'importation; et, sur l'ensemble du transit, près des trois quarts ont l'Allemagne comme pays de provenance ou de destination. En quatrième lieu, le trafic offre un remarquable équilibre entre les entrées et les sorties; le trafic à la sortie représente 80 p. 100 du trafic à l'entrée; cette abondance du fret de sortie constitue l'un des avantages particuliers du port belge, comparé à Hambourg et à Rotterdam et surtout aux ports français; en 1921, le poids des marchandises au débarquement s'élevait à 6 043 500 tonnes; à l'embarquement, à 5 635 000. Enfin Anvers n'a pas seulement pour lui les capacités de transport de son grand estuaire et les capacités de consommation et de production de son arrière-pays; il dispose encore d'immenses capitaux, fruit d'un passé de labeur et d'économie. Il les applique au développement des relations commerciales qui soutiennent son trafic maritime; il est un grand marché de capitaux belges pour placements étrangers; grâce à ses entreprises financières dans l'Amérique du Sud par exemple, il attire le commerce des grains et des peaux de ces pays.

Anvers dessert l'une des régions du monde les plus populeuses et les plus industrialisées; de là, ses importations de denrées alimentaires et de matières brutes : grains des pays de la mer Noire et des pays de la Plata, qui constituent le tiers du tonnage; denrées coloniales, café, cacao, thé, sucre, épices, riz; minerais, charbon, pétrole, bois du Nord, nitrates; laines d'Australie, coton des États-Unis, peaux d'Argentine, caoutchouc. On calcule qu'un tiers de ces marchandises importées est réexpédié vers la France et surtout vers l'Allemagne :

avantage inappréciable qui épargne à la Belgique un tiers de ses frais généraux ; mais avantage fort disputé, car Rotterdam lutte contre Anvers pour le transit des minerais et des grains. Quant aux exportations d'Anvers par mer, elles se composent essentiellement de produits manufacturés. La variété et l'intensité du travail industriel de l'arrière-pays assurent aux navires un tonnage abondant et régulièrement disponible, c'est-à-dire non saisonnier : cette importance du fret de sortie marque l'originalité d'Anvers parmi les grands ports des pays manufacturiers. Ces marchandises, qui affluent à Anvers pour l'exportation et qui lui arrivent surtout par chemin de fer, viennent, pour la moitié, de pays étrangers, l'Allemagne rhénane, la France avec sa région du Nord et l'Alsace-Lorraine : autre avantage précieux pour la Belgique, puisque ces transports en transit paient de grosses sommes aux chemins de fer belges et qu'ils multiplient, pour les marchandises belges elles-mêmes, les facilités d'exportation.

III. — LES RELATIONS MARITIMES D'ANVERS

Physiquement, comme Hambourg et tant d'autres ports européens, Anvers est un port de mer jouissant d'une position intérieure grâce au flot de marée qui remonte et gonfle son fleuve ; les marchandises peuvent ainsi pénétrer fort avant dans le continent, sur 88 kilomètres, en utilisant le plus possible la voie maritime ; la distance de la mer, qui atteint 117 kilomètres pour Hambourg et 124 kilomètres pour Brême, n'est que de 34 kilomètres pour Rotterdam. Cette pénétration du trafic maritime est due à l'influence des marées qui font de l'Escaut un véritable bras de mer, large de 200 mètres à 500 mètres, selon l'état de la marée, devant l'écluse de Kattendyck à Anvers, de 745 mètres à 840 mètres devant Lillo, de 2 400 mètres à 5 750 mètres devant Bath ; l'estuaire s'élargit ensuite, en entonnoir, jusqu'à la mer du Nord. L'amplitude moyenne de la marée à Anvers est de 4 m. 29 ; c'est la hauteur des marées qui permet aux gros navires de trouver le long des quais un mouillage de 8 mètres à marée basse et de 12 m. 20 à marée haute. La marée contribue aussi à entretenir le lit de l'Escaut : le courant de jusant, plus volumineux que le courant de flot, nettoie et balaie les passes (Pl. XXIII).

Aux approches de la mer du Nord, des quatre passes qui conduisent l'Escaut vers le large à travers les bancs de sable, il en est deux que la grande navigation utilise sans danger : l'une, l'Oostgat, longeant la côte de Walcheren, amène surtout les bateaux qui viennent du Nord ; l'autre, le Wielingen, la plus large, la plus profonde et la plus fréquentée, conduit vers l'Escaut surtout les navires qui viennent du Pas de Calais ; bien orientée au point de vue de la circulation des courants de flot et de jusant qui l'entretiennent, elle ne subit jamais de perturbation grave, ni en situation, ni en profondeur ; dans ses parages, les fonds de l'Escaut jouissent d'une fixité remarquable (fig. 30). Devant Flessingue, sur une largeur de 3 000 mètres, les courants de marée maintiennent une profondeur normale variant de 11 mètres à 24 mètres. En amont de Flessingue, les conditions deviennent moins stables. Le chenal quitte peu à peu la rive septentrionale pour gagner la rive méridionale de l'estuaire. Il conserve des profondeurs régulières de 12 mètres à 15 mètres, bordées de hauts-fonds et de bancs. Quand il gagne la rive gauche à Terneuzen, il atteint une profondeur de 29 mètres à 30 mètres. De là, il ricoche de nouveau d'une rive à l'autre, atteint la rive droite vers Hansweert, puis la rive gauche le long des schorres de Saaftingen, puis de nouveau la rive droite à Bath. Toutes ces sinuosités à travers les bancs de l'estuaire rendent nécessaire un service de pilotage et de balisage, qui est commun à la Belgique et aux Pays-Bas. A partir de Bath, l'Escaut fait un coude brusque vers le Sud; il devient alors plus étroit et plus sinueux (fig. 30). Avant d'arriver à Anvers, le chenal décrit, à Kruischans, à Sainte-Marie et à Austruweel, trois méandres qui l'obligent à abandonner brusquement une rive pour l'autre, c'est-à-dire à passer de grandes profondeurs contre les rives concaves à de moins grandes profondeurs contre les rives convexes. A la sortie d'Anvers, qui est établi lui-même sur une berge concave, sur le trajet que le chenal accomplit pour se rendre de la rive droite à la rive gauche, les profondeurs diminuent en certains points jusqu'à 5 mètres à marée basse; de plus, inconstantes, elles varient et se déplacent au gré des courants de marée. Aussi, depuis 1894, on exécute continuellement des dragages, de manière à maintenir le chenal sur la rive gauche devant Calloo et à l'approfondir. C'est donc à grands frais qu'on entretient, à l'entrée d'Anvers, un mouillage maximum de 6 m. 50 à marée basse et de 10 m. 70 à marée haute. L'entrée des plus gros navires ne peut pas s'opérer à toute marée; ils doivent attendre le moment favorable. Les conditions d'entrée sont inférieures à celles de Rotterdam, qui dispose d'un chenal presque rectiligne et sans courbes.

L'importance des changements de niveau dus aux marées a rendu nécessaire, à Anvers comme à Londres, l'existence de deux parties distinctes dans le port : d'abord le port en rivière, où toutes les opérations de chargement et de déchargement sont soumises à la gêne de l'alternance des marées; ensuite, le port intérieur, formé de bassins éclusés soustraits aux oscillations journalières du niveau de l'eau. La disposition du port d'Anvers diffère ainsi profondément de celle des ports de Rotterdam et de Hambourg, où, les marées étant beaucoup moins fortes, aucune étendue d'eau n'est séparée du fleuve et soumise à un régime différent. Le port en rivière a vu jusqu'au début du XIXᵉ siècle se dérouler toute l'activité d'Anvers; certains bateaux ne s'y amarrent pas au milieu du fleuve, comme à Rotterdam. Tous accostent aux quais, aménagés pour les recevoir. Depuis l'écluse de Kattendyck jusque près de Hoboken vers l'amont, s'étendent 5 500 mètres de murs de quai pourvus de larges terres-pleins pour les hangars, les grues et les voies ferrées; au pied de ces murs, le mouillage est de 8 mètres à marée basse, de 12 m. 40 à marée haute. Les quais, plus rapidement accessibles que les bassins dont les portes ne s'ouvrent qu'à marée haute, servent spécialement aux lignes régulières de navigation transportant des voyageurs et des cargaisons peu encombrantes. A l'extrémité méridionale des quais, à l'écart, on a établi en 1903 les installations pour le pétrole. Les quais de l'Escaut représentent une œuvre de longue haleine; les premiers, quai Jordaens et quai Van Dyck, remontent au début du XIXᵉ siècle (fig. 31).

Le port intérieur se compose de dix bassins à écluse, successivement construits au fur et à mesure des besoins du port : bassin Bonaparte (1811), bassin Guillaume (1813), bassin Kattendyck (1860), bassin aux Bois (1873), bassin de la Campine (1873), bassin d'Asie (1873), bassin d'Afrique ou Lefèvre (1887), bassin d'Amérique (1887), bassin Canal (1905). Ils communiquent avec l'Escaut, qui est à niveau variable, par trois écluses. Leur tirant d'eau est d'autant plus grand que leur construction est plus récente : il va de 6 m. 63 à marée haute

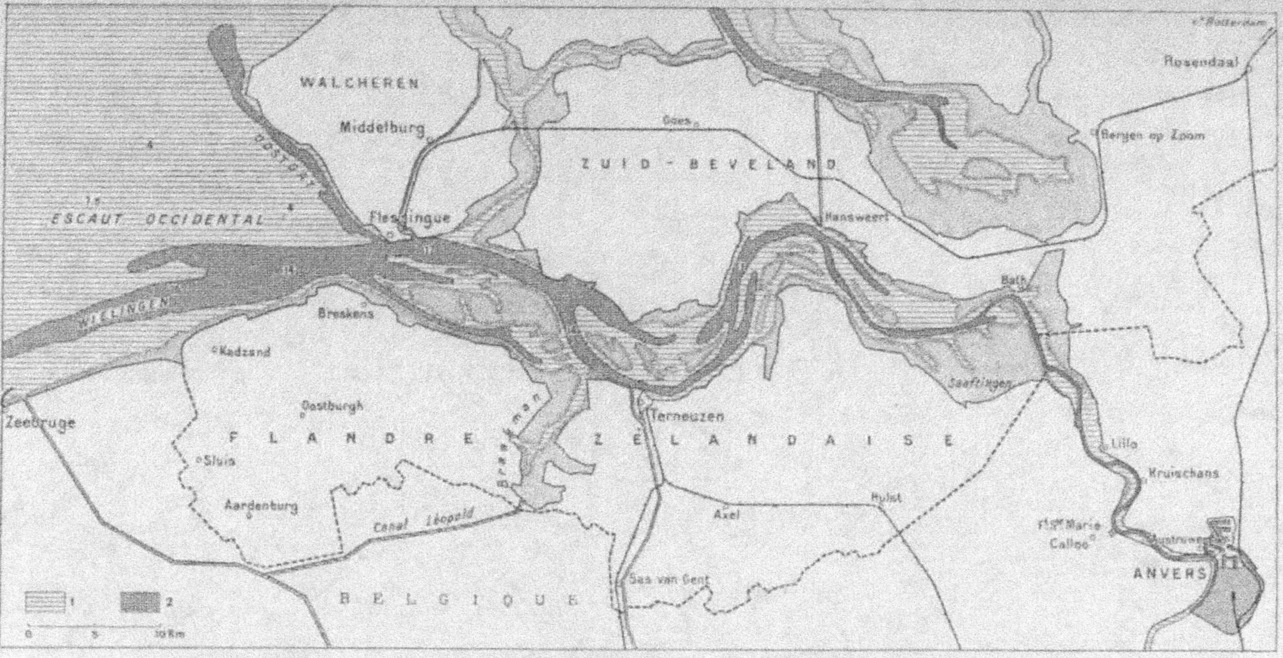

Fig. 30. — L'Escaut maritime en aval d'Anvers.

Profondeurs : 1, De 0 à 10 mètres; 2, Au-dessous de 10 mètres. — Échelle, 1 : 440 000.

On voit le chenal, que suivent les navires, ricocher d'une rive à l'autre ; les deux passes d'entrée dans l'Escaut (Oostgat, Wielingen) ; le Braakman, reste d'un estuaire presque entièrement comblé par l'alluvionnement.

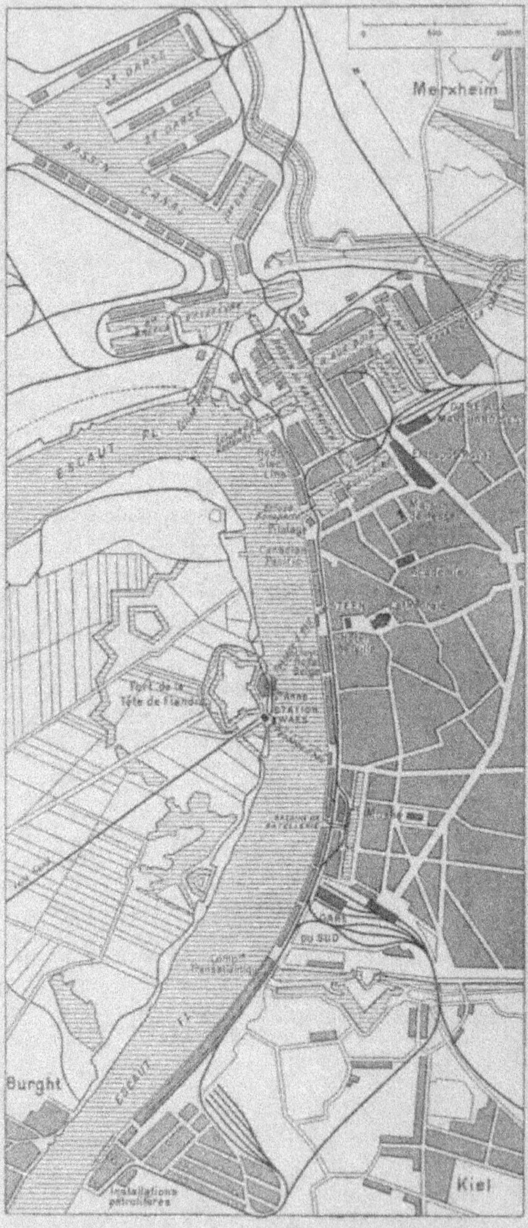

FIG. 31. — Le port d'Anvers. — Échelle, 1 : 40 000.

moyenne pour les deux premiers, à 11 m. 25 pour le bassin Canal. Pour la commodité des opérations, on cherche à spécialiser chaque bassin ou chaque partie de bassin dans un même groupe de marchandises : ainsi les minerais et les charbons dans le bassin de Campine, les bois et les minerais de zinc dans le bassin d'Asie, les grains dans le bassin d'Afrique. Pour mettre ces bassins maritimes en contact avec la navigation intérieure, on a construit, au Sud du port, trois bassins de batelage à écluses : bassin au Charbon, bassin des Bateliers et bassin aux Briques (tirant d'eau, 4 m. 85) (Pl. XXIII).

Le port comprend ainsi 5 500 mètres de quais en rivière, 89 hectares de bassins avec 11 kilomètres de quais. Mais la croissance du trafic a rendu nécessaires des agrandissements qui sont en cours d'exécution. On doit construire 2 000 mètres de quais en rivière. D'autre part, on construira toute une série de bassins sur les polders du Nord d'Anvers, de manière à constituer un long bassin-canal de 6 kilomètres, qui joindra les bassins actuels avec le Kruisschans à 11 kilomètres en aval d'Anvers : là, une énorme écluse de mer, fonctionnant

à tout état de la marée, permettra l'entrée, à marée haute, des steamers de
14 mètres de tirant d'eau (fig. 32).

Le fonctionnement d'un grand port suppose l'existence d'un vaste organisme industriel assurant manipulations, levages, transports, circulation, entrepôt,
réparations. On ne peut le concevoir sans ses cales sèches, ses grues, ses usines
de force motrice, ses voies ferrées, ses hangars, ses appareils spéciaux pour les
charbons et les grains. L'essentiel est pour chaque port de se tenir par ses initiatives à la hauteur des exigences du trafic. Cependant il y a dans le port l'Anvers
une institution fort originale : ce sont ces curieuses corporations ou Nations qui

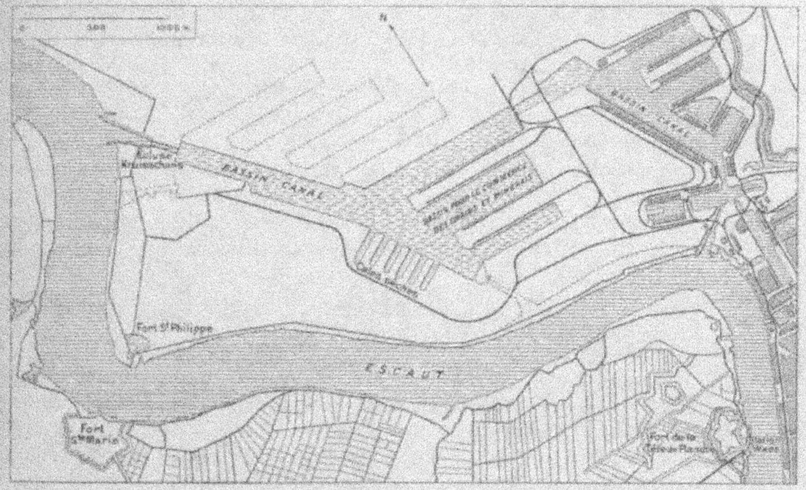

FIG. 32. — L'extension du port d'Anvers.
État des travaux en 1927-1928. — Échelle, 1 : 40 000.

exécutent tous les travaux de manutention et de camionnage des marchandises
et dont l'organisation remonte au XVᵉ siècle : elles utilisaient déjà leur chariot
bas aux très petites roues d'avant, aux très grandes d'arrière. Ce sont des sociétés
en nom collectif, au nombre d'une cinquantaine, composées d'un nombre
limité de membres actionnaires qui ont acheté leur part ou bien en ont hérité.
Ces membres embauchent des brigades d'ouvriers qu'ils surveillent et dirigent;
l'ordre et la discipline règnent dans chaque Nation sous l'autorité du doyen;
la discrétion est de règle sur la vie intérieure; mais cette organisation permet
aux 6 000 dockers une spécialisation et un rendement qui comptent parmi les
avantages du grand port.

Les transports maritimes qui ont Anvers pour point d'arrivée ou point
de départ s'exécutent essentiellement par des entreprises de navigation étrangères. La Belgique n'a pas de flotte marchande qui corresponde à l'importance
de son commerce maritime. Dans le mouvement du port, le pavillon britannique
et le pavillon allemand prenaient les trois quarts en 1913; les pavillons étrangers accaparaient 94 p. 100 en 1925, le pavillon britannique tenant de loin la

tête. Il y a, dans cette infériorité de la flotte marchande belge, quelque chose qui rappelle celle de Bruges et d'Anvers au moyen âge. Aujourd'hui comme autrefois, les Anversois interviennent dans le trafic de leur port beaucoup moins comme armateurs que comme auxiliaires et intermédiaires, comme commissionnaires en marchandises, courtiers, entrepreneurs de transports, chargeurs de bateaux, loueurs de magasins et de bureaux.

A l'entrée, les neuf dixièmes des marchandises forment des chargements complets (céréales, graines, bois, minerais); elles constituent surtout la cargaison de navires qui ne font pas un service régulier, que les armateurs louent chaque fois pour des voyages différents et qu'on appelle des *tramps*. Par contre, à la sortie, c'est par la multitude et la bonne organisation des lignes régulières qu'Anvers impose sa supériorité. Anvers étant par excellence le port d'exportation d'un arrière-pays industriel, il lui assure ces lignes régulières qui garantissent à l'expéditeur un départ certain, dans un délai toujours bref. Comme il dispose non seulement de la masse des produits belges, mais encore de l'abondance et de la variété des marchandises de son arrière-pays étranger, il attire tous les navires étrangers en quête de cargaison ou d'un complément de cargaison; l'abondance du fret crée la certitude et la rapidité du transport. Ainsi Anvers est fréquenté par cent quatre-vingt-dix lignes régulières, avec des arrivées et des départs à dates fixes, desservant tous les grands ports du monde.

IV. — LES RELATIONS CONTINENTALES D'ANVERS

Pour ses communications intérieures, Anvers dispose de trois groupes de moyens de transport : 1° le Rhin, qui le relie aux régions industrielles de l'Allemagne occidentale et à l'Alsace-Lorraine; 2° les rivières et les canaux qui l'unissent avec la Belgique et la France par l'Escaut et la Meuse; 3° les chemins de fer, qui offrent dans cette partie de l'Europe une densité de réseau extraordinaire.

Les communications d'Anvers avec l'Allemagne occidentale et la France orientale par navigation intérieure ne s'effectuent pas directement vers l'Est à travers le territoire belge; c'est par un détour, à travers les eaux intérieures de la Zélande et de la Hollande, en territoire néerlandais, que le port d'Anvers communique avec le Rhin. Les transports par bateaux d'intérieur entre Anvers et le Rhin suivent l'estuaire de l'Escaut jusqu'à Hansweert, sur la côte méridionale de Zuid Beveland. De Hansweert à Wemeldingen, ils traversent l'île de Zuid Beveland par le canal maritime à grande section ouvert en 1867, où ils trouvent un mouillage de 6 à 8 mètres avec des écluses larges de 15 mètres environ. De Wemeldingen, ils gagnent le Waal par les chenaux de l'archipel zélandais : Escaut oriental, Keeten, Krammer, Volkerak, Hollandsch Diep. Cette jonction avec le Rhin, en partie artificielle, n'a pas toujours été le chemin d'Anvers vers le Rhin; avant 1867, on suivait l'Escaut oriental, dans lequel on pénétrait par le Sloe, chenal séparant Zuid Beveland de la côte brabançonne; mais, pour construire le chemin de fer de Bergen op Zoom à Flessingue, la Hollande dut établir le barrage de Woensdrecht, qui ferma complètement le Sloe; et c'est afin de maintenir, conformément aux traités, la communication entre l'Escaut et le Rhin par les eaux intérieures, qu'elle construisit le canal de Zuid Beveland, lequel impose un trajet plus long. Mais le Rhin, même long à atteindre, constitue pour Anvers une merveilleuse voie de pénétration continentale; par lui, le port reçoit les charbons et les fers allemands, et il expédie vers l'Allemagne ou l'Alsace des minerais et des grains. Comme Amsterdam et comme Rotterdam, Anvers est un débouché du Rhin sur la mer du Nord; son trafic en provenance ou à destination du Rhin s'élève à 6 ou 8 millions de tonnes, le tiers du trafic rhénan de Rotterdam.

Anvers dispose d'un important réseau de voies d'eau pour communiquer avec son arrière-pays. Mais ces rivières et ces canaux l'unissent surtout au pays belge; ils ne se relient pas avec le réseau allemand; ils possèdent de nombreuses soudures avec le réseau français par la Meuse, la Sambre, l'Escaut, la Scarpe, la Deule et la Lys. Cependant les échanges d'Anvers avec la France par voie d'eau ne représentent guère que le quarantième de ses échanges avec la Belgique. D'Anvers, les bateaux d'intérieur partent avec des grains, des minerais, du charbon, du bois, des engrais; ils y reviennent avec des matériaux de construction, du fer et de l'acier, des phosphates, du sucre. Ces transports s'effectuent par un réseau de canaux et de rivières, qui rayonne autour d'Anvers : canal de l'Escaut à la Meuse, canal de Louvain, canal du Rupel, canal de Bruxelles à Charleroi, canal de la Dendre, Escaut, Lys. Cette disposition en étoile donne l'impression d'un système ordonné; mais, en réalité, elle ne procède pas d'un plan d'ensemble; œuvre d'un long passé, elle ne suffit plus aux besoins : ainsi les relations d'Anvers avec Liège ne disposent que d'une voie d'eau longue, hétérogène, d'un mouillage insuffisant et encombrée d'écluses (canal de jonction de l'Escaut à la Meuse, d'Anvers à Bocholt; canal de Bois-le-Duc à Maastricht; canal de Maastricht à Liège). Avec l'Allemagne, Anvers ne possède pas de communication directe par voie navigable : c'est ce qui a donné naissance au projet de canal à grande section, reliant Anvers au Rhin, qui permettrait la circulation des bateaux du Rhin et réduirait de 346 kilomètres à 183 kilomètres la distance d'Anvers au cœur de la région industrielle de Westphalie.

Privé du contact immédiat avec la Prusse par voie navigable, Anvers a accompli cette liaison par un puissant réseau ferré. Dès 1843 le chemin de fer unissait Anvers à Cologne; de nos jours, c'est par fer que s'établissent les relations les plus denses et les plus intenses entre l'Escaut et l'arrière-pays rhénan; et ce sont les voies ferrées qui acheminent vers Anvers la plus grosse partie des marchandises qui partent par les lignes régulières. Le transit par voie ferrée s'achemine sur Anvers par quatre grandes lignes : la ligne du Luxembourg, venant de Lorraine par Arlon et Namur; la ligne de la Vesdre venant d'Aix-la-Chapelle par Verviers et Liège, la ligne venant de Cologne et d'Aix par Tongres et Louvain, la ligne venant de Gladbach par Roermond et Hamont. Ce sont là les puissantes racines, sujettes d'ailleurs à des détournements de trafic par les tarifs de réseaux concurrents, qui font affluer à Anvers les sources étrangères de son activité; car, sur la totalité de son trafic, 75 p. 100 de ses importations seulement sont destinées à la Belgique; 50 p. 100 seulement de ses exportations proviennent de la Belgique.

V. — *LA VILLE D'ANVERS ET L'AGGLOMÉRATION ANVERSOISE*

La ville d'Anvers a vécu et grandi autour de son port et par lui. Ses destinées reflètent les destinées commerciales de l'Escaut : modeste avant l'arrivée du trafic maritime, populeuse quand les marchands et les marins s'y pressent.

languissante quand l'estuaire est fermé, pleine de force depuis que le trafic d'outre-mer y revient. Topographiquement, Anvers semble avoir eu pour origine un petit château, fondé sur la rive droite de l'Escaut, au confluent du ruisseau du Schyn, au milieu de marais que le flux visitait. Là fut la crique où les bateaux s'échouaient à marée basse. L'Escaut fait ici un coude brusque : c'est dans la concavité de ce coude, auprès des grandes profondeurs qui s'opposent aux bas-fonds de la rive convexe, que se fixa le port. Le contraste entre les deux rives demeure un trait remarquable du site d'Anvers; alors que, à Londres, à Glasgow, à Bordeaux, la ville s'étend des deux côtés du fleuve, Anvers occupe exclusivement la rive droite; en face, de l'autre côté du large fleuve, au delà de Tête de Flandre, commencent immédiatement les polders et les campagnes bocagères du pays de Waes.

La ville s'est développée sur la rive de l'Escaut. On découvre dans son plan la trace de deux étapes de croissance. Il y a la vieille ville, limitée actuellement vers l'Est par une ligne demi-circulaire de larges avenues, laquelle a remplacé en 1859 les remparts construits de 1540 à 1543; c'était l'enceinte de la ville à l'époque de sa splendeur. En dehors de cette ceinture de boulevards vers l'Est, il y a la ville neuve, limitée par l'enceinte de 1859. Enfin il faut ajouter à cette masse urbaine toutes les agglomérations de la grande banlieue.

La ville neuve, création du XIXe siècle, n'emplissait pas au début tout l'espace compris entre les murailles; elle l'a recouvert peu à peu complètement en englobant les deux communes de Berchem et de Borgerhout qui avaient d'abord vécu indépendantes; c'est dans cette agglomération toute jeune que se trouvent les grands espaces libres (le Parc, le Jardin Zoologique, la Pépinière), les grands édifices modernes comme les hospices, les hôpitaux, les couvents, les écoles, la Gare centrale; le long des avenues et des chaussées, s'alignent les façades des hôtels somptueux construits avec ostentation par les bourgeois enrichis. La vieille ville, au contraire, contient, dans les quartiers voisins de l'Escaut, les magnifiques souvenirs de la vie municipale, qui dominent encore la vie intense du peuple, le mouvement de la circulation, le bruit du travail quotidien; c'est la Cathédrale, dont la construction dura du XIVe au XVIIe siècle; c'est l'Hôtel de Ville, puis les anciennes maisons des corporations, les églises des quartiers, les musées, et, tout près des quais, le Steen, partie de l'ancien Château où siégea le Saint-Office espagnol; le Waterhuis avec les grandes pompes du XVIe siècle, qui alimentaient en eau les brasseries de la ville; la maison de Hesse, où l'on hébergeait au XVIe siècle les rouliers hessois qui transportaient à Anvers les marchandises allemandes. Au delà des deux villes, vers le Nord, et toujours à l'intérieur de l'enceinte, c'est enfin tout le port intérieur avec ses bassins, ses réseaux de voies ferrées, ses ports et ses écluses, ses magasins, et toute la forêt des cheminées et des mâts parmi les empilements de marchandises.

Anvers vit par son port, et c'est en fonction du port que travaillent les usines; la vie industrielle a pour soutien la vie commerciale. Sans doute Hoboken, en amont d'Anvers, possède un grand peignage de laine; et il existe dans la ville 10000 ouvriers en diamant qui taillent et polissent, comme ceux d'Amsterdam, la pierre précieuse venue du Cap. Mais la plupart des usines ne sont que des annexes du port ou des auxiliaires de la vie urbaine : chantiers de constructions navales de Hoboken, dont le plus important appartient à la société Cockerill de Seraing; usine à désargenter les plombs d'œuvre qui débarquent dans le port, usine traitant les pyrites de cuivre qui arrivent de l'étranger, ateliers de construction de machines et de chaudières, briqueteries et tuileries, savonneries, huileries, usines de torréfaction de café, raffineries de sucre, distilleries, minoteries, fabriques de biscuits, de conserves, de cigares. Anvers possède une variété d'usines qui exploitent le mouvement du port, le marché de main-d'œuvre d'une grande ville, les besoins de la consommation urbaine; mais on ne peut parler de centre industriel. Anvers est essentiellement une grande gare maritime, un entrepôt, un comptoir; on y travaille à embarquer, à débarquer, à transborder, à emballer, à déballer; on y vit beaucoup plus de commerce que de manufacture. C'est par la fonction commerciale que la ville a grandi, passant de 70 000 habitants en 1830 à 110 000 en 1860, 180 000 en 1880, 286 000 en 1900, 300 200 en 1926. Si l'on ajoute à cette population celle de Borgerhout et de Berchem, communes que seule l'administration sépare d'Anvers et qui vivent à l'intérieur des mêmes murailles, on obtient près de 400 000 âmes. Mais, hors de l'enceinte, la cité rayonne de tous côtés, vers Merxem (24 000 hab.), Deurne (23 100 hab.), Mortsel (10 700 hab.), Wilryck (13 800 hab.), Hoboken (27 800 hab.), de sorte que l'agglomération anversoise réunit plus de 480 000 habitants.

BIBLIOGRAPHIE

[ANVERS] Rapports et statistiques de la Chambre de Commerce d'Anvers et du Service du Port. — Anvers (*Le port d'*), Anvers, 1913. — Annuaire maritime du Lloyd anversois. — V. BIERKENS, Le port d'Anvers (*Bull. Soc. Neuchâteloise de Géogr.*, 1919). — E. DEISS, *Anvers et la Belgique maritime*, Paris, 1899. — A. DEMANGEON, Anvers (*Annales de Géographie*, XXVII, 1918, p. 307-339). — E. DUBOIS, Le port d'Anvers (*Rev. Quest. Scient.*, 1906). — BARON GUILLAUME, *L'Escaut depuis 1830*, Bruxelles, 1902. — E. GENS, *Histoire d'Anvers*, Anvers, 1861. — G. DE LEENER, La politique des transports en Belgique, Bruxelles, 1913. — E. ROCHET, *Description hydrographique de l'Escaut depuis son embouchure jusqu'à Anvers*, Bruxelles, 1894. — A. ROTSAERT, *L'Escaut depuis le traité de Munster*, Bruxelles, 1918. — K. WIEDENFELD, *Die nordwesteuropäischen Welthafen*, Berlin, 1903. — Nombreux articles dans les *Annales des Travaux publics de Belgique*, le *Génie Civil*, la *Revue Économique internationale* et dans les Rapports commerciaux des Agents diplomatiques et consulaires.

CHAPITRE IX

LES ASPECTS ÉCONOMIQUES DE LA VIE BELGE

Tout ce qu'on voit en Belgique dans les campagnes et dans les villes donne l'idée d'un travail intense et fécond. La multitude des hommes qui se déplacent, la masse des marchandises qu'on transporte, la densité des lieux habités, tout laisse l'impression du mouvement et de la vie. Si l'on regarde l'histoire, on reconnaît le même spectacle jusqu'à des époques lointaines du moyen âge. Une fois fixées et stables les conditions du peuplement, il semble que les entreprises humaines s'emparent de cette terre et y allument un foyer de haute civilisation. Malgré les éclipses et les défaillances, cette tradition persiste toujours, et les générations actuelles exploitent encore des vertus qui paraissent incorporées et inhérentes au sol. Dans tous les domaines de la vie économique, il y a toujours eu en ce pays des créations originales du travail, soit qu'on ait assoupli la terre et discipliné les récoltes, soit qu'on ait perfectionné dans les ateliers le métier du tissu et du fer, soit qu'on ait vaincu les forces de l'inertie et les obstacles de la distance par le génie de la circulation, soit enfin qu'on ait réussi à faire vivre sur ce coin de terre des foules si pressées que leur existence serait impossible sans le surcroît de ressources que leur donne la qualité de leur travail.

I. — L'AGRICULTURE BELGE

Peu de pays ont réussi à exploiter une aussi grande proportion de leur terre et à la maintenir en valeur. Cette entreprise de la conquête foncière remonte à l'époque où la poussée urbaine exigea des subsistances. C'est au XIIIe siècle que les défrichements et les endiguements atteignent leur maximum d'intensité; dans tout l'Ouest de la Belgique, dans la Flandre, le Brabant et le Hainaut, les landes et les bois disparaissent devant les récoltes régulières; une véritable colonisation agricole supprime les espaces déserts; sauf les grandes bruyères du Bulscampveld, et du Beverhoutsveld dont nous voyons encore les débris, elle transforme tout le pays en un champ d'exploitation. Dans la Plaine maritime, on assèche et on endigue; dès la fin du XIIe siècle, des digues entourent le Zwyn; à la fin du XIIIe, sur les bords méridionaux de l'estuaire de l'Escaut, la célèbre digue du comte Jean met une limite aux inondations marines; une défense régulière contre l'eau s'organise grâce aux *wateringues* ou associations des propriétaires de polders. On peut dire que l'aspect des campagnes de l'Ouest belge date de ces siècles déjà lointains d'intense élaboration et d'ardente conquête.

L'œuvre progressa beaucoup moins vite dans les provinces orientales, comme la Campine et l'Ardenne, plus éloignées des centres urbains et qui ont conservé jusqu'à notre époque beaucoup des traits de leur nature primitive. Mais, depuis le milieu du xixᵉ siècle, sous l'influence des jeunes foyers d'industrie et des moyens modernes de communication, leur transformation s'accomplit dans le sens d'une exploitation moins extensive et plus rationnelle. De vastes étendues de terrains vagues, plus de 160 000 hectares, appartenaient encore vers cette époque aux communes, qui les utilisaient à peine; une loi de 1847 permit à l'État de laisser aliéner ces biens qui n'étaient pas mis en valeur et de les vendre à des particuliers; beaucoup de bruyères ont ainsi disparu, incorporées au domaine cultivé. D'autres ont été boisées, la forêt étant considérée comme d'un meilleur revenu que de mauvais champs. Depuis le milieu du xixᵉ siècle jusqu'en 1910, la superficie des forêts belges a passé de 485 000 à 521 000 hectares, l'accroissement ayant porté essentiellement sur la Campine et l'Ardenne; les plantations récentes de résineux composent les quatre cinquièmes des bois de la Campine. Aussi l'étendue des terrains incultes en Belgique a diminué de plus de moitié depuis 1850; elle représente actuellement 6,5 p. 100 du territoire total; la proportion dépasse encore 10 p. 100 dans les provinces ardennaises et campinoises (Limbourg, 16; Anvers, 13; Luxembourg, 12); elle atteint même des chiffres plus élevés pour certains arrondissements (Maaseyck, 30,6; Bastogne, 24,3; Turnhout, 20,3); mais, dans l'Ouest de la Belgique, elle descend à des chiffres parfois si bas qu'il semble que toute la terre soit devenue le domaine de l'homme (Namur, 3,6; Flandre occidentale, 1,6; Flandre orientale, 1,2; Hainaut, 0,6; Brabant, 0,3).

Sur la terre cultivée, l'emprise du travail humain se traduit comme une conquête, presque comme une création. Cette empreinte est l'un des traits de la figure historique de la Flandre. Les bois n'y couvrent plus que 4,4 p. 100 du territoire en Flandre orientale, 3,7 en Flandre occidentale. C'est elle qui la première, pour nourrir ses villes, renonça à faire reposer la terre. Faire produire la jachère est une invention flamande, et c'est de la Flandre que les autres nations l'apprirent. Cet effort constant, imposé aux champs, eût été impossible sans l'usage répété des engrais; en Flandre comme en Chine, la recherche des engrais a toujours été le souci du cultivateur. Dans son curieux livre sur les Pays-Bas, Kohl nous montre les gens du pays de Waes achetant et faisant venir de Hollande par bateau les cendres de tourbe de Rotterdam et d'Amsterdam, les vases recueillies le long des estuaires de Zélande; dans les grandes villes de Flandre, c'était un métier de recueillir les ordures et de les expédier vers le pays de Waes; les connaisseurs faisaient une distinction entre le fumier d'Anvers et le fumier de Bruxelles, entre celui de Gand et celui de Bruges; à chaque nuance correspondait un emploi particulier. Pour satisfaire à la consommation d'une population très dense, les mêmes cultivateurs ont réussi, grâce à une ingénieuse combinaison, à accroître artificiellement l'étendue du sol exploité; sur presque le tiers de chaque domaine, on produit deux récoltes par an : c'est le système des cultures dérobées, qui consiste, sur les champs laissés libres par le seigle, à semer des navets et à les récolter la même année. Cette pratique, ancienne dans la Flandre, mit à la disposition des cultivateurs une abondante alimentation pour le bétail, puis, par voie de conséquence, de grandes quantités de fumier; elle explique la richesse en récoltes et en animaux de ces campagnes plantureuses, si bien pourvues que l'étranger vient s'adresser à elles; on voit au XVIIe siècle des bœufs maigres transportés de Danemark en Flandre, et réexpédiés après engraissement. L'art de traiter et d'enrichir la terre est une tradition flamande.

Chose remarquable, ces pratiques, générales dans la Flandre, ne s'étendirent guère au delà de ses limites. Ses exemples ou plutôt ses méthodes ne furent adoptés dans le reste de la Belgique que très tard, sous l'influence de la révolution industrielle du XIXe siècle. L'esprit de l'agriculture flamande pénètre alors toute l'agriculture belge. Pour l'emploi des engrais commerciaux, guano, superphosphates, potasse, scories Thomas, nitrates, la Belgique se tient parmi les premières des nations agricoles, et par l'intensité de la production elle tient la tête. Les plaines du Hainaut, du Brabant, de la Hesbaye ont maintenant dépassé pour la technique agricole les plaines des Flandres. Même dans l'Ardenne, les méthodes nouvelles s'appliquent à la préparation du sol et à l'entretien des pâtures; mais elles n'ont pas encore vaincu toutes les vieilles pratiques chères aux villageois; on y voit toujours les fumiers rangés le long de la route devant les portes, et le purin, si précieusement recueilli dans les Flandres, s'écouler au ruisseau.

Dans un pays aussi petit que la Belgique, on ne remarque pas d'uniformité dans le paysage agricole. La note dominante, c'est la variété de l'utilisation du sol. On chercherait vainement la monotonie que donne à de vastes surfaces la vigne en France, l'herbage en Grande-Bretagne, le blé en Hongrie. Les aspects locaux se succèdent, révélant la richesse des aptitudes agricoles; partout la terre assouplie se prête aux combinaisons de cultures. Dans le Bas-Luxembourg, aux vieilles céréales de l'assolement triennal, le blé et l'avoine, s'associent les plantations d'arbres fruitiers autour des villages. Sur les hautes terres de l'Ardenne, la pâture et la forêt jouent leur rôle à côté de l'avoine et des pommes de terre. Les plaines de grande culture de la Belgique moyenne unissent le froment et la betterave à sucre. Dans les Flandres, le tapis agricole se déroule bigarré et divers : herbe drue des polders, champs de seigle, de pommes de terre et de raves, morceaux de terre cultivés comme des jardins, avec du lin, du tabac, de la chicorée et du houblon. Cette variété de produits rend les régions solidaires l'une de l'autre et préserve leur originalité native (fig. 33).

Malgré la persistance de ces tempéraments régionaux, l'influence du marché universel tend à rendre la production plus uniforme. Comme dans toute l'Europe occidentale, textiles et oléagineux ont reculé devant leurs rivaux étrangers; les céréales à pain cèdent peu à peu du terrain. De 283 000 hectares en 1866, le blé était descendu à 148 000 en 1925; le seigle lui-même, de 289 000 à 231 000. Par contre, toutes les cultures qui contribuent à l'alimentation du bétail, céréales, plantes racines, plantes fourragères, prairies et pâtures se développent. Sur 100 hectares de terre cultivée, la Belgique nourrit maintenant quatre-vingt-douze bêtes à cornes et soixante-quatre porcs au lieu de quarante et quinze vers 1840; à ne considérer que le nombre de têtes, ce progrès paraît modeste; mais, si l'on veut le mesurer par l'accroissement du poids de la viande et du rendement en lait, il faut le doubler. Beaucoup d'animaux, jadis bêtes de travail, sont devenus bêtes de rente; depuis 1895 les laiteries coopératives se sont multipliées, et le paysan belge livre au marché d'énormes poids de beurre.

L'agriculture belge travaille surtout pour le marché national, pour une population ouvrière de forte densité. Peu de produits agricoles sortent du pays pour l'étranger : des chevaux de gros trait vers l'Allemagne et la France, des pommes de terre de primeur, de la chicorée et du sucre, un peu de viande de porc et de beurre, des fruits de serre et des plantes de luxe. Au contraire, malgré le caractère intensif de sa production, la Belgique ne pourrait pas se nourrir sans les importations étrangères; elle doit acheter du blé aux pays de la mer

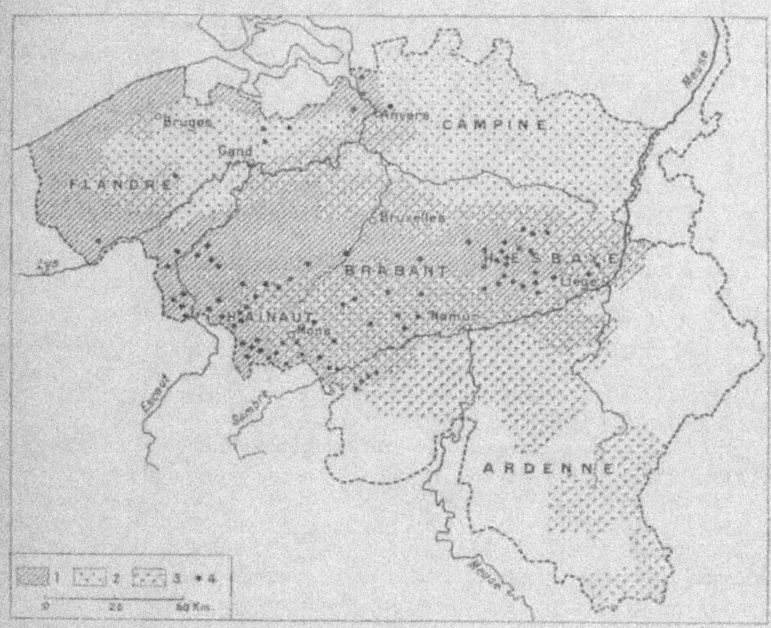

FIG. 33. — Carte agricole de la Belgique, d'après MICHOTTE.
Culture prédominante : 1, de blé; 2, de seigle, 3, d'avoine. — 4, Principales sucreries.

Noire et de la Plata ainsi qu'à l'Inde et à l'Amérique du Nord; l'étranger lui fournissait 55 p. 100 de ce qu'elle consommait de blé en 1881-1890, 80 p. 100 aujourd'hui. Ni l'orge ni l'avoine du pays ne suffisent à ses besoins. Malgré leur aménagement rationnel, les forêts ne fournissent que 10 p. 100 du bois nécessaire. Pour alimenter les usines, la récolte de lin belge ne représente qu'une mesquine contribution. Il faut acheter également à l'étranger de la viande, du beurre, du fromage, des œufs; chaque année, la Belgique paie pour ces achats de grosses sommes aux Pays-Bas, sans parler des autres fournisseurs d'Europe et d'Amérique.

Par tous ces traits de l'économie agricole de la Belgique, on a l'impression que, malgré l'intensité de sa production, ce n'est pas le travail des champs qui domine dans l'existence du pays. La Belgique est essentiellement un pays industriel.

II. — L'INDUSTRIE BELGE

De longue date la vie industrielle foisonne sur le sol belge. Elle a eu plusieurs phases et a revêtu plusieurs formes. Au moyen âge, les villes flamandes et brabançonnes devinrent de grandes cités ouvrières dont les marchés s'étendaient à toute l'Europe. Cette concentration urbaine représente la première forme de la civilisation industrielle : les ouvriers travaillent à l'intérieur des villes.

Mais, vers la fin du xve et le début du xvie siècle, on voit s'établir une nouvelle répartition de l'industrie, qui domine jusqu'au milieu du xixe; pour échapper aux cadres étroits de la vie corporative et aux conditions onéreuses de l'existence urbaine, les métiers se répandirent dans les campagnes; les travailleurs de l'industrie devinrent des ruraux; les marchands en gros, qui dirigeaient la production, pouvaient ainsi disposer d'une abondante main-d'œuvre à bon marché. Les métiers pullulèrent à tel point dans certaines régions qu'on peut dire du milieu villageois qu'il fut profondément industrialisé; toute la Flandre formait un immense atelier.

A la fin du xviiie siècle, il y avait en Belgique deux groupes industriels : le groupe métallurgique de Wallonie et le groupe textile de Flandre et de Brabant; on peut y joindre le petit groupe lainier qui, ayant émigré de Liége vers le milieu du xviie siècle, s'était installé dans les campagnes de Verviers. Dans la Wallonie, hauts fourneaux et forges, martinets et fonderies se dispersaient le long des vallées, à proximité des forêts; des milliers de cloutiers travaillaient dans le Hainaut et autour de Liége, des armuriers autour de Liége, des couteliers autour de Namur. Dans le Brabant et dans les Flandres, les campagnes renfermaient des dizaines de milliers de dentellières; plus de 300 000 personnes filaient et tissaient le lin. Le pays produisait alors presque toutes ses matières premières, le fer et le lin. Mais déjà ces industries vivaient dans une étroite dépendance vis-à-vis des marchés étrangers; sans l'exportation, tous ces petits ateliers fussent tombés dans la misère. Pour ses toiles, ses dentelles, ses fils, ses draps, comme pour ses clous, ses fers en barres et ses couteaux, la Belgique trouvait des clients en France, en Espagne, en Russie; les commerçants hollandais et britanniques lui servaient alors d'intermédiaires. Toute extension du marché favorisait la production industrielle : la Belgique trouva certains avantages économiques à son union momentanée avec la France durant la Révolution et l'Empire.

Sur ces racines anciennes et vivaces, une industrie nouvelle vint se greffer, lorsque commença le règne du charbon. Le caractère de la production belge changea. Sa grande originalité ne consiste plus, comme autrefois, dans la manufacture des étoffes, mais plutôt dans la fabrication des produits lourds issus de matières minérales : coke et briquettes, poutrelles, rails et tôles, ciments, produits réfractaires, verrerie, zinc. Actuellement 160 000 ouvriers travaillent dans les mines de charbon, 7 000 dans les fabriques de coke et d'agglomérés, 36 000 dans la production du fer et de l'acier, 100 000 dans les constructions métalliques, 6 400 dans les mines de zinc, 26 000 dans la verrerie, 26 000 dans les industries céramiques, 38 000 dans les produits chimiques : au total, presque trois fois plus que dans les industries textiles (fig. 34). A la différence de la France, même dans l'industrie textile, la Belgique produit relativement peu d'articles de grande valeur; elle s'adonne surtout à la fabrication d'articles demi-ouvrés, fils de laine, fils de lin, fils de soie, qui sont les matières premières d'autres industries et qu'elle exporte. D'une manière générale, la Belgique produit plutôt en masse qu'en valeur. Une tonne de marchandise exportée représente une valeur quatre fois moindre en Belgique qu'en France.

Disséminée partout grâce aux moyens de communication, l'économie industrielle pénètre toute la structure du pays; elle ne se concentre pas seulement

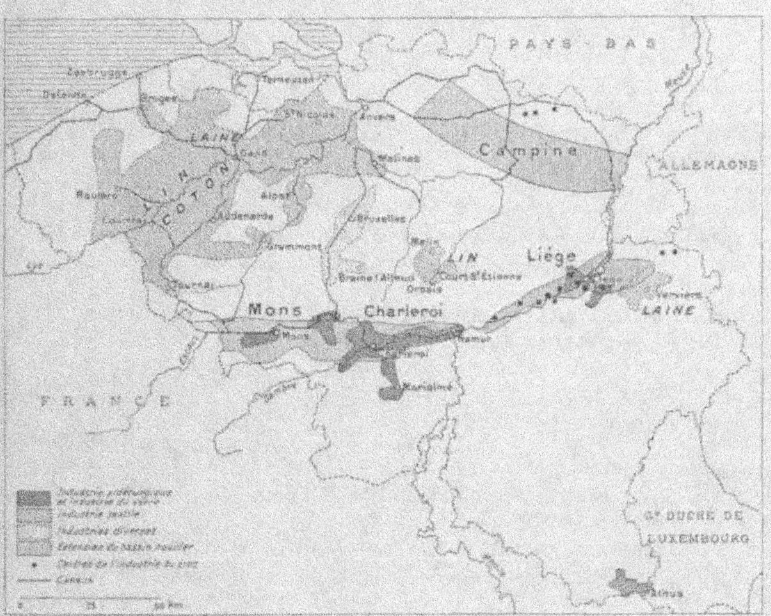

Fig. 34. — Carte industrielle de la Belgique, d'après MICHOTTE.

auprès de ses anciens foyers de l'Ouest et auprès des bassins houillers; elle circule, elle se fixe dans la moindre ville. Alors que de 1850 à 1900 la population belge s'accroissait de 50 p. 100, la population industrielle doublait. L'intérêt du pays entier se tourne vers l'industrie. Dans l'ensemble des portefeuilles belges, les titres industriels et commerciaux atteignent la proportion de 30 p. 100; en France, de 15 p. 100 seulement. La vitalité de l'industrie belge est telle que, malgré les terribles désastres de la Guerre, elle s'est vite relevée; dès la fin de 1920, la production mensuelle de fonte et d'acier avait atteint les deux tiers de celle de 1913, et l'exportation des produits fabriqués, les trois quarts. En 1925, les chiffres d'avant la guerre étaient dépassés. Cette rapidité de reconstitution révèle une rare adaptation au travail industriel et comme le retour à une habitude.

L'industrialisation de la Belgique lui crée dans le milieu international une place qui ressemble à celle de la Grande-Bretagne : elle ne peut vivre sans le marché universel. Non seulement elle dépend de l'étranger pour son pain quotidien, mais elle ne trouve chez elle presque rien comme matières premières, sauf le charbon; elle achète au dehors lin, laine, coton, minerais de fer et de zinc, bois, caoutchouc. Matières brutes et produits demi-ouvrés représentent 55 p. 100 de ses importations totales. Si les produits alimentaires lui viennent de Roumanie, du Brésil, de l'Argentine, des Pays-Bas, des États-Unis, d'Espagne, d'Italie et de France, les matières textiles arrivent d'Australie, de Russie, de l'Inde, de l'Argentine, de Grande-Bretagne, et les matières minérales d'Espagne, de France, d'Australie, d'Italie, du Brésil, de l'Inde. Par tous ces transports, elle forme un maillon dans la chaîne du trafic universel.

En échange des vivres et des matières premières de l'étranger, la Belgique doit vendre les produits de son industrie. L'exportation est une condition vitale de son économie; tandis que la France exporte le septième de sa production industrielle, et la Grande-Bretagne, le quart, la Belgique en exporte le tiers; normalement, la verrerie vend à l'étranger les neuf dixièmes de sa fabrication, la métallurgie, plus des deux tiers, l'industrie textile, plus de la moitié. Sans la clientèle de l'étranger, la main-d'œuvre belge manquerait de travail; sans elle il n'y aurait pas de contre-partie pour solder les achats de nourriture et de matériaux bruts. La Belgique appartient à un type de civilisation éminemment européen : des masses d'hommes vivant sur une terre qui ne peut plus les nourrir, produisant pour le monde entier des articles où s'incorpore leur travail, et recevant, en retour, leur pain quotidien.

III. — LA CIRCULATION EN BELGIQUE

Une vie industrielle comme celle de la Belgique ne s'accommode ni de cantonnement ni de stagnation; il faut que les filets de circulation locale se relient aux grandes artères de mouvement général. Aucun pays ne l'égale pour le réseau des communications intérieures. Elle fut le premier pays de l'Europe continentale qui établit un chemin de fer : la ligne de Bruxelles à Malines en 1835, prolongée jusqu'à Anvers en 1836. La liaison par voie ferrée était un fait accompli entre Anvers et Gand en 1837, entre Gand et Ostende par Bruges en 1838, entre Bruxelles et Mons en 1841, entre Liége et Verviers en 1843. La longueur du réseau ferré passait de 578 kilomètres en 1845 à 2 305 kilomètres en 1865, à 4 417 kilomètres en 1885, et 4 895 kilomètres en 1921. On n'aurait aucune idée exacte du réseau ferré de Belgique, si l'on n'ajoutait à ces voies d'intérêt général le réseau des chemins de fer vicinaux construits à bon marché, à l'écartement d'un mètre presque toujours, qui font pénétrer la circulation générale jusqu'au fond des campagnes. Les premiers « vicinaux », unissant Ostende à Nieuport, Anvers à Hoogstraeten, datent de 1885; on en comptait 315 kilomètres en 1887, 1840 en 1900, 4 377 en 1924. Ce nombre ajouté au réseau d'intérêt général donne pour la Belgique un total d'environ 9 200 kilomètres, ce qui représente une densité, nulle part égalée dans le monde, de 30 kilomètres de voies ferrées pour 100 kilomètres carrés; la Grande-Bretagne n'en a que 13, la France, 10.

Cette densité de voies ferrées rend les déplacements faciles, et même les sollicite; le pays laisse l'impression d'une grande ville dont tous les quartiers seraient desservis par des trains nombreux et rapides. Ces services réalisent l'union intime de la campagne et de la ville; ils maintiennent à la campagne une foule d'ouvriers, qui laissent leur foyer le matin pour l'usine et le chantier, et qui le regagnent chaque soir; ils entretiennent ce trait de démographie éminemment belge : l'habitat rural d'une masse de prolétaires industriels. Cette vulgarisation de la voie ferrée a limité l'attraction tentaculaire de trop vastes cités où s'engloutiraient les hommes; elle a sauvé jusqu'à présent le lien bienfaisant qui attache l'ouvrier à la terre. Aussi l. trafic par chemin de fer offre pour un si petit pays un mouvement colossal; de 1880 à 1921, le nombre des voyageurs transportés par les chemins de fer de l'État belge s'est élevé de 48 à 240 millions (260 avec les Compagnies) : ce qui donne annuellement vingt-cinq voyages par habitant contre sept en 1880. Quant au poids des marchandises, il passait de 18 à 88 millions de tonnes : expression de l'intensité grandissante des transports industriels. Sur les chemins de fer vicinaux, près de 213 millions de voyageurs ont circulé en 1924.

Le chevelu de la circulation intérieure s'entrecroise avec les lignes de la circulation internationale, car la Belgique se trouve sur le passage de plusieurs grands courants de transit européen. Dès 1843 s'ouvrait la voie ferrée d'Anvers à Cologne. On établissait en 1855 la liaison Anvers-Rotterdam; en 1859 les liaisons Bruxelles-Luxembourg et Bruxelles-Lille. Peu à peu le réseau s'équipait pour la traversée des services internationaux entre la Grande-Bretagne et l'Europe centrale, entre l'Europe centrale et la France. On peut dire que la Belgique est une « plaque tournante » pour la ligne de Londres à Berlin par Ostende, Bruxelles et Cologne, la ligne de Londres à Constantinople par Ostende, Bruxelles, Cologne et Francfort, la ligne de Londres à Bâle par Luxembourg, la ligne de Paris à Amsterdam par Bruxelles, la ligne de Paris à Berlin par Liège, la ligne de Londres à Cologne par Calais et Liège. Tout ce mouvement international, joint aux lignes de marchandises qui unissent la Rhénanie à Anvers, apporte aux chemins de fer belges de précieux bénéfices et au pays tout entier cette atmosphère universelle si propice aux grandes affaires.

Les transports par eau, surtout dans l'Ouest de la Belgique, appartiennent depuis très longtemps aux habitudes les plus familières du pays. Dans ces plaines où les faîtes de partage sont rarement des obstacles entre les bassins, les voies d'eau sont aussi anciennes que la vie industrielle. On sait que la Flandre possédait dès le XIIIᵉ siècle un réseau de canaux. Entre la mer du Nord, la frontière française et l'Escaut, il n'existe point de ville flamande qui n'ait son port de canal ou de rivière.

Le pays wallon est moins bien partagé; par la disposition de son réseau hydrographique, il s'écarte, en quelque sorte, du reste de la Belgique; la Sambre et la Meuse naissent en France; la Meuse trahit bientôt la Belgique pour les Pays-Bas. Entre le bassin de la Meuse et le bassin de l'Escaut, aucune communication naturelle ne traverse le Hainaut, le Brabant et la Campine. Il fallut joindre artificiellement le bassin houiller et métallurgique aux grandes villes de l'Ouest et à Anvers. Cette jonction s'effectue maintenant par trois routes : 1⁰ le canal de Charleroi à Mons (encore inachevé en 1927), avec une série de quatre ascenseurs qui rachètent entre la Louvière et Thieu une dénivellation de 66 mètres; 2⁰ le canal de Charleroi à Bruxelles, passant sous le tunnel de Godarville; 3⁰ le canal de Liège à Anvers, formé par l'ajustement de plusieurs branches d'autres canaux. De ces trois routes, la troisième, seule liaison existante entre Liège et Anvers, possède le plus gros trafic; avec sa circulation de 2 500 000 tonnes à 3 000 000 selon les tronçons, il représente une activité trois fois plus grande que les deux autres réunis; mais cette circulation se fait au prix d'un long détour et de grandes lenteurs; Liége proteste contre l'insuffisance de ses communications avec Anvers.

Malgré ses imperfections, ce réseau navigable est l'un des plus denses qui existent : 7 km. 5 de voies d'eau pour 100 kilomètres carrés (Allemagne, 2 ; Angleterre, 3,5 ; France, 3,7). Il exécute 45 p. 100 des transports intérieurs de marchandises; le réseau ferré, 55 p. 100. Son rôle ne cesse de s'accroître, puisqu'en 1880 il n'effectuait que le tiers du total de ces transports. Il s'accroît de tous les progrès que fait l'économie industrielle. Ce qu'il transporte le prouve : houille et coke, 28 p. 100 ; matériaux de construction, 18 ; produits agricoles, 17,5 ; produits industriels, 12. A elles seules ces quatre classes de marchandises fournissent les trois quarts du trafic total; elles sont par excellence celles d'une grande agglomération industrielle. La batellerie belge, qui trouve chez elle un fret abondant, exporte ses services; ses 12 000 « mariniers » ne se contentent pas de leur clientèle nationale; on les voit pénétrer à l'étranger sur tous les chemins accessibles, en Hollande, en Allemagne et en France. Les voies d'eau appartiennent, comme les voies de fer, à l'État belge; elles ne sont pas leurs rivales, mais plutôt leurs collaboratrices.

Sans contact avec la mer, un pays industriel ne jouit pas avec plénitude des avantages de son travail. La Belgique possède sur la mer du Nord 67 kilomètres de côtes et surtout l'estuaire de l'Escaut. Cette étroite façade n'attire pas seulement le commerce belge, mais encore le commerce d'un arrière-pays continental pour lequel cet accès à la mer représente la route la plus courte. De là, la valeur de la Belgique comme pays de transit international; à deux époques de sa lointaine histoire, elle connut la richesse que donne ce rôle d'intermédiaire : à l'époque de Bruges, du XIIe au XVe siècle, et à l'époque d'Anvers, du XVe au XVIIe siècle. Elle l'a retrouvée de nos jours de nouveau avec Anvers, dont les importations contiennent un tiers de marchandises destinées et réexportées à l'étranger et dont les exportations contiennent la moitié de marchandises qui ne proviennent pas de Belgique; ce transit par Anvers représentait annuellement en 1911-1913 une valeur de près de 1 500 millions de francs et un poids de 4 100 000 tonnes, et en 1919-1921 une valeur de 2 900 millions de francs et un poids de 2 700 000 tonnes. D'autre part, Anvers est le grand port national, puisqu'il concentre presque les neuf dixièmes du mouvement maritime de la Belgique. Mais les Belges ont voulu multiplier leurs points de contact avec la mer; plusieurs voies artificielles amènent les navires de mer jusque sous les murs des villes de l'intérieur : à Bruges par le canal qui aboutit à Zeebrugge (10 km. 2), à Gand par le canal de Terneuzen (17 km. 5 en Belgique), à Bruxelles par le canal de Bruxelles au Rupel (27 km. 9).

Par un paradoxe étonnant, ce commerce maritime, nécessaire à toute l'économie belge, n'appartient pas aux Belges. Ceux-ci ne sont ni des marins, ni des armateurs; ils confient leurs transports maritimes à des étrangers et surtout aux Anglais. La flotte marchande belge n'avait encore en 1850 que 161 navires jaugeant 35 000 tonneaux; la volonté de l'accroître n'a réussi à lui donner en 1924 que 183 navires jaugeant 375 885 tonneaux; cette flotte ne représente que le dixième du mouvement total des ports belges. Dépendante du tonnage étranger, la Belgique perd ainsi le bénéfice des sommes énormes qu'elle verse aux autres pour ses transports; elle perd le bénéfice des constructions navales, car plus des deux tiers de sa flotte ont été construits à l'étranger. De plus, avec leurs compagnies de navigation, les étrangers ont introduit en Belgique leurs maisons d'exportation; il en résulte qu'une partie du commerce extérieur du pays se fait par l'intermédiaire de firmes étrangères, que ces maisons de commission accaparent les rapports avec la clientèle et que beaucoup de marchandises belges arrivent sur les marchés d'outre-mer pour ainsi dire dénationalisées. S'il est vrai que la marchandise suit le pavillon, l'industrie belge souffre de n'être pas desservie par le pavillon national.

IV. — *LES ÉCHANGES ET LES RELATIONS DE LA BELGIQUE*

Malgré la petitesse de son territoire, la Belgique se range parmi les grandes nations commerciales. Son commerce extérieur représentait en 1831 une somme de 45 francs par habitant, de 520 francs en 1910; elle se plaçait ainsi non loin de la Grande-Bretagne (555 fr.), mais bien avant l'Allemagne (240), la France (230), la Russie (40). Cette comparaison, établie en livres sterling pour l'année 1923, place la Belgique (£ 26 par habitant) après le Royaume-Uni (38), la Suisse (38), les Pays-Bas (39), mais avant la France (15) et l'Italie (6). Au point de vue absolu, elle fait un total de commerce extérieur qui dépasse en valeur celui de pays plus grands et plus peuplés, comme l'Espagne, la Pologne, le Brésil, la Roumanie.

On peut dire que par leur orientation les échanges de la Belgique sont universels, puisqu'elle a des rapports commerciaux avec plus de quatre-vingt-dix pays. Parmi ses clients et ses fournisseurs, on peut distinguer deux groupes : d'une part les pays à structure économique simple et d'autre part les pays d'un haut degré d'organisation économique. Les premiers vendent des matières premières et des vivres, et achètent des objets manufacturés; le Brésil envoie son café, la Roumanie et l'Argentine, leurs céréales; le Chili achète du matériel de chemin de fer et de tramways; le Brésil et l'Inde, des produits métallurgiques; mais ces relations n'ont pas, sauf avec l'Argentine, une grande extension; même au Congo, sa colonie, la Belgique ne fait qu'un peu plus de la moitié du commerce extérieur.

C'est avec les pays plus évolués économiquement, avec les États-Unis et surtout avec ses voisins, que la Belgique entretient ses relations les plus solides : 21 p. 100 de son commerce extérieur avec la France, 5,8 p. 100 avec l'Allemagne d'après-guerre, 17,6 p. 100 avec la Grande-Bretagne, 11,5 avec les Pays-Bas, soit plus de la moitié avec ses voisins immédiats (10 p. 100 avec les États-Unis). Des Pays-Bas, pays agricole et colonial, la Belgique reçoit du bétail, du beurre et du fromage, des grains, des œufs, des épices, du cacao, du tabac; elle leur envoie des produits manufacturés tels que fils et tissus, machines et matériel roulant. La Belgique représente le cinquième du commerce d'exportation de la France, qui lui vend des vins, des articles façonnés en acier, des tissus de laine et de soie, des objets de luxe, des articles de mode, des fruits, du lin, du minerai de fer et même de la houille. La France achète à la Belgique de la houille, des machines, des articles de fer, de zinc et de plomb, de la verrerie, des machines, des tissus, des fils. Ainsi se révèle la structure économique de la Belgique, évoluée et compliquée, orientée cependant vers certains groupes particuliers de fabrication, d'autant plus incapable de

se soutenir seule et sans relations étrangères qu'elle souffre de la petitesse de
son marché intérieur.

Toute la fortune belge n'a pas la Belgique seule pour domicile. Énergie que
l'exiguïté du territoire national ne peut pas contenir, elle s'expatrie; elle fonde
à l'étranger des entreprises, elle en soutient d'autres qui sont pour elle de nouvelles sources de revenus. On trouve les capitaux belges surtout dans les entreprises de transport : tramways en Italie, en Espagne, en France; chemins de
fer en Argentine, au Brésil, en Chine; puis dans les mines en Espagne, en France,
en Algérie, en Roumanie, en Russie, en Chine; dans les entreprises d'éclairage
électrique, de distribution d'eau en Europe et en Amérique du Sud; dans les
sociétés immobilières s'occupant de l'exploitation des pays neufs et des terres
coloniales en Argentine, en Égypte, au Canada, à Java, au Congo. Ces placements à l'étranger profitent largement à l'économie nationale; ils recrutent
des commandes pour l'industrie, les entreprises belges ayant tendance à faire
appel au matériel belge; ils amènent en Belgique, comme paiement d'intérêts,
des marchandises dont l'entrepôt et le marché se fixent à Anvers; ils contribuent à rétablir la balance commerciale du pays, déficitaire puisque les importations dépassent les exportations d'environ 35 p. 100. Ces opérations belges à
l'étranger présentent souvent un caractère international; on voit les capitaux
belges s'associer aux néerlandais à Java, aux anglais et aux français en Chine et
au Canada, aux français en Amérique du Sud et au Congo. On évaluait en 1923
à plus du tiers de la fortune industrielle de la Belgique ces capitaux exportés
(plus de 3 700 millions de francs, valeur au cours), plus de la moitié absorbée
par des entreprises de transport. Géographiquement, ils se répartissent entre
l'Europe (43 p. 100), l'Amérique latine (28 p. 100), l'Extrême-Orient (8 p. 100)
et l'Afrique.

Le Congo belge.— En Afrique, c'est surtout au Congo que se placent
les capitaux belges. Malgré l'existence de nombreuses entreprises étrangères,
c'est aux intérêts belges que la mise en valeur de la colonie tend à donner la
prépondérance. La Belgique devint, un peu malgré elle, une puissance coloniale;
elle le dut à la volonté opiniâtre et clairvoyante de son souverain Léopold II,
auquel les Puissances européennes attribuèrent en 1885 la souveraineté personnelle de l'« État indépendant du Congo »; il réussit en 1907 à faire accepter par
son Parlement l'annexion de cette grande colonie africaine à la Belgique. En
1919, elle s'agrandissait des territoires du Rouanda et de l'Ouroundi (54 000 km²)
enlevés à l'Allemagne par la Société des Nations. Le Congo a gagné sa cause
devant l'opinion belge; il progresse par l'effort belge, et la Belgique elle-même
tire profit de ses progrès.

Sur cet énorme territoire de plus de 2 350 000 kilomètres carrés, peuplé
d'environ 7 730 000 indigènes, le nombre des Européens passait de 2 760 en 1907
à 12 795 en 1925 (dont 7 770 Belges). Appuyée sur un réseau homogène de voies
fluviales et de voies ferrées se relayant les unes les autres, toute l'économie du
pays subit une évolution profonde et irrésistible. Longtemps confinée jusque
vers 1910 dans les produits de cueillette (caoutchouc de forêt et ivoire), elle
abandonne peu à peu ces modes rudimentaires d'exploitation pour les mines et
les plantations. En 1922, le cuivre du Katanga représentait presque la moitié
de la valeur des exportations, et l'on y voyait figurer aussi, à côté des diamants

et du radium, le café, le cacao, le coton et même le caoutchouc de plantation. Aux importations on constate le recul de l'alcool et des armes à feu devant les tissus, le sel et l'outillage. Dans ce commerce extérieur, la Belgique se fait une place prépondérante : 56 p. 100 des importations et 47 p. 100 des exportations (en valeur). Cette jeune colonie d'une petite nation européenne apparaît comme la plus puissante et la mieux outillée des colonies tropicales d'Afrique, comme la création de l'esprit d'entreprise qui fait la force d'Anvers et qui pénètre toute la vie économique de la Belgique.

V. — LA POPULATION DE LA BELGIQUE

La Belgique est un petit pays (30 441 kilomètres carrés) avec beaucoup d'hommes (7 811 876 habitants en 1926). Depuis longtemps on la connaît comme une terre où la plante humaine croît et multiplie. Sans remonter trop loin dans le passé, nous savons que la population s'accrut énormément durant la seconde moitié du xviiie siècle; la Flandre seule monta de 800 000 habitants en 1781 à 1 000 000 en 1801; elle connut alors une hausse étonnante des fermages, puis une crise terrible de paupérisme. Moins rapide au xixe siècle, ce mouvement de progression n'a pas cessé; tous les recensements révèlent une plus-value.

1830	3 785 000	1876	5 336 185
1836	3 927 901	1899	6 069 321
1846	4 337 196	1900	6 693 548
1856	4 529 560	1914	7 684 492
1866	4 827 833	1926	7 811 876

Depuis un siècle, la population belge a doublé; c'est un accroissement pareil à celui de l'Allemagne, mais inférieur à celui du Royaume-Uni, qui a triplé. Cet accroissement provient de l'excédent des naissances sur les décès, qui est d'environ 1 p. 100 par an. Mais cet excédent tend à dépendre chaque jour davantage de la diminution de la mortalité beaucoup plus que de l'augmentation de la natalité. De 1830 à 1925, le taux des décès a baissé de 25,3 p. 1 000 à 13; le taux des naissances, de 32,3 p. 1 000 à 19,7. La natalité baisse en Belgique; elle semble refléter cet état de civilisation où la vulgarisation du bien-être limite la fécondité des mariages. Cette diminution des naissances porte beaucoup plus sur les provinces wallonnes que sur les provinces flamandes, le maximum de natalité (30,5 p. 1 000) se trouvant en Limbourg, et le minimum (17 p. 100), dans le Hainaut.

L'existence de cette nombreuse population sur un territoire exigu se traduit par d'énormes densités au kilomètre carré. La densité pour toute la Belgique a passé de 128 en 1830 à 257 en 1926; elle dépasse le Royaume-Uni (144), l'Italie (124), l'Allemagne (123), la France (74); mais elle n'est que de peu supérieure à l'Angleterre seule (239). On n'en peut mesurer le caractère qu'en distinguant les inégalités régionales : elle reste modeste dans les pays de sable et de hautes terres, Luxembourg (52), Namur (96), Limbourg (125); mais elle s'élève à des proportions étonnantes dans la Flandre orientale (272), Liège (300), le Hainaut (327), Anvers (367), la Flandre orientale (375), le Brabant (475). Cette multiplicité des hommes frappe beaucoup les étrangers qui voyagent en Belgique; elle apparaît dans le pullulement des petites maisons des campagnes et l'extraordinaire mouvement de la circulation (fig. 35).

La grande originalité du peuplement de la Belgique reste encore la densité de la population rurale. L'aisance de la circulation permet à des multitudes d'ouvriers industriels d'habiter la campagne. Le bon marché des abonnements et la multiplicité des services jettent tous les jours dans les trains une armée de travailleurs qui laissent chaque matin leur village, et y reviennent le soir; leurs innombrables maisons de briques, semées le long des chemins ou rassemblées en villages, donnent aux campagnes l'aspect de fourmilières. Les campagnes ravitaillent les villes, les usines et les chantiers en main-d'œuvre; près de 500 000 ouvriers sont ainsi en migration constante. Il faut ajouter à ces ouvriers industriels les ouvriers agricoles qui partent pour la saison dans les pays de grande culture de Belgique et de France, ainsi que ceux qui passent la frontière pour aller travailler dans la région de Lille et de Maubeuge. Beaucoup de Belges s'établissent définitivement en France : en 1921 on en comptait 415 000, qui vivaient surtout dans les départements situés au Nord de la Seine; il en est qui s'installent comme fermiers et même comme propriétaires fonciers dans les campagnes françaises désertées.

Les ouvriers qui habitent la campagne belge y travaillent aussi pour la plupart. On évalue à plus de 500 000 le nombre des petites exploitations inférieures à un hectare insuffisantes à faire vivre leur occupant s'il n'a pas un salaire comme appoint. Territorialement, elles couvrent au total un faible espace; mais socialement elles jouent par leur multiplicité un grand rôle ; elles constituent une masse laborieuse où, malgré l'attraction de l'industrie, se recrutent et se renouvellent les éléments de la classe agricole.

Socialement la Belgique est un pays de petits cultivateurs : les exploitations de 1 à 5 hectares composent les deux tiers du nombre total, et celles de 5 à 15, le quart. L'extrême subdivision de la terre distingue les provinces du Nord et de l'Ouest; la moyenne des exploitations agricoles ne dépasse guère 3 ha. 5 dans la Flandre occidentale, 2 ha. 5 dans la Flandre orientale. Pour rencontrer un régime dominant de grandes exploitations, il faut aller en certaines régions comme les polders, la Hesbaye, le Condroz, le Hainaut limoneux. En Belgique, les exploitations de 15 à 50 hectares ne forment que 7 p. 100 du nombre total; celles de plus de 50 hectares, 1 p. 100; à elles toutes, elles couvrent les deux cinquièmes de l'étendue agricole. Quant aux fermes de plus de 150 hectares, elles sont peu nombreuses en Belgique, beaucoup moins par exemple que dans l'Est de l'Allemagne et le Nord de la France (Pl. XVII, B, XIX et XX).

A la différence de la France, où domine le faire-valoir direct, la terre cultivée en Belgique n'appartient que pour une faible proportion à ceux qui la cultivent. Depuis longtemps les capitaux issus de l'industrie et du commerce s'emparent du sol; le rayonnement des fortunes urbaines pénètre toutes les campagnes. Le paysan propriétaire n'est pas, comme en France, l'élément caractéristique de la société rurale; il ne joue un grand rôle que dans le Sud du pays wallon; sur 100 hectares de sol cultivé, la culture directe en détient 60 dans le Bas-Luxembourg et 76 dans l'Ardenne. Mais, d'une manière générale, 70 p. 100 du sol belge est cultivé par des fermiers : proportion bien dépassée en Grande-Bretagne, mais inférieure à celle des Pays-Bas (49) et de l'Allemagne (12). Le faire-valoir indirect, c'est-à-dire l'exploitation du sol par des fermiers locataires, s'étend à 53 p. 100 des terres dans la Campine, 67 dans le Condroz, 70 à 75 dans les plaines limoneuses, 83 sur le sable des Flandres, 85 dans les polders. Ces conditions agraires reflètent les conditions sociales d'un pays tout imprégné de vie urbaine.

La sève urbaine a monté très tôt de cette terre que traversaient, dès le haut moyen âge, les grands courants de la circulation européenne. Pirenne fait remarquer que les documents les plus anciens donnent aux premières villes de Belgique deux noms caractéristiques : « ils les appellent *portus* (ports), c'est-à-dire débarcadères, ou *emporia*, c'est-à-dire entrepôts ». Elles naissent de relations commer-

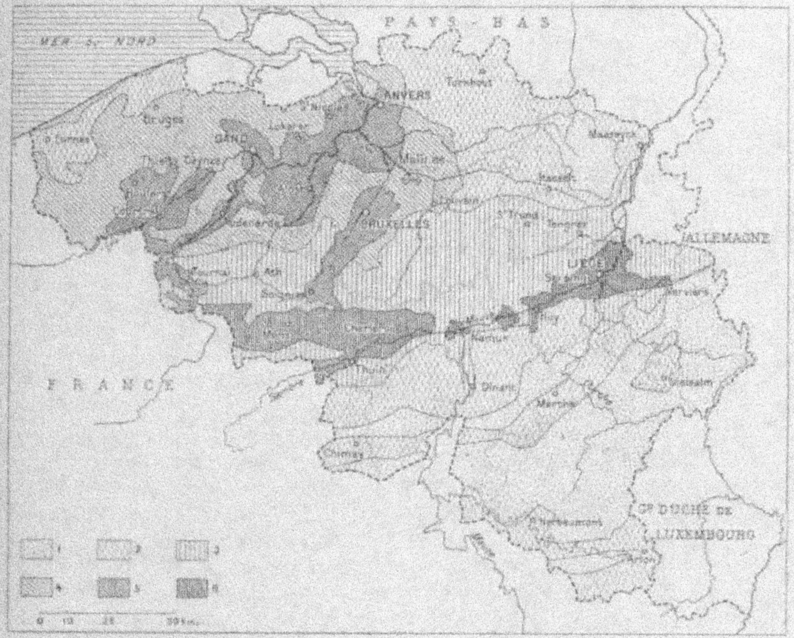

Fig. 35. — Carte de la densité des habitations en Belgique, d'après M.-A. Lefèvre.
1, De 0 à 10 maisons par kilomètre carré; 2, De 11 à 25; 3, De 11 à 50; 4, De 26 à 50; 5, De 51 à 250; 6, Plus de 100.
Cette carte équivaut à peu près à une carte de la densité de la population. On voit les fortes densités de la région industrielle, de l'agglomération bruxelloise et de la région flamande.

ciales, les unes sur un estuaire à marée, comme Bruges, Nieuport et Anvers, les autres au confluent de deux rivières, comme Gand, Liége et Namur, d'autres sur des rivières navigables, comme Malines, d'autres, comme Louvain et Bruxelles, sur la grande route de Cologne à la Flandre. A la différence des villes italiennes et de beaucoup de villes françaises qui existaient déjà à l'époque romaine, presque toutes les villes belges datent du moyen âge. Si Tongres et Tournai, comme Cambrai, étaient des centres romains, toutes les autres, les grandes, appartiennent au moyen âge : Gand, Ypres, Bruxelles, Louvain, Malines, Liége; elles sont les fruits merveilleux d'une civilisation matérielle formée en un grand carrefour de routes. Guichardin écrivait au xvi° siècle que toute la Flandre n'était qu'une ville continue; en 1526, la proportion de la population urbaine dans le Brabant était de 35 p. 100, chiffre extraordinaire pour l'époque. La force et la fortune du pays se concentrent dans les villes. Tout ce qui est œuvre princière nous apparaît presque modeste auprès de tout ce qui est œuvre communale. Que sont les vieux châteaux des comtes et des ducs auprès des monuments magnifiques élevés par les villes? D'un bout à l'autre des Pays-Bas, presque chaque cité mit son orgueil dans les deux édifices somptueux, hôtel de ville et cathédrale, qui évoquent encore à nos yeux la gloire de son passé; nous les admirons toujours, non seulement dans les capitales comme Bruxelles, Louvain et Bruges, mais encore dans les cités secondaires, comme Audenarde, Ypres, Tournai.

Un vent desséchant souffla sur cette fleur urbaine à partir du XVIIe siècle : c'est l'époque où les métiers, abandonnant le séjour confiné des villes, se répandent dans les campagnes. Les gros bourgs, les gros villages pullulent, mais les villes déclinent; Anvers tombe de 100 000 habitants au milieu du XVIe siècle à 57 000 en 1645. A la fin du XVIIIe siècle, la vie urbaine refleurit à peine; on ne compte que 80 000 habitants à Bruxelles, 56 000 à Gand, 62 000 à Anvers, 18 000 à Louvain, 10 000 à Verviers. Mais, avec la révolution industrielle, toutes les villes entrent en fermentation; elles débordent au delà de leurs limites; les plus grandes s'épanouissent en agglomérations qui envahissent leur banlieue rurale. De 1850 à 1910, la population des quatre grandes villes, Bruxelles, Anvers, Gand et Liége, triple. Leurs faubourgs deviennent des villes : Schaerbeek, 1 800 habitants en 1830, 109 640 en 1926; Hoboken, 2 630 en 1856, 27 800 en 1926. En 1926, la population communale s'élève à 300 300 habitants à Anvers, 214 000 à Bruxelles, 168 600 à Liége, 164 000 à Gand. De 1830 à nos jours, Charleroi et Châtelet quintuplent. Dans toute la Belgique, on compte 103 villes de plus de 10 000 habitants; les deux tiers de la population belge vivent dans les villes; cette proportion n'atteint pas celle de Grande-Bretagne (les trois quarts), parce qu'un grand nombre d'ouvriers belges habitent la campagne; mais la civilisation urbaine, avec tout ce qu'elle comporte de services en commun et de relations anastomosées, pénètre tout le pays; en 1922, plus de 6 millions d'habitants étaient desservis par les réseaux de distribution d'électricité. L'esprit urbain se répand dans toute la vie sociale. Non seulement il s'exprime par la puissance des corporations et des associations, par la grandeur des manifestations collectives, mais encore par certaines formes de l'organisation politique; les communes belges demeurent des personnes morales, fortes et vivaces, auxquelles l'État ne dispute pas leurs droits, comme en France; l'autonomie communale s'exerce dans de grandes entreprises : transports en commun, distributions d'eau, services du gaz et de l'électricité, où l'initiative municipale garde toute sa prépondérance. La liberté municipale reste en Belgique l'un des traits originaux de la vie nationale (Pl. XVIII et XXIV).

BIBLIOGRAPHIE

Cartographie de la Belgique : 1° Carte de la Belgique à l'échelle de 1 : 20 000, en couleurs, 427 planchettes. — 2° Carte de la Belgique à l'échelle de 1 : 40 000, en couleurs ou en noir, 72 feuilles. — 3° Carte de la Belgique à l'échelle de 1 : 100 000, en couleurs, 26 feuilles. — 4° Carte de la Belgique à l'échelle de 1 : 160 000, en couleurs ou en noir, 6 feuilles. — Toutes ces cartes donnent l'hypsométrie en courbes. Elles sont exécutées et publiées par l'Institut Cartographique Militaire à la Cambre (Bruxelles). Enfin il existe deux excellentes cartes géologiques, l'une à 1 : 40 000 (226 feuilles), l'autre à 1 : 160 000 (12 feuilles).

En Belgique, le zéro adopté par l'Institut Cartographique Militaire est le niveau moyen des basses mers aux vives eaux ordinaires à Ostende; il se trouve ainsi à 2 m. 13 au-dessous du niveau moyen de la mer et à 0 m. 1665 au-dessus du zéro des nivellements de l'Administration des Ponts et Chaussées.

[BELGIQUE] *Patria Belgica*, Encyclopédie nationale publiée sous la direction de E. VAN BEMMEL, Bruxelles, 1873-1875, 3 vol. in-8°. — [BELGIQUE] Conférences faites au VIe congrès international d'expansion commerciale, Bruxelles, 1913. — *La Renaissance économique de la Belgique*, 12 fascicules, Bruxelles, 1918. — *Annuaire statistique de la Belgique*. Ministère de l'Intérieur. Bruxelles. Annuel. — [BELGIQUE] *Tableau annuel du Commerce*. Bruxelles. Annuel. — [BELGIQUE] *Recensement agricole*. Ministère de l'Agriculture. Bruxelles. — L. HOCHSTEYN, *Dictionnaire des communes de Belgique*. Bruxelles, 1898, 5 vol. — F. KRAENTZEL, *Géographie de la Belgique*, Bruxelles, 1909. — J. HALKIN, *Géographie de la Belgique*, Namur, 1923. — E. PROST, *La Belgique agricole, industrielle et commerciale*, Paris, 1904. — E. VAN BEMMEL, *La Belgique illustrée*, Bruxelles, 2 vol., s. d. — DUMONT-WILDEN, *La Belgique illustrée*, Paris, 1910. — CAMILLE LEMONNIER, *La Belgique*, Bruxelles, 1905.

Statistique de la Belgique. Agriculture. Recensement général de 1910, Bruxelles, 4 vol., 1913-1920. — J. FROST, *Agrarverfassung in Belgien*, Berlin, 1909. — DE LAVELEYE, *Essai sur l'économie rurale de la Belgique*, Paris, 2e éd., 1875. — B. SEEBOHM-ROWNTREE, *Land and Labour ; lessons from Belgium*, Londres, 1910. — E. VANDERVELDE, *La propriété foncière en Belgique*, Paris, 1900.

Les industries à domicile en Belgique, Bruxelles, 1899-1904, 7 vol. — [BELGIQUE] *Monographies industrielles*. Ministère de l'Industrie. 10 fascicules, 1903-1911. — H. GEHRIG, *Belgiens Volkswirtschaft*, Leipzig, 1918. — J. LEWINSKI, *L'évolution industrielle de la Belgique*, Bruxelles, 1911. — Nombreux articles dans la *Revue Économique Internationale*. — [BELGIQUE] *Recensement de l'industrie et du commerce (1910)*. Ministère de l'Industrie. Bruxelles, 1921. — L. DECHESNE, *L'expansion économique de la Belgique*, Bruxelles, 1909. — A. DEICHMANN, *Die Binnen-Wasserstrassen Belgiens*, Bruxelles, 1917. — A. DELMER, *Le mouvement des combustibles minéraux sur les voies navigables belges*, Bruxelles, 1919. — O. KAYSER, *Die belgischen Kleinbahnen*, Berlin, 1911. — E. MAHAIM, *Les abonnements d'ouvriers sur les lignes de chemin de fer belges*, Bruxelles, 1910.

[BELGIQUE] Ministère de l'Intérieur. *Relevé officiel du chiffre de la population du royaume au 31 décembre 1925*. — H. DEMAIN, *Les migrations ouvrières à travers la Belgique*, Louvain, 1919. — J. DE DEVENTER, *Atlas des villes de Belgique au XVIe siècle*, Bruxelles. — M.-A. LEFÈVRE, *L'habitat rural en Belgique*, Liège, 1925. — RUTTEN, *La population belge depuis 1830*, Louvain, 1895. — E. VANDERVELDE, *L'exode rural et le retour aux champs*, Paris, 1903.

TROISIÈME PARTIE

CHAPITRE X

LE GRAND-DUCHÉ DE LUXEMBOURG

I. — LA FORMATION TERRITORIALE

Pressé entre ses trois grands voisins, la France, la Belgique et l'Allemagne, le Grand-Duché de Luxembourg nous apparaît comme un témoin de l'histoire sur la frontière de deux civilisations ; il appartient à la « marche » où, durant des siècles, l'influence française et l'influence germanique s'opposèrent front à front. Échappé à l'absorption, il constitue aujourd'hui un État indépendant, plus petit que la province de Liége et moitié moins grand que le département français des Ardennes.

L'histoire nous montre le Luxembourg disputé entre ses puissants voisins à cause de sa situation géographique : au Sud des âpres et froids plateaux de l'Ardenne, il ouvre un passage entre les pays de la Moselle et les pays de la Meuse. Sur ce passage lui-même, la nature offrait un site de défense redoutable : le plateau rocheux, limité de trois côtés par les profonds ravins de l'Alzette et de la Pétrusse ; c'est cette forteresse naturelle de Luxembourg, gardienne d'une grande route, qui fut l'origine du groupement territorial auquel elle a donné son nom.

Dès l'époque romaine, la région où devait naître le Luxembourg était un centre de colonisation ; deux voies romaines s'y rencontraient : l'une de Reims à Trèves par Arlon, l'autre de Metz à Trèves par Thionville et Dalheim ; là, sur les bords de la Moselle, fut fondée Trèves, *Augusta Trevirorum* ; la vallée abritait dès domaines cultivés ; on a retrouvé à Nennig, en face de Remich, les restes d'une belle villa. Au IIIe siècle, les Romains avaient déjà construit sur le rocher de l'Alzette un fort qui occupait l'emplacement même de Luxembourg.

Pendant tout le moyen âge, le pays s'oriente vers l'influence allemande ; en 887, il passe avec la Lorraine sous la domination germanique ; en 925 il devient un fief impérial délégué à des ducs impériaux. A la fin du Xe siècle, l'un d'eux, ayant construit un château fort au confluent de l'Alzette et de la Pétrusse, fonde la seigneurie de Luxembourg, qu'on érige en comté au XIIe siècle. A partir de 1288, les destinées du comté se confondent avec les destinées de l'Empire germanique. Plusieurs comtes s'élèvent même à la suprême dignité impériale, et l'un d'eux transforme en 1354 le comté en un duché indépendant.

Mais, cette puissante maison de Luxembourg s'étant éteinte, le pays passe en 1443 aux mains de Philippe le Bon, duc de Bourgogne. Alors se dessine une orientation nouvelle. Le Luxembourg glisse sur le théâtre de la politique occidentale; incorporé aux États bourguignons, comme l'ensemble des Pays-Bas, il entre dans le domaine disputé où la France cherche à gagner du terrain et à pousser ses frontières. Sous Charles-Quint, les Français s'emparent deux fois du duché. Sous Louis XIV, au traité des Pyrénées, ils y mordent et en détachent Montmédy et Thion-ville. En 1684, ils l'absorbent tout entier : Vauban fortifie Luxembourg, qu'il considère comme une porte de la Lorraine sur la route de Paris. Mais en 1697 la France doit rendre cette conquête à l'Espagne. Pendant la Révolution, les Français réoccupent Luxembourg et annexent en 1795 le duché, qui devient le département des Forêts. Le Luxembourg demeure français pendant près de vingt ans jusqu'en 1814.

Après 1814, la balance oscille de nouveau, et l'influence germanique reprend pied. Les Alliés, voulant ouvrir les frontières de la France, lui enlèvent Luxembourg. On retranche du duché toute la partie orientale pour la donner à la Prusse,

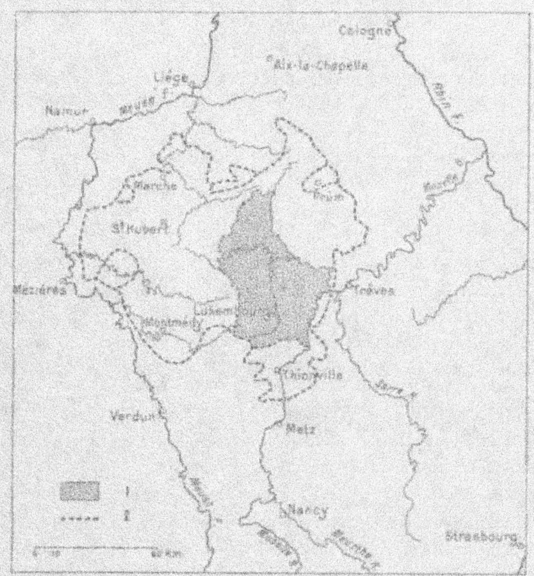

Fig. 36. — L'extension du duché de Luxembourg.
1, Territoire actuel; 2, Limites du duché à la fin du XVᵉ siècle.

qui veut assurer ses communications entre Aix-la-Chapelle et Trèves. On érige en grand-duché ce qui reste du Luxembourg, et, malgré l'éloignement de la Hollande, on le remet en toute propriété à la dynastie d'Orange-Nassau, souveraine des Pays-Bas. L'intention hostile à la France se marque par l'incorporation du nouvel État dans la Confédération germanique : à ce titre, Luxembourg, devenue forteresse fédérale, reçoit une garnison prussienne pour les trois quarts. Mais cet arrangement lui-même devient caduc par le fait de la révolution qui sépare la Belgique des Pays-Bas. Impatient du contrôle prussien, le Grand-Duché se rallie à la cause belge. Du traité de Londres (1839) qui règle les rapports de la Belgique et des Pays-Bas, il sort mutilé encore; tout son quartier wallon passe à la Belgique; il y forme la province de Luxembourg, entièrement détachée de la Confédération germanique. Restent trois districts : Luxembourg, Diekirch et Grevenmacher, qui forment le Grand-Duché actuel et qui gardent alors leur statut de 1815 : propriété personnelle du roi des Pays-Bas et dépendance de la Confédération germanique (fig. 36).

Un dernier changement devait s'accomplir dans la situation politique du Grand-Duché. La Confédération germanique s'étant dissoute en 1866 à la suite de la victoire de la Prusse sur l'Autriche, l'Europe intervint pour régler le sort du petit État; la France aurait voulu l'annexer, mais la Prusse s'y opposait. Par la convention de Londres de 1867, la France abandonna ses espérances; la Prusse évacua Luxembourg; on ordonna le démantèlement de la forteresse; on déclara le Grand-Duché État neutre et indépendant. A la mort de Guillaume III, roi des Pays-Bas, dernier représentant de la maison d'Orange-Nassau (1890), l'union personnelle entre le Luxembourg et les Pays-Bas fut dissoute; depuis cette époque, il possède une dynastie séparée. Le Luxembourg forme donc un État libre, possédant en propre sa constitution et son administration; mais c'est un État minuscule. Sa faiblesse le rend incapable de résister à la force; sa neutralité ne le protégea pas en 1914 contre l'invasion des troupes allemandes. Mais son existence politique repose sur le désir de ses habitants de rester luxembourgeois, et ce droit des peuples doit être la garantie de leur indépendance.

Tel qu'il est, le Grand-Duché de Luxembourg représente à peine le quart de ce qu'il fut au temps de Charles-Quint. Il y a un Luxembourg français (Thionville, Montmédy, Damvillers, Carignan), un Luxembourg prussien (Butsingen, Bithurg, Dudersdorf), un Luxembourg belge (Arlon, Bastogne, Neufchâteau, Virton, Marche). Le Luxembourg luxembourgeois mesure 95 kilomètres du Nord au Sud, 65 kilomètres de l'Ouest à l'Est; il couvre 2 587 kilomètres carrés, territoire onze fois moins grand que la Belgique et deux cent treize fois que la France.

II. — LES CONDITIONS DE LA VIE RURALE

Géographiquement, le Luxembourg appartient à ces plateaux lorrains et ardennais que plusieurs frontières divisent, mais qui se ressemblent par leurs caractères physiques et leurs modes de vie : une assez forte altitude moyenne, 330 mètres dans le Sud, 500 mètres dans le Nord; un climat déjà continental marqué par des hivers froids (moyenne de 2° dans le Sud et de 0° dans le Nord), par des gelées printanières, par des étés chauds avec une arrière-saison lumineuse; un relief souvent accidenté; un sol assez chiche, même dans ses meilleurs terroirs, dépourvu de ces limons fertiles qui appellent la grande culture; des horizons sévères limités par les lignes sombres des bois; une nature parfois pittoresque, mais de fond austère et grave.

C'est un vieux pays d'assolement triennal, fidèle aux céréales, peu favorable aux plantes industrielles. Le colza, le chanvre et le lin eurent jadis leur place dans l'économie domestique; mais les plantes modernes comme la betterave à sucre, le tabac et la chicorée n'ont pas réussi. Les céréales occupent encore les trois cinquièmes de l'étendue cultivée, l'avoine tenant la tête (20 p. 100), bien avant le froment et le seigle. Comme dans les pays contigus, la pomme de terre se place parmi les récoltes les plus précieuses et les plus répandues; elle couvre plus de 15 000 hectares et, selon les années, produit de 1,5 à 2 millions de quintaux; le Luxembourg en consomme beaucoup, semblable aux pays allemands, à la différence des pays français où le pain domine dans l'alimentation campagnarde. Les récoltes de pommes de terre fournissent aussi leur nourriture aux porcs; avec la pomme de terre, la viande de porc donne le fond de l'alimentation du paysan luxembourgeois.

Grâce au développement des prairies et des cultures fourragères, le progrès agricole a fait évoluer l'économie rurale vers les spéculations animales, vers l'entretien des bêtes de rente. Le troupeau de moutons a diminué des trois quarts. Mais toute la fortune vient des bêtes à cornes et des porcs. Pour 100 hectares de territoire, le Luxembourg possède trente-deux bêtes à cornes (proportion dépassée en Europe seulement par la Belgique et les Pays-Bas) et trente-six porcs, chiffre qui le place avant tous les autres pays. Avec ses sept chevaux par hectare, le Luxembourg se met au rang des pays de rude labour.

Une grande originalité de l'économie luxembourgeoise consiste dans le rôle des forêts, qui couvrent le tiers du territoire. Une carte du pays donne l'aspect d'une vaste forêt trouée par des clairières. La superficie des bois avait baissé de 101 330 hectares en 1830 à 76 320 en 1865; la consommation des forges devenait un grave danger. Le coke ayant remplacé le bois dans la métallurgie, la forêt fut sauvée : elle couvre maintenant 83 000 hectares : 7 000 en résineux, 50 000 en futaies de chênes et de hêtres, 26 000 en haies à écorces. Au début du XIXe siècle, les bois, flottés sur la Moselle et le Rhin, descendaient jusqu'en Hollande; la forêt fournit toujours des bois d'œuvre et des bois à brûler; au moment de la construction des chemins de fer, on en tira des masses énormes de traverses. Le temps n'est pas encore éloigné où l'on menait les porcs à la glandée et où l'on ramassait les faînes pour l'huile. Mais la vieille coutume d'exploiter les taillis de chênes pour l'écorce persiste toujours dans l'Ardenne. A cette opération s'associe encore, le long des vallées de la Sûre, de la Wiltz, de la Clerf et de l'Our, la pratique du sartage et la culture du seigle sur les terres essartées.

Très anciennement, l'industrie de la tannerie s'était fixée parmi les vastes taillis de chênes. Le tannage chimique se substitue presque partout à l'usage du tan de chêne; mais les tanneries survivent dans le Nord du Grand-Duché, à Ettelbrück, à Echternach, à Mersch et surtout à Clervaux et à Wiltz. Peu à peu les haies à écorces se transforment en terres labourables; les petites usines se ferment; elles cèdent la place à des établissements, équipés à la moderne, qui travaillent les peaux importées.

Jusqu'au dernier quart du XIXe siècle, la métallurgie luxembourgeoise vécut de la forêt. Au XVIIe et au XVIIIe siècle, les usines à fer exploitaient les minerais superficiels de Mersch, de Bettembourg, de Mamer, de Garnich et autres lieux; elles se disséminaient dans les bois, occupant, pour dix ouvriers de fabrique, cent autres ouvriers à abattre les arbres et à préparer le charbon. Leurs fers bruts s'expédiaient vers les centres manufacturiers de Liége, de Paris, de Lyon et de Nancy; ni clouterie, ni tréfilerie, ni laminoir dans le pays; le travail du fer se bornait à l'élaboration de la matière première dans les fourneaux et les forges; il s'accomplissait dans les bois avec une main-d'œuvre rurale. De nos jours, cette industrie forestière est morte; les grosses usines métallurgiques du Grand-Duché travaillent à l'écart de la vie rurale.

Comme dans l'Ardenne belge et la Lorraine française, le paysan luxembourgeois est un petit cultivateur propriétaire; rarement l'exploitation dépasse 30 hectares. Les terres se fractionnent en une multitude de parcelles; sauf quelques domaines récents constitués d'un bloc dans les landes, il n'existe pas d'exploitations d'un seul tenant ou même un peu groupées. Dans les cantons de Clervaux et de Wiltz, la parcelle a une étendue moyenne de 35 à 40 ares; parfois l'on voit des propriétés de 50 ares divisées en cinq parcelles, et même davantage. Ces paysans, de moyens modestes, habitent de petites maisons, composées d'un seul bâtiment; sous le même toit se rangent le logis, l'étable et la grange. Rarement isolées, ces maisons s'agglomèrent en gros villages autour de l'église ou le long de la route. Les villages occupent le centre du terroir agricole, à portée des trois soles ou saisons qui partagent ce terroir en vue de l'assolement triennal.

Malgré tant de traits communs dans l'économie et les mœurs, il existe, à l'intérieur même du Luxembourg, un contraste saisissant entre deux régions naturelles; le peuple, qui sent fortement leur originalité, leur donne des noms différents : dans le Nord, pays de roches anciennes, de hauts plateaux profondément disséqués par les vallées, de terres froides et maigres semblables à l'Ardenne, c'est l'Œsling; dans le Sud, région de côtes et de plateaux étagés, constituée par des couches mésozoïques allant du grès bigarré au calcaire oolithique, et pourvue de terres plus fertiles semblables à celles des plateaux lorrains, c'est le Gutland ou Bon Pays.

III. — ŒSLING ET GUTLAND

L'Œsling ou Ardenne, avec 828 kilomètres carrés et 39 830 habitants, comprend entièrement les cantons de Clervaux et de Wiltz et, en partie, ceux de Vianden, de Diekirch et de Redange. L'aspect de haut plateau morne et froid aux larges dépressions tourbeuses avec les landes de bruyères et de genêts, les bois de conifères et les pâtures, cet aspect si particulier aux Hautes Fagnes de l'Ardenne belge, ne se continue que dans la partie septentrionale de l'Œsling luxembourgeois; il n'atteint pas Wiltz ni Clervaux. Tout le paysage change dans la partie méridionale; les rivières, la Sure, la Wiltz, la Clerf et l'Our, subitement s'encaissent sous l'appel vigoureux de la Moselle toute proche; leurs vallées sinueuses se resserrent entre des flancs escarpés et sauvages, ou bien, un peu plus larges, elles laissent se dessiner des boucles rocheuses sur lesquelles se dressent de vieux châteaux, ou bien, plus larges encore, elles ouvrent leur fond à de vertes prairies et leurs versants à d'épais bois de chênes; entre les vallées, d'étroits plateaux demeurent en saillie, qui portent les champs et les gros villages. C'est cette dissection du relief qui donne tant de beauté sauvage à ce haut Luxembourg, à ses couloirs sombres, à ses vastes perspectives de bois, à ses escarpements où campent les châteaux, à ses petites villes perchées sur leur roc (Pl. XXV).

Par opposition au bas pays plus chaud et plus fertile, l'Œsling est une terre maigre au climat rude; les rigueurs du froid parfois ruinent les récoltes ; au printemps de 1875, des gelées ayant détruit les emblavures, il fallut acheter des grains au dehors. Tout le sol ne produit pas : il subsiste de grands bois, ainsi que des landes que l'on commence à planter de résineux; dans le canton de Wiltz, les terres en culture n'occupent que deux cinquièmes de la superficie. Sur ces sols quartzeux et schisteux, froids et pauvres en calcaire, le blé vient mal. Sur 100 hectares de céréales dans le canton de Clervaux, l'avoine en prend 59, le seigle 31, le sarrasin 4, le blé 3. Les pommes de terre s'étendent sur le dixième des champs. Mais, comme dans l'Ardenne belge, le progrès agricole refoule peu à peu la pauvreté en développant l'élevage; le trèfle a conquis sa large place; dans les vallées, des canaux et des rigoles, captant les filets d'eau, irriguent de

Phot. Nels, Bruxelles.

A. — VIANDEN. LE VIEUX CHATEAU, DOMINANT LA VALLÉE DE L'OUR.

Phot. Nels, Bruxelles.

B. — MICHELSHAIDE, PRÈS DE BERDORF.
Paysage dans la petite " Suisse luxembourgeoise ".

Phot. Nels, Bruxelles.

C. — ECHTERNACH ET LA VALLÉE DE LA SURE

Phot. Nels, Bruxelles.

A. — GROUPE D'USINES MÉTALLURGIQUES, A ESCH-SUR-ALZETTE.

Phot. Champagne.

B. — LUXEMBOURG. LA VILLE HAUTE ET L'ALZETTE.

riches prairies; les bêtes à cornes se multiplient, et, comme dans les pays de montagne, la production du lait et du beurre crée l'aisance. Peu à peu, par l'effort des hommes, les différences s'atténuent entre l'Œsling et le Bon Pays.

Le Gutland ou Bon Pays, avec 1 758 kilomètres carrés et 221 800 habitants, commence dès que, les roches ardennaises ayant disparu dans les profondeurs, les reliefs s'abaissent, les vallées s'élargissent et les sols deviennent plus épais et plus meubles. Une ligne de petites villes marque le passage de l'Œsling au Gutland : Redange, Ettelbrück, Diekirch et Vianden. Comme la Lorraine, dont il rappelle les horizons, le Bon Pays se dispose en côtes et en plateaux étroits. De toutes les côtes, la plus puissante et la plus continue, formée par les grès du Lias, vient de Belgique; elle pénètre dans le Grand-Duché au Nord-Est d'Arlon; elle barre l'horizon au Sud de Redange, de Mersch et de Diekirch (fig. 7). Des vallées extrêmement pittoresques traversent ces assises de grès; celle de l'Alzette y creuse les ravins escarpés qui forment le site de Luxembourg avec ses murailles de rochers presque verticales, ses bancs de grès empilés comme de gigantesques maçonneries, ses corniches et ses promontoires. Plus belle encore aux environs d'Echternach, la même côte se dresse haute et fière au-dessus des ravins de la « Suisse luxembourgeoise ». Des blocs énormes de grès, aux formes fantastiques entassés en chaos parmi les bois, d'autres en surplomb, d'autres isolés en pans et en piliers massifs, des crevasses en précipice, des ponts naturels, des cascades, partout des forêts splendides et des eaux sauvages, tel est le paysage de grès dont on peut admirer le type le plus remarquable dans la vallée de l'Ernz Noire, aux environs de Müllertal. Mais laissons la côte et ses ravins, et montons sur les plateaux dont elle forme le bord septentrional; un tout autre paysage se découvre au Sud de Luxembourg, au delà d'Hespérange : une grande plaine ondulée avec des dépressions évasées où les ruisseaux serpentent parmi les prés; des campagnes avec de gros villages et leurs vergers, des champs sans clôtures, et des zones de bois autour de ces larges espaces cultivés.

A ces reliefs plus tranquilles correspondent des sols moins pauvres que dans l'Ardenne, plus variés aussi, sableux sur les grès du Trias et du Lias, argileux sur les marnes des mêmes étages. La proportion des terres cultivées dépasse toujours la moitié, et souvent les deux tiers de la superficie totale. Ni l'avoine, ni le seigle ne tiennent la tête dans l'assolement, mais le blé et le méteil. Pour le bétail, on a développé partout la culture du trèfle, de la luzerne, des choux, des betteraves, des pommes de terre. Et le bétail lui-même, mieux nourri et plus nombreux que dans l'Œsling, rend plus de services et donne plus de bénéfices. Peu de moutons, tandis que l'Œsling en conserve beaucoup sur ses landes. Sept fois plus de chevaux que dans l'Œsling, à surface égale; tandis qu'on laboure souvent encore en Œsling avec des vaches, on travaille les terres lourdes de la plaine avec des chevaux. Grâce à l'emploi des écrémeuses centrifuges et à l'extension des coopératives, on fabrique de grandes quantités de beurre pour les marchés urbains et industriels. Le Bon Pays entretient quatre fois plus de porcs que l'Œsling : chaque ferme en tire l'un de ses meilleurs revenus; on rencontre partout leurs troupeaux qu'un berger et son chien conduisent à la pâture.

De nature moins rude et de climat plus doux, le Bon Pays accueille déjà des plantes délicates qui ont besoin de soleil. Aucune ferme qui n'ait son verger de pommiers, de poiriers, de pruniers et surtout de cerisiers; autour de Beaufort à l'Ouest d'Echternach et autour de Trintange à l'Ouest de Remich, le paysan distille un kirsch fameux. Autour de Beaufort, on fait des récoltes de petits pois et de haricots verts que des usines mettent en conserve. A ces vergers et à ces jardins, on peut joindre les roseraies des environs de Luxembourg, dont les plants s'exportent par millions. Mais la notion de Bon Pays éclate surtout sur les bords de la Moselle; le long de cette large vallée qui forme la frontière du pays sur 34 kilomètres depuis Schengen jusqu'à Wasserbillig, il semble qu'une bande de lumière et de soleil pénètre parmi les horizons forestiers. Les vergers se pressent autour des villages, et la vigne s'étale sur les coteaux. On la voit s'avancer dans la vallée de la Sure jusqu'à Echternach et même le long de l'Our jusqu'à Vianden; mais elle a pour domaine de prédilection la vallée de la Moselle; elle s'étend sur 1 670 hectares dans les cantons de Remich et de Grevenmacher; localement, sur les versants bien exposés, elle représente l'unique fortune de certains villages, de Wormeldange, de Wellenstein, de Remerschen. Certains crus donnent des vins blancs fort estimés, dont on fait des vins mousseux vendus comme « champagne ». Malheureusement, dans ces vignobles fort aventurés vers le Nord, les vendanges ont des caprices excessifs : 8 500 hectolitres en 1879 et 129 500 en 1875, 27 000 en 1906, 142 000 en 1908 et 136 470 en 1924.

IV. — *LE PAYS DU FER*

Dans le Sud du Grand-Duché, le long de la frontière française de Lorraine, un pays industriel, tout jeune, s'est créé auprès des mines de fer. Le minerai de fer affleure ici dans le flanc des côtes, de ces côtes qui continuent en territoire luxembourgeois les côtes lorraines de la Moselle. Trois vallées les entaillent profondément (Dudelange, Rumelange, Alzette) et les décomposent en longs promontoires que festonnent des ravins : ces affleurements multipliés ont permis d'exploiter en grand le minerai, par des carrières ou des galeries à flanc de coteau, à partir de 1874. La puissance de la formation ferrugineuse atteint 50 m. 80 près d'Esch, 37 m. 70 près de Rumelange, 23 mètres près de Dudelange; le minerai, d'une teneur moyenne comme en Lorraine (36 à 40 p. 100) contient un peu de phosphore. L'extraction, facilitée par les conditions de gisement, a passé de 772 000 tonnes en 1868 à 7 333 000 tonnes en 1913 et 6 672 000 tonnes en 1925[1]. A cette allure, le gisement s'épuise vite. Aussi les maîtres de forges, afin de ménager les réserves, font appel aux minerais lorrains. La moitié du minerai extrait est utilisée sur place; le reste s'exporte surtout vers la Belgique.

Sur ces gisements de minerai, s'est établie la métallurgie luxembourgeoise qui forme avec la métallurgie lorraine un seul et même groupe économique, l'un des plus puissants d'Europe. L'essor date de l'introduction des procédés Thomas de déphosphoration dans l'usine de Dudelange en 1886; le nombre des hauts fourneaux monte à 28 en 1900 (970 885 t. de fonte), à 46 en 1913 (2 547 860 t. de fonte); pendant la guerre, la production se tint entre 1 260 000 tonnes et 1 950 000 tonnes; elle s'abaissa à 617 000 tonnes en 1919, pour remonter à 2 157 000 tonnes en 1924 (avec 34 hauts fourneaux). L'évolution de cette sidérurgie présente un trait fort remarquable depuis 1886 : le développement des aciéries. Elle transformait en acier un quinzième de sa fonte en 1886, un cinquième en 1891, la moitié en 1913, la quasi-totalité en 1922; cette évolution

---

1. Moyennes décennales d'extraction : 1871-1880, 1 368 000 tonnes; 1881-1890, 2 708 000; 1891-1900, 4 544 000; 1901-1910, 6 112 000; 1911-1920, 5 205 000.

due à l'influence de la métallurgie allemande fit passer la production de l'acier
luxembourgeois de 68 000 tonnes en 1886-1890, à 1 020 000 tonnes en 1910-1918
et 1 880 000 tonnes en 1924 : chiffres énormes pour ce petit pays (Pl. XXVI, A).

Géographiquement la métallurgie se concentre essentiellement sur le minerai
en sept groupes d'usines : Rodange, Differdange, Esch, Rumelange et Dudelange. Il faut y joindre Steinfort près de la frontière belge; Eich, au Nord de
Luxembourg, et Hollerich dans sa banlieue méridionale (fig. 37). De ces établissements de grosse métallurgie dépendent d'autres usines qui reçoivent d'eux

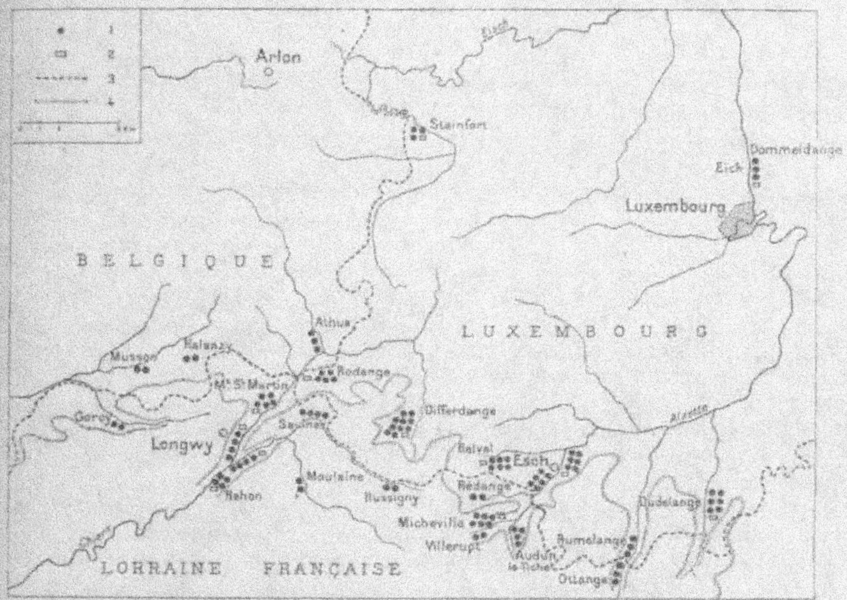

Fig. 37. — La métallurgie sur les confins de la Belgique, du Luxembourg et de la Lorraine française.
1, Hauts fourneaux; 2, Aciéries; 3, Limites d'États; 4, Affleurements des minerais de fer.

leurs matières premières ou travaillent pour eux : fonderies à Dudelange,
Hollerich et Dommeldange, ateliers de construction métallique aux mêmes lieux,
clouterie à Bissen, cimenteries à Esch et à Dommeldange. Cette industrie luxembourgeoise se heurte aux mêmes difficultés que l'industrie lorraine; elle est
tributaire de l'Allemagne et de la Belgique pour le coke et la houille; elle
manque de voies navigables; elle ne dispose ni d'une Moselle canalisée qui la
joindrait au Rhin et à la Ruhr, ni d'un canal du Nord-Est français, qui l'unirait
à la Meuse et à l'Escaut. Enfin, trop petit consommateur d'acier, le Luxembourg
ne peut vendre qu'à l'étranger.

Cet essor de la grande industrie a bouleversé le peuplement du pays. On
comptait 7 760 ouvriers mineurs et métallurgistes en 1895, 15 000 en 1913,
13 750 en 1922. Cet afflux d'ouvriers avec leurs familles grossit démesurément les
villages et les bourgs du pied des côtes. En 1922, il y avait 7 016 habitants à

Pétange, 12 983 à Differdange, 20 437 à Esch, 4 224 à Kayl, 3 534 à Rumelange, 10 307 à Dudelange; au total, 59 501 habitants, soit 650 par kilomètre carré; à lui seul le canton d'Esch renferme près du quart de la population du Grand-Duché. La masse des ouvriers mineurs est italienne; la plupart des métallurgistes, luxembourgeois. Au cours d'une génération, ce petit coin de terre agreste et forestier a changé de face et connu l'intrusion d'une vie étrangère : au pied des côtes, les tristes habitations ouvrières rangées le long des routes, les constructions massives de la métallurgie lourde, les amas de scories; dans les côtes, sur le flanc des collines éventrées, le réseau bruyant des câbles transporteurs, des funiculaires et des chemins de fer.

V. — LA POPULATION

La population du Grand-Duché s'est accrue de 169 700 habitants en 1840 à 197 330 en 1870 et à 262 690 en 1922, ce qui donne une densité actuelle de 101 par kilomètre carré. Cet accroissement ne résulte que pour une faible part de l'excédent des naissances sur les décès. La natalité fléchit dans les campagnes, et les excédents de naissances proviennent, avant tout, de la population ouvrière du canton d'Esch. L'afflux des étrangers, surtout des Italiens, est la cause qui grossit le nombre des habitants : en 1922, le Luxembourg contenait un étranger sur 8 habitants, au total 33 436 étrangers, dont 15 500 Allemands, 6 170 Italiens, 4 335 Français et 3 695 Belges. Par contre, beaucoup de Luxembourgeois vivent, au moins pour un temps, hors de leur pays. Durant la seconde moitié du XIXe siècle, on a beaucoup émigré des cantons pauvres de l'Œsling; ruinés par les bas prix des écorces, les petits propriétaires de « haies » se sont expatriés en grand nombre pour s'établir surtout aux États-Unis. Mais c'est la France qui a toujours exercé la plus forte attraction; beaucoup de jeunes gens viennent, avant de s'établir, travailler en France, les uns dans les villes du Nord-Est, Charleville, Nancy et Reims, les autres à Paris; ils sont cochers ou domestiques. D'autres se sont fixés à Paris; on les trouve nombreux parmi les menuisiers du faubourg Saint-Antoine. Ces migrations tendent à décliner, mais on peut encore évaluer à une quarantaine de milliers le nombre des Luxembourgeois qui vivent en France.

Sauf en deux villages du canton de Wiltz, la langue populaire du Grand-Duché est partout un patois allemand. Et cependant, dans ce pays tout entier de langue germanique, le français demeure la langue officielle et administrative, le complément de toute bonne instruction. Les documents officiels sont le plus souvent rédigés dans les deux langues. Presque tout le monde connaît l'une et l'autre, aussi bien les petites gens qui ont fait un séjour en France que les gens cultivés qui aiment à lire les journaux et les livres français. Cette sorte de fidélité aux deux grandes civilisations qui se touchent sur leur territoire est, avec la religion catholique, foi de presque tous les habitants du Grand-Duché, le trait original de la personnalité et, pour ainsi dire, de la nationalité luxembourgeoise.

En dehors du bassin minier, et à l'exception de la capitale, il y a peu de villes dans le Grand-Duché. Sauf sur sa lisière méridionale, il conserve presque partout son caractère rural. A cause de l'industrie, la population atteint une densité de 348 habitants dans le canton d'Esch; les densités modestes dominent ailleurs : moins de 50 dans l'Œsling, de 55 à 75 dans le Bon Pays et, localement, 90 dans le canton de Remich, sur la Moselle. Nulle part la vie industrielle n'a formé de véritables agglomérations; elle se dissémine en petits établissements qui groupent peu d'hommes : fabriques de drap à Schleifmühle près de Luxembourg, à Esch-sur-Sure, à Larochette, tricots à Pulvermühle, filature de laine à Ettelbrück, tissage de coton à Oberpallen, tanneries à Wiltz, faïencerie à Sept Fontaines, ardoisières à Martelange et à Asselborn, grès céramiques à Wasserbillig. Même quand elles contiennent des usines, les villes demeurent de gros bourgs, vivant d'une existence calme et presque retirée.

L'Œsling possède de jolies villes pittoresques : Clervaux (Clerf) (1 020 hab.), bâtie sur un méandre de la rivière, dominée par le vieux château des comtes de Lannoy; Wiltz (3 500 hab.), centre de tanneries et de tissage de laine; Esch-sur-Sure, perchée sur un rocher sauvage au milieu d'une boucle de la rivière, auprès de son château. Au contact de l'Œsling et du Gutland, on voit se succéder Ettelbrück (3 800 hab.), jolie ville riante et fraîche au confluent de l'Alzette et de la Wark; Diekirch (3 530 hab.), encadrée de hauteurs boisées, cachée derrière ses vergers de pruniers et de cerisiers; Vianden (1 110 hab.), en un site sauvage qui domine la vallée de l'Our, toute serrée auprès de sa vieille église, de son vieux château et de son vieux pont. Enfin, auprès des grandes vallées de l'Est,

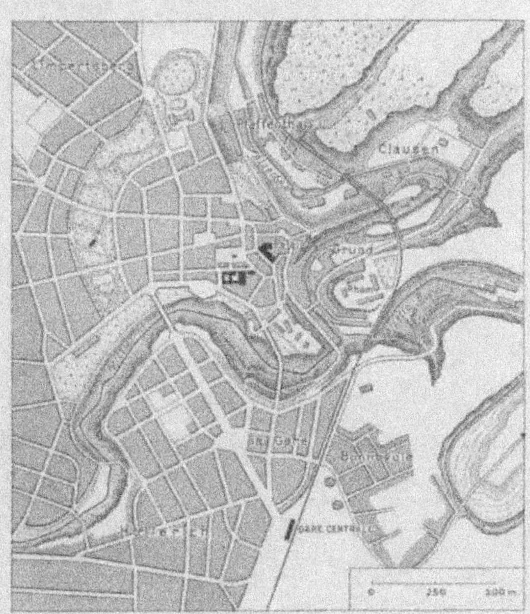

Fig. 38. — Plan et site de la ville de Luxembourg.
Échelle, 1 : 25 000.

trois autres petites cités : Echternach (3 200 hab.), sur la Sure, fondée auprès d'une abbaye bénédictine du VIIᵉ siècle, fière d'une basilique romane et d'un hôtel de ville gothique (Pl. XXV, C); Grevenmacher (2 700 hab.), sur la Moselle, centre du vignoble luxembourgeois; Remich (1 750 hab.), bourg de vignerons dans une campagne qui n'est qu'un grand jardin.

En dehors d'Esch-sur-Alzette (20 300 hab.), centre métallurgique, la seule grande ville est Luxembourg (45 500 hab.); avec la Ville haute (8 680 hab.) et ses faubourgs immédiats, La Gare, Limpertsberg, Clausen, Grund et Pfaffenthal (11 920 hab.), elle englobe maintenant plusieurs communes de sa banlieue : Eich (7 095 hab.), Hamm (1 208 hab.), Hollerich (15 543 hab.) et Rollingergrund (2 403 hab.) (fig. 38). Le site de la Ville haute, de la vieille forteresse, compte parmi les plus beaux des paysages urbains (Pl. XXVI, B) : sur la rive gauche de l'Alzette, il se détache du plateau en une étroite plate-forme rocheuse qui de trois côtés tombe à pic de plus de 60 mètres sur les ravins de l'Alzette et de la Pétrusse. Au fond de ces ravins s'étend la Ville basse avec ses trois quartiers de Pfaffenthal, de Clausen et de Grund, dont les maisons s'entassent au fond de la vallée et escaladent les versants. Sur sa plate-forme, la Ville haute fut à l'étroit tant qu'elle eut un rôle de forteresse; on ne pouvait y accéder que par l'isthme qui vers l'Ouest la rattachait au plateau. Mais, depuis le démantèlement, la ville a pris plus d'air et de liberté; à l'Ouest, on a transformé ses remparts en un parc magnifique; des ponts superbes à perspectives impressionnantes sur l'encaissement des ravins enjambent la vallée de la Pétrusse. La ville affranchie gagne de l'espace et s'étend sur la banlieue. A l'intérieur des anciens remparts, elle groupe ses monuments de capitale, la cathédrale, l'ancien hôtel de ville devenu palais grand-ducal, la Chambre des députés. Mais la vie moderne pénètre toute l'agglomération. Non seulement par ses chemins de fer la ville est un point de transit international, puisqu'elle voit s'arrêter dans sa gare les rapides d'Ostende et d'Anvers à Bâle, c'est-à-dire de Londres et d'Amsterdam au Saint-Gothard et à Milan, mais encore elle fait figure de ville industrielle appliquée à toute une variété de produits : faïencerie, ateliers de construction, fonderie de cuivre, fer, meubles en fer, brasseries, marbreries, briqueteries, scieries, tabac, draperies, teintureries, ganteries, chaussures, produits chimiques. A la lisière de l'agglomération, les grosses usines d'Eich, de Dommeldange et de Hollerich annoncent le pays du fer.

VI. — LES RELATIONS EXTÉRIEURES

Vu la petitesse de son territoire et l'intensité de sa production industrielle, le Grand-Duché ne peut pas vivre isolé. Il faut qu'il atteigne les marchés extérieurs, soit pour acheter ce qui lui manque, houille, coke, minerai, tissus, machines, tabac, peaux, denrées coloniales, soit pour vendre ce qu'il a de trop, fonte et acier, minerai, bétail, beurre, écorces, gants, cuirs. Il ne peut trouver ces marchés que chez les grandes nations dont les territoires l'étreignent. Mais il ne fut pas libre de choisir. Par la force des choses, selon que la prépondérance matérielle se trouvait à l'Est ou à l'Ouest, il dut s'orienter vers l'Est ou vers l'Ouest.

En 1914, lorsque la Grande Guerre éclatait entre les puissances centrales et les puissances occidentales, le Grand-Duché formait une véritable dépendance économique de l'Empire allemand. Depuis 1842, il appartenait à l'Union douanière allemande (Zollverein); il avait, par le même tarif douanier, ses destinées économiques liées à l'économie allemande. Ce régime avait des avantages pour le pays. Le produit des douanes attribué au Grand-Duché sur les recettes du Zollverein formait plus du quart des recettes du budget grand-ducal. Les quatre cinquièmes de son commerce extérieur se faisaient avec l'Allemagne; la monnaie courante était la monnaie allemande. Les capitaux allemands dominaient la sidérurgie. Les chemins de fer luxembourgeois, qui jusqu'en 1871 avaient été affermés à la Compagnie de l'Est française, furent rattachés en 1872 au réseau de l'Alsace-Lorraine devenue allemande, et administrés de Strasbourg. La mainmise allemande s'étendait chaque jour; brevets d'invention, sociétés d'assurances, journaux, commis-voyageurs, tout venait d'Allemagne.

La victoire des puissances occidentales en 1918 a rompu les liens économiques qui unissaient le Luxembourg au Reich. Tourné jusqu'alors vers l'Est, il dut se retourner vers l'Ouest et refaire en quelque sorte la contexture de ses attaches économiques. Le 6 avril 1922, l'union économique fut scellée avec la Belgique. C'est par la Belgique que le Luxembourg atteint maintenant le marché extérieur. Cette nouvelle orientation lui ouvre le marché d'un pays peuplé et, par Anvers, un débouché vers l'outre-mer. Même si la métallurgie luxembourgeoise ne peut écouler ses produits en Belgique, elle jouit, pour l'exportation, des mêmes tarifs de transport que la Belgique accorde à ses propres usines. Déjà le marché belge, qui depuis longtemps achetait des minerais luxembourgeois, reçoit d'autres produits du Grand-Duché : faïences, explosifs, chaussures, gants, bières, bonneterie, vêtements de confection, vins mousseux. Mais des liens étroits persistent avec la France ; de gros capitaux français sont investis dans la métallurgie luxembourgeoise ; les minerais de fer français lui arrivent en masse ; et des relations anciennes se continuent avec la Lorraine et avec l'Alsace.

BIBLIOGRAPHIE

J. Hansen, *Carte topographique du Grand-Duché de Luxembourg*, à 1:50 000, Paris, 15 feuilles — N. Wies et P. M. Siegen, *Carte géologique du Grand-Duché de Luxembourg*, Paris, 1877, 9 feuilles, 1 : 40 000. — *Geologische Übersichtskarte des Grossherzogtums Luxemburg. Zusammengestellt nach* L. van Werveke, J. Gosselet, M. Lucius, von J. A. Robert, Luxembourg, sans date, 1 : 100 000. — *Geologische Übersichtskarte des Südlichen Hälfte des Grossherzogsthums Luxemburg. Herausgegeben von der* Commission für die geologische Landesuntersuchung von Elsass-Lothringen, Strasbourg, 1866, 1 feuille, 1 : 80 000.

J. Anders, *Le Grand-Duché de Luxembourg*, Bruxelles, 1919. — J. P. Faber, *Géographie économique du Grand-Duché de Luxembourg*, Luxembourg, 1903. — L. Gallois, *Les industries métallurgiques du Luxembourg*, Paris, Comité d'Études, 1918. — Dr Glaesener, *Le Grand-Duché de Luxembourg historique et pittoresque*, Diekirch, 1885. — A. Herchen, *Géographie nationale. Le Grand-Duché de Luxembourg*, Luxembourg, 1902. — [Luxembourg] Chambre de Commerce du Grand-Duché, *Rapport général. Annuel*. — [Luxembourg] *Kurzgefasste Geologie der Luxemburger Heimat*, Luxembourg, 1916. — L. Nemry, *L'avenir économique du Grand-Duché*, Luxembourg, 1919. — D. M. Neffer, *Die landwirtschaftliche Benutzung des Grunds und Bodens in dem Grossherzogtum Luxemburg*, Bonn, 1904. — H. Pelips, *Das Luxemburger Land*, Aachen, 1895. — M. Unorkluer, *Die Entwickelungsgeschichte der Luxemburgischen Eisenindustrie im XIX. Jahrhundert*, Luxembourg, 1910. — J. Wagner, *La sidérurgie luxembourgeoise avant la découverte du gisement des minettes*, Diekirch, 1921. — Publications de l'Office de Statistique du Grand-Duché de Luxembourg, 48 fascicules en 1922.

RENSEIGNEMENTS STATISTIQUES

CANTONS	SUPERFICIE EN HECTARES	POPULATION
Luxembourg-Ville	5 129	46 709
Capellen	19 920	16 041
Esch-sur-Alzette	24 277	74 786
Luxembourg-Campagne	18 717	13 206
Mersch	22 390	12 331
Clervaux	30 234	14 140
Diekirch	23 937	17 708
Redange	26 714	12 924
Wiltz	29 432	13 318
Vianden	5 408	2 672
Echternach	18 554	11 733
Grevenmacher	21 137	15 089
Remich	12 787	11 328
Grand-Duché	258 636	261 985

QUATRIÈME PARTIE

LES PAYS-BAS

CHAPITRE XI

LES PAYS-BAS. L'ÉTAT ET LA NATION

Le royaume des Pays-Bas occupe, à l'extrémité occidentale de la plaine germanique, la région des grands estuaires du Rhin, de la Meuse et de l'Escaut. De tous les États qui se partagent les rivages continentaux de la mer du Nord, c'est lui qui possède la plus grande longueur de côtes; il prend avec la mer un contact intime. Mesurée en suivant les baies et les estuaires, la ligne des côtes s'étend sur plus de 800 kilomètres. A considérer la faible largeur de son territoire, qui permet en certains points à la frontière allemande de s'avancer à moins de 50 kilomètres du Zuiderzee, on peut dire qu'il est tout en façade sur la mer. Alors que la Belgique pénètre à l'intérieur du continent jusque dans les massifs de l'Europe centrale, les Pays-Bas ne quittent pour ainsi dire pas la mer; leurs territoires se groupent auprès d'elle; c'est comme pays maritime qu'ils ont leur principale originalité dans l'histoire de la civilisation. Sans doute, par le Limbourg, ils poussent une pointe vers le Sud jusque dans la région des grands bassins houillers; mais cette avancée représente une toute jeune excroissance. En réalité, les Pays-Bas comme État et comme nation ont leur domaine traditionnel, leur base historique, dans le monde d'estuaires, de chenaux, de baies et d'archipels qui s'étend des bouches de l'Escaut jusqu'au Dollart.

I. — LES ORIGINES DE L'ÉTAT NÉERLANDAIS

Le berceau de l'État néerlandais se trouve dans le comté de Hollande, qui naquit au moyen âge, comme ses voisins la Flandre et le Brabant, sur le passage de la grande voie internationale du Rhin. Il apparaît nettement, pour lui comme pour eux, que la vocation commerciale, issue de la position géographique, devint un principe d'avenir politique. Mais, au moment où la Flandre et le Brabant, contrées de fortune ancienne, occupent, au xive et au xve siècle, les premiers plans de la politique européenne, le comté de Hollande joue encore un rôle modeste.

Le comté de Hollande fut au xe siècle une marche maritime fondée par l'Empereur, comme l'avait été le comté de Flandre, pour contenir les raids des Normands. Longtemps il conserva une position assez faible vis-à-vis des Frisons, peuple de marins et de commerçants dont l'influence s'étendait jusqu'au delà de la Weser. Ce sont vraisemblablement les invasions marines du xiiie siècle qui, en donnant au Zuiderzee son étendue actuelle, fixèrent ses limites orientales au comté de Hollande : à la fin du xiiie siècle, il avait conquis les territoires frisons situés à l'Ouest du golfe et formant aujourd'hui la presqu'île de Nord-Hollande jusqu'à l'île de Texel. Allongé en bordure de la mer, le pays n'exploitait encore que les pêcheries de ses eaux intérieures et les pâtures de ses sables.

Mais bientôt la Hollande regarde vers le Sud, vers les contrées du Rhin et de la Meuse, qui ouvrent le chemin des pays allemands. Dès le xie siècle, les comtes prélèvent des péages sur les bateaux qui passent devant Dordrecht; à ce propos, ils doivent entrer en guerre avec les évêques d'Utrecht et de Liége. Au commencement du xiie, ils s'agrandissent aux dépens de l'évêché d'Utrecht, afin de se rapprocher du Rhin. A la fin du xiiie, ils acquièrent même, par mariage, le lointain comté de Hainaut. La vie commerciale commence à filtrer le long des rivières, le long de l'Ijsel et du Rhin. Un contact, chaque jour plus direct et plus rude, s'établit avec la Flandre, qui détient le commerce du continent avec la Grande-Bretagne; des compétitions éclatent au sujet de la maîtrise des routes. Le terrain de cette lutte, âprement disputé, s'étend à la Zélande, ce complexe d'îles et de chenaux, où se confondent les eaux et les alluvions de trois grands fleuves et où s'unissent les chemins de l'intérieur. Cette région zélandaise qui comprenait non seulement l'archipel, mais encore le territoire, tout pénétré de bras de mer, des Quatre Métiers (Axel, Hulst, Bouchaute, Assenede), fut l'objet de longues et vives disputes entre la Flandre et la Hollande. En 1157, les comtes de Hollande ayant établi à Geervliet sur l'Escaut oriental un tonlieu qui gênait les marchands flamands, le comté de Flandre leur fit une guerre heureuse et imposa sa souveraineté à la Zélande. Ce ne fut qu'au xive siècle que la Hollande put y rétablir sa domination.

Peu à peu se dégage pour le petit État hollandais la notion de l'importance commerciale de sa position géographique. Dès la fin du xiiie siècle, Dordrecht devient l'entrepôt du commerce rhénan, l'étape obligée des marchandises transportées sur la Meuse et le Rhin. Sur les côtes des estuaires et dans le Zuiderzee, la pêche du hareng prend au début du xve siècle un développement extraordinaire; l'invention hollandaise de la conservation du hareng en caque permet aux pêcheries de travailler pour l'exportation. Au lieu de recevoir du poisson salé par les navires de la Hanse, la Hollande expédie vers toute l'Europe ses barils de harengs. Par la pêche se fait l'apprentissage du métier de la mer; on voit les navires de Veere, de Brielle, de Zierikzee, d'Amsterdam s'éloigner de la mer du Nord, pénétrer dans la Baltique, disputer à la Hanse le commerce de la Russie et conquérir à la fin du xve siècle la prépondérance dans les ports allemands; au xvie siècle, la flotte hollandaise a triomphé de la flotte hanséatique et affirmé pour elle-même le principe de la liberté des mers. Blés et bois de la Baltique s'entreposent à Amsterdam, vins de France et sels du Portugal à Middelburg; les armateurs édifient de grosses fortunes; les villes hollandaises, plus jeunes que les villes de Flandre et de Brabant, commencent à en détourner le transit international. Amsterdam succèdera bientôt à Venise dans le commerce de l'Orient, à la Hanse dans le commerce européen. Comme à Anvers et à Bruges, la grandeur de cette ville et la puissance de l'État qui gravite autour d'elle n'auront pas pour base l'espace territorial, mais l'étendue des relations commerciales.

La Flandre, le Brabant et la Hollande nous apparaissent comme les produits spéciaux d'une terre riche de rapports internationaux. Tant d'intérêts commerciaux groupés sur un si petit espace, tant de relations tendues vers les mêmes destinations, tant d'hommes vivant en des villes rivales, mais attachés aux mêmes modes de travail et à la même circulation offraient des possibilités d'unification politique; rien d'étonnant à ce qu'ils aient pu se rapprocher sous la souveraineté des ducs de Bourgogne. Sous le règne de Charles-Quint, on vit s'achever l'unité politique de tous ces territoires qu'on peut appeler les Pays-Bas et s'accomplir la concentration de leurs dix-sept provinces en une sorte de « fédération monarchique », selon l'expression de Pirenne. Pourquoi le temps n'a-t-il pas scellé cette union? Pourquoi cette combinaison politique s'est-elle effondrée?

C'est que, à la fin du XVIe siècle, la religion, puissant facteur de groupement politique, entrant en jeu, vint couper en deux les Pays-Bas. Pays-Bas protestants et Pays-Bas catholiques se séparèrent, donnant naissance chacun à un État. L'opposition des sentiments religieux raviva l'opposition des intérêts régionaux, et toute chance d'unité politique disparut.

L'ensemble des Pays-Bas, héritage de Charles-Quint, passa sous la souveraineté du roi d'Espagne, Philippe II. En face du grand mouvement religieux qui agitait alors toute l'Europe, toutes les provinces ne prirent pas la même attitude. Les provinces du Nord, d'affinités et de civilisation plus germaniques, devinrent protestantes, comme la Prusse, la Suède et l'Angleterre; les provinces du Sud, plus romanisées, demeurèrent catholiques, comme la France, la Bavière et l'Autriche. Le souverain, qui était catholique, ayant pris parti contre les protestants, les provinces du Nord engagèrent contre lui une longue guerre qui dura de 1568 à 1609, d'où elles sortirent victorieuses et indépendantes sous la forme d'une république fédérale. Les provinces du Sud restèrent sous la dépendance de l'Espagne. Cette scission préparait la formation des deux États actuels, de la Belgique et des Pays-Bas.

Cette séparation abolit l'influence de tout ce que la nature et la civilisation avaient donné de commun aux deux groupes de provinces et accentua l'influence de tout ce qui existait en elles d'originalités et de capacités de différenciation. Des traits communs se marquent en effet depuis la Frise jusqu'à la Flandre : larges estuaires et bras de mer s'ouvrant vers le large; terres basses en voie de formation, menacées par l'assaut des vagues; terres mouillées qu'il faut endiguer et drainer; lisière protectrice des dunes; pâtures vertes pleines de bétail; landes sableuses couvertes de bruyère; champs féconds sur les grasses argiles; immenses tourbières donnant le combustible populaire; réseau de fossés et de canaux qui sont les artères de la circulation; mêmes paysages, même économie, même langue, même civilisation, mêmes formes de vie maritime et littorale, mêmes jeux populaires. Pour les étrangers, c'était le même pays, qu'on désigna très tôt par le trait le plus remarquable de sa géographie naturelle : Pays-Bas, Nederland, Netherlands, Niederlände. Dès le XIIIᵉ siècle, on le trouve dans les textes latins mentionné sous le nom de *Partes advallenses*, et dans les textes français, sous le nom de Pays des Avallois.

Ces traits communs, dont d'autres circonstances humaines auraient pu faire les éléments d'une unité politique stable, tendent à s'effacer sous les influences particularistes. Le Nord et le Sud, séparés l'un de l'autre, trouvent chacun chez eux des causes d'isolement à exploiter : le Nord, plus froid, plus océanique, plus insulaire; le Sud, plus abrité, plus ensoleillé, plus continental; le Nord plus jeune et le Sud plus vieux par la civilisation; le Nord très germanisé, le Sud très romanisé. Dès les débuts de leur histoire, par la fondation de l'évêché d'Utrecht, les Pays-Bas du Nord reçoivent une métropole religieuse toute germanique; au contraire, les Pays-Bas du Sud, même dans leurs parties thioises, relèvent des diocèses de Liége, de Cambrai et de Noyon, qui puisent plus directement dans la tradition gallo-romaine les sources de leur vie matérielle et spirituelle. Enfin, entre le Nord et le Sud, les intérêts sont en conflit. Tout le montre : de chaque côté du Rhin, un groupe de villes concurrentes, au Nord, Amsterdam, Leyde, Utrecht; au Sud, Bruges, Gand, Anvers, Bruxelles, Louvain; — de part et d'autre, l'existence d'un grand estuaire qui ouvre la route de l'Europe centrale, la constante rivalité des bouches du Rhin et des bouches de l'Escaut, les perpétuelles disputes pour la possession de la Zélande qui domine le passage de l'Escaut; puis, lorsque la victoire et la force appartiennent aux provinces du Nord, la Flandre zélandaise détachée des provinces du Sud, afin d'assurer la fermeture de l'Escaut au profit des provinces du Nord; et enfin, jusqu'au terme du XVIIIᵉ siècle, les efforts du Nord, couronnés de succès, pour ruiner le commerce du Sud. Ainsi put s'accomplir la dissociation définitive entre le Nord et le Sud, entre les pays néerlandais et les pays belges.

II. — LA FORMATION TERRITORIALE

L'existence des Pays-Bas, comme État indépendant, date de 1578. C'est l'année où les sept provinces protestantes du Nord des Pays-Bas brisèrent par la force le lien qui les attachait à la monarchie espagnole et s'unirent en une république fédérale. Ces sept provinces étaient la Hollande, la Zélande, Utrecht, la Gueldre, l'Over-Ijsel, la Frise et Groningue. En 1648, par les traités de Westphalie, le droit européen enregistrait officiellement l'existence de ce nouvel État. A sa naissance, il portait un nom qui le désignait avec précision : Provinces-Unies des Pays-Bas. Mais l'usage a fait prévaloir un terme moins rigoureusement exact. Le terme adopté de Pays-Bas (*Nederland*) conviendrait non seulement au groupe des provinces émancipées, mais encore à tous les bas pays des bouches du Rhin, de la Meuse et de l'Escaut. On emploie parfois encore le nom de Hollande, comme on le fit surtout au XVIIᵉ siècle, alors que la province de Hollande dominait l'État entier par sa population, sa richesse et son influence; mais ce terme restreint ne doit plus s'appliquer à l'ensemble de l'État. De nos jours, les habitants appellent communément et officiellement leur pays Pays-Bas; c'est donc ainsi qu'il est légitime de le désigner.

L'union des sept provinces ne correspondait pas à un assemblage artificiel; l'histoire l'avait depuis longtemps préparée : c'était l'ancien domaine des comtes de Hollande, augmenté du domaine sécularisé des évêques d'Utrecht. Dans le

nouvel État qui se constitua en 1578, il n'y avait d'étranger à cet agrégat historique qu'une bande de territoire le long de la Meuse, du Rhin et de l'Escaut,
enlevée au Brabant, à la Gueldre et à la Flandre. En fait, sans limites naturelles
vers le Sud, il s'arrêtait à peu près aux limites mêmes de la foi protestante. Au
contraire, vers l'Allemagne, il rencontrait une frontière naturelle : c'était cette
large zone de tourbières qui depuis des siècles avait préparé, à l'extrémité occidentale de la plaine allemande, l'isolement géographique du peuple néerlandais.

L'État néerlandais ne resta pas confiné dans ces limites originelles. Il chercha
et il réussit à empiéter vers le Sud, au delà du Rhin, sur les provinces demeurées
espagnoles, comme s'il voulait dominer les autres embouchures fluviales. Des
guerres victorieuses contre l'Espagne lui permirent d'annexer en 1629 le Brabant
septentrional; ces territoires, incorporés à l'État néerlandais sous le nom de Pays
de Généralité, n'étaient pas représentés dans les États Généraux des Provinces-
Unies; mais leur annexion introduisait une population en majorité catholique
dans un État qui était demeuré jusqu'alors purement protestant. Une autre
acquisition, faite sur l'Espagne et confirmée par le traité de Munster de 1648,
recula encore plus loin vers le Sud la frontière néerlandaise : c'était la Flandre
zélandaise, grâce à laquelle les Pays-Bas, s'établissant sur la rive méridionale
de l'Escaut, coupaient Anvers de ses communications maritimes pour le plus
grand profit d'Amsterdam (fig. 39).

C'est toujours dans la même direction, par des empiétements sur les
anciennes provinces espagnoles, que les Pays-Bas accomplirent au XIXe siècle
leurs derniers agrandissements territoriaux. A la fin des guerres de Napoléon,
préoccupée d'ériger un système défensif contre la France, la Grande-Bretagne fit
créer en 1815 le royaume des Pays-Bas, lequel réunissait à la fois les Provinces-
Unies et les Pays-Bas catholiques; on y ajouta même l'évêché de Liége, désormais sécularisé; c'était une reconstitution de l'unité politique de tous les Pays-
Bas. Mais en 1830, quand les différences d'intérêts, de religion, de langue, de civilisation rendirent nécessaire une nouvelle séparation, le groupement du Nord,
le royaume des Pays-Bas, s'augmenta d'une nouvelle province : le Limbourg.
On avait constitué cette province en 1815 avec des parties de l'ancien duché de
Limbourg et des morceaux des duchés de Gueldre, de Brabant, de Juliers, de
Clèves et de l'évêché de Liège; on l'avait incorporé au royaume uni des Pays-
Bas. Le traité de 1839 entre les deux royaumes, qui régla le partage, laissa au
royaume des Pays-Bas cette longue province du Limbourg qui, le long de la
Meuse en amont de Venlo, étend son territoire jusqu'à Maastricht.

Depuis sa naissance jusqu'en 1839, l'État néerlandais n'a donc pas cessé
d'agrandir son territoire. Plus étendu en 1648 qu'en 1609, en 1715 qu'en 1648,
en 1814 qu'en 1715, en 1839 qu'en 1814, il couvre maintenant une superficie de
32 600 kilomètres carrés (34 185 avec les eaux); seule en Europe la Belgique a un
territoire plus petit. L'étendue des Pays-Bas représente la moitié de l'Écosse, ou
un peu moins que nos cinq départements bretons, ou un peu plus que la Sicile.

III. — LA NATIONALITÉ NÉERLANDAISE

A ce petit État, groupement de territoires, correspond une nation, groupement d'hommes ayant conscience de ce qu'ils ont de commun matériellement et
moralement. Par l'effet même des siècles vécus en commun, les bases de cette

nationalité sont devenues plus complexes qu'à l'origine. A l'origine, la foi religieuse apparaît comme l'âme du sentiment national. Mais elle ne suffit plus seule à l'inspirer et à la soutenir, puisque l'État, d'abord protestant, annexa ensuite des populations catholiques. En 1922, on comptait 3 770 250 protestants

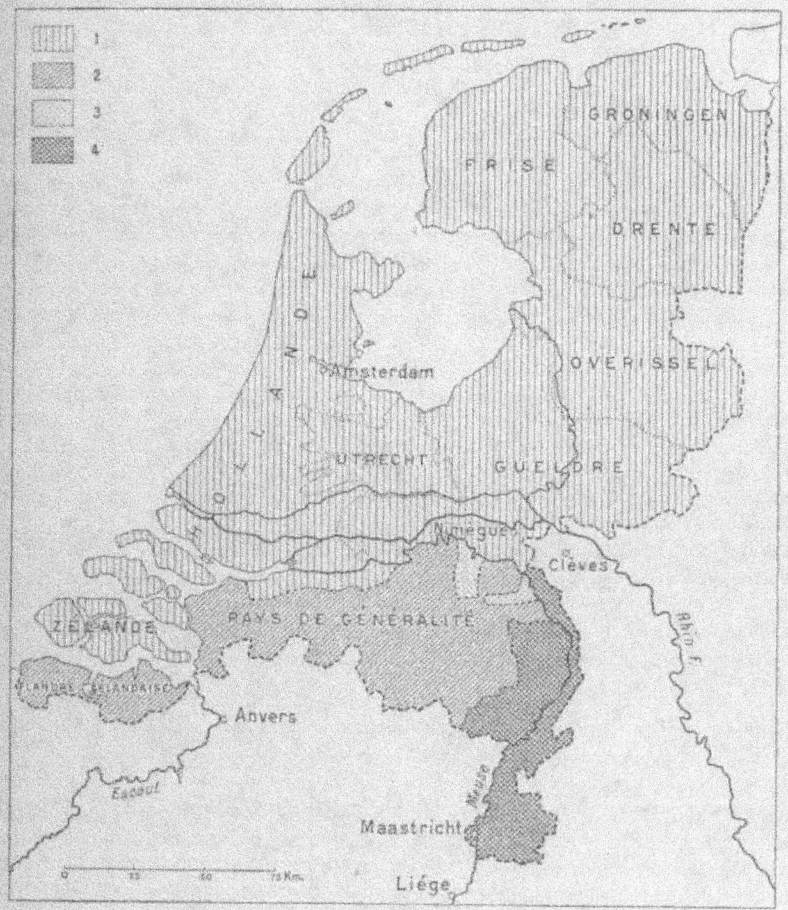

FIG. 39. — Formation territoriale des Pays-Bas.

1. Territoire des Provinces-Unies au début du XVIIe siècle; 2, Territoires conquis au XVIIe siècle; 3, Territoires ayant appartenu au duché de Clèves et réunis à la fin du XVIIIe siècle; 4, Territoires définitivement regroupés et réunis en 1839.

et 2 444 600 catholiques, soit 54,96 p. 100 de protestants et 35,60 p. 100 de catholiques. Les derniers recensements montrent que la proportion des catholiques tend à s'accroître. La limite entre provinces protestantes et provinces catholiques suit approximativement l'Escaut occidental, le Waal et l'Oude Ijsel. Au Nord de cette limite, on trouve 90 p. 100 de protestants dans la Frise et Groningue,

92 dans la Drente; au Sud, 87,5 p. 100 de catholiques dans le Brabant, 98 dans le
Limbourg. Tandis que les deux provinces du Sud forment un bloc catholique compact, les régions protestantes contiennent parfois d'assez gros noyaux de catholiques; il y a 36 p. 100 de catholiques dans la Gueldre (surtout en Betuwe et dans
le Maas en Waal), 34 p. 100 dans la province d'Utrecht et environ 25 p. 100
dans les Hollandes et l'Over-Ijsel. La Flandre zélandaise contient une moitié
de catholiques.

La religion ne constitue donc plus le ciment de la nationalité néerlandaise.
L'unité nationale procède plutôt de l'unité morale qui, à l'intérieur des mêmes
frontières, se fonda peu à peu par l'emploi de la même langue. Au début du
moyen âge on pouvait distinguer, parmi les groupes bas-allemands qui peu-
plaient le territoire actuel des Pays-Bas, trois dialectes : le frison, le saxon et le
franc. Le frison se parlait alors depuis le Sleswig jusqu'à l'Escaut; son domaine
se contracta progressivement et se retrancha à l'Est du Zuiderzee; autour de
Leeuwarden, le suffixe frison *um* (*ham* des Anglais et *heim* des Allemands) se
rencontre dans le nom de seize localités sur vingt-quatre; il vit encore dans
plusieurs cantons de la Frise. Le saxon occupait un petit territoire dans l'Est
de la Gueldre, bientôt submergé par le franc. Le franc était la langue des
envahisseurs germains qui occupèrent le Brabant, le Limbourg, la Gueldre et
la Flandre; c'est de son évolution que sortit le néerlandais; il chassa le frison
de Zélande, de Hollande et d'Utrecht; il triompha dans ces provinces riches,
vivantes et populeuses; il s'y affina et y prit des qualités littéraires, et de là,
à partir du XVIe siècle, se répandit dans tout le pays néerlandais; l'unification
de la langue progressa en même temps que l'influence hollandaise dans la politique et la civilisation néerlandaise. Enseignée dans les églises et dans les écoles
avec les souvenirs de la patrie commune, la langue hollandaise est devenue la
langue néerlandaise, symbole de l'unité nationale. On la voit même déborder
au delà des frontières du pays; plus avancée et mieux organisée, les Flamands
de Belgique l'ont adoptée comme langue littéraire. D'autres groupes d'hommes
la parlent dans l'Afrique du Sud, dans l'Allemagne rhénane et même en Amérique; elle compte ainsi dans le monde plus de 12 millions d'adhérents.

Cette vivace et puissante nationalité néerlandaise, issue à la fois de l'unité
politique et de l'unité de civilisation, ne se révèle pourtant pas par la centralisation et par l'uniformité. Au sein de l'unité néerlandaise, jamais n'ont péri les
germes d'autonomie ni les originalités provinciales. Peu de pays ont conservé
plus longtemps les cadres de la vie locale, provinciale et surtout urbaine. Si la
formation de la nationalité s'accomplit tardivement après la formation de l'État,
c'est que longtemps il n'y eut de force collective que dans les villes; les villes
étaient rivales entre elles, comme encore maintenant Amsterdam et Rotterdam,
Groningue et Leeuwarden; la bourgeoisie d'Amsterdam se considérait comme la
tête du corps politique, comme la propriétaire des colonies. Avant de fonder
l'union, il fallut accorder les particularismes. Jusqu'à la fin du XVIIIe siècle, les
Pays-Bas restèrent une république fédérale où chaque ville conservait sa dose
de souveraineté; chacune avait ses députés dans les États provinciaux; chaque
province avait les siens dans les États généraux. Dans les États provinciaux,
les députés votaient en se conformant aux instructions de leur ville, en vertu
d'une sorte de mandat impératif; ils ne pouvaient modifier ces instructions
qu'après de longs échanges de messages; au vote, il fallait l'unanimité. A partir

de la fin du xviiie siècle, puis sous l'influence des idées françaises, la centralisation posa des limites au fédéralisme; après 1815, la royauté néerlandaise agit dans le même sens. Mais il s'en faut que la liberté des provinces et des villes soit éteinte. Encore maintenant, dans chaque province, l'administration appartient effectivement aux États provinciaux et à leur commission exécutive permanente, le collège des députés des États; le gouvernement central y est représenté par le Commissaire de la Reine; ce Commissaire a voix délibérative dans le collège des députés, mais voix consultative seulement dans les États provinciaux qu'il préside. Dans les communes, le pouvoir réel est aux mains du bourgmestre et des échevins. Fonctionnaires provinciaux et fonctionnaires communaux sont nommés par les autorités locales. Sur les questions d'enseignement, l'État n'exerce qu'un contrôle : écoles et gymnases sont des institutions communales. Dans les questions d'intérêt matériel, les communes conservent une grande liberté de gestion et même d'entreprise; la ville de Rotterdam fut l'ouvrier de sa propre grandeur : c'est elle qui prit l'initiative et la responsabilité des travaux gigantesques de son port. Le collège du bourgmestre et des échevins apparaît aux Pays-Bas comme l'âme de la vie municipale : il a hérité cette autorité d'une longue histoire où la vie urbaine représentait la manifestation essentielle de la vie nationale.

Cette indépendance de l'esprit local se révèle encore par l'attachement aux vieilles mœurs, par la survivance de costumes originaux en Frise et en Zélande. Mais elle ne masque jamais, du moins aux yeux des étrangers, les manifestations profondes du tempérament national : la simplicité des mœurs, la vie de famille tournée vers le dedans et fermée aux empiétements de la vie de société, le goût du silence, la réserve à se livrer, un besoin de vie intérieure qui porte aux spéculations religieuses, la froideur pour les idées générales, le sens des réalités et la notion des intérêts positifs.

RENSEIGNEMENTS STATISTIQUES

PROVINCES	SURFACE EN KILOMÈTRES CARRÉS	POPULATION	CHEF-LIEU DE LA PROVINCE
Brabant septentrional.	4 859	794 052	'S Hertogenbosch
Drente.	2 652	223 168	Assen
Frise	3 306	307 029	Leeuwarden
Groningue.	2 343	382 885	Groningen
Gueldre.	4 934	776 383	Arnhem
Hollande septentrionale.	2 756	1 380 914	Amsterdam
Hollande méridionale.	3 010	1 787 133	'S Gravenhage
Limbourg.	2 202	482 520	Maastricht
Over-Ijsel.	3 319	466 989	Zwolle
Utrecht.	1 384	374 063	Utrecht
Zélande.	1 477	249 030	Middelburg
Total	32 538	7 315 046	

CHAPITRE XII

LE NORD DES PAYS-BAS
FRISE. GRONINGUE. DRENTE

Le Nord des Pays-Bas doit à sa position géographique une figure assez originale parmi les régions néerlandaises. Cette extrémité septentrionale a des hivers plus longs et plus rigoureux, qui souvent gèlent les eaux des canaux et des lacs. Durant la mauvaise saison, un ciel triste et maussade règne sur la campagne boueuse; au printemps, la végétation retarde de presque deux semaines sur le reste du pays. Ces conditions plus rudes sévissaient aussi dans le passé; les anciens glaciers ont séjourné plus longtemps et laissé une empreinte mieux marquée; nulle part les tourbières ne couvrent plus d'espace; elles ont ralenti la mise en valeur du sol et contribué à séparer la Frise des plaines allemandes par de vastes solitudes grises et mouillées.

Éloignée des grands estuaires commerciaux, la région semble vivre à l'écart derrière le Zuiderzee, dans une sorte de presqu'île, abritant un groupe d'hommes qui forme une petite nationalité dans la nation néerlandaise. Rameau très anciennement détaché de la souche germanique, les Frisons ont atteint plus tôt que les Francs la stabilité territoriale et l'organisation politique. Ils occupaient cette longue bande de terres basses et d'îles qui s'étend depuis l'embouchure de l'Elbe jusqu'aux bouches de la Meuse et de l'Escaut. Des contingents frisons figurèrent parmi les bandes saxonnes qui ont peuplé la Grande-Bretagne. Mais leur domaine trop allongé manquait de centre géographique, et il n'a pas formé d'État compact capable de réaliser l'unité néerlandaise. L'élément frison refoulé vers l'Est s'est concentré au delà du Zuiderzee, dans les territoires actuels des provinces de Groningue et de Frise. Il y conserve toujours, malgré des mélanges et des croisements séculaires, des traits matériels et moraux d'une grande pureté : un type physique grand, élancé, très blond, les yeux bleus ou gris, le crâne allongé, le teint d'une rare blancheur; une langue, très rapprochée de l'anglais, qu'on parle encore en certains cantons, fière de sa littérature; un tempérament silencieux, flegmatique, calme, fermé; un esprit d'indépendance fidèle à de vieux usages, plein de tendresse pour la petite patrie. De même que les Écossais en Grande-Bretagne vis-à-vis des Anglais, les Frisons ne veulent pas être confondus avec les Hollandais. Pays assez original encore à cause de son isolement relatif, mais jamais confiné, ni arriéré; il y eut jadis, en arrière des îles, un commerce frison qui s'étendait jusqu'au Danemark; les paysans de Frise,

Phot. A. Demangeon.

A. — VIERHUIZEN. VUE SUR LE LAUWERSZEE.
Au premier plan, les moutons sont sur la digue ;
au second plan, espaces en voie d'atterrissement (*schorres*).

Phot. Mme Hol.

B. — EXPLOITATION D'UNE TOURBIÈRE HAUTE (HOOGEVEEN), DANS LA DRENTE.

A. — UNE FERME FRISONNE, PRÈS DE LEEUWARDEN.

Phot. A. Demangeon.

B. — HOOGEZAND, PETITE VILLE INDUSTRIELLE
DANS LES TOURBIÈRES COLONISÉES DE GRONINGUE, LE CANAL.

Phot. A. Demangeon.

C. — LA DISPOSITION DES MAISONS RURALES LE LONG D'UN CANAL
PRÈS DE HOOGEZAND (GRONINGUE).

Phot. A. Demangeon.

d'intelligence claire, se rangent parmi les meilleurs cultivateurs du royaume;
les partis politiques aux idées hardies trouvent leurs meilleurs soutiens chez les
Frisons.

I. — LES PAYSAGES

Trois aspects naturels voisinent dans le paysage sans se confondre : les
landes, les tourbières et les plaines d'argile (fig. 40). Les landes s'étendent sur les
sables du Groningue méridional et de la Frise orientale et sur une grande partie

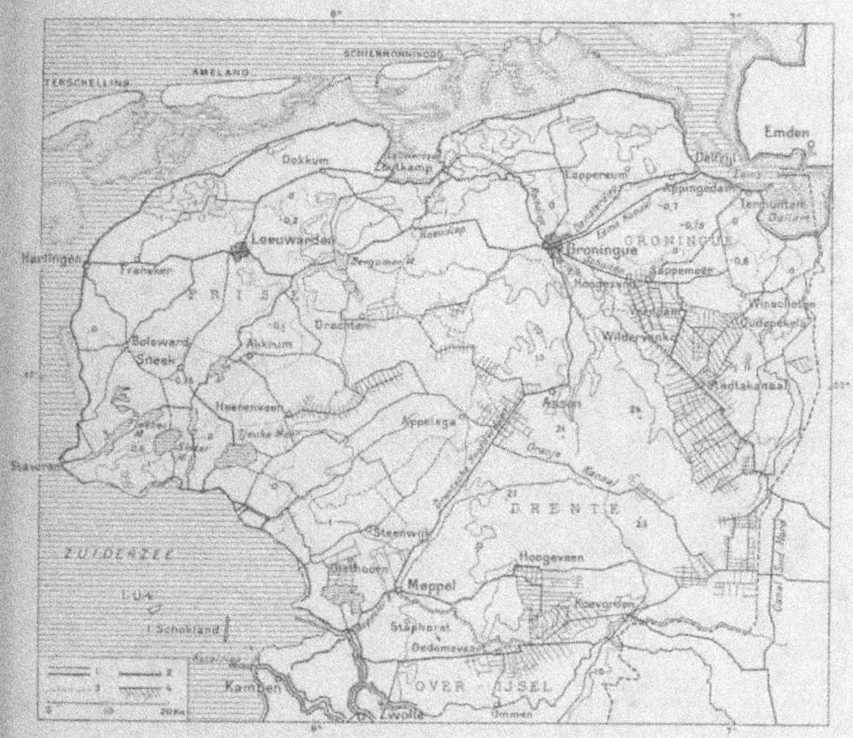

Fig. 40. — Carte d'ensemble du Nord des Pays-Bas.
1, Canaux; 2, Digues; 3, Courbe hypsométrique de 0 mètre; 4, Tourbières mises en valeur.

de la Drente; ce sont de vastes surfaces de bruyères, d'ajoncs et de genêts, que
parsèment de rares bouquets de petits chênes et de pins, solitudes que brûle le
soleil ou que balaient les vents glacés, inhospitalières; çà et là surgissent de gros
blocs de granit, nus, apportés par les glaciers; çà et là, parfois aussi des monticules herbeux, tombeaux d'hommes préhistoriques, et, le long des hauteurs caillouteuses du Hondsrug, de nombreux dolmens que le peuple appelle des *hunebedden*, lits de géants. Dans les bruyères sans fin, le silence règne, troublé seulement par les abeilles qui bourdonnent sur les fleurs de la lande, par les petits

moutons qui vaguent à travers les pierres ou par les bêtes sauvages, les bécasses, les coqs de bruyère, les perdrix, les lièvres qui s'enfuient au passage du voyageur. Dans cette immensité, on ne rencontre de groupements humains que par petites clairières, par oasis disséminées; de petites gens travaillent à la bêche ou labourent avec un cheval les maigres champs de sable où pousseront les pommes de terre; de Hoogeveen jusqu'au Nord d'Assen, tel est l'aspect de la lande.

Après le retrait des glaces, les mauvaises conditions de l'écoulement des eaux ont amené la formation de la tourbe, aussi bien dans les cuvettes et les vallées (*laageveen*) que sur les terrasses de cailloux et de sables (*hoogeveen*). On ne quitte pas les tourbières, soit dans le Sud, de Meppel à Hoogeveen et à Koevorden, soit dans l'Ouest, de Meppel à Steenwijk, à Heerenveen et à Sneek. La plaine s'étale, basse et plate, presque sans arbres, si ce n'est parfois un groupe de bouleaux nains, avec des flaques d'eau dormante, des fossés rectilignes aux eaux sombres, des terres noires couleur de bitume, des bosses sableuses coiffées de pins rabougris.

Entre ces croupes de sable, presque toutes orientées du Sud-Ouest au Nord-Est, s'allongent des chaînes de lacs : ce sont les *meeren* de la Frise méridionale et du Gaasterland, vastes étangs qu'on n'a pas desséchés comme ceux de Hollande, parce qu'ils reposent sur un fond de sable stérile et non de riche argile; coins charmants et d'une grâce sauvage, où les voiles blanches des yachts circulent en été dans le dédale des cent lacs et où l'hiver réunit autour de Sneek et d'Akkrum des milliers de patineurs. La tourbe joue un rôle dans l'économie du pays; depuis des siècles, on l'extrait pour le combustible des foyers familiaux; si quelque vie a pénétré du xvie au xviiie siècle à travers ces régions inondées, c'est parce que l'exploitation de la tourbe a creusé les canaux qui furent les premiers chemins. On l'extrait encore, et des milliers de bras s'y occupent. Dans l'épaisseur de la tourbe, on distingue deux couches : la couche supérieure, la plus récente, la moins compacte, la plus meuble (*bonk*), dont on fait de la litière ou de l'emballage; la couche inférieure, la plus ancienne et la meilleure, qu'on garde pour brûler. Tantôt, selon le mode antique, l'ouvrier enlève les mottes de tourbe à l'aide d'une bêche et les étale sur le gazon pour les sécher; tantôt, selon une pratique plus moderne, on emploie une drague mécanique, et l'on fait sécher les briquettes par compression et dessiccation à l'air chaud. Les tourbières exploitées sont nombreuses dans la Frise et le Groningue; mais, avec ses 12 200 hectares exploités, c'est la Drente qui est le grand pays tourbier; elle fournit les deux tiers de ce que produisent les Pays-Bas; le long des canaux, sur des milliers de petits bateaux, la tourbe circule partout (Pl. XXVII, B).

On a comparé ce pays à un vieux manteau frison fait de laine grossière et frangé de soie. La frange de soie précieuse, c'est la lisière des argiles fertiles conquises sur la mer. En cette conquête se résume toute leur histoire. On retrouve encore intactes les premières fortifications dressées contre la mer : ce sont les tertres ou *terpen*, disséminés à travers le pays d'argile, qui portèrent les premiers villages et fournirent des points d'appui aux premières digues (fig. 41). On éleva dans la Frise et le Groningue plus de sept cents de ces monticules artificiels, dont la moitié seule subsiste encore; les autres ont été nivelés, et leur terre emportée pour amender les champs. Une fois le pays protégé contre les hautes marées par son réseau de terpen et de digues, il resta trois grandes baies ouvertes aux incursions de la mer, le Middelzee, le Lauwerszee et le Dollart, et ce fut à leurs dépens que, du XIIᵉ siècle jusqu'à nos jours, les riverains n'ont pas cessé de gagner des terres. Le Dollart, élargi au XVᵉ siècle par une désastreuse inondation, forme encore un long bras de mer où l'Ems vient se jeter. Mais le Lauwerszee, qui s'avançait encore au XVIIᵉ siècle jusqu'à Buitenpost, Kollum et Dokkum, recule progressivement devant les digues. Quant au Middelzee, dont nous voyons encore les vieilles digues intérieures jusqu'à Sneek et à Bolsward, il n'existe plus. Ainsi toute la frange littorale, sauf l'ancienne île caillouteuse du Gaasterland, est une conquête de l'endiguement ; elle forme un assemblage de polders protégés par des remparts gazonnés contre les assauts de la mer, artificiellement drainés par un réseau de canaux que ferment des écluses et répartis entre plusieurs grandes *waterschappen* (Westerkwartier, Hunzingoo, Fivelingoo, Duurswold, Reiderland, Oldambt, etc.) qui organisent et surveillent l'écoulement des eaux (Pl. XXVII, A).

II. — LA MISE EN VALEUR DU PAYS

La mise en valeur de ce pays de sable, de tourbe et d'argile marine, œuvre de longue haleine, n'a pu être accomplie simultanément pour toutes les régions ; il fallut plusieurs étapes pour maîtriser la terre. Il y a des conquêtes de la culture fort anciennes, et il en est de toutes récentes, qu'on désigne par

Fig. 41. — Carte des terpen de Frise, d'après Schuiling.

1. Limite de l'ancienne baie (Middelzee), aujourd'hui endiguée et mise en culture, qui pénétrait à l'intérieur de la Frise ; 2. Emplacement des terpen, c'est-à-dire des terres artificiels élevés par les premiers habitants pour s'établir sur ces terres basses et inondables.

le mot moderne de « colonies ». Les unes, les conquêtes du passé lointain, s'étendent sur les argiles marines et un peu sur les tourbières basses ; les autres, les plus jeunes, ont eu comme théâtre les grandes régions de tourbières.

En Frise et en Groningue, les campagnes de polders peuvent se ranger parmi les plus belles et les plus riches des Pays-Bas ; elles continuent la lisière magnifique de prairies et de labours qui commence dès la Zélande et passe à travers la Hollande. Elles ont un caractère très pastoral dans l'Ouest, très agricole dans l'Est. Dans la Frise argileuse et l'Ouest du Groningue, l'herbe couvre presque tout le pays : c'est le royaume de la pâture, *greidestreek, greidhoek, greidland* ; pour 500 000 hectares de terres arables, la Frise en possède près de 250 000 en herbe ; l'horizon de verdure s'étend à l'infini, sillonné par les canaux où les barques à voiles cheminent entre les prairies, semé de grosses fermes solitaires au toit colossal, animé par la multitude des bêtes qui tachent la verdure de points noirs et blancs. Nous sommes dans le domaine de prédilection de la vache laitière. Du début de mai au début de novembre, les bêtes demeurent dans les herbages, protégées parfois, quand on redoute le froid, par de chaudes couvertures; le paysan ou le valet de ferme vient les traire deux fois par jour; les rendements moyens atteignent le chiffre remarquable de 4 500 kilogrammes de lait par an et par bête. Des laiteries industrielles, au nombre de deux cent dix pour la Frise seule, admirablement équipées, traitent le lait de plus de 150 000 vaches et fabriquent annuellement 13 millions de kilogrammes de beurre et 30 millions de kilogrammes de fromage; l'une d'elles reçoit tout son lait par canal, sur des barques en été, par traîneaux en hiver. Aux produits de laiterie s'ajoutent d'autres produits animaux qui complètent la fortune de ces terres plantureuses : des bovins engraissés pour la boucherie, vendus sur les marchés ou livrés au grand abattoir d'Akkrum, des moutons Lincoln élevés pour la viande, et des porcs de la race locale atteignant parfois le poids de 400 kilogrammes. Lait et viande, telles sont les ressources de la Frise, celles qui alimentent les transactions de gros marchés comme Leeuwarden, Groningue, Sneek et Wolvega.

En Frise, à mesure qu'on s'approche du Lauwerszee vers l'Est, on voit les prairies céder du terrain aux labours; en Groningue, la transformation s'achève, et tout le pays des polders y devient par excellence un pays de labour. Ce n'est pas que les espaces herbeux manquent, ni les troupeaux; on traverse, dans le voisinage de la ville de Groningue, de grandes prairies où paissent des vaches blanc et noir, de petits moutons à laine épaisse et des chevaux aux formes élancées; jusqu'au rivage de la mer, les pâtures alternent avec les champs cultivés, et les troupeaux de moutons s'avancent jusque sur les digues aux flancs gazonnés. Mais les grasses terres de polders se consacrent surtout aux cultures. Avec la Zélande, la Betuwe et le Limbourg méridional, les polders de Groningue se caractérisent plus par l'abondance de leurs récoltes que par le nombre de leurs bestiaux : sols lourds et compacts qu'il faut marner pour les ameublir, mais si riches qu'ils ont pu longtemps produire sans engrais; sur les bords du Dollart, on les enrichit maintenant avec les vases marines que les paysans vont chercher sur les plages à marée basse. Ils livrent des quantités de produits chers : des céréales (avoine, orge, blé), des racines (pommes de terre, betteraves à sucre, chicorée), des légumineuses (fèves et pois), des graines (moutarde, colza), du lin, des semences de trèfle blanc; Groningue produit à lui seul les deux cinquièmes de l'orge des Pays-Bas, le tiers de l'avoine et des légumineuses, le quart du blé. Çà et là cette agriculture soignée se spécialise en des besognes plus délicates, comme les cultures maraîchères et arbustives dans la banlieue de Groningue. En pleine Frise, entre Harlingen et le Lauwerszee, un véritable jardinage occupe de nombreuses petites exploitations autour de Franeker et de Berlikum : vers la fin de mai, il en part des chargements de pommes de terre précoces pour l'Angleterre.

Les bonnes terres de polders constituent la vieille fortune de la Frise et de Groningue. Mais, avec les terres neuves conquises sur la tourbe, on a créé de toutes pièces une autre fortune. Jadis on n'utilisait guère les sols tourbeux que par des incendies périodiques : grâce aux cendres, on obtenait une récolte de sarrasin. Quant au fond des tourbières détourbées, on l'abandonnait à lui-même; il revenait à l'état sauvage ou se couvrait de landes. Une méthode plus rationnelle, inaugurée dès le XVIe siècle, appliquée en grand à partir du XVIIIe par la ville de Groningue, a transformé des étendues incultes en riches campagnes. On creuse

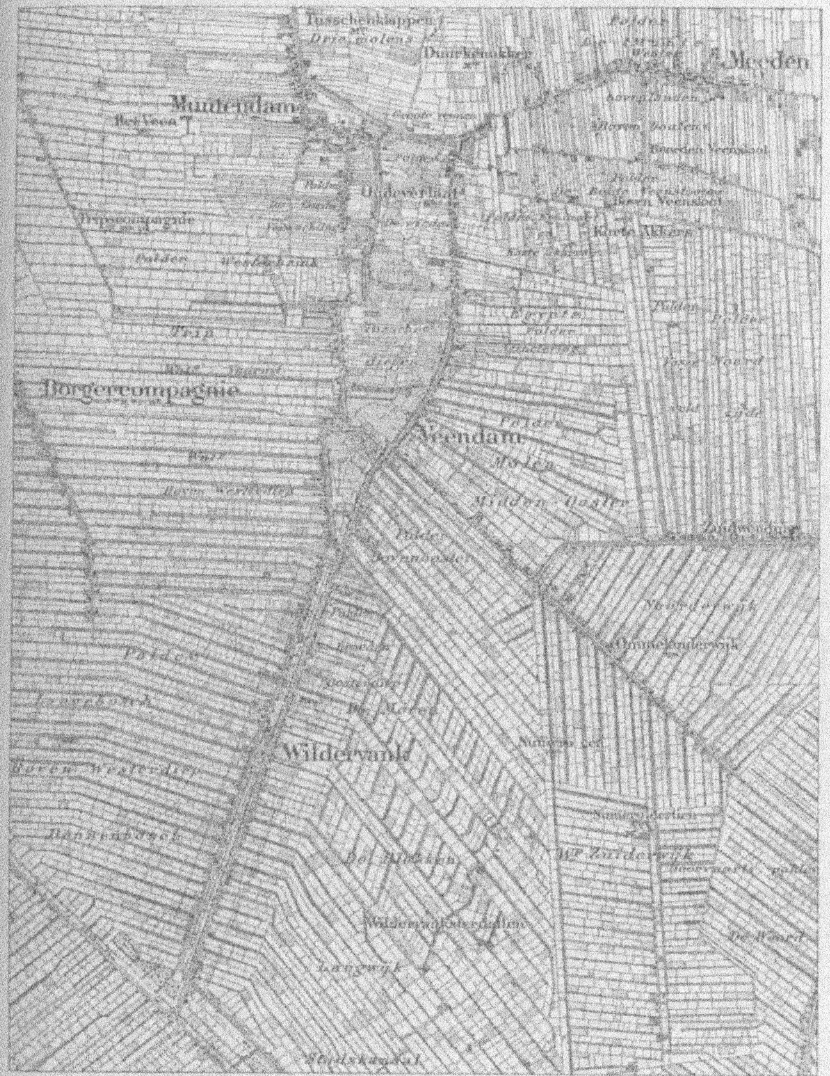

Fig. 42. — Aspect du pays dans les tourbières colonisées de la province de Groningue,
d'après la carte des Pays-Bas à 1 : 50 000.

Champs allongés aux formes géométriques, séparés par des canaux et fossés. Villages alignés le long des canaux.

un réseau de canaux qui se ramifient au loin dans la tourbière à exploiter : ils y seront les artères de toute circulation. On extrait toute la tourbe, et on l'expédie aisément par canal vers les lieux de consommation. Toutefois on conserve sur place la couche supérieure ou *bonkaarde*, combustible imparfait, mais matière meuble fort précieuse pour la constitution d'une couche de terre arable. Sur le fond sableux de la tourbière vidée (*dalgrond*), on prépare un sol arable que l'on compose avec le sable naturel, avec la couche de *bonkaarde* qu'on y mélange et avec les engrais qu'on y ajoute; au début, on apportait les ordures urbaines de Groningue; plus tard on put amener les engrais du commerce, chaux, kaïnite, scories, nitrates. De là, d'excellentes terres arables, de création artificielle, faciles à travailler, sur lesquelles on attira les colons venus des autres provinces. Telle fut l'origine des colonies de tourbières (*veenkolonien*). Sur ces sols nouveaux naquit une économie rurale, de caractère très original, où le bétail ne joue qu'un rôle secondaire. On cultive surtout des pommes de terre, de l'avoine et du seigle, produits qu'on destine presque tous au commerce : les pommes de terre aux féculeries, la paille des céréales aux fabriques de carton, le seigle et l'avoine à la bourse aux grains. Sur ces terreaux meubles, bien fumés et toujours voisins de l'eau, toutes les formes du jardinage se développent : pommes de terre primeur, légumes de serre, haricots et oignons, groseilliers, pépinières. C'est un pays entièrement créé par l'homme (fig. 42).

Il s'en faut que toute la région des tourbières soit transformée et colonisée. Mais partout déjà l'existence de « colonies » prospères et populeuses atteste le succès des entreprises. Elles se répartissent en trois groupes. Il y a d'abord les colonies de la Drente méridionale et des lisières de l'Over-Ijsel, pays jadis impraticable, maintenant ouvert à la culture et à la circulation : Steenwijk, Staphorst, Hoogeveen, Dedemsvaart, Koevorden. Il y a ensuite les colonies de la Frise orientale : Heerenveen, Appelsga, Drachten. Mais les plus belles et les plus vigoureuses se sont fondées au Sud-Est de la ville de Groningue, sur le territoire des provinces de Groningue et de Drente : Veendam, Wildervank, Stadtskanaal, Hoogezand, Sappemeer et bien d'autres. La transformation se précipite le long des nouveaux canaux qu'on ouvre, et l'œuvre du défrichement gagne les marais de Bourtange, si longtemps inhospitaliers (Pl. XXVIII, B, C et XXXIX, A, B).

On ne saurait comprendre la vie de tous ces pays d'ancienne et de récente colonisation, si l'on ne savait à quel point elle dépend des voies d'eau. Nulle part on ne remarque pareille densité de canaux, pareille intensité de circulation. Il serait vain de chercher à les énumérer, aussi vain que chez nous d'énumérer les routes; seule une carte peut en montrer le dessin et le système; et encore ne rend-elle pas leur animation, leur fourmillement. Dans certains cantons, autour de Staphorst et de Giethoorn, la barque est le véhicule familier, nécessaire à la vie de tous les jours. Dans les colonies de tourbières, c'est en bateau que les chargements de pommes de terre se rendent à la fabrique. Parfois, comme dans le Hollandsche Veld, tout trafic est impossible par terre : les convois funèbres se déplacent en canot. Peu de bourgades ne disposent pas d'un chemin d'eau; on voit partout les voiles glisser entre les lignes d'arbres parmi les prairies. Le moindre village possède son petit quai où se chargent des sacs de grain, où se déchargent des planches. La batellerie transporte les marchandises les plus disparates : betteraves, farines, engrais, vaches, caisses, et tous les modes de propulsion s'y emploient : moteurs à pétrole, voile, chevaux, haleurs. Toute cette circulation s'achève vers le dehors : il y a par canal des services de bateaux à vapeur de Groningue et Leeuwarden vers Amsterdam et Rotterdam; tout marché est un nœud de batellerie.

Et c'est aussi la voie d'eau qui règle le travail de l'industrie. C'est par bateau que les fabriques reçoivent leurs matières premières et qu'elles expédient leurs produits manufacturés. Toutes les usines s'établissent sur un canal : la quarantaine de féculeries qui travaillent les pommes de terre à Veendam, à Wildervank, à Hoogezand et ailleurs; la vingtaine de fabriques de carton qui broient la paille de seigle à Oudepekela, à Veendam, à Sappemeer, à Hoogezand et qui expédient plus de 100 000 tonnes de carton en Angleterre; les établissements innombrables qui emploient la tourbe comme combustible, tuileries, briqueteries, verreries, fours à chaux, scieries, distilleries, ateliers de constructions de bateaux.

III. — LA POPULATION ET LES VILLES

Les provinces du Nord des Pays-Bas vivent surtout de l'agriculture. Leurs habitants sont en majorité des ruraux; même les villes dépendent des campagnes par leurs marchés, leurs foires et tous leurs intérêts. Malgré les landes et les tourbières, la densité de la population atteint des chiffres élevés : 112 habitants par kilomètre carré dans la Frise, 144 dans le Groningue, 65 dans la Drente; la mise en valeur des tourbières créa durant le xixe siècle un fort mouvement d'immigration; en 1830, ces densités n'étaient encore respectivement que 62, 68 et 24. Les colons venaient des autres provinces néerlandaises, mais aussi de l'étranger, d'Allemagne, de Suisse; ces foyers nouveaux de peuplement montrent moins de stabilité que les villages anciens, plus de mouvements, plus de départs; mais l'esprit d'entreprise qui les a fait naître n'est pas étranger à leur rapide fortune.

Le même régime agraire ne s'étend pas partout. Le faire-valoir direct, qui s'applique à 35 p. 100 seulement des exploitations dans la Frise, embrasse un domaine plus vaste (65 p. 100) dans le Groningue. Ce rôle important des paysans propriétaires dans le Groningue provient d'une institution particulière, le *beklemregt* : c'est un droit d'occupation, d'origine très ancienne, que les tenanciers se transmettent par héritage, par testament ou par vente sans le consentement du propriétaire; quoiqu'ils paient un loyer annuel, ils se trouvent dans la situation de propriétaires attachés à la terre. Mais, propriétaires ou fermiers, les cultivateurs de ces riches provinces ne sont pas de petits exploitants comme les paysans des régions sableuses. Même dans les colonies de tourbières, l'exploitation ne descend pas à des dimensions minuscules; elle compte une vingtaine d'hectares. Dans les polders, les fermes s'étendent sur une quarantaine d'hectares, et même bien davantage pour les fermes pastorales. Il est rare qu'elles effectuent leurs travaux avec les seules ressources de la main-d'œuvre locale; jadis il venait de Westphalie des ouvriers allemands pour faucher les foins et les céréales; ces migrations saisonnières continuent encore pour les récoltes nouvelles dont le pays s'est enrichi.

Personnages riches, les fermiers habitent des maisons confortables et cossues, massives, isolées derrière un rideau d'arbres au milieu des cultures (Pl. XXVIII, A). Elles ont plutôt l'apparence de résidences bourgeoises que d'habitations rurales; un jardin planté d'arbres rares, des pelouses et des parterres de fleurs les séparent du chemin; de larges fenêtres garnies de grands rideaux blancs laissent entrer la lumière; à l'intérieur, on trouve des meubles soignés, des tapis, des tableaux, une bibliothèque; car, si le fermier ne redoute pas la besogne manuelle, il ne néglige pas les soins de l'esprit; il suit par ses revues spéciales les progrès de la technique agricole, et il reconnaît pour ses enfants la nécessité de hautes études.

Dans les pays de polders, ces grosses fermes se dispersent à travers la campagne, entourées d'ormes et de saules, quelques-unes posées sur une butte ou *terp*. Dans les pays de tourbières colonisées, elles se trouvent toutes le long des canaux, en files régulières où elles se succèdent, sans se toucher, sur plusieurs kilomètres; pendant des heures, sur la chaussée ombragée de grands arbres, le long de la route d'eau toute frémissante de bruit et de vie, on peut cheminer de village en village sans voir les champs et sans quitter les maisons. Entre ces lignes d'habitations au tracé géométrique, s'étendent les blocs de terre noire, divisés par des canaux rectilignes, où se groupent les champs cultivés (fig. 42; Pl. XXVIII, C).

Sauf les deux grandes villes de Leeuwarden et de Groningue, établies au contact de la riche plaine d'argile et de l'arrière-pays sableux et tourbeux, la vie urbaine se diffuse à travers les campagnes, modeste et paisible, presque toujours, aux carrefours de voies d'eau. Dans les landes et les tourbières de la Drente et des lisières de l'Over-Ijsel, elle apparaît çà et là, à Assen (13 000 hab.), Hoogeveen, Meppel (11 000 hab.), Steenwijk (6 000 hab.). Dans la Frise les villes sont plus nombreuses : Heerenveen (4 500 hab.); Sneek (13 000 hab.), marché de beurre et de fromage, relié à Amsterdam par un service de vapeurs; Bolsward (6 500 hab.), vieux centre urbain avec une église du xve siècle et un hôtel de ville de la Renaissance; Franeker (8 000 hab.), autre ville ancienne, avec des monuments du xve et du xvie siècle; Dokkum (4 000 hab.), où saint Boniface fut tué par les Frisons en 755. Ce sont les mêmes petites villes, marchés ruraux ou centres industriels des tourbières, qui se pressent dans la province de Groningue : Winschoten (13 000 hab.), Loppersum, Appingedam, Hoogezand, Sappemeer, Veendam, Pekela.

Les villes maritimes sont à la mesure du petit pays qu'elles desservent; elles relient ses marchés agricoles et ses usines rurales aux grands marchés qui absorbent leurs produits, à Amsterdam, à Rotterdam et à l'Angleterre. Plusieurs ont connu jadis le grand commerce; mais la mer a reculé devant les digues et les polders, et le trafic s'éloigna. Pour le ramener en certains points choisis, il a fallu creuser des bassins. Stavoren, jadis résidence des rois frisons et comptoir de la Hanse au xiie siècle, perdit son trafic lorsque des bancs de sable, *Vrouwen Zand*, vinrent obstruer son port; aujourd'hui, de petits bateaux à vapeur l'unissent à Enkhuizen où les voyageurs prennent le train pour Amsterdam. Harlingen (10 500 hab.) s'abrite derrière une énorme digue et de puissants pilotis contre les tempêtes de la mer des Wadden. Il est aujourd'hui le port d'exportation de la Frise agricole, expédiant vers Londres, Hull et Leith de la viande, du beurre, du fromage, des volailles; en 1922, 110 000 têtes de bétail ont passé à destination de l'Angleterre; à l'entrée il reçoit du charbon anglais pour les laiteries, des engrais et des bois du Nord.

En face d'Emden, sur le Dollart, Delfzijl doit son développement actuel à l'ouverture de l'Eems kanaal (1876), qui en fait le débouché maritime du Groningue, comme Harlingen celui de la Frise; des travaux ont donné à son port une profondeur de 7 m. 35 à marée basse et rendu un quai accostable à des navires de 9 mètres; port régional bien desservi par les canaux, les voies ferrées et les lignes régulières, il débarque des engrais, des bois du Nord, des grains, de la houille britannique venant de Goole et de Grangemouth; il embarque de la fécule, du carton, du lin, de la litière de tourbe.

Les deux grandes villes du Nord sont les deux capitales provinciales : Leeuwarden (47 000 hab.) et Groningue (97 000 hab.). Leeuwarden, fondée à la limite des tourbières et des polders sur les rives de l'ancienne baie du Middelzee, était déjà à l'époque des Normands une forteresse protégeant la route de l'intérieur; elle possédait des droits urbains au XIIe siècle. Mais le comblement progressif du Middelzee lui avait enlevé au début de XIVe siècle tout contact avec la mer. Devenue ville intérieure, elle joua un rôle politique comme résidence des stathouders de Frise et de Groningue; cité riche, elle avait, aux XVIe et XVIIe siècles, des ateliers célèbres d'orfèvrerie. Mais elle est avant tout, et depuis des siècles, le centre commercial des fertiles campagnes qui l'entourent; des voies d'eau rayonnent de toutes parts, et depuis 1507 un canal l'unit à Franeker et à Harlingen; des canaux l'entourent et la traversent; ils circulent dans la ville, franchis par les ponts, parfois ombragés d'arbres, bordés de petites maisons roses, grises ou vertes, animés par le constant va-et-vient de la batellerie. On respire à Leeuwarden l'atmosphère frisonne, surtout aux jours de marché; ces jours-là aucun paysan ne reste chez lui, et la ville voit arriver le cortège des équipages ruraux, les fermiers avec leurs automobiles ou leurs voitures attelées de chevaux splendides, les femmes parfois encore gracieusement coiffées de leur casque de cuivre.

Vendre le beurre, les grains, le bétail, c'est la grande fonction de Leeuwarden; pour le bétail, il ne le cède qu'au marché de Rotterdam, le plus grand du royaume. Les jours ordinaires, le calme revient dans la ville; les petites voitures chargées de tourbe peuvent circuler dans les rues et débiter le combustible à chaque maison; devant leurs portes les ménagères peuvent faire sécher la lessive sur leurs chevalets originaux.

Groningue s'élève à l'extrémité septentrionale de la haute croupe caillouteuse et sableuse du Hondsrug, au dernier terrain stable et sec qui domine la zone des polders et des tourbières. La valeur locale de ce site s'accroît de toutes les facilités que lui donnent les communications par eau; par le Reitdiep, la ville entretenait au XIIIe siècle des relations maritimes avec les pays du Nord et les ports de la Hanse; encore maintenant des canaux se croisent à l'intérieur de ses murs, et elle peut communiquer avec la mer par trois ports, Zoutkamp, Termunterzijl et Delfzijl; des bateaux de mer arrivent à ses quais par l'Eems kanaal. Pendant tout le moyen âge, maîtresse de ses libertés municipales que l'évêque d'Utrecht avait reconnues et de ses relations avec l'estuaire de l'Ems, qu'elle avait affranchies du contrôle des petits États voisins, elle étendait son commerce jusqu'à Boston en Angleterre, jusqu'à Hambourg et à la Russie.

Marché de produits agricoles, elle le reste toujours; elle expédie les grains et le bétail vers l'étranger. De son long passé prospère, elle garde des souvenirs pittoresques, des fossés d'enceinte avec leurs bastions de briques bordés maintenant de jardins et de beaux arbres, l'église gothique de Saint-Martin, un palais de justice du XVIe siècle, l'Université fondée en 1614. Ville riche, débordante de vie les jours de marché, elle est la ville par excellence, *de stad*, pour tout le Nord-Est des Pays-Bas.

Au large des provinces de Frise et de Groningue, comme un gigantesque brise-lames qui protège leurs côtes basses contre la mer du Nord, s'étend un long archipel formé de six îles : Texel, Vlieland, Terschelling (province de Nord-Hollande), Ameland, Schiermonnikoog (Frise), Rottum (Groningue). A l'origine, il formait un seul cordon littoral que traversaient trois grands estuaires, le Vlie, le Lauwers et l'Ems ; sous l'action des vagues, de nouvelles brèches s'ouvrirent, augmentant le nombre des îles. En arrière de cette rangée insulaire, une mer plate, la mer des Wadden, étale ses eaux peu profondes ; à marée basse, de vastes bancs de sable découvrent, dont l'un, le Griend, était encore au XVIIe siècle une île verdoyante : on les appelle *wadden* devant la Frise, *waargdronden* devant la Hollande. Les courants de marée les déplacent sans cesse, rendant les chenaux instables et obstruant par de nouveaux dépôts les passes qui unissent ces eaux intérieures à la mer du Nord. Tandis que les autres îles de la rangée ne sont que des fragments de dune, Texel, la plus grande (183 km²), repose sur une masse plus solide d'alluvions quaternaires, cailloux et sables, et de matériaux glaciaires ; sur sa surface rase, sans buissons et sans arbres, divisée par de longs murs en de vastes enclos, tout n'est que pâture ; l'île fait vivre des troupeaux de moutons renommés pour leur viande et leur lait ; hiver comme été, ils passent nuit et jour en plein air, abrités par les murs des clôtures contre la violence des vents de mer ; chaque année de nombreux agneaux, vendus sur le marché de Burg, partent en Hollande pour l'engraissement. C'est à Oudeschild qu'on débarque dans l'île ; jadis au moment de la grande navigation du Zuiderzee, c'était un poste de pilotes habiles qui se louaient pour guider les navires à travers les passes ; il n'y a plus maintenant que des pêcheurs. Toute la partie septentrionale de Texel, Eijerland, forma longtemps une île indépendante ; on l'unit à Texel en 1629 par une digue, puis, l'alluvion marine aidant, on acheva la jonction en 1835 par l'endiguement d'un petit polder. Vlieland (51 km²) n'est qu'une pauvre langue de sable, attaquée par la mer, sur laquelle vivent quelques centaines de pêcheurs avec leurs troupeaux de chèvres. A Terschelling (107 km²), on recueille des airelles qui s'expédient en Angleterre aux fabriques de confitures. Ameland (60 km²), plusieurs fois menacée d'être coupée en deux par la mer, est peuplée de pêcheurs et de petits cultivateurs ; en 1871-1872, on construisit une digue qui l'unit à la côte frisonne ; on espérait provoquer par les dépôts d'argile la formation de terres à endiguer ; mais on n'a pas pu maintenir la digue contre les assauts de la mer. A Schiermonnikoog (50 km²), il y eut jadis des marins qui pêchaient la baleine ; la meilleure ressource de l'île, qu'un service de vapeurs unit à Groningue pendant l'été, vient de la villégiature et des bains de mer. A Rottum, îlot de sable que rongent les vagues, beaucoup d'oiseaux de mer viennent nicher ; on ramasse leurs œufs pour les vendre sur le continent. Quatorze mille habitants vivent dans l'archipel frison, dont la moitié à Texel ; en hiver, par les mauvais temps, on ne communique plus avec la terre ; c'est une petite colonie perdue en mer, isolée du reste du monde (fig. 12 et 40).

CHAPITRE XIII

L'EST ET LE SUD DES PAYS-BAS
OVER-IJSEL. GUELDRE. BRABANT. LIMBOURG

A la région maritime des Pays-Bas avec ses grands ports, ses capitales, ses îles, ses bras de mer, sa lisière d'argiles marines, de polders et de grasses prairies, on peut opposer la région continentale avec ses terrasses de sable et de gravier couvertes de landes et de bois qui rappellent les paysages de la « Geest » westphalienne ou de la Campine belge, avec son coin de plateaux limoneux qui la rattachent à la Hesbaye belge et aux plaines cultivées du Rheinland. Elle embrasse essentiellement les provinces d'Over-Ijsel, de Gueldre, de Nord-Brabant et de Limbourg.

I. — OVER-IJSEL ET GUELDRE. LA RÉGION SABLEUSE LE PAYSAGE ET L'ÉCONOMIE RURALE

Les larges chenaux fluviaux, issus du Rhin et de l'Ems, qui se sont déplacés sur cette partie du grand delta néerlandais, y ont découpé de nombreux groupes de collines entre lesquelles s'étendent des dépressions et des vallées, où cheminent les rivières d'aujourd'hui, déchues de leur grandeur passée : l'Eem, l'Ijsel, la Berkel, le Vecht. Mais l'ampleur de la vallée de l'Ijsel permet de distinguer l'Ouest et l'Est (fig. 43).

A l'Ouest de l'Ijsel, s'élève le plateau de la Veluwe (Pl. IV, B), masse de graviers et de sable, dont le rebord se dresse à plus de cent mètres au-dessus d'Arnhem et d'Apeldoorn; parmi les cailloux roulés et le sable, des sentiers malaisés l'escaladent; des vallons y dévalent à travers les hêtres et les chênes. A l'intérieur du plateau, quand le sol ne contient pas de cailloux, le sable meuble et fin s'amasse en dunes sur lesquelles le vent soulève des nuages de poussière; ailleurs dominent les landes et les bois. Les bruyères couvrent le sol de leur nappe brune, atteignant parfois un mètre de hauteur; des troupeaux de moutons y paissent; au printemps, les abeilles y récoltent leur miel; par les chaleurs de l'été, dans la bruyère desséchée, des incendies s'allument, qui détruisent la lande pour plusieurs années. Mais, un peu partout, le boisement transforme cet aspect primitif; la Veluwe, devenue le grand pays forestier des Pays-Bas, se couvre de plantations de pins qui forment en certains cantons un vêtement continu. A l'Est de l'Ijsel, il y a beaucoup plus de variété, de morcellement dans le relief; des groupes de collines, fragments des hautes terrasses, parsèment toute la partie orientale de la Gueldre et de l'Over-Ijsel : hauteurs du Montferland (105 m.), Haarlerberg (83 m.), Lonnekerberg (61 m.), Tankenberg (82 m.); il en résulte une infinité de bosses et de creux qui composent un paysage frais et agreste : hauteurs caillouteuses et sableuses que couvrent des landes, des bois et des cultures; vallées, dépressions et cuvettes avec des marais et des prairies, plaques de tourbières mal drainées où brillent des mares, croupes sèches des sables portant villages et bourgs, Bredevoort, Groenlo, Borkelo, Lochem, Oldenzaal: en un mot, un pays coupé, tour à tour lande, bois, marécage, tourbière, prairie et champ (Pl. XXIX, A).

La terre pauvre de ces pays de sable se couvre naturellement de landes. Les landes, espaces déserts, occupent encore 26 p. 100 de l'Over-Ijsel et 18 p. 100 de la Gueldre. Dans l'Est, dans l'Achterhoek et la Twente, on traverse encore de ces étendues tristes, brûlantes sous le soleil d'été, battues en hiver par des vents glacés, dont les villages sont séparés les uns des autres par des solitudes. En maints endroits, la lande conserve encore ses primitives ressources, le pâturage des moutons, l'élevage des abeilles, la confection des balais. Ailleurs, surtout dans la Veluwe, l'économie forestière s'empare de la lande; de Nijkerk, d'Ede, de Putten, de Harderwijk, d'Apeldoorn, d'Amersfoort partent des trains de bois de mines, de poteaux télégraphiques, de pilotis; la proportion des bois atteint à peine 6 p. 100 de l'étendue totale de l'Over-Ijsel; mais elle dépasse 16 p. 100 dans la Gueldre, ce qui représente pour certains cantons le tiers de la superficie.

La conquête du sol par la culture fut une œuvre de longue haleine; le morcellement des champs révèle cette prise de possession pièce par pièce. Sur ces terres légères qui n'exigent pas un grand train de culture, la petite exploitation domine. Parfois le travail de défrichement résulte de grandes entreprises, par exemple dans les tourbières du Nord de l'Over-Ijsel, où des capitalistes ont fondé des colonies de tourbières (*veenkolonien*) à Friezenveen, à Kamperveen, à Giethoorn, à Dedemsvaart, ou bien dans les tourbières de Venendaal mises en valeur au XVe siècle par des colons flamands, ou bien encore dans les landes de la Twente, où la société *Nederlandsche Heidemaatschappij* a beaucoup irrigué et boisé. Mais, somme toute, c'est aux générations de paysans que la terre doit sa mise en valeur. Toute l'économie rurale porte l'empreinte de la petite exploitation; c'est une étroite association entre la culture et l'élevage qui régit le travail rural. Le seigle tient le premier rang parmi les céréales, occupant parfois la moitié, et même davantage, de la surface cultivée, par exemple à l'Est d'Almelo; il offre l'avantage de pouvoir se récolter dès le début du mois d'août et d'être immédiatement remplacé par une culture dérobée de navets; le navet joue un rôle essentiel sur ces petites exploitations, pauvres en prairies à foin; les bêtes le consomment en novembre et décembre. Au seigle et aux navets s'ajoutent la pomme de terre, l'avoine, le sarrasin et quelques plantes fourragères. Ces récoltes sont toutes consommées sur l'exploitation, les unes par le paysan, les autres par le bétail (Pl. XXIX, B).

En fait, on n'assure la fertilité des terres qu'en produisant beaucoup de fumier et, par suite, en possédant beaucoup de bétail. Le bétail demeure presque tout le temps à l'étable, dans laquelle le fumier s'accumule; on mélange le fumier avec les mottes de gazon, avec la terre de bruyère, et l'on reconstitue ainsi la fertilité du champ : des étables bien peuplées sont donc la condition d'une bonne culture. D'autre part, comme dans tous les pays voisins, on cherche de plus en plus à transformer en produits vivants tout ce que produit la terre : les grains rapportent beaucoup moins que le lait, le beurre, les œufs et la viande. De là vient que la quantité de bétail est très forte sur les petites exploitations de Gueldre et d'Over-Ijsel; dans la première de ces provinces, sur

Fig. 43. — Carte d'ensemble de l'Est des Pays-Bas.
Altitude : 1, De 0 à 30 mètres; 2, De 30 à 50 mètres; 3, De 50 à 100 mètres; 4, Au-dessus de 100 mètres. — 5, Canaux; 6, Digues. — Échelle, 1 : 1 000 000.

une exploitation d'une étendue de 15 hectares, on compte deux chevaux, un taureau, sept vaches, douze jeunes bovins, vingt porcs, cent cinquante poules.

LA VIE URBAINE. — Dans ce pays si profondément rural, la vente des produits agricoles a fait naître partout des marchés; il n'est pas de ville, même parvenue au stade industriel, qui ne garde d'étroites relations d'affaires avec ses campagnes. On trouve beaucoup de ces bourgs ruraux dispersés dans l'Est de la Gueldre, chacun ayant à jour fixe son marché de porcs ou de beurre, presque tous exploitant une laiterie coopérative : Lochem, Borkelo, Lichtenvoorde, Aalten, Winterswijk (6 500 hab.), Doetinchem, et, dans l'Over-Ijsel, Raalte, Ommen, Goor. Mais cette dissémination se change en coordination sous l'influence de lois déterminées : ainsi deux séries de villes se disposent, l'une, sur la périphérie de la

Veluwe, l'autre, dans la vallée de l'Ijsel. Autour de la Veluwe, une ceinture de bourgs et de petites cités marque le contact de la haute lande et des basses terrasses cultivées, soit que les produits ruraux s'y échangent, soit que les claires rivières du sable aient attiré des moulins, soit que le charme des paysages et la beauté des panoramas aient fixé des lieux de villégiature sur les hauteurs boisées qui dominent les fleuves et les vastes horizons des plaines : Nijkerk (8 600 hab.), Barneveld, Ede (26 000 hab.), Venendaal; Amersfoort (35 000 hab.), centre industriel avec des tissages de toiles et des fabriques d'automobiles; Arnhem, cité rhénane; Reden (22 000 hab.); Apeldoorn (55 000 hab.), desservie par le canal qui l'unit à Zwolle et au Rhin (canal de Hattem à Dieren), animée par plusieurs usines, papeteries, fabriques de tricot et blanchisseries à vapeur, voisine du château royal de het Loo; Elburg et Harderwijk, petit port de pêche sur le Zuiderzee.

Mais la plus grande ligne de villes suit l'Ijsel. Durant des siècles cette vallée fut une voie commerciale entre les pays du Rhin et les rives du Zuiderzee, et dès le moyen âge on y vit fleurir des villes de trafic comme Doesburg, Zutphen, Deventer et Zwolle. Tout ce transit déclina à partir du xve siècle, par suite de l'ensablement de la voie d'eau, et le grand commerce se détourna vers le Waal. Mais le trafic local n'a jamais abandonné la rivière, et, depuis le xviiie siècle, des travaux l'ont aménagée pour une meilleure circulation et pour des communications plus commodes avec les autres bassins; les bateaux trouvent dans l'Ijsel, en été, de 2 m. 70 à 2 m. 85 de profondeur; en 1869, la bouche principale de l'Ijsel dans le Zuiderzee, le Keteldiep, a été transformé en un chenal artificiel de 4 kilomètres; Zwolle était unie à l'Ijsel en 1820 par le canal du Willemsvaart. La vie urbaine n'a jamais déserté cette grande voie naturelle; auprès des villes, l'industrie prit racine; elle y persiste encore maintenant, enrichie de formes modernes. Il existe une multitude de briqueteries et de tuileries exploitant l'argile de la vallée. La fabrication du papier, établie dès le début du xviie siècle, au pied oriental de la Veluwe, sur les rivières qui lui donnaient leur force et leur eau, se continue de nos jours dans une vingtaine d'usines mues à la vapeur, à Apeldoorn, à Brummen, à Heerde, à Epe. On exploitait jadis comme minerais de fer les dépôts de limonite des vallées; longtemps on les traita dans les forges de Deventer et des bords de l'Oude Ijsel; cette ancienne industrie survit dans les fabriques de quincaillerie et d'articles émaillés de Terborg, de Doetinchem, de Doesburg.

Le long de l'Ijsel, les villes anciennes se succèdent; presque toutes conservent des monuments, églises, hôtels de ville, rappelant la richesse de leurs marchands du xive et du xve siècle; mais ce ne sont pas des villes mortes : marchés et usines modernes les ont rajeunies. Ainsi Zutphen (19 000 hab.), associée de la Hanse au xive siècle, maintenant foyer de fabriques de produits alimentaires et de commerce de bois; Deventer (34 000 hab.), autre membre de la Hanse teutonique, qui commerçait avec Bruges, avec l'Écosse et la Baltique, revenue de nos jours à l'activité économique avec ses fabriques de beurre, ses ateliers de construction métallique, ses minoteries, son tissage de coton; Zwolle (39 000 hab.), au centre d'un réseau de canaux, gros marché de beurre, de grains et de bétail; Kampen (21 000 hab.) qui trafiquait au xive siècle avec le Danemark et Novgorod, déchue de toute ambition maritime, malgré ses services de petits steamers vers Enkhuizen, vivant surtout de ses marchés de beurre et de ses manufactures de tabac.

La région industrielle de la Twente. — Un foyer industriel s'est formé durant le xixᵉ siècle dans la Twente, au Sud-Est de l'Over-Ijsel : là domine le travail des textiles et surtout du coton. L'origine de l'industrie dans ces pays de sable, éloignés des voies navigables, remonte au xviiᵉ siècle ; à cette époque, ici comme ailleurs en Europe, beaucoup de métiers urbains émigrèrent vers le plat pays en quête d'une main-d'œuvre à bon marché ; on vit les ateliers de tisseurs de laine et de lin quitter les villes de Hollande et s'installer dans les campagnes pauvres de l'Over-Ijsel. De ces ateliers domestiques sortit, au début du xixᵉ siècle, la grande industrie, malgré l'éloignement de la houille, malgré la distance des ports important le coton, malgré les mauvais chemins. A partir du milieu du xixᵉ siècle, on construisit des voies ferrées et des voies navigables ; en 1852 se fondait à Nijverdal le premier tissage à vapeur ; puis les usines se multiplièrent, et toute une région industrielle, équipée à la moderne, naquit. C'est le coton qu'on travaille surtout ; à elle seule la Twente possède vingt et une filatures et soixante-dix-neuf tissages, les trois quarts des métiers à tisser de tout le royaume, plus de 20 000 ouvriers cotonniers. Aux deux grands centres d'Enschede et de Lonneker, il faut ajouter Almelo, Hengelo, Oldenzaal, Nijverdal ; Borne, Goor, Haaksbergen, Friezenveen, Delden et, dans l'Est de la Gueldre, Winterswijk et Aalten, et même, plus loin, Deventer. Tout un essaim d'usines gravitent autour du tissage : ateliers de blanchiment à Wierden, Lonneker, Goor, Eibergen ; teintureries à Almelo ; ateliers de construction de métiers à Hengelo et Deventer. A côté du coton, la laine et le lin se maintiennent, et le jute est venu par surcroît ; on travaille la laine et le lin à Almelo et Hengelo, le jute à Rijsen ; on fait des tissus mélangés à Neede, Oldenzaal, de la bonneterie à Friezenveen, Almelo, Winterswijk, des tapis à Deventer et à Dinxperlo.

Voisin de l'Allemagne, ce groupe industriel vit presque solidaire de ce grand pays ; comme les étoffes néerlandaises ne peuvent s'y exporter à cause des tarifs douaniers, certains fabricants ont créé des usines en territoire prussien, par exemple à Gronau, où beaucoup d'ouvriers viennent des Pays-Bas travailler chaque jour. La houille consommée dans la Twente vient du bassin de la Ruhr par voie ferrée et par bateau : le canal Zwolle-Almelo-Nordhorn se trouve, grâce au canal Ems-Vecht, en relation avec le canal de Dortmund à l'Ems ; et l'on a décidé en 1919 la construction d'un canal, accessible aux bateaux du Rhin, qui quittera le Rhin en aval de Lobit et gagnera la Twente par Laag Kappel et Lochem.

L'essor de cette région industrielle rappelle les autres poussées manufacturières du continent : parmi les villages et les bourgs d'autrefois, beaucoup sont devenus des villes ; depuis le début du xixᵉ siècle jusqu'en 1925, on a vu Almelo passer de 1950 à 27 000 habitants, Enschede, de 2 700 à 45 000, Hengelo, de 2 400 à 29 000. Il semble même que l'avenir prochain réserve à ce canton déjà si peuplé une nouvelle fortune. Des sondages ont découvert en 1919 à Boekelo, près de Lonneker, dans les couches triasiques, à une profondeur de 403 mètres, des gisements de sel ; une usine fonctionne déjà avec plus de 200 ouvriers, raffinant le sel de cuisine et préparant le sel industriel. D'autres sondages ont rencontré les mêmes dépôts à des profondeurs de plus de mille mètres au Nord-Est de Winterswijk, et, plus bas, des gisements de houille.

II. — LA CAMPINE NÉERLANDAISE (BRABANT ET LIMBOURG)

Au Sud de la vallée du Rhin et de la Meuse, s'étend une autre région de sables et de graviers, autre fragment du grand delta néerlandais, large de 130 kilomètres entre Bergen op Zoom et Venlo. Par ses affinités géographiques, elle se rapproche si étroitement de la Campine belge qu'on pourrait les unir dans une même description (fig. 44).

PAYSAGES ET MISE EN VALEUR. — Les vallées des fleuves s'étant enfoncées dans la masse des sables et des cailloutis, leurs versants, souvent étagés en terrasses, donnent les seuls reliefs de ces pays plats. Les hauteurs de Bergen op Zoom, qui dominent d'une dizaine de mètres les polders voisins, représentent une ancienne haute berge de l'Escaut. Entre la Meuse et le Rhin, à la hauteur de Nimègue, s'élève un étroit plateau de cailloutis, descendant doucement vers la Meuse, tombant raide vers le Rhin d'une hauteur de près de 90 mètres : le site de Nimègue occupe l'extrémité septentrionale de cette haute terrasse (Pl. XXXIII, A).

Sauf le long des vallées suivies toujours par un ruban d'argile et sauf quelques tourbières, tout le pays est constitué par du sable et des cailloux. Les aspects de la surface varient selon la nature de la végétation et selon les interventions de l'homme. Tantôt, comme à Loonopzand et sur la lisière occidentale du Brabant, le sable s'amasse en dunes, mouvantes au gré des vents. Tantôt, comme le long de la frontière allemande au Nord de Venlo ainsi que sur la limite du Brabant et du Limbourg, dans le Peel et dans les environs de Weert, s'étendent des tourbières avec leur lacis de rigoles et de fossés. Tantôt, sur ces sols pauvres et arides, c'est la lande qui couvre l'espace, la lande de bruyères, de genêts, de genévriers, solitude brûlante sous les ardeurs de l'été où la marche est pénible le long des pistes croulantes. Tantôt enfin, lorsque les entreprises de boisement ont réussi, de grands bois de pins envahissent les horizons et dominent le paysage de leurs masses sombres (Liesbosch près de Prinsenhage, Mastbosch près de Ginneken, Weerterbosch près de Weert, Echterbosch au Sud de la Roer). Mais, à travers ces domaines de nature inculte ou boisée, l'homme a fait patiemment pénétrer au cours des générations la multitude de ses petits champs; grâce à la litière coupée dans la lande, grâce au fumier des troupeaux qui pâturaient dans les bruyères, grâce aux cendres des terrains écobués, il a progressivement constitué son domaine agricole. Et maintenant les cultures avec les villages et les lieux habités forment de vertes oasis au milieu des bois et des landes; elles se décomposent en une multitude de parcelles, presque toujours entourées d'arbres en taillis, de chênes, de bouleaux, de noisetiers, parfois aussi ceintes par des levées de terre.

Les campagnes, ainsi transformées par la colonisation agricole, offrent le tableau d'une variété pittoresque où plusieurs éléments, champs, bois, landes, vallons, s'entremêlent, n'ayant chacun aucune continuité, les uns formant une tache ou une clairière au milieu des autres (fig. 45).

Comme dans la Campine belge et comme dans les autres pays néerlandais du sable, la terre se répartit entre de petites exploitations, travaillées avec des moyens modestes, un cheval, une vache et parfois même à la bêche. Elle produit, avant tout, du seigle, de l'avoine et des pommes de terre; elle donne souvent, après

Phot. A. Demangeon.

A. — UN ASPECT DE LANDE, PRÈS D'AMERSFOORT.

Phot. A. Demangeon.

B. — UNE MAISON RURALE, A BERG EN DAL, PRÈS DE NIMÈGUE.

Phot. Alg. Nederl. Vereeniging.

A. — LA VALLÉE DE LA GEEL ET VALKENBURG
(LIMBOURG NÉERLANDAIS).

Phot. Alg. Nederl. Vereeniging.

B. — LE VILLAGE DE LIMBURG (LIMBOURG NÉERLANDAIS).

la moisson du seigle, une culture dérobée de navets destinée à la nourriture du
bétail en hiver. La fortune du paysan se concentre de plus en plus dans les
étables. La plupart des fermes livrent leur lait aux laiteries coopératives (*zui-
velfabriek*) qui fabriquent le beurre. Avec le petit lait, on engraisse les porcs et
les veaux. Aussi toute la vie rurale de la région afflue, à certains jours réguliers,
sur les marchés des petites villes où les cultivateurs apportent leur beurre, leurs
œufs et leurs bêtes ; certains de ces marchés ont même leur réputation particulière : Roermond, Eindhoven, Waalwijk et Kaatsheuvel pour le beurre ; Roermond, Bois-le-Duc, Uden et Os pour les porcs ; Kuik pour les bêtes à cornes.

FIG. 44. — Carte d'ensemble du Sud des Pays-Bas.
1, Canaux ; 2, Digues ; 3, Courbe hypsométrique de 0 mètre. — Échelle, 1 : 1 000 000.

LA VIE INDUSTRIELLE. — Ce pays au sol maigre, que le travail du cultivateur tranforme peu à peu en une terre féconde, contient un nombre remarquable d'ouvriers d'industrie. La province du Nord-Brabant en renferme 57 000,
soit 88 p. 1 000 de sa population : proportion plus forte même qu'en Hollande.
Étant donnée la pauvreté naturelle du sol, il fut très tôt nécessaire de chercher
des ressources accessoires ; ainsi naquirent des métiers à domicile, utilisant les
produits locaux, la laine, le tan, le bois ; quoique le pays ne possède pas de charbon et que beaucoup de matières premières lui manquent, cette main-d'œuvre
rurale continue à s'occuper dans les usines, assurant ainsi la survivance de l'économie industrielle. Il faut ajouter que des courants de commerce traversèrent
longtemps cette région comprise entre la Hollande et les pays de l'Escaut et de la
Meuse ; Breda et Bois-le-Duc étaient des étapes sur ces routes de trafic, par lesquelles les produits de l'industrie locale trouvaient un débouché vers le dehors ;
d'Amsterdam, de Leiden et d'Utrecht, le trajet se faisait en bateau par la Dintel
et la Dièze jusqu'à ces deux villes ; de là, il se poursuivait par terre jusqu'à

Anvers, Liége et Maastricht, à l'aide de gros chariots attelés de six ou douze chevaux.

C'est dans le Nord-Brabant et le Limbourg, pays aux rivières nombreuses et nourries par les sources des sables, que se trouvent les quatre cinquièmes des brasseries de tous les Pays-Bas; elles se pressent dans la vallée de la Meuse depuis Maastricht jusqu'à Venlo et surtout dans la région septentrionale, depuis Bergen op Zoom jusqu'à Bois-le-Duc, Breda et Tilburg, où se cultive le houblon. Pour les cuirs et les chaussures, le centre principal se localise dans le Langstraat, depuis Oosterhout jusqu'à Bois-le-Duc, c'est-à-dire sur le contact du pays de sable et du pays d'argile, où très anciennement les ateliers domestiques, transformés presque tous aujourd'hui en fabriques, disposaient de tan, de peaux, d'eau claire et courante. A lui seul le Brabant renferme 80 p. 100 des tanneries néerlandaises; on les trouve à Waalwijk, Dongen, Rijen, puis autour de Bois-le-Duc, d'Eindhoven, de Tilburg et d'Oosterwijk. Les fabriques de chaussures se réunissent aussi surtout dans le Langstraat (Kaatsheuvel, Waalwijk, Besooijen), ainsi qu'à Tilburg, Bois-le-Duc et Dongen. Riche de capitaux, cette industrie produit beaucoup; elle exporte vers les Indes néerlandaises, l'Afrique du Sud et l'Angleterre.

Parmi les industries qui dépendent essentiellement de matières premières importées, il faut mettre avant toutes les autres l'industrie textile. L'industrie lainière des Pays-Bas se concentre presque tout entière à Tilburg, qui renferme 75 p. 100 des fabriques néerlandaises d'étoffes de laine et qui occupe 8 500 ouvriers; le reste se répartit entre Eindhoven, Geldrop, Stratum et, en dehors de la province, dans la Twente. On fabrique des cheviots, des cachemires, des flanelles, des molletons, des draps. La laine vient d'Anvers et de Londres; la moitié des produits s'exporte vers l'Angleterre, la Belgique, la Suisse. Pour le coton, le Brabant ne possède pas de filatures; les filés arrivent de l'étranger par Rotterdam et Anvers. Mais on tisse aussi le coton à Helmond (1 750 ouvriers), le lin près d'Eindhoven et le jute à Goorle.

D'autres usines se disséminent à travers cette région des sables, imprimant par leur multitude un véritable caractère d'ubiquité à l'économie industrielle : manufactures de tabac et de cigares à Eindhoven, Bois-le-Duc, Tilburg, Valkenswaard; usines de cacao à Helmond, Breda, Bois-le-Duc; fabriques de lampes électriques à Eindhoven, Venlo, Tilburg, Boxtel; ateliers de construction mécanique à Helmond, Tilburg, Breda, Bergen op Zoom; ateliers de chemins de fer à Tilburg; ateliers de construction de moulins à vapeur à Roermond et Breda. Ces sources de richesse expliquent que, dans un pays au sol pauvre, la densité de la population atteigne 132 habitants par kilomètre carré dans le Brabant, et 168 dans le Limbourg, et que de vraies villes y aient pu grandir.

LES VILLES. — Les villes se répartissent en trois groupes : le long de la Meuse, à l'intérieur du pays et sur sa lisière septentrionale. Roermond (14 000 hab.), bâtie sur une croupe qui domine la rive droite de la Meuse, joua dès le XIIIᵉ siècle le rôle de forteresse; elle est maintenant un gros marché agricole; plus bas, sur la Meuse, Venlo (22 000 hab.) fut longtemps une place forte commandant le passage de la rivière, et aussi un comptoir de la Hanse au XVᵉ siècle; elle ne vit plus guère que de ses relations avec les campagnes. A l'intérieur du Brabant, plusieurs villes doivent leur fortune actuelle à l'essor de leurs industries : Hel-

Fig. 45. — Aspect de la campagne du Brabant, au Sud de Breda, d'après la carte des Pays-Bas à 1 : 50.000.

Champs cultivés et hameaux se groupent le long des vallées. Ces clairières habitées sont séparées par de vastes étendues de landes et de bois.

mond (22 000 hab.), sur le Zuid Willemsvaart, très animée par ses brasseries, ses chocolateries, ses tissages et usine d'impression, ses ateliers mécaniques; Eindhoven, sur la Dommel, marché rural de 3 000 habitants jusqu'au milieu du xixᵉ siècle, transformé par l'arrivée du chemin de fer, en 1866, en un centre industriel avec des tissages, des manufactures de cigares, une fabrique de lampes à incandescence, et en une agglomération ouvrière qui englobe maintenant 60 000 habitants, la seconde ville du Brabant; Tilburg, centre des tissages de laine, qui passa de 13 700 habitants en 1840 à plus de 70 000 aujourd'hui. Enfin trois autres villes se sont établies sur la lisière des sables, au contact des grandes vallées fertiles et des voies navigables. Bergen op Zoom (20 000 hab.) comptait au moyen âge, surtout au xvᵉ siècle, parmi les villes les plus riches des Pays-Bas, à cause de son commerce maritime, de ses pêcheries et de ses fabriques de drap; à partir du xviᵉ siècle jusqu'au xixᵉ, elle connut les destinées tragiques des places frontières; elle vit maintenant de ses marchés et d'usines qui dépendent du milieu agricole : sucrerie, distillerie, engrais, tuyaux de drainage. Breda (30 000 hab.), jadis étape de commerce sur le chemin de Maastricht et de Liége, puis forteresse disputée entre les Espagnols et les Hollandais, réunit aujourd'hui assez de manufactures de toute sorte pour former avec des villes voisines comme Prinsenhage et Ginneken une agglomération de plus de 50 000 habitants. Bois-le-Duc ('S Hertogenbosch) (42 000 hab.) existait au xiiᵉ siècle; mieux placée que Breda, au contact des voies d'eau qui la reliaient aux grandes rivières et des voies de terre qui se dirigeaient vers Aix et Liége, elle connut au moyen âge la fortune d'un entrepôt de marchandises sur une route fréquentée. Les voies ferrées ont déprécié la valeur de cette position et laissé à Bois-le-Duc le rôle d'une cité régionale, avec de forts marchés de bétail et des usines de produits agricoles, distilleries, tanneries, minoteries, fabriques de margarine.

III. — LE LIMBOURG MÉRIDIONAL

Le long de la rive droite de la Meuse, comme une enclave entre le territoire belge et le territoire allemand, on voit s'avancer un appendice presque isolé du royaume des Pays-Bas : c'est le pays de Maastricht, de Heerlen et de Sittard, petit quadrilatère de 25 kilomètres de côté, rattaché à la province de Limbourg. Ses caractères géographiques font de lui comme un membre étranger au corps du pays néerlandais.

Paysage et économie rurale. — Par son relief et son sol, le Limbourg méridional appartient aux plateaux qui forment la Hesbaye et le pays de Herve en Belgique. De tous les territoires des Pays-Bas, il est le seul où l'on puisse voir affleurer des roches en place. Il ne se classe pas avec le grand delta des sables et des graviers, mais avec les plateaux de craie qui bordent vers le Nord le massif ardennais; la vallée de la Geul y met même à jour, au-dessous de la craie, le terrain houiller; dans sa partie septentrionale, d'épaisses couches de lignites, de sables et d'argiles tertiaires recouvrent la craie, et, sur le tout, repose un uniforme manteau de limon. La surface du plateau s'incline doucement du Sud-Est, où elle s'élève à 300 mètres près de Vaals, vers le Nord-Ouest, où elle s'abaisse à 100-110 mètres sur les bords de la vallée de la Meuse. Comme le fond de cette vallée se trouve à 42 mètres à Maastricht et 27 mètres à Maaseyck, les rivières du pla-

teau s'encaissent profondément : de là, les sillons de la Gulpe, de la Geul, de la
Geleen et de la Wurm, avec leurs versants boisés, leurs parois rocheuses, leurs
eaux rapides qui font mouvoir des moulins. A Valkenburg, la vallée de la
Geul s'enfonce entre des murailles de craie qui la dominent de 60 à 70 mètres.
Dans les flancs de la craie, au Sud de Maastricht, des carrières ouvrent leurs
galeries longues de plusieurs kilomètres. En contraste avec ces vallées profondes, les plateaux limoneux présentent des surfaces uniformes et découvertes où se massent de gros villages entourés de vergers (Pl. XXX, A et B).

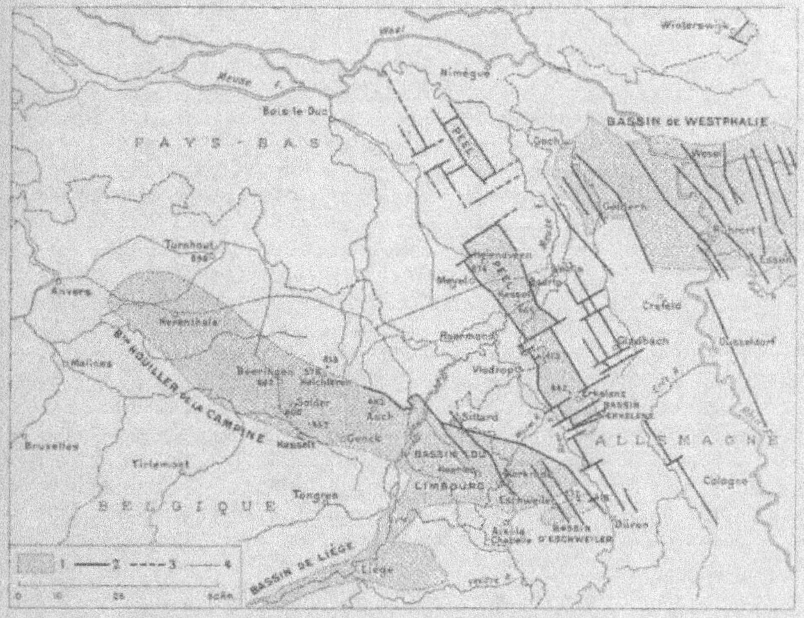

Fig. 46. — Les bassins houillers des Pays-Bas et de la Campine.

1, Gisement houiller reconnu; 2, Failles et dislocations souterraines; 3, Limites d'États; 4, Canaux. — Les chiffres
indiquent la profondeur, au-dessous du niveau de la mer, à laquelle le terrain houiller a été atteint.

Sur les terres fortes du limon, soumises aux chaleurs d'été déjà continentales, les moissons mûrissent; c'est un pays de culture, produisant seigle et froment, pommes de terre, avoine, fèves, betteraves à sucre, plantes fourragères;
les terres arables occupent les deux tiers du sol : on nourrit les bêtes à cornes beaucoup plus avec les produits de la culture qu'avec l'herbe des pâtures. Plus humides et parfois inondées, les vallées, surtout celle de la Meuse, sont le domaine
de l'herbe. Rien n'égale en fraîcheur pastorale et bocagère la vallée de la Meuse,
ample comme une plaine depuis Liége (Pl. XIV). Dans les lieux bas exposés
aux inondations du printemps, s'alignent en rangs pressés les plantations de
peupliers; sur les limons que déposent les grandes crues, prospèrent de belles
prairies peuplées de bétail. Répandus dans les pâtures ou sur les versants enso-
leillés, des vergers de pommiers, de poiriers, de cerisiers, de pruniers, de fram-

boisiers, de groseilliers donnent des fruits qui s'exportent vers l'Allemagne et l'Angleterre; chaque village, chaque hameau disparaît derrière ces masses d'arbres, derrière les clôtures des prairies. Aussi, dans son ensemble, le Limbourg méridional, plateaux et vallées, est un pays rural, fertile et riche; toutes les villes font vie commune avec la campagne; à Maastricht se tient un gros marché de beurre et d'œufs; à Valkenburg, un marché de chevaux; à Kerkrade, un marché de porcs; à Heerlen, un autre marché de beurre. Sittard possède une école d'agriculture.

La vie urbaine et le bassin houiller. — Ce coin de terre néerlandaise, voisin des deux grands centres industriels de Liége-Verviers et d'Aix-la-Chapelle, n'a pas subi, autant qu'on l'imaginerait, le rayonnement de ces centres. La raison en est son isolement; des frontières douanières l'entourent de presque tous les côtés. Peu ou pas de communication par eau, la Meuse n'étant pas navigable. Maastricht dispose bien d'un canal qui l'unit à Liége (25 km., ouvert en 1850) et d'un autre à faible tirant d'eau qui, par Bois-le-Duc, l'unit aux provinces de Hollande (Zuid Willemsvaart, 129 km., ouvert en 1826). Mais la ceinture de frontières qui étreint le pays n'a pas permis le passage d'un grand courant de circulation, ni le grand développement des villes. Elles sont les mêmes qu'autrefois avec leurs marchés locaux et leur petit monde d'artisans : Meersen (6 200 hab.), Sittard (3 000 hab.), Eijsden. Maastricht (58 000 hab.) n'a pas son importance d'autrefois, alors qu'elle gardait le point où la chaussée romaine de Cologne à Bavay traversait la Meuse (*Trajectum ad Mosam*), alors qu'elle devenait le siège de l'évêché transféré de Tongres, et plus tard l'une des places fortes des Pays-Bas et le grand entrepôt sur la route des Flandres au Rhin, des Pays-Bas à Liége. Cependant l'époque moderne l'a ranimée par l'industrie, par ses verreries, ses faïenceries, ses fabriques de céramique, ses brasseries, ses distilleries, ses papeteries, ses briqueteries. Elle n'offre guère l'aspect habituel des villes néerlandaises; elle vit au contact du monde wallon et du monde germanique; de ses anciennes relations avec Liége, elle garde un cachet wallon prononcé, beaucoup d'enseignes en français, des types d'architecture plus méridionaux.

Quand on s'éloigne de Maastricht vers l'Est et qu'on approche de la région d'Aix-la-Chapelle, on pénètre dans le bassin houiller du Limbourg méridional. Des recherches récentes ont fait découvrir, dans la partie méridionale des Pays-Bas, deux bassins houillers, l'un, le bassin de Peel, l'autre, le bassin du Limbourg méridional. Le bassin de Peel, qui s'étend au-dessous des croupes caillouteuses et tourbeuses du marais de Peel, s'oriente Nord-Ouest-Sud-Est; on l'a reconnu de Helanaveen à Vlodrop; il passe au-dessous de la vallée de la Meuse entre Roermond et Venlo; il se continue en Prusse par les gisements d'Erkelenz; les sondages entrepris depuis 1904 ont rencontré la houille à 560 mètres de profondeur à Vlodrop, à 914 mètres à Helenaveen. Le bassin du Limbourg méridional, orienté parallèlement au bassin du Limbourg septentrional, dont il est séparé par une fosse profonde où la houille se trouve enfouie au-dessous de 2 500 mètres de morts-terrains, n'est pas autre chose que le passage, en territoire néerlandais, du bassin houiller exploité en Prusse à Aix-la-Chapelle et dont on a découvert le prolongement en territoire belge sous la Campine jusqu'à Anvers. A Kerkrade, le charbon se trouve tout près de la surface; à Heerlen, à 100 mètres de profondeur. Mais cette profondeur s'accroît vers l'Ouest. On calcule que, au-dessus de

1 200 mètres, le bassin de Peel contient 2 950 000 milliers de tonnes de charbon, et le bassin du Limbourg méridional, 1 750 000; ce qui représente pour les deux bassins une réserve totale de 4 700 000 milliers de tonnes de charbon, sans parler des gisements inférieurs à 1 200 mètres (fig. 46).

De ces deux bassins néerlandais, seul le bassin du Limbourg méridional est actuellement exploité, et encore ne l'est-il qu'en partie. Au milieu du XVIIIe siècle, on exploitait déjà la houille près de Kerkrade pour l'abbaye de Rolduc; mais l'extraction en grand date de la fin du XIXe siècle (1899). Les deux principaux centres d'extraction sont Kerkrade (30 000 hab.) et Heerlen (39 000 hab.); mais d'autres se développent à Schaasberg, Eigelshoven, Brunsum, Spekholzerheide, Hoensbroek. La production du charbon a passé de 320 000 tonnes en 1900 à 6 848 000 tonnes en 1925; elle occupe 30 000 ouvriers, sans parler des usines de briquettes et d'agglomérés, ni des fours à coke. Un groupe de puits entretient une grande centrale électrique qui fournit d'électricité tout le Limbourg méridional et projette d'en transporter jusqu'aux villes industrielles du Brabant.

Jusqu'à l'heure présente, ce charbon n'a pas beaucoup profité aux Pays-Bas; le bassin se trouve à l'écart et séparé de la masse du pays par la Meuse, qui n'est pas navigable; il ne peut pas lutter, sur les bords du Rhin, contre les charbons britanniques et allemands; il écoule la meilleure partie de sa production vers la région d'Aix-la-Chapelle. Bientôt il aura son débouché vers le cœur des Pays-Bas. Des travaux commencés en 1920 vont rendre la Meuse navigable en territoire néerlandais depuis Linne (en amont de Roermond) juqu'à Grave et accessible aux bateaux rhénans de 2 000 tonnes; un canal de 13 km. 5 joindra la Meuse de Grave avec le Waal près de Nimègue; et ainsi sera réalisée la liaison du bassin houiller avec le réseau des grandes rivières néerlandaises, et rompu l'isolement du Limbourg méridional.

CHAPITRE XIV

LES PAYS DU RHIN ET DE LA MEUSE.
LES ESTUAIRES ET LES ARCHIPELS. ROTTERDAM

Le long du Rhin et de la Meuse, dans les larges vallées qu'ils ont ouvertes au milieu des sables et des cailloux, de l'argile s'est déposée; de chaque côté des deux fleuves et entre leurs bras, ces dépôts récents forment une véritable plaine, large de 15 kilomètres entre Arnhem et Nimègue et de 45 kilomètres entre Utrecht et Heusden, longue de 110 à 120 kilomètres depuis son entrée dans les Pays-Bas jusque vers Rotterdam. Le manque de pente et l'alluvionnement continu obligent les rivières à se ramifier et à exhausser leur lit; les pays riverains doivent se protéger par des digues. Toute la plaine est un *polderland*, c'est-à-dire un territoire dont le drainage, en dehors des lits fluviaux endigués, s'opère artificiellement. L'argile fluviale donne des terres fécondes qui ont fait la réputation agricole de la Betuwe ou Bon Pays, ainsi que des autres îles enserrées par les rivières. Ces grandes vallées passent sans transition, vers l'aval, à l'archipel, formé d'alluvions marines, où les fleuves se transforment en bras de mer; toutes ces îles de Hollande et de Zélande, inférieures au niveau des marées, sont aussi un polderland (fig. 44 et 48).

Les pays riverains des fleuves et de leurs estuaires ne forment pas une unité administrative. Plusieurs provinces s'y rencontrent : Brabant septentrional, Gueldre, Utrecht, Hollande méridionale, Zélande. Mais ils possèdent une unité géographique : elle exprime l'action des grands fleuves qui ont créé la terre, qui entrecroisent leurs bouches à travers les mêmes eaux marines et qui de tout temps ont offert au commerce de magnifiques voies de communication (Pl. XXXI, A).

I. — LES FLEUVES

LE TRACÉ DU COURS DU RHIN ET DE SES BRAS. — C'est au voisinage de la frontière néerlandaise que le Rhin pénètre dans son delta. C'est là que, cessant d'avoir un seul chenal d'écoulement, il partage ses eaux entre plusieurs bras. La première division des eaux s'effectue à Pannerden; le bras qui se dirige vers l'Ouest s'appelle le Waal; celui qui se dirige vers le Nord-Ouest continue à s'appeler le Rhin (Rijn ou Neder Rijn), quoiqu'il n'ait pas le plus fort débit, mais sans doute parce qu'il prolonge la direction du fleuve. En face de Huisen, le Neder Rijn se partage lui-même en deux bras : l'un, l'Ijsel, s'oriente vers le

Nord; l'autre, le bras principal, poursuit son cours vers l'Ouest et s'appelle toujours le Rhin. La répartition des eaux du fleuve entre ces trois bras, dont le tracé et la forme sont en partie l'œuvre de l'homme, s'accomplit conformément à des conventions que les pays et les villes riveraines ont conclues en 1745 et en 1771. Si l'on représente par 9 le débit total du Rhin, 6 parties vont au Waal, 2 au Neder Rijn, 1 à l'Ijsel. Ces proportions sont maintenues officiellement; mais la nature ne se prête pas exactement à ce partage officiel : le Waal prend toujours plus que sa part. Par exemple, le 15 mars 1916, le débit des trois bras s'écoula selon les proportions suivantes : Waal, 6,14; Neder Rijn, 1,76; Ijsel, 1,10 (Pl. IV, B).

Que deviennent, une fois indépendants, les trois fleuves? L'Ijsel se rend directement dans le Zuiderzee; il s'y termine par un delta aux bras obstrués, dont le principal, le Keteldiep, a été transformé par des travaux en un chenal artificiel. Le Rhin (Neder Rijn), une fois dépassé Arnhem, se dirige vers l'Ouest par Wageningen, Rhenen, Wijk bij Duurstede. A partir de Wijk, il reçoit le nom de Lek et passe à Kuilenburg, Vianen, Vreeswijk et Krimpen où il s'unit au Noord venant de Dordrecht. A Krimpen, il reçoit la marée. Mais il n'a pas terminé ses changements d'état civil; il s'appelle alors Nieuwe Maas et passe à Rotterdam; enfin il se partage en deux chenaux que sépare l'île de Hoek van Holland; le chenal du Nord se compose du Scheur et du canal artificiel creusé pour le port de Rotterdam (Nieuwe Rotterdamsche Waterweg); le chenal du Sud se compose du Botlek et de la Nouvelle Meuse de Brielle (Brielsche Nieuwe Maas).

Le Waal avec les deux tiers des eaux du Rhin passe à Nimègue, Tiel, Zaltbommel, Loevenstein (en face de Woudrichem). A Woudrichem, il change de nom pour s'appeler Merwede, mot dont on ignore l'origine. A Hardinxveld, le fleuve, qui reçoit la marée, devient estuaire maritime. Mais ses divagations continuent. A Hardinxveld, la Merwede se divise en deux bras : l'un, la Beneden Merwede avec 35 p. 100 des eaux se rend à Dordrecht et se partage lui-même en trois bras (le Noord qui rejoint la Nouvelle Meuse à l'Est de Rotterdam; l'Oude Maas qui s'unit plus loin à l'Ouest avec la Nouvelle Meuse de Brielle; le Dordsche Kil qui gagne le Hollandsch Diep vers le Sud); l'autre bras, la Nieuwe Merwede, avec 65 p. 100 des eaux, s'écoule à travers le dédale des îlots et des chenaux (*kil*) qui forme le Biesbosch, et finalement s'épanouit dans le large bras de mer du Hollandsch Diep (Pl. VII, B).

Cet état actuel résulte d'une évolution fort compliquée, dont il serait trop long de retracer les épisodes préhistoriques. On peut affirmer que la division en trois bras, Waal, Neder Rijn et Ijsel existait déjà à l'époque romaine. Mais que de vicissitudes au cours des siècles postérieurs! Dès l'antiquité, c'est le Waal qui détient le plus gros débit; il marque déjà une tendance à s'accroître aux dépens des autres bras. Ces habitudes de brigandage ont rendu nécessaires de grands travaux à la bifurcation du Waal conquérant et du Rhin inférieur menacé.

Le Lek existait aussi au début de notre ère. Une ville de commerce, Dorestad, y florissait au XIIIe siècle; ses marchands trafiquaient avec Cologne, avec le Zuiderzee et l'Océan. La grande originalité du Lek consiste en ce qu'il se ramifiait jadis entre un grand nombre de bras et que maintenant tous ces bras sont morts. Du Lek se détachait à Wijk bij Duurstede le Rhin sinueux (Kromme Rijn) qui passait à Utrecht et s'y partageait lui-même en deux bras, l'un gagnant le Zuiderzee par le Vecht, l'autre, l'Oude Rijn ou Vieux Rhin se jetant dans la mer du Nord à l'Ouest de Leyde. Le Rhin sinueux prolongé par le Vecht fut longtemps, avant l'éclosion de la fortune d'Amsterdam, la grande voie d'eau entre le Rhin et le Zuiderzee, avec Utrecht comme entrepôt. Mais toute cette hydrographie s'est oblitérée, effacée. Le Rhin sinueux n'est plus qu'un canal partagé par des écluses en quatre biefs; de temps en temps, lorsque les petites rivières du pays tombent en défaillance à la suite de trop grandes sécheresses et qu'elles lui refusent toute alimentation, on ouvre l'écluse du Lek pour lui envoyer un peu de soutien : rare occasion pour lui de communiquer avec le Rhin. Quant au Vieux Rhin de Leyde, on ne doit plus l'appeler rivière; au commencement du XIXe siècle il se trouvait tellement affaibli que ses eaux, incapables de traverser les dunes pour atteindre la mer, s'étalaient en marécages; on dut leur construire en 1804-1807 une sortie artificielle avec d'énormes écluses à Katwijk; le Vieux Rhin n'est plus qu'un canal à écluses utilisé par les *waterschappen* pour l'écoulement artificiel des eaux intérieures; le Vecht n'a plus d'autre ambition. En aval du Rhin sinueux, à Vreeswijk, on voit se détacher du grand Rhin une autre coulée fluviale qui, à en juger par la largeur de ses dépôts d'argile, fut jadis une belle rivière : c'est le Hollandsch Ijsel; il serpente dans les campagnes de Gouda, et rejoint le Lek à Krimpen; jusqu'à la fin du XIIIe siècle, il livra passage à des flottilles de bateaux de commerce; depuis 1862, fermé par des écluses à ses deux extrémités, canalisé de Vreeswijk à Gouda, il joue le rôle d'un réservoir intermédiaire, d'un *boezem*, par lequel les eaux de 10 000 hectares de polders se déversent dans l'estuaire. Ainsi, de toutes les coulées du Lek à travers le delta, il ne subsiste plus que des canaux construits, tout équipés de digues et d'écluses, où ne passe pour ainsi dire plus d'eau rhénane; leurs sinuosités seules, respectées et suivies par les travaux des hommes, rappellent les primitives rivières.

Cette curieuse évolution des bras du Rhin révèle la tendance persistante des eaux à abandonner leurs chenaux septentrionaux pour se détourner en de nouveaux chenaux vers le Sud. Cette tendance, qui résulte de la lente migration des bouches fluviales vers le Sud, s'explique par le puissant soutirage des estuaires méridionaux, dû à l'action des marées. On observe que le niveau de la basse mer s'abaisse progressivement depuis Texel jusqu'au Pas de Calais; la dénivellation des marées ordinaires s'accroît de 1 m. 50 à Texel à 1 m. 78 à l'embouchure de la Meuse, 2 m. 48 au Hollandsch Diep, 3 m. 72 à l'embouchure de l'Escaut. Les estuaires méridionaux ont donc les plus fortes pentes, les plus puissants courants de marée, les moyens les plus efficaces pour approfondir les chenaux et attirer vers eux les bras oscillants du delta. Aussi voit-on les estuaires du Nord s'ensabler et se fermer au profit des estuaires du Sud. Des estuaires abandonnés gardent leur ancien nom, des estuaires nouveaux se développent, pour lesquels il faut en créer un nouveau. Un seul bras d'eau conserve le nom de Rhin : c'est le Vieux Rhin (Oude Rijn) de Leyde. Au bras de Rotterdam on a appliqué le nom de Meuse, et au bras de Gorinchem le nom de Merwede. La rivière wallonne, la Meuse, usurpe ainsi dans la nomenclature une place aux dépens du Rhin, et seul un maigre courant d'eau, perdu dans les sables, garde le nom du grand fleuve alpestre, « tel, dit Kohl, un noble personnage appauvri conserve le nom de sa famille ». L'Escaut lui-même a cédé à la même migration; il coulait jadis vers le Nord le long des hautes terrasses de Bergen op Zoom et gagnait, par l'Eendracht, les eaux des grandes rivières; à la suite de la formation du Hont (Escaut occidental), force lui fut de dévier vers l'Ouest.

Ces transformations du tracé des estuaires ont pris parfois pour les hommes la proportion de catastrophes. Aussi ont-ils voulu limiter ces migrations en fixant les chenaux artificiellement. Plusieurs de ces estuaires à marée ne sont plus que des constructions humaines : tels les bras de mer de l'archipel hollandais et zélandais dont les rives se dressent au-dessus des eaux en énormes bastions de pierre; tels le Nieuwe Waterweg de Rotterdam, la Nouvelle Merwede en aval de Werkendam et à travers le Biesbosch, ou bien encore le cours inférieur de la Meuse ou Bergsche Maas (fig. 13).

L'HYDROGRAPHIE DU RHIN. — Comme tous les fleuves de delta, le Rhin néerlandais n'a plus qu'une pente très faible : 0 m. 10 par kilomètre en eaux moyennes d'Emmerich à Lobit; 0 m. 04 à Krimpen sur le Lek et à Gorinchem sur le Waal; aussi les matières solides que transportent les eaux se déposent. Le Rhin charrie annuellement une moyenne de 1 500 000 mètres cubes de boue, soit 54 décigrammes par mètre cube et, en tout, 4 milliards de kilogrammes. A l'état de nature, les matériaux déposés exhaussent graduellement le lit et les rives des fleuves : de là, l'instabilité des chenaux, la formation de bras nouveaux, l'abandon des anciens. Toute la topographie de la vallée en amont de Pannerden évoque ces déplacements du lit par le grand nombre de vieux Rhins qui la sillonnent de bras d'eau circulaires. En fait, comme tous les fleuves coulent entre des digues, il n'y a plus de dépôts qu'à l'intérieur des digues; ils forment, de chaque côté de la rivière, ces bandes d'alluvions, couvertes d'herbe en été, appelées *uiterwaarden*. Les matériaux qui ne s'arrêtent pas en chemin continuent leur route jusqu'aux estuaires qu'ils comblent progressivement, comme on l'observe dans le Biesbosch (Pl. VII).

A la différence de la Meuse, le Rhin possède dans son bassin de hautes montagnes neigeuses. Il doit aux glaciers suisses de conserver un fort débit en été : cet apport estival assure sa navigabilité en toute saison. D'autre part, comme il reçoit les grandes rivières de l'Allemagne moyenne, qui ont leurs crues en hiver, c'est en hiver qu'il monte le plus haut; sur tous ses bras, le niveau moyen est de 0 m. 30 à 0 m. 40 plus élevé en hiver qu'en été (fig. 47). Mais, si l'on considère les niveaux extrêmes, on constate des écarts très grands; par exemple en 1912, à Nimègue, le niveau maximum atteignit 11 m. 62 + A. P.[1] le 15 janvier; le niveau minimum, 7 m. 43 le 8 mai. Aussi, par les grandes crues, tout l'espace entre les digues ne forme plus qu'une immense nappe d'eau d'où émergent les cimes des arbres et des saules des *uiterwaarden*; le spectacle est grandiose sur certains points de la vallée du Waal, où la distance entre les digues dépasse 2 kilomètres. Les profondeurs se montrent très irrégulières le long de ces grands fleuves; elles se creusent au pied des rives concaves que ronge le courant; entre deux fosses, le fond se relève, et l'on passe de l'une à l'autre par des seuils élevés; ainsi, en amont de Lobit près de la frontière, on mesure, ici, des profondeurs de 5 mètres, là, des profondeurs de 9 m. 50. C'est pourquoi le chenal navigable, c'està-dire la ligne joignant les points de plus grande profondeur, suit, dans le lit d'été, un tracé sinueux, sautant d'une rive à l'autre, laissant, dans l'intervalle, des zones dangereuses pour les bateaux. Aussi des travaux de correction et d'amélioration s'effectuent sans cesse pour maintenir le chenal en bon état.

---

1. Nous rappelons que le nivellement néerlandais compte les altitudes à partir du 0 de l'échelle d'Amsterdam (A. P.).

La navigation du Rhin. — Grâce à ces travaux, la navigation dispose pendant toute l'année, sauf de rares exceptions, d'une profondeur minima de 3 mètres dans le Waal, la Merwede, le Noord et la Nieuwe Maas; de 2 mètres dans le Rhin inférieur et le Lek. Il est peu fréquent que les basses eaux arrêtent la navigation; le cas s'est produit, sur le Rhin inférieur et le Lek, pendant quelques jours du mois de mai 1912. La même année, les glaces ont pris le Lek durant deux jours, et la débâcle des glaçons le rendit dangereux pendant six jours. Mais ces obstacles momentanés diminuent à peine la valeur admirable du Rhin comme voie navigable. Il n'effectue pas seulement les transports nationaux des Pays-Bas; mais, route internationale, il dessert la grande région industrielle de l'Allemagne occidentale, dont le trafic traverse le territoire néerlandais. C'est le Waal, le bras le plus profond et le plus volumineux, que ce trafic fréquente le plus; c'est par lui que Rotterdam, Amsterdam, Dordrecht et Anvers communiquent avec le Rhin allemand.

Fig. 47. — Régimes comparés de la Meuse et du Rhin.

En haut, régime de la Meuse à Maastricht; en bas, régime du Rhin à Coblentz. Maigres prononcés de la Meuse en été; abondance d'eau du Rhin en été.

Les statistiques du port frontière de Lobit permettent de mesurer l'intensité de ce courant de circulation. En 1912 il est passé devant Lobit 91 940 bateaux chargeant 34 621 700 tonnes; en 1922, 50 200 bateaux chargeant 31 500 000 t. Les deux tiers des transports se font sous pavillon néerlandais. Il y a donc toute une flotte rhénane, comptant près de 12 500 bateaux et plus de 25 000 hommes d'équipage, dont les principales maisons d'armement pour les Pays-Bas ont leur siège à Rotterdam et à Amsterdam. Le port fluvial de Rotterdam symbolise cette énorme puissance de transport et le rôle qu'elle joue dans l'économie internationale; sur l'ensemble de son trafic rhénan, les trois quarts se dirigent vers l'amont, minerais et céréales pour l'Allemagne; l'autre quart, charbon et fer, se rend vers l'aval. Pareille circulation, disproportionnée à l'économie néerlandaise, lui apporte d'énormes bénéfices; à lui seul le trafic du Rhin à Lobit représente 35 p. 100 du commerce extérieur des marchandises des Pays-Bas, autant que le trafic maritime.

La Meuse. — En pénétrant sur le territoire néerlandais, la Meuse est un fleuve tout formé, parvenu vers la fin de son cours, ne recevant plus que de faibles affluents. Quittant à l'aval de Maastricht les roches dures du massif ardennais et des plateaux limbourgeois, elle pénètre dans la masse des sables et des cailloutis du delta néerlandais; sur ces matériaux meubles, elle ouvre et élargit sa vallée; elle s'épanouit sur une plaine alluviale avec des faux bras, des formations d'îles, des pentes faibles, de vastes zones inondées; des prairies, plantées de peupliers, sillonnées de fossés, semées de villages qu'entourent des vergers, couvrent le fond de la vallée.

La Meuse se distingue nettement du Rhin par sa pente plus forte, qui révèle une évolution moins avancée. Entre Maastricht et Maasband (au Nord d'Elsloo), cette pente s'élève, en eaux moyennes, à 0 m. 43 par kilomètre; or, sur le Rhin, de Cologne à Emmerich, la pente n'est déjà plus que de 0 m. 13 et, d'Emmerich à Lobit, que de 0 m. 109; de là, la grande vitesse des eaux de la Meuse. A cet inconvénient sérieux pour la navigation et très sensible pendant les crues d'hiver, s'ajoute l'insuffisance des débits d'été. A la différence du Rhin, que nourrissent en été les eaux des neiges et des glaces alpestres, la Meuse, rivière de plateaux et de basses montagnes, dépend, avant tout, de l'alimentation fluviale, forte pendant la saison froide, faible pendant la saison chaude; de là, son régime inégal avec des maigres prononcés en été et de fortes crues en hiver (fig. 47). Tandis que le débit maximum et le débit minimum sur le Rhin sont entre eux comme 6 et 1, ils sont sur la Meuse comme 20 et 1; en été, la navigation ne remonte pas au delà de Venlo, à cause du manque d'eau. En 1880, à Venlo, on put mesurer le 7 septembre un débit de 65 mètres cubes par seconde; le 28 décembre, un débit de 2 097 mètres cubes. A Maastricht, on a constaté des débits d'étiage de 35 à 10 mètres cubes.

A partir de Grave, la Meuse prend de plus en plus les caractères d'une rivière de delta, exhaussant son lit, incapable de contenir toutes ses eaux, sujette à inonder les campagnes voisines situées plus bas, et soumise à l'endiguement; des digues l'emprisonnent déjà à Mook sur la rive droite, et à partir de Grave sur les deux rives. La nécessité de cette défense s'imposait aux riverains non seulement contre les crues de la Meuse constamment menaçantes, mais encore contre les crues du Rhin, puissant voisin, qui, situé plus haut que la Meuse, y déversait l'excès de ses eaux. Jusqu'en 1904, les deux fleuves avaient deux points de contact: l'un à Woudrichem, où la Meuse gagnait le Waal; l'autre à Saint-Andries, où l'on avait construit depuis longtemps pour les bateaux un canal de jonction fermé par une écluse, mais où subsistaient cependant des déversoirs pour les grosses crues. Or, il y avait de graves inconvénients à cette communication des deux fleuves. Le Waal, grossi des eaux alpestres, montre encore des crues à la fin du printemps et au commencement de l'été; ces crues, se déversant dans la Meuse, l'empêchaient de baisser et maintenaient ses berges submergées jusqu'à la fin du printemps; d'autre part, par suite du soutirage de ses eaux par les déversoirs de Saint-Andries (à Heerenwaarden), le Waal perdait de la vitesse vers l'aval, ce qui amenait des alluvionnements dangereux pour la navigation et, en hiver, des embâcles de glaces. Les travaux d'amélioration ont comporté essentiellement trois opérations. D'abord on a remplacé les déversoirs de Heerenwaarden par une digue insubmersible. Ensuite, on a supprimé tout contact entre Meuse et Rhin à Woudrichem; on a créé pour le fleuve un nouveau lit, la Bergsche Maas, long de 22 kilomètres; cette nouvelle rivière part de Heleind à 3 kilomètres Est de Heusden; elle suit une partie d'un ancien lit de la Meuse (Oude Maasje), gagne l'Amer au Nord de Geertruidenberg et débouche dans le Hollandsch Diep devant Lage Zwaluwe où la marée basse est de 2 mètres moins haute qu'à Woudrichem sur le Waal. Ainsi les deux grands fleuves coulent désormais indépendants l'un de l'autre; et, d'autre part, la Meuse dans son estuaire suit un cours artificiel que l'homme lui impose; elle est parvenue au terme de l'existence mouvementée qui la fit jadis errer à travers le delta en suivant des chenaux que nous retrouvons aujourd'hui çà et là, sous le nom de Oude Maas, jusque dans l'archipel littoral.

Avec le xxe siècle, fixité et stabilité ont remplacé mobilité et indiscipline; un chenal artificiel, la Bergsche Maas, porte les eaux de la Meuse à l'Amer, estuaire maritime qui les conduit dans le Hollandsch Diep.

II. — LES PAYSAGES ET L'ÉCONOMIE RURALE

Le pays même, où les grands fleuves coulent avant d'atteindre la mer, est leur œuvre; ils cheminent sur les argiles qu'ils ont déposées, soit pendant leurs crues sur leurs bords, soit sur le littoral au contact des eaux marines. Ces dépôts d'argile se soudent les uns aux autres en une vaste plaine où presque rien ne rappelle l'idée d'une vallée. A l'amont, vers Nimègue et Arnhem, on perçoit encore les versants de sables et de cailloutis; la Veluwe domine le fleuve de ses collines boisées. Mais peu à peu toute berge s'évanouit; toute la surface se fond dans l'uniformité d'une plaine basse et plate; ni vers le Sud, ni vers le Nord, sur de longues distances, il n'y a plus de hauteurs qui marquent les limites d'une vallée; il faut aller jusqu'à Bergen op Zoom pour observer dans la topographie un long et sinueux ressaut de terrain, ancienne berge de l'Escaut, taillée dans les sables de la haute terrasse.

A cette uniformité des horizons s'ajoute l'uniformité qui résulte de l'omniprésence de l'eau. Partout le pays se trouve au-dessous du niveau des hautes eaux ou des hautes mers; répartie en d'innombrables fossés et chenaux, l'eau immobile et tenace s'incorpore pour ainsi dire à la terre d'où elle s'égoutte plutôt qu'elle ne s'écoule. Le sol se divise en une multitude de casiers, limités par des filets d'eau au tracé géométrique. L'œil peut suivre ces lignes d'eau par les rangées de saules têtards et de peupliers qui les bordent, et par les vastes plantations d'osier qui se pressent le long des rivières et dans les bas-fonds inondés. Jusque dans les détails du paysage, tout s'ordonne selon les lignes d'eau; ce sont les fossés qui limitent champs et pâtures; toute la circulation rurale s'insinue le long des digues secondaires; de village à village, elles forment des chemins sinueux, boueux, tout crevés d'ornières pendant la mauvaise saison; d'un polder à l'autre, on ne passe, le plus souvent, que par les petits ponts de bois qui enjambent les fossés.

Plus à l'Ouest, ce ne sont plus des rivières qui sillonnent et découpent les terres, mais des bras de mer.

Au Nord du Hollandsch Diep et du Haringvliet, débouchés principaux de la Meuse et de la Merwede, ces grands chenaux marins conservent, à cause de leur étroitesse et de leurs eaux saumâtres, le caractère de grandes rivières; ils séparent cinq îles qui appartiennent à la province de Sud-Hollande : Ijselmonde, Rozenburg avec Hoek van Holland, Dordschewaard (l'île de Dordrecht, échappée au désastre de 1421), Beierland, Voorne et Putten. Au Sud du Haringvliet, ce sont vraiment des chenaux d'eau salée; ils limitent de grandes îles allongées, orientées de l'Ouest à l'Est : l'île double de Goedereede et d'Overflakkee, qui dépend encore de la province de Sud-Hollande; les deux séries des îles de la Zélande, que sépare l'Escaut oriental : d'une part, Sint Filipsland et Tolen, Duiveland et Schouwen;

Phot. A. Demangeon.

A. — LA VALLÉE DU RHIN A OOSTERBEEK, PRÈS D'ARNHEM.
Le grand viaduc. Les inondations.

Phot. A. Demangeon.

B. — PETITE FERME A WILLEMSDORP, AU SUD DE DORDRECHT,
TOUT PRÈS DU BIESBOSCH.
La ferme se trouve sur un terrain surélevé, contre une digue.

Phot. A. Demangeon.

C. — COSTUMES ZÉLANDAIS, A WESTKAPELLE.

Phot. K. L. M.

MIDDELBURG, UNE VILLE DE ZÉLANDE, DANS L'ILE DE WALCHEREN.

La rue circulaire limite l'ancienne ville fortifiée. Au milieu de l'enceinte, l'abbaye et la Nieuwe Kerk.
À gauche de l'enceinte, la grand'place (Markt) avec l'hôtel de ville.

d'autre part, Beveland Nord et Sud et Walcheren (fig. 48). Derrière ses bras de
mer, tout ce monde zélandais a longtemps vécu dans l'isolement; les Hollandais
eux-mêmes l'ont considéré longtemps comme un pays lointain; pour l'atteindre
jadis, il fallait des voyages coûteux; pour passer d'une île à l'autre, on attendait
parfois plusieurs jours. Aussi la Zélande garda longtemps intacte l'originalité
de sa vie, de ses mœurs et de ses coutumes. Maintenant encore, on y trouve,
comme dans la Bretagne française, des modes de costume traditionnels, variant

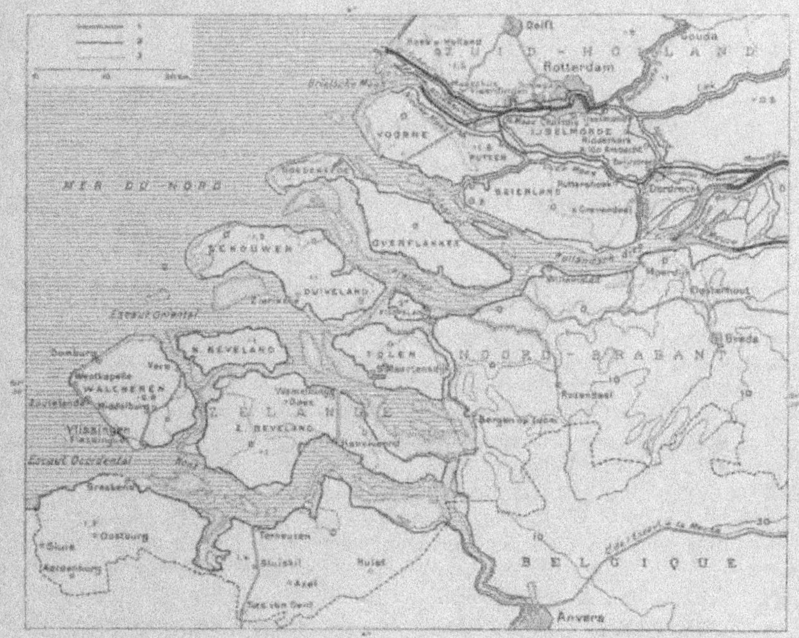

Fig. 48. — Carte d'ensemble des estuaires et des archipels zélandais et hollandais.
1, Canaux. 2, Digues. 3, Courbe hypsométrique de 0 mètre. — Échelle, 1 : 850 000.

parfois d'un village à l'autre. Les hommes portent la veste de velours noir, le
gilet montant fermé par de gros boutons tout brillants de fils de cuivre ou d'or,
la culotte courte rattachée à la ceinture par des boucles d'argent, une petite
casquette noire à visière courte découvrant la nuque rasée. Les femmes ont un
charme particulier avec leur coiffe blanche empesée garnie de dentelles, leur cor-
selet noir découvrant la gorge et les bras, leur collier rouge fermé par des boucles
d'argent, leurs pendants d'oreilles, leurs plaques d'or sur les tempes, leur tablier
de couleur. Les petites filles, habillées comme leur mère, sont de ravissantes
miniatures. L'isolement insulaire protège la tradition et le passé (Pl. XXXI, C).

La ceinture d'eau de toutes ces îles avec leur rempart de digues donne au
paysage zélandais des aspects impressionnants. Quand on circule en bateau sur
ces bras de mer entre les digues gazonnées qui ferment l'horizon, on n'a pas la

sensation de voir la terre; c'est comme à la dérobée qu'elle se laisse deviner par une tour d'église, une cime d'arbre ou un toit rouge qui dépasse. Tout paraît comme plongé dans l'eau, et l'alternance du flux et du reflux fait que deux fois par jour la Zélande semble sortir de l'eau, puis s'y enfoncer. A marée basse, on voit les eaux sortir des chenaux et se déverser dans la mer « comme dans les rues d'une ville après un violent orage »; des terres ruisselantes, émergeant du fond, s'agrandissent à vue d'œil; elles forment une large lisière qui, pour quelques heures, se peuple d'une multitude d'oiseaux de mer et d'une foule d'hommes qui viennent y récolter les animaux marins; de ce fond de mer momentanément abandonné, les digues se dressent en énormes massifs; au-dessous des quais, les navires s'enfoncent et gisent sur la vase. Mais bientôt le mouvement revient; les eaux montent en veines tumultueuses à travers les bancs et les criques; la terre disparaît, et les îles se contractent; les navires se relèvent et dépassent doucement le niveau des quais; la vie revient et pénètre, à pleines artères, dans les membres du pays.

Polders fluviaux ou polders marins, toute cette terre argileuse est féconde. Malgré l'attraction de la mer, presque tous les habitants vivent de la culture. Sur ces sols fertiles, le labour domine. Nulle part, sauf dans la province de Groningue, la culture arable n'est plus florissante, ni plus avancée. Elle produit des récoltes de choix, non seulement les céréales de l'exploitation intensive, froment, avoine, orge, mais encore le seigle et la pomme de terre destinés au bétail, ainsi que toute une collection de plantes exigeantes à fort rendement, les fèves, les pois, le tabac cultivé dans l'Overbetuwe, le Maas en Waal et dans les environs de Rhenen et d'Amerongen; le houblon qui se plaît sur les terres plus légères du Bommelerwaard, du Land van Heusden et du Nord-Brabant; le lin, le colza et le cumin; la betterave à sucre. Le lin, récolté en Zélande et en Flandre zélandaise, s'expédie en Belgique; la betterave occupe en général le sixième de la superficie cultivée, quelquefois le tiers. En opposition avec la Hollande, pays herbager, la Zélande est le domaine de la charrue. Elle consacre 62 p. 100 de son territoire aux cultures, 18 aux herbages; à elle seule, elle produit 30 p. 100 de l'orge des Pays-Bas, 25 du blé, 10 de l'avoine, 25 de la betterave à sucre, 30 des pois. Elle se consacre à la grosse culture; certaines fermes, comme celle de Wilhelmina polder près de Goes (Zuid Beveland), ont conquis une grande réputation dans le monde agricole. Elle nourrit des chevaux robustes et puissants destinés au labour des terres lourdes.

Malgré tout, l'économie pastorale pénètre toute l'exploitation : évolution commune à tous les pays de l'Europe occidentale. Beaucoup de produits du champ, trèfle, foin, betteraves fourragères, se consomment à l'étable. Une assez grande étendue de terres demeure en herbe, surtout dans les régions basses, d'où l'eau s'évacue plus difficilement, soit le long des fleuves dans les *uiterwaarden*, soit au centre des îles de Walcheren, de Zuid Beveland et de Schouwen, où les polders plus anciens occupent un niveau plus bas que les polders plus récents du rivage. Partout on voit ainsi des cantons herbeux s'intercaler parmi les terrains de labour. Au produit des récoltes s'ajoute la vente des produits de l'étable : lait et beurre, jeunes bêtes, animaux gras, porcs à engraisser. Dans les îles hollandaises, le voisinage de Rotterdam a même fait triompher l'évolution pastorale; presque toute la terre est couchée en herbe; le lait se vend aux villes pour la consommation domestique, ainsi qu'aux fabriques de beurre et de margarine (Pl. XXXI, B).

Champs et pâtures ne composeraient qu'un paysage uniforme sans la riche parure de vergers qui entoure les fermes, les villages et même les villes. Avec ses pâtures plantées de pommiers, la Betuwe donne l'impression d'un bocage. D'Arnhem à Nimègue, par Lent et Elst, les villages se cachent derrière les poiriers, les cerisiers et les pommiers; au-dessous des arbres, se rangent les lignes de framboisiers et de groseilliers, les plates-bandes de fraisiers; au début du printemps, le pays n'est qu'un parc tout fleuri de blanc. L'île de Zuid Beveland, à l'Est de Goes, offre le même tableau de verdure, de fraîcheur et d'ombre : on y chemine à travers d'épais vergers que domine une ceinture de grands peupliers. Ailleurs ce sont des jardins à cultures riches et minutieuses qui s'emparent du sol; les villages du Langstraat, comme Vlijmen, Haarsteg et Nieuwkuik, expédient aux villes d'énormes paniers de haricots, de pommes de terre nouvelles, de petits pois et d'asperges. Mais le vrai royaume de la culture maraîchère se trouve vis-à-vis de Dordrecht, dans l'île d'Ijselmonde, tout autour de Zwijndrecht, ainsi qu'à Hendrik Ido Ambacht, Ridderkerk, Ijselmonde et Charlois; on y récolte les carottes et les oignons; cultivées sur de petites plates-bandes que protègent des rideaux de roseaux et arrachées en mai, les carottes nouvelles s'expédient vers l'Angleterre et l'Écosse; plus tard viennent les oignons et les fraises, qu'on embarque pour les mêmes marchés.

En dehors du groupe de Rotterdam et de Dordrecht, ce pays éminemment agricole ne renferme pas de grandes villes, et l'industrie s'y diffuse à travers les campagnes, utilisant la main-d'œuvre rurale et transformant les produits de la terre : fabriques de conserves à Tiel et à Nimègue, fabriques de margarine dans le Nord-Brabant, usines de lin le long du Noord et du Kil, à Ridderkerk et à 'S Gravendeel; sucreries alimentées par les betteraves des grandes fermes de la plaine du Rhin, des îles hollandaises et du Nord-Brabant. Grande région sucrière des Pays-Bas, cette dernière province fait venir des betteraves de la Zélande, du Limbourg et de la Hollande.

III. — LES VILLES

A défaut de concentration industrielle, la vie urbaine, fixée en un grand nombre de petites cités, foisonne et pullule sur ces terres populeuses et riches; on la rencontre au cœur des terrains agricoles, surtout le long des fleuves et de la mer, partout où peut atteindre un bateau. Chaque canton possède son marché, foyer des échanges ruraux. De tous ces cantons, l'un des plus originaux par sa position est la Flandre zélandaise. Ce petit pays, conquis sur les Espagnols à la fin du XVIe siècle et au début du XVIIe, forme une enclave de souveraineté néerlandaise en territoire belge, séparée du reste des Pays-Bas par le large bras de mer de l'Escaut occidental, et de la Belgique par une simple frontière politique. En fait, ce coin de Plaine maritime entretient presque toutes ses relations économiques avec le *Houtland* belge : il envoie à Courtrai son lin, à Gand, Anvers et Bruxelles ses bestiaux, aux sucreries de Selzaete et de Snaeskerke ses betteraves; de la Flandre belge lui viennent des ouvriers agricoles pour le travail des champs de lin et de betteraves. Malgré cette solidarité économique, l'empreinte néerlandaise se montre forte; la majorité des habitants appartient à la religion protestante. Dans ce petit territoire que bloquent de tous côtés des barrières naturelles et politiques, certaines villes ont connu jadis la prospérité commerciale; elles ne sont plus maintenant animées que par leurs marchés périodiques. Sluis (l'Écluse), autrefois port de mer sur le Zwyn, garde du temps de sa splendeur un hôtel de ville et un beffroi du xive siècle; mais ses vieilles murailles, trop vastes pour l'agglomération actuelle, enferment des pâtures; un canal l'unit à Bruges. Aardenburg, Oostburg, Ijzendijke, Axel, Hulst, Saint-Jansteen ne sont que de modestes cités paisibles.

En Zélande, deux villes, l'une, Middelburg dans l'île de Walcheren, l'autre, Zierikzee dans l'île de Schouwen, ont brillé jadis dans le commerce maritime; mais leurs chenaux envasés les en écartent aujourd'hui presque entièrement. Le charme du passé se répand encore dans toute la petite cité de Middelburg (20 000 hab.) (Pl. XXXII); elle montre le tracé de ses anciennes fortifications dans ses fossés sinueux et dans sa rue circulaire; elle conserve ses vieilles maisons avec leurs pignons à gradins et leurs caves ouvrant sur la rue par des trappes, son hôtel de ville du xvie siècle, son église à tour de briques, une abbaye antique avec sa cour ombragée d'arbres séculaires. Goes (8 600 hab.) et Zierikzee (6 900 hab.) ne s'animent plus guère que les jours de marché. Sur le continent, dans le Nord-Brabant, les bourgs ruraux se pressent à peu de distance les uns des autres, occupés à la brasserie, à la distillerie, à la sucrerie, à la laiterie ou à la tannerie : Rozendaal, Steenbergen, Oosterhout, Os.

Une série de villes s'échelonnent le long des grandes rivières, artères du commerce. La Meuse, pauvre voie d'eau, ne traverse que des bourgades comme Grave et Heusden. Mais les deux bras du Rhin, le Waal et le Lek, jouent un rôle primordial dans la circulation du pays; plusieurs villes, comme Nimègue, Tiel et Arnhem, situées sur une rive concave, ont leur site déterminé par la proximité même du chenal profond. En aval de Nimègue, sur le Waal, on voit se succéder Tiel (11 500 hab.), Zaltbommel, Gorinchem ou Gorkum (12 200 hab.), jadis ville drapante, maintenant marché de bétail et fabrique de sucre, de glucose et de moutarde; en aval d'Arnhem, sur le Lek, Wageningen (9 600 hab.), avec des laiteries et des briqueteries, et une école d'agriculture; Rhenen (6 000 hab.), Wijk bij Duurstede, peut-être le *Batavodurum* des Romains, entrepôt commercial du moyen âge sur la route d'Utrecht et du Zuiderzee; Kuilenburg (8 900 hab.) et Vianen. Mais les deux plus grandes villes fluviales se trouvent à l'entrée du delta, dans la région où la Meuse s'approche du Rhin et où l'Ijsel s'en détache : ce sont Nimègue sur le Waal, Arnhem sur le Lek, toutes deux en un point de la vallée où la haute terrasse domine le fleuve par un versant escarpé.

Nimègue a commencé dans l'histoire comme ville forte; du haut promontoire de cailloutis qu'elle occupe, le regard embrasse la plaine du Rhin et la Betuwe (Pl. XXXIII, A). Sur ce site défensif, s'élevèrent successivement le *Noviomagus* des Gaulois, l'*Oppidum Batavorum* des Romains, la résidence impériale des Carolingiens. Placée sur la frontière de l'Empire germanique, la ville souffrit souvent des guerres et des sièges; mais toute sa valeur économique réside dans le fleuve; jadis entrepôt de la Hanse, elle n'a pas cessé d'exploiter le trafic rhénan; l'arrivée de la houille allemande a permis le développement d'usines nombreuses appartenant à une grande variété d'industries : brasseries, distilleries, sucrerie; laiteries et beurreries, fabriques de chocolat, chantier de construction de bateaux, fabrique de lampes électriques, ateliers de machines, d'automobiles et de cycles. La ville profite aussi du charme de ses environs accidentés; elle s'étend, vers le Sud et le Sud-Est, le long de larges boulevards, par d'élégants quartiers où résident les classes aisées de la population et les familles riches qui viennent s'y retirer; des hauteurs d'Ubbergen et de Beek, parmi les landes et les bois, on jouit d'un merveilleux panorama sur la grande vallée du Rhin, transformée en un large lac par les hautes crues du printemps. Nimègue a passé de 17 000 habitants en 1840 à 32 000 en 1890 et 74 000 en 1925. Arnhem, capitale de la Gueldre, grandit aussi vite que Nimègue durant le xixe siècle, sautant de 10 000 habitants en 1820 à 75 000 en 1925; mais elle en diffère par les moyens d'existence. Ville de vallée, moins fortement établie, elle n'a pas eu le même rôle politique. Port rhénan, elle possède quelques industries : chantier de bateaux, sucrerie, fabrique de moteurs à gaz, usine de produits chimiques; mais elle doit davantage aux chemins de fer qu'au fleuve, étant le point de croisement des grandes lignes Amsterdam-Ruhr et Zwolle-Venlo. Ce qui domine dans sa physionomie, c'est une sorte d'aisance calme et distinguée; placée sur la lisière des coteaux de la Veluwe, auprès de ces paysages presque accidentés qui donnent aux Hollandais l'illusion et la jouissance de l'altitude, elle attire de nombreux rentiers; elle accueille les anciens fonctionnaires coloniaux et les commerçants enrichis aux Indes; à ses portes, Oosterbeek et surtout Velp sont des villages urbains, formés de maisons de campagne, de propriétés d'agrément, de parcs et de châteaux.

Contrairement à l'uniforme côte hollandaise, que ferme son blanc rempart de dunes, la région des grands estuaires s'ouvre vers la mer. Cinq grandes brèches mènent de la mer jusque dans le lacis des eaux intérieures, qui se ramifie à travers les îles de Zélande et de Hollande. Ces portes de mer, ces *zeegaten*, sont, du Sud au Nord : la passe de Flessingue et de l'Escaut occidental, la passe de Zierikzee et de l'Escaut oriental, la passe de Brouwershaven, de Grevelingen, du Krammer et du Volkerak, la passe de Goeree et du Haringvliet, et la passe de Brielle, presque complètement ensablée. Orientées Ouest-Est, balayées deux fois dans la journée par la marée, elles contiennent des bancs de sable mobiles qui déplacent les chenaux. Parmi ces chenaux, les uns demeurent accessibles aux gros navires, tel l'Escaut occidental, le chemin de Flessingue et d'Anvers; les autres ne cessent pas de s'ensabler depuis que l'homme les utilise; d'autres sont entièrement obstrués. Ces vicissitudes mêmes expliquent les vicissitudes des villes de Zélande; nous sommes ici, comme sur les bords du Zuiderzee, dans le pays des villes déchues.

Un foyer intense de vie maritime se fixa très tôt au bord des eaux zélandaises. On trouvait dès le xiiie siècle des Zélandais parmi les pêcheurs de hareng au large de Yarmouth. C'est un Zélandais, W. Beukelzoon, de Biervliet, qui inventa au xive siècle l'art de préparer et de conserver les harengs. La pêche mena les marins vers le commerce. Au xive et au xve siècle, les flottes marchandes de Middelburg et de Zierikzee trafiquent avec l'Espagne et le Portugal; au xvie, les navires de Lubeck et de Dantzig fréquentent Veere; au xviie, les Zélandais font une rude guerre aux Dunkerquois et aux Espagnols; plusieurs des grands marins dont les Pays-Bas s'enorgueillissent, Ruyter et W. de Wit, sont des Zélandais. Mais, à partir du xviiie siècle, les chenaux zélandais s'ensablent, et les centres commerciaux émigrent vers les ports hollandais. De tout ce glorieux passé, il reste une flottille de pêche qui exploite les estuaires et les eaux territoriales, et surtout deux ports de second rang, Flessingue et Terneuzen, tous deux sur l'Escaut occidental.

L'importance de Terneuzen (10 000 hab.) tient à sa position à l'entrée du

canal maritime de Gand : c'est, en terre néerlandaise, l'avant-port de la grande
ville belge. Le canal, long de 33 kilomètres, dont 15 en Flandre zélandaise, ouvert
en 1827, part des bassins de Terneuzen, profonds de plus de 9 mètres au-dessous
de N. A. P.; leurs écluses permettent l'accès des navires en tout état de la marée.
Les trois quarts des navires qui entrent vont à Gand. Les autres suffisent à donner
au port une vie propre par le commerce des bois du Nord, de la houille, des
nitrates; des services rapides l'unissent à Londres, Liverpool, Leith, Goole et
Middlesbrough. Le long du canal, au Sud de Terneuzen, des usines se sont fondées; depuis 1913, des fours à coke, entreprise française, fournissent de l'électricité
à toute la Flandre zélandaise; Sas de Gand possède une glacerie et des sucreries.

Flessingue (Vlissingen) se trouve sur la côte méridionale de l'île de Walcheren,
sur le Hont ou Escaut occidental, large ici de plus de 4 kilomètres, dont le profond
chenal longe le rivage. Les navires arrivent en eau relativement tranquille, sous
la protection de l'île qui arrête la violence des vents du Nord-Ouest. Flessingue
possède un long passé; il pêchait le hareng dès le XIIIe siècle, devenait en 1489
une forteresse contre les Flamands, armait au XVIIe siècle des navires pour le
commerce de la Baltique, de l'Écosse, de Venise, des Indes, trafiquait des esclaves
vers le début du XVIIIe siècle et faisait la course. Mais, comme dans le reste de
la Zélande, la déchéance vint au milieu du XIXe siècle. Sa résurrection date du
milieu de ce siècle; de 1867 à 1873, on exécutait dans son port des travaux qui
devaient, espérait-on, en faire le rival d'Anvers; en 1873, il devenait le terminus
d'une grande voie ferrée venant d'Europe centrale. La ville passait de 6 000 habitants en 1800 à 22 000 aujourd'hui. Le nouveau port, auquel la ville doit sa fortune actuelle, a été creusé au dehors de la vieille ville, vers l'Est; il dispose de
10 m. 30 d'eau à marée haute dans ses bassins extérieurs et de 8 m. 25 dans ses
bassins intérieurs. Grâce à ces avantages, Flessingue assure un service rapide de
passagers entre l'Europe centrale et l'Angleterre par Queenborough et Folkestone : presque tout le mouvement du port dépend de ces paquebots. Une fonction
propre à Flessingue consiste à contrôler l'entrée de l'Escaut, la route d'Anvers
et de Gand; il groupe les services de pilotage de cette grande voie maritime; les
navires y trouvent plus de 200 pilotes de mer et près de 150 pilotes de rivière;
en temps de guerre, il commande le passage, et les Pays-Bas ont souvent pensé à
le fortifier.

IV. — ROTTERDAM

Lorsque, venant de Zélande, on arrive dans les eaux rhénanes par Dordrecht,
on pénètre au milieu d'un extraordinaire mouvement de batellerie : barques à
voiles, bateaux à moteur, remorqueurs, chalands en fer, vapeurs de passagers;
le long des rives plantées d'arbres se pressent les maisons, les estacades, les bassins,
les ateliers, les fabriques. On a l'impression d'entrer dans un monde dont toute la
vie se déploie sur l'eau, comme sur ces rivières chinoises qui disparaissent sous la
cohue des jonques. Avec Rotterdam, le spectacle croît en grandeur. Sur le large
fleuve où le vent chasse les fumées et soulève de courtes vagues, c'est un défilé
trépidant de bateaux de toutes tailles qui se croisent, se dépassent ou se suivent :
humbles bateaux de rivière et puissants navires de mer; petits vapeurs qui
partent à chaque heure du jour pour les villes de Zélande et de Hollande, vaisseaux énormes qui font le voyage des Indes, longs-courriers transatlantiques.
Tout donne l'image d'un grand port.

Phot. Lévy-Neurdein.

A. — NIMÈGUE.

La ville est établie sur une colline de sable qui domine le Rhin.

Phot. Champagne.

B. — DORDRECHT.

LE VOORSTRAATSHAVEN.

G. U., C. II, Pl. XXXIII.

Phot. K. L. M.

A. — DORDRECHT.

Au premier plan, le Kalkhaven qui débouche dans la Vieille Meuse (Oude Maas).
Au fond, à droite, la Merwede; au fond, à gauche, le Noord, qui est le chemin de Rotterdam.

Phot. K. L. M.

B. — ROTTERDAM. LE PORT RHÉNAN.

Le Bijnhaven, le Koningshaven, l'île du Nord (Noordereiland), la ville sur l'autre rive.

Rotterdam n'est pas un grand port depuis longtemps; à côté d'Amsterdam, le vieil entrepôt des richesses coloniales, il se présente comme un rival plus jeune, plus aventureux et un peu parvenu; sa fortune date de l'époque moderne, du dernier tiers du xix⁰ siècle; elle a son origine dans la création d'un accès artificiel vers la mer et le développement industriel de la Rhénanie allemande.

La voie d'accès de Rotterdam à la mer du Nord fut longtemps le chemin naturel le plus court, c'est-à-dire le bras de la Nouvelle Meuse, appelé le Scheur, qui desservait aussi Maassluis et Vlaardingen; mais son obstruction dès le xvii⁰ siècle

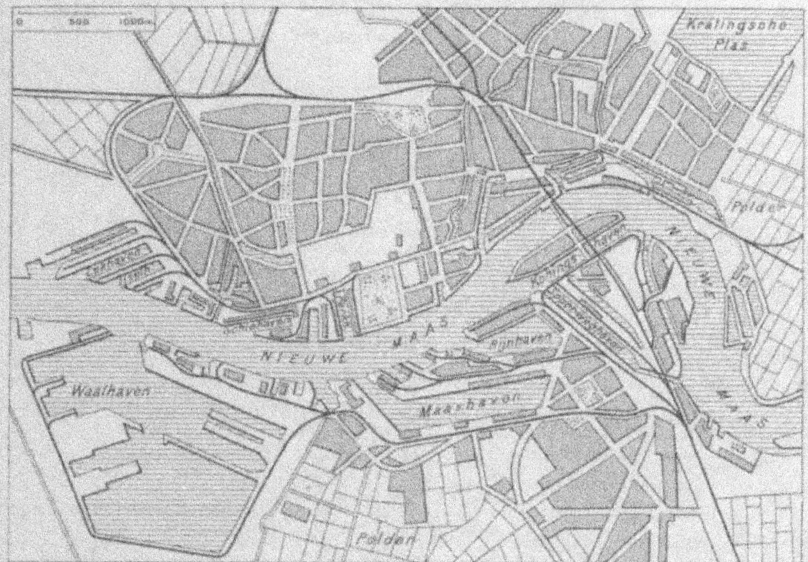

Fig. 49. — Rotterdam. La ville et le port.

rendit nécessaire l'utilisation de chemins détournés. Au début du xix⁰ siècle, il y avait trois de ces chemins, de valeur fort inégale. En premier lieu, la Meuse de Brielle et le Botlek; mais la profondeur d'eau n'y dépassait pas 3 m. 50 à marée haute; seuls les petits navires pouvaient par cette route atteindre Rotterdam. En second lieu, plus au Sud, le bras de Hellevoetsluis qui par le Haringvliet et le Hollandsch Diep permettait de gagner les eaux de Dordrecht; les navires y trouvaient un tirant d'eau de 5 m. 70; mais, au voisinage de Dordrecht, dans le Krabbe, la profondeur s'abaissait parfois jusqu'à 3 m. 50, même à marée haute. En troisième lieu, plus au Sud encore, le bras de Brouwershaven, menant par le Volkerak et le Hollandsch Diep jusqu'aux eaux de Dordrecht; c'est ce chemin qui présentait à l'entrée les plus forts tirants d'eau et que suivaient de préférence les plus gros navires; encore devait-on les alléger à Brouwershaven. Par ces longs détours et ces faibles profondeurs, Rotterdam risquait de perdre contact avec la mer. On pensa lui ouvrir un meilleur débouché lorsque de 1827 à 1831 on creusa, à travers l'île de Voorne, le canal profond de 5 mètres qui unit Helle-voetsluis au Botlek et à la Nouvelle Meuse; mais, même alors, il n'était pas rare qu'il fallût aux vapeurs, dans les plus mauvaises conditions, cinq et même huit jours pour aller de Rotterdam à la mer. C'était pour Rotterdam une question de vie ou de mort de pouvoir atteindre la mer sans obstacles.

Pour rétablir cette liaison, on décida la construction d'une voie artificielle directe : à travers les dunes de Hoek van Holland, on ouvrirait au Scheur un chenal libre et sans écluses, où le seul effet des marées maintiendrait une profon-deur constante de 7 m. 50 à marée basse. Les travaux de ce Nieuwe Waterweg commencèrent en 1863. Durant leur développement, il y eut des moments d'angoisse; les courants de marée se montrèrent impuissants à conserver la pro-fondeur escomptée; des atterrissements se formèrent; on dut suspendre les travaux en 1877; les armateurs, désespérés, parlaient de quitter Rotterdam pour Flessingue. Mais les ingénieurs trouvèrent des moyens adéquats à l'œuvre gigan-tesque (1881). Au lieu de laisser faire la marée, on dragua la nouvelle rivière; on utilisa non seulement les vieilles dragues à godets, mais encore les dragues suceuses inventées par les entrepreneurs Volker et Bos et qui fonctionnaient même par mer houleuse. On finit par obtenir en 1900 une voie magnifique de 33 kilo-mètres, profonde de 9 mètres au-dessous de la marée haute devant Rotterdam et de 10 mètres devant l'embouchure, large de 350 mètres à Rotterdam et de 700 mètres à Hoek van Holland. On n'a pas cessé d'améliorer ces conditions de mouillage : de 1908 à 1915, de nouveaux travaux ont porté, sur une largeur de 100 mètres, la profondeur par marée haute à 10 mètres sur toute la longueur du Waterweg. En 1917, commençait une nouvelle série d'améliorations pour élever jusqu'à 12 m. 50 le mouillage de marée haute. Grâce à cet effort puissant et con-tinu, Rotterdam dispose d'une voie profonde vers la haute mer; le nombre des navires de plus de 9 m. 50, ayant transité par le Nieuwe Waterweg passait de deux en 1911 à vingt-cinq en 1913 et à soixante et un en 1920.

Cette belle route maritime rencontre à Rotterdam un merveilleux réseau de communications intérieures : tramways zélandais, bacs à vapeur et bateaux à vapeur régionaux, canal de la Merwede vers Amsterdam, Volkerak et canal de Zuid Beveland vers Anvers, et surtout le Rhin, aménagé partout pour une pro-fondeur minima de 3 mètres, même aujourd'hui de 3 m. 20, qui permet aux chalands de remonter jusqu'à Ruhrort, Mannheim et Strasbourg.

Voie de mer et voies intérieures aboutissent aux surfaces d'eaux qui forment le port de Rotterdam (fig. 49). Les surfaces d'eau se répartissent en trois groupes : les bassins de la rive droite, les bassins de la rive gauche et, entre les deux, le fleuve lui-même. Les bassins de la rive droite composent l'ancien port, celui dont les agrandissements successifs ont marqué les étapes de la prospérité de la ville au XVIe et au XVIIe siècle : Blaak Haven et Nieuwe Haven, 1577; Haringvliet, 1591; Leuvehaven, 1608; Wijnhaven, Scheepmakershaven, 1613. Actuellement la navi-gation maritime les a presque entièrement abandonnés; mais les bateaux d'inté-rieur y pressent leurs coques robustes aux couleurs bariolées; c'est le quartier pittoresque de la ville, dont Amicis disait qu'on y voit une immense flotte empri-sonnée dans une ville, ou qu'il donne l'idée d'une ville construite au beau milieu d'un port. Ces anciennes installations ont reçu quelques compléments à l'époque moderne : Veerhaven et Westerhaven (1850-1860), Konshaven, Keilehaven, Ijselhaven, Lekhaven (1912-1915), ainsi que plusieurs quais en rivière, Westerkade, Oosterkade et Wilhemskade. Mais presque tout le port moderne se trouve sur la rive gauche.

Une fois ouvert le Nieuwe Waterweg, il fallut agrandir les surfaces d'eau nécessaires aux opérations du trafic accru. On les aménagea progressivement en face de Rotterdam, sur la rive gauche du fleuve, où s'offraient de vastes terrains. On dut consolider le sol des bassins, creusés dans l'argile, la tourbe et le sable, par des pilotis qu'on enfonça parfois jusqu'à 18 et 20 mètres. De l'Est à l'Ouest les bassins se succèdent : Koningshaven (1870), Binnenhaven (1879) et Spoorweghaven, Rijnhaven (1893) avec ses élévateurs de grains, Maashaven (1905) avec son dock flottant, son énorme silo en béton armé pour le blé, ses hangars pour les grains; Waalhaven commencé en 1908 et couvrant 310 hectares; déjà une loi d'expropriation votée en 1907 prévoyait à l'Ouest du Waalhaven l'achat d'autres terrains pour 600 hectares de nouveaux bassins.

A tous ces bassins bordés de quais le long desquels les marchandises se déchargent à terre ou se transbordent sur wagons, il faut ajouter le fleuve lui-même, immense bassin où s'accomplissent les transbordements de navires de mer sur bateaux du fleuve. A des couples de grands pieux, ou « ducs d'Albe », enfoncés dans le lit du fleuve ou bien à des bouées ancrées sur le fond, les navires de mer viennent s'amarrer; des cales de ces géants immobiles, à grand renfort de grues, les cargaisons passent dans les flancs des petits bateaux de rivière. Ces opérations de transbordement, qu'on peut voir s'accomplir aussi dans les bassins, constituent la fonction primordiale, personnelle du port de Rotterdam.

Le fleuve avec tous ses *haven* ne forme qu'un seul grand port, une unité. On n'observe pas ici, comme à Londres et à Anvers, les fortes amplitudes de marée qui rendent nécessaires les bassins à écluse, c'est-à-dire un véritable compartimentage du port; la différence moyenne entre marée haute et marée basse n'atteint à Rotterdam que 1 m. 25, si bien qu'on a pu laisser les bassins communiquer librement avec le fleuve, comme à Hambourg : de là, le va-et-vient constant de la circulation à travers le port à toute heure de la journée (Pl. XXXIV, B).

A quoi sert ce grand organisme maritime? Essentiellement à recevoir par mer des marchandises lourdes : minerais de fer de Suède, d'Espagne et d'Afrique du Nord; minerais de cuivre, de zinc et de nickel; des grains, blé de la mer Noire et de l'Amérique du Nord, maïs, orge, avoine, seigle, riz; bois, pétrole, houille, graines oléagineuses, graisses, peaux. A ces matières pondéreuses s'ajoutent des marchandises de prix : tabac, sucre, café, coton, caoutchouc. En face de ces masses colossales à l'entrée, on s'étonne de la faible importance des sorties : coke et houille d'Allemagne, fer et acier bruts et demi-ouvrés, émigrants vers New York. Près de la moitié des navires entrés quittent le port sur lest et vont chercher du fret en Angleterre.

Les importations se montrent remarquablement disproportionnées aux besoins des Pays-Bas. Le quart seulement en effet reste dans le pays; ce sont les grains, les pétroles et les charbons nécessaires à la consommation néerlandaise; les matières premières des industries, riz pour les usines de Rotterdam et de Dordrecht; graisses, huiles et graines pour les fabriques de margarine; coton pour les filatures de la Twente; denrées d'entrepôt destinées à être revendues au moment choisi, grains, tabac et surtout café. Mais, pour les trois quarts de ses importations, Rotterdam joue le rôle d'une gare de transit et de transbordement; ces réexpéditions se font, avant tout, vers l'Allemagne par le Rhin.

Malgré les efforts des Allemands pour détourner ce trafic vers leurs ports de
l'Ems, de la Weser et de l'Elbe, ils n'ont pu ravir à Rotterdam le double avantage de la plus courte distance et de la puissance de transport du Rhin. Halés
par des remorqueurs, les trains de chalands fluviaux remontent le Rhin et distri-
buent leurs cargaisons jusqu'à Ruhrort, Dusseldorf, Cologne et Mannheim.

Toutes ces marchandises qu'on débarque, transborde et embarque représentent un tel volume qu'elles font de Rotterdam, avec Anvers et Hambourg, l'un
des trois grands ports du continent européen. Plus de 100 000 bateaux d'intérieur le fréquentent, et plus de 10 000 navires de mer (1913); bien diminués
pendant la Grande Guerre (3 440 navires par année moyenne de 1914 à 1919),
ces chiffres ont remonté à 11 099 en 1925. De tous les grands ports européens,
Rotterdam a montré depuis 1880 le développement le plus rapide : 1 680 000 tonneaux en 1880, 2 918 000 en 1890, 12 785 000 en 1913, 16 670 000 en 1925. Quant
au poids des marchandises entrées, il passait de 4 227 000 tonnes en 1890 à
22 061 026 en 1913. Une autre originalité de Rotterdam réside dans le caractère international du trafic; malgré ses firmes d'armement, qui possédaient
382 navires en 1922 (69 en 1892), et malgré ses grandes compagnies du *Rotterdamsche Lloyd* fondé en 1883 et de la *Holland Amerika* fondée en 1873, le
pavillon néerlandais n'y compte que pour 15 à 20 p. 100 du tonnage total. C'est
une différence remarquable avec Amsterdam, de caractère plus national.

Autour du port et le long des voies d'eau, une grande agglomération urbaine
ne cesse de s'étendre. De Rotterdam elle s'avance vers l'amont jusqu'à Dordrecht;
vers l'aval, elle englobe déjà Schiedam et pousse ses tentacules jusqu'à Maassluis
et Hoek van Holland; partout des cités ouvrières surgissent sur les bords du
Waterweg, qui tend à devenir une rue industrielle. Si l'on fait abstraction des
agrandissements et annexions modernes, la ville de Rotterdam forme un triangle
dont la base s'appuie au fleuve; sur la rive s'allonge le quai des Boompjes, « les
Petits Arbres », ombragé par des ormes. Ce triangle est traversé en son milieu
par une digue orientée Ouest-Est, celle qui, barrant le débouché de la Rotte,
fournit le site original de la ville; elle porte la Hoogstraat ou Rue Haute, l'artère
la plus fréquentée de la cité. Au Nord de la Hoogstraat, s'étend la vieille Bin-
nenstad, la ville intérieure, percée de rues étroites, que la digue protégeait contre
le fleuve. Au Sud se trouve la Buitenstad, la ville extérieure, le quartier des
affaires, territoire conquis sur les eaux de la Meuse, sillonné de canaux, décomposé
en nombreux îlots par les bassins ou *haven*, où l'on jouit du spectacle des mâts,
des voiles et des pavillons cheminant parmi les maisons, entre les flèches des
églises et les cimes vertes des arbres.

La ville de Rotterdam grandit, comme grandissait son port. C'est pour
étendre son port qu'elle annexa toujours de nouveaux territoires : une partie
de Katendrecht et d'Ijselmonde en 1869, Delfshaven en 1885, Kralingen et
Charlois ainsi que des morceaux d'Overschie et d'Ijselmonde en 1894. Elle
s'élevait de 72 300 habitants en 1830 à 90 000 en 1850, 320 000 en 1900, 544 000 en
1925. On remarque toujours dans la ville l'influence des conditions physiques de
son site : des étendues d'eau divisant la cité en de nombreux îlots que relient une
cinquantaine de ponts mobiles et autant de ponts fixes; le grand viaduc de chemin
de fer, construit de 1870 à 1877, passant au-dessus des rues, accessible aux stations par des escaliers; la difficulté de l'alimentation en eau potable, qui a conduit la municipalité à puiser de l'eau dans la Meuse à plus de 2 kilomètres vers

l'amont. L'âme de cette ville, si vite grandie, diffère beaucoup de celle d'Amsterdam; le passé n'y apparaît pas aussi souvent que dans la vieille cité du Zuiderzee. Tandis qu'à Amsterdam le négoce se concentre dans le quartier du Nord et en dehors de la ville, les affaires absorbent Rotterdam tout entière, et leur mouvement pénètre tous ses quartiers. Le présent domine le passé; cela se traduit par la rareté des beaux monuments, par le style moderne des édifices et par l'apparition du genre gratte-ciel.

Vers l'aval, Rotterdam a rejoint et se prépare à absorber Schiedam, son ancienne rivale (44 000 hab.). Schiedam fut d'abord un port de pêche du hareng et de la baleine. Le commerce des grains, très développé au xvii⁰ siècle, fit naître la distillerie, la grande industrie du genièvre, qui a répandu le nom de Schiedam dans le monde entier. Les distilleries (380 en 1875, 200 actuellement) travaillent des grains importés et vendent presque tout leur alcool à l'étranger. Auprès d'elles, au voisinage du fleuve, d'autres usines constituent un foyer vivace d'industrie : verreries, fabrique de bougies, puis chantier de bateaux, tissage, tuilerie, fabrique d'émail, chantier de charpentes. Cinq kilomètres plus bas, Vlaardingen, fidèle à sa tradition, reste le premier port néerlandais pour la pêche du hareng; il arme près de 200 bateaux qui pêchent dans la mer du Nord depuis la mi-juin jusqu'à la fin d'octobre. Mais déjà la poussée industrielle, partie de Rotterdam, l'atteint; on y voit usine de lait condensé, verrerie, atelier de constructions mécaniques, raffinerie de sucre, fabrique de savon, fabrique de produits chimiques, raffinerie d'huile, chantier de bateaux. Petite ville en 1800 (5 600 hab.), Vlaardingen possède maintenant 27 000 habitants. Plus bas, Maassluis a moins changé; il se consacre encore surtout à la pêche; en hiver, ses bateaux tendent leurs cordes au large des côtes néerlandaises; en été, ils partent pour la campagne du hareng, qui commence aux Shetland et se termine devant Haarlem; mais il n'échappe pas à la contagion industrielle; un chantier de bateau et une verrerie y travaillent déjà. Enfin, à l'extrémité du Waterweg, qui débouche à la mer entre deux grandes jetées, s'avance Hoek van Holland, le portier de Rotterdam; il groupe les services de pilotage, de dragage, de signalisation, d'éclairage, de sauvetage; de plus, on a créé auprès de ses eaux profondes un port de transit rapide pour les voyageurs venus de Harwich, Queenborough et Folkestone, qui se dirigent vers l'Europe centrale.

Vers l'amont de Rotterdam, la vie industrielle s'épanouit sur les bords du fleuve. Depuis Rotterdam jusqu'à Dordrecht, le long de la Nouvelle Meuse, de la Merwede et du Noord, on voit s'étendre l'un des foyers, les plus intenses du monde, de construction métallique et mécanique. Les établissements se succèdent depuis Fijenoord à la sortie de Rotterdam jusqu'à Sliedrecht et Hardinxveld au delà de Dordrecht, en passant par Capelle, Bolnes, Krimpen, Slikkerveer, Kinderdijk, Ridderkerk, Ablasserdam ; chantiers de bateaux rhénans, de remorqueurs, de chalutiers, de voiliers, de bateaux-feux; ateliers de construction de machines, de chaudières, d'appareils hydrauliques et de pompes, de dragues et de grues, d'appareils pour laiteries et sucreries : vaste usine qui ne dispose sur place ni de fer, ni de houille, mais qui puise sa force essentielle dans les transports fluviaux.

Dordrecht, qui termine vers l'amont cette longue agglomération riveraine, occupe l'extrémité septentrionale d'une île triangulaire, échappée à l'inondation de 1421, mais toute bardée de digues; morceau de terre entouré de rivières, Merwede, Vieille Meuse, Kil, Nouvelle Merwede : carrefour de fleuves. Dès le moyen âge, elle joua un rôle semblable à celui que détient Rotterdam aujourd'hui comme lieu de contact entre la navigation maritime et la navigation intérieure. De son passé, elle conserve de vieux quartiers pittoresques, des maisons à pignons qui se mirent dans l'eau des canaux, d'antiques moulins à vent. De l'époque où elle recevait les trains de bois de la Forêt Noire, elle garde la tradition de la scierie; elle reste un centre actif de travail du bois. Mais sa population, stationnaire autour de 20 000 habitants depuis 1750 jusqu'à 1850, passe à 33 000 en 1890 et à 55 000 en 1920. On reconnaît dans cette montée rapide l'influence de la sève industrielle qui vient du Waterweg. À côté des scieries, beaucoup d'usines nouvelles ont élu domicile : sucrerie, savonnerie, brasseries, huilerie, biscuiterie, fabriques de coffres-forts et de serrures, de moteurs électriques, d'engrais chimiques, de matériel téléphonique, verrerie. Cette évolution vers la grande industrie a surpris Dordrecht, qui manque de route commode vers la mer. Actuellement, deux voies maritimes s'ouvrent à Dordrecht. L'une suit le Noord et la Nouvelle Meuse et passe devant Rotterdam; mais le Noord avec son mouillage de 3 m. 30 à marée basse ne permet pas l'arrivée des navires de mer. L'autre se compose du Dordsche Kil, du Hollandsch Diep et du Haringvliet; mais on n'y trouve pas de profondeurs supérieures à 6 mètres. Aussi a-t-on décidé en 1918 la création d'une voie nouvelle, avec un tirant d'eau de 8 m. 50 à marée haute, qui sera constituée par la régularisation de l'Oude Maas; longue de 27 kilomètres, elle mènera directement les navires de Dordrecht jusqu'en face de Vlaardingen dans le Scheur (Pl. XXXIII, B, et XXXIV, A).

CHAPITRE XV

LA HOLLANDE

Placée entre le Zuiderzee et les bouches du Rhin, au cœur des Pays-Bas, la Hollande réunit les traits les plus originaux de la nature et de la civilisation néerlandaises. Aux yeux des étrangers, la valeur propre de la contrée procède essentiellement de sa position géographique au débouché de la grande voie du Rhin. Cette vertu naturelle se concentre dans la Hollande méridionale. Au contraire de la Zélande que morcèlent les estuaires et les détroits, au contraire de la Hollande septentrionale presque isolée dans sa péninsule, la Hollande méridionale tient fort étroitement au corps continental et se soude aux pays du Rhin et de la Meuse ; c'est là, le long du Vieux Rhin, aux environs de Leyde, que se trouve, dès l'époque romaine, le berceau de la puissance des Bataves et que se fixe pour des siècles le foyer commercial où tant de villes, Leyde, Utrecht, Delft, Amsterdam, ont puisé leurs sources de vie. C'est toujours le pays des grands ports et des capitales, l'agglomération la plus dense de population avec les deux cinquièmes des habitants des Pays-Bas, le réduit de la défense nationale, que protégerait, en cas de danger, une large zone d'inondation (*waterlinie*), courant sur plus de 80 kilomètres depuis Muiden et Utrecht jusqu'à Gorinchem (fig. 50).

I. — LES PAYSAGES HOLLANDAIS

Deux aspects naturels, fortement opposés, se juxtaposent dans le paysage hollandais : les dunes et le bas pays (*het lage land*). Depuis Hoek van Holland jusqu'au Helder, un puissant cordon de dunes protège le pays contre la mer ; en un seul point, devant Kamperduinen, une brèche, trouant le rempart de sable sur une largeur de 4,5 kilomètres, a rendu nécessaire la construction d'une digue. Sur ces collines de sable que battent les vents du large, la solitude règne ; partout la lande de bruyère, pas de champs, pas d'arbres, si ce n'est dans les endroits bien abrités près de Scheveningen et de Haarlem ; encore les branches tourmentées et décharnées révèlent-elles la lutte que ces bois soutiennent contre les tempêtes. Mais tout n'est pas désert et vie sauvage dans les dunes ; leur façade orientale, qui domine les marais et les tourbières de l'intérieur, offre des terrains stables et secs où les hommes se sont très anciennement établis. Sur cette ligne de contact géographique, se pressent les vieux châteaux à Naaldwijk, à Vogelensand, à Heemstede, à Brederode ; les abbayes à Loosduinen, à Rijnburg, à Bennebroek, à

Egmond; les villages, les bourgs et les villes : lisière dorée, façade heureuse que des siècles de culture ont, malgré le sable aride, élevée à la richesse.

En dehors des dunes, la Hollande se compose du bas pays (*lage land*), c'est-à-dire d'un territoire tout entier conquis sur l'eau. Nulle part ailleurs dans les Pays-Bas, on n'éprouve au même degré l'impression d'un pays artificiel. La majeure partie de la Hollande se tient au-dessous du niveau de la mer, justifiant le nom même qu'elle porte, *Holland*, le pays en creux, le pays bas par excellence. A l'état naturel, l'eau le revendiquait presque en entier; deux baies du Zuiderzee, l'Ij et le Zijpe, le pénétraient et le morcelaient; d'énormes lacs (*meeren*) aux bords instables en recouvraient de vastes étendues. Tout a changé par l'effort des hommes. Sur le Zuiderzee, les polders ne cessent de gagner du terrain : Zijpe polder, 1597; Wieringer waard, 1608; Koegras, 1817; Anna Paulowna polder, 1845-1847; Ijpolder, à partir de 1865. D'autres travaux (*droogmakerijen*) ont asséché les lacs : au XVIIe siècle, Watergraafsmeer, Bijlmermeer, Beemster, Purmer, Schermer, Heer Hugo waard et d'autres; au XIXe siècle, Haarlemmermeer (1839-1852), Zuidplas, Prins Alexander polder. Toute la Hollande, sauf les dunes, n'est qu'un *polderland*, c'est-à-dire une juxtaposition de territoires endigués et mécaniquement drainés. Selon leur situation géographique et l'orientation de leur écoulement, ils se répartissent entre des groupes plus vastes, appelés généralement *waterschappen*, qui constituent les unités fondamentales de drainage et, par une curieuse conséquence, les principales divisions régionales de ce pays artificiel : Schieland, Rijnland, Amstelland, Waterland, Drechterland, Geestmeerambacht. Il n'y a plus en Hollande que deux rivières débouchant librement à la mer : le Lek et le Hollandsch Ijsel en aval de Gouda (Pl. XXXVIII, A); toutes les autres, Vecht, Oude Ijsel, Hollandsch Ijsel en amont de Gouda, ne sont plus que des appareils d'écoulement artificiels (fig. 50).

La surface du sol hollandais s'étend aussi plate que la surface de l'eau; à l'horizon lointain, que voile une légère brume, elle se confond avec le ciel bas. Au-dessus de la terre, on ne voit que des saillies et des reliefs construits par l'homme : digues massives qui de l'intérieur masquent la vue de la mer; canaux, plus élevés parfois que la plaine, où les voiles qui dominent paraissent glisser sur les champs; toits rouges des maisons, pointes des clochers, ailes des moulins à vent. « Ces tours ailées, dit Amicis, donnent à la campagne un aspect singulier; elles animent la solitude; de nuit, au milieu des arbres, elles ont une apparence fantastique d'oiseaux qui regardent le ciel; de jour, elles ressemblent de loin à d'énormes carcasses de feux d'artifice; elles tournent, s'arrêtent, accélèrent leur mouvement, le ralentissent; elles rompent le silence avec leur tic-tac sourd et monotone. »

Un autre aspect naturel à ces terres humides et basses, c'est la verdure, l'uniformité de la verdure presque d'un bout à l'autre du pays et d'un bout à l'autre de l'année. Utilisée par l'homme, cette aptitude à l'herbe donne les merveilleuses prairies où paissent dispersées les vaches blanc et noir du pays. Sur le tapis uniforme des graminées qui couvre la terre, on ne voit émerger que les files de saules têtards qui longent les chemins et les fossés, les groupes isolés d'aulnes et de peupliers, les bouquets d'arbres fruitiers qui cachent les fermes. A la verdure, partout se mêle l'eau. On trouve encore çà et là, sur les tourbières, de grands lacs encombrés de joncs et de roseaux; entre Purmerend et Zaandam, ainsi qu'au Nord d'Utrecht, à Loosdrecht, à Nieuwkoop et à Naarden, ces surfaces d'eau ou *plassen* occupent les creux d'où l'on a extrait la tourbe; ce sont des coins de nature

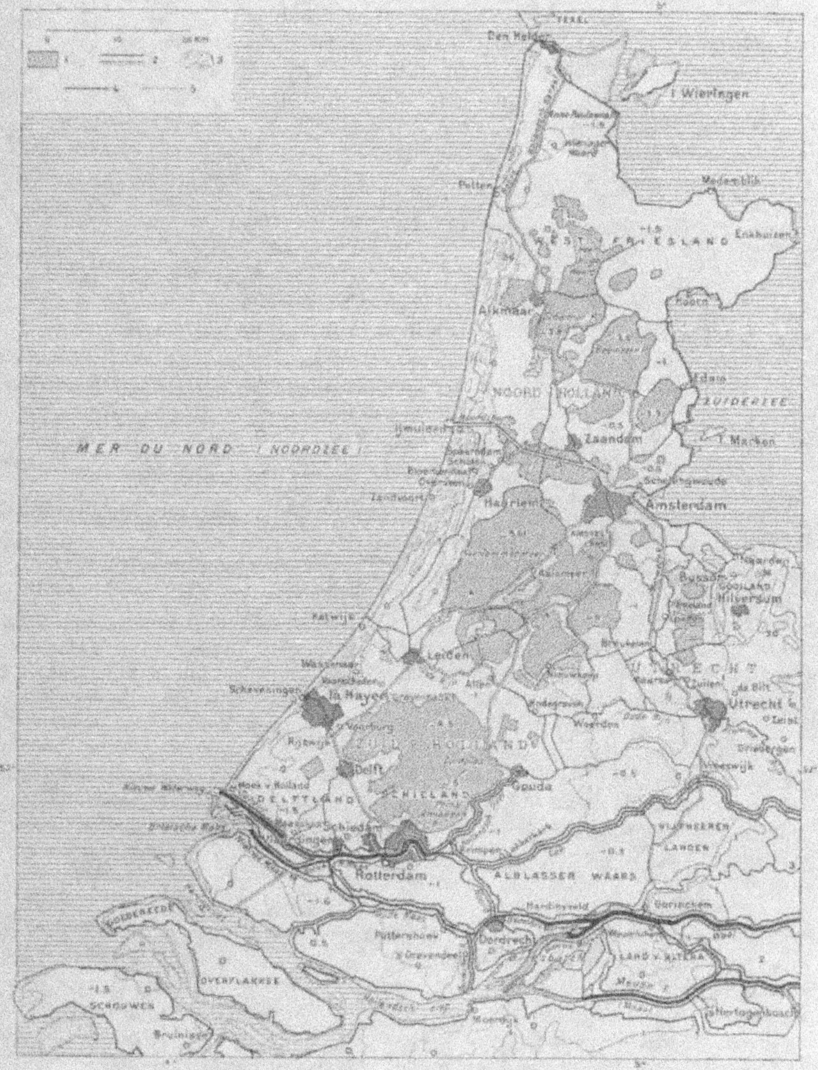

Fig. 50. — Carte d'ensemble de la Hollande.

1, Polders; 2, Canaux; 3, Dunes; 4, Digues; 5, Courbe hypsométrique de 0 mètre. — Échelle, 1 : 850 000.

sauvage, fréquentés par les amis des sports aquatiques et visités par les oiseaux de passage ; les hérons pourprés ont rendu célèbre la Naardermeer. Mais le plus souvent l'eau se rencontre disciplinée par le réseau géométrique des canaux et des fossés qui sillonnent la campagne. On la traverse pour aller aux fermes, pour se rendre aux pâtures. On ne la perd jamais de vue, car toujours les chemins et les sentiers la suivent. Elle mène partout, étant elle-même le chemin universel. Peu de pays possèdent autant de voies d'eau. Surtout autrefois, avant les chemins de fer, la circulation se faisait sur de grandes barques, appelées *trekschuiten*, halées par un cheval ; elles glissaient de village en village, de ville en ville, à l'ombre des grands arbres. Maintenant encore, c'est en bateau que le campagnard porte au marché ses légumes, ses fruits et ses fleurs. « Tout le pays, dit Kohl, toute la culture, tous les villages et toutes les villes s'attachent aux canaux et aux bras d'eau comme les feuilles et les fruits d'un arbre aux branches. » L'influence de ce mode de circulation se reflète dans la disposition des établissements humains ; beaucoup de villages alignent leurs chaînes de maisons le long des voies d'eau (*streekdorpen, dijkdorpen*) ; les centres habités s'ordonnent selon les lignes d'eau. Si l'on excepte la lisière intérieure des dunes, zone de contact très populeuse, toutes les zones de forte densité de population coïncident avec les voies navigables.

II. — L'ÉCONOMIE RURALE

L'herbe se développe avec tant de facilité sur cette terre mouillée et sous ce ciel humide que l'exploitation s'oriente naturellement vers l'élevage. Les provinces de Nord-Hollande, de Sud-Hollande et d'Utrecht ont plus de la moitié de leur étendue en prairies ; dans le Nord-Hollande, la surface en herbe est quatre fois plus grande que la surface en labour. Ce déploiement de verdure couvre surtout le terrain des tourbières drainées, mais il a gagné aussi l'argile des polders ; tel polder, comme le Beemster, ne forme qu'une immense pâture, répartie entre trois cents fermes. Sur ces pâtures paissent, pendant la belle saison, les vaches blanc et noir de la race hollandaise, à la tête petite, au corps massif, aux cornes fines. Le paysan leur donne tout son souci. Au début du printemps, quand on peut encore craindre les nuits froides, on protège les bêtes par de bonnes couvertures ; à l'étable, on les soigne avec une méticuleuse propreté, bien brossées et lavées. On met sa fierté dans une étable claire, brillante et nette. Le fermier ne laisse à personne le soin de traire ; dès l'école, on l'y exerce comme à la besogne principale de son existence.

Les produits de la ferme consistent surtout en viande, en beurre et en fromage. Il y a dans tout paysan hollandais un marchand de bétail ; il élève les jeunes bêtes pour les vendre, il en achète pour les revendre ; il engraisse chez lui les vaches vieilles, parfois des moutons, comme dans le Nord-Hollande, et presque toujours des porcs nourris avec les déchets de laiterie. Certains polders, comme le Beemster, ont la réputation d'excellents terroirs à viande ; aux environs de Schiedam, avec les résidus des distilleries, on engraisse les bœufs pour les boucheries de Rotterdam et des villes. De forts marchés de gros bétail se tiennent à Alkmaar, Amsterdam, Hoorn, Purmerend, et d'autres dans le Sud-Hollande.

La production du lait constitue la vraie fortune de tous ces paysans éleveurs. On peut dire de la Hollande qu'elle est une grande usine de beurre et de fromage.

Phot. A. Van der Zwaep.

A. — ALKMAAR. LE MARCHÉ AUX FROMAGES.

Phot. A. Bernaageon.

B. — UNE FERME DANS LA MER DE HAARLEM.

Phot. Alg. Nederl. Vereeniging.

A. — UN CHAMP DE TULIPES, PRÈS DE HAARLEM.

Phot. A. Demangeon.

B. — UNE VUE DANS UTRECHT.
Le canal est ici entre des berges hautes

Gloire et riche revenu de la Hollande, le fromage se fabrique chez le paysan, à la ferme, sauf dans la région d'Edam, où les fromageries coopératives se multiplient. Il a deux domaines célèbres : celui de Gouda (Sud-Hollande), qui rayonne jusqu'à Leiden, la Haye, Amsterdam, Utrecht, Gorinchem, Dordrecht et Rotterdam; celui d'Edam (Nord-Hollande), qui s'étend de Haarlem et Amsterdam jusqu'au Helder et à Enkhuizen. Tantôt des marchands viennent acheter les fromages dans les fermes mêmes, tantôt il se vend sur les marchés. A Alkmaar, le marché au fromage se tient sur la vieille place; sur de grosses toiles étalées à terre, les fromages s'entassent en pyramides de boules rouges; les marchands circulent d'étalage en étalage, examinant les lots, concluant les affaires par de vigoureuses poignées de main. Certaines années, la fabrication du fromage d'Edam dépasse dix millions de kilogrammes; elle s'expédie, pour une grande partie, à l'étranger, en Grande-Bretagne, en Allemagne, en Belgique, en Amérique, en Malaisie (Pl. XXXV, A).

Malgré la prédominance de l'économie pastorale, la terre arable ne manque pas en Hollande; elle se trouve surtout dans les régions d'argile marine et plus spécialement dans les polders de date récente, les plus parfaitement drainés. Sur ces sols gras et compacts, le labour exige quatre ou six chevaux; quand il pleut, les chariots s'enfoncent dans les ornières des chemins gluants. Mais les champs fertiles, enrichis d'engrais, portent de belles récoltes de blé, de betteraves à sucre, de fèves et de pois, de lin, de fourrages artificiels et de graines pour semer (épinards, choux). Ce sont des labours qui couvrent presque entièrement les polders de l'Ij, d'Anna Paulowna, de Haarlem, de Koegras et de Zijpe et, en plus faible partie, ceux du Wieringer waard, du Heer Hugo waard, du Zuidplas, du Beemster et du Schermeer. Parmi tous les polders hollandais, c'est dans la mer de Haarlem qu'on trouve le spectacle le plus complet de ces fécondes terres à champs, labourées par les robustes chevaux du pays, abondantes en moissons et en récoltes de toute sorte (Pl. XXXV, B).

Mais la grande originalité de la culture hollandaise réside dans le jardinage. Aucun pays ne réunit de pareilles conditions pour l'exploitation maraîchère : un climat frais et modéré; un sol meuble et humide, où le niveau de l'eau souterraine est réglé à volonté par des moyens artificiels; sur les fonds de tourbière, des terres riches en humus; sur la lisière des dunes, une zone de terre remarquable, *geestgrond* ou *duinengeest*, formée au cours des siècles par le mélange du sable et des amendements; une circulation rurale facilitée par les voies d'eau; le voisinage de centres urbains gros acheteurs; le développement des relations rapides avec l'étranger; l'organisation méthodique de la culture par l'enseignement et la coopération. Ce mode de culture intensive réunit toute une collection de produits délicats et raffinés, indigènes et même exotiques, assurés d'un débouché par l'étendue même du marché. Ce sont d'abord les légumes : choux pommés, choux-fleurs, pommes de terre hâtives, cornichons, tomates, oignons, épinards, haricots, salades, carottes, asperges; après l'Égypte et l'Espagne, la Hollande est le pays du monde qui exporte le plus d'oignons. Les cultures sous verre couvrent de grands espaces; on voit d'immenses serres sur roues se déplacer à volonté pour abriter de janvier à mars des choux-fleurs, puis des fraises, et revenir au mois de juin sur leur premier emplacement pour protéger des haricots. Ce sont aussi des fleurs (lilas, roses, chrysanthèmes, boules de neige, magnolias, marguerites et surtout tulipes, jacinthes et narcisses); des fruits (pommes, poires, pêches, groseilles, framboises, raisins); des arbres et des arbustes d'ornement. Toute une flore pré-

cieuse prospère sur ces riches terrains pour l'utilité ou l'agrément, sans cesse amé-
liorée, renouvelée, sélectionnée, dans un pays qui se fait gloire à juste titre de ses
botanistes et de ses agronomes.

Géographiquement, ces cultures maraîchères se répartissent entre plusieurs
groupes. Le plus étendu de ces groupes s'allonge au pied des dunes, depuis les
grands estuaires jusqu'à Alkmaar; il comprend le fameux canton, le jardin et le
parterre de la Hollande, qui se livre, depuis Leiden jusqu'au delà de Haarlem, à la
production des oignons à fleurs, tulipes, jacinthes, narcisses, glaïeuls, iris, crocus.
C'est en avril et mai qu'il faut voir cette campagne merveilleuse, partagée, par
des lignes d'aulnes et des haies basses de thuyas et de bouleaux, en petits champs
rectangulaires qui éclatent chacun d'une seule couleur: bleu, blanc, jaune, orange,
rouge (Pl. XXXVI, A). Magnificence éphémère, car les fleurs, bientôt coupées,
partent pour l'étranger; puis, les oignons, arrachés en juin, sont portés dans les
séchoirs. La terre une fois libre, on prépare une seconde récolte : légumes, pommes
de terre, haricots. Le commerce des oignons à fleurs s'étend au monde entier; les
expéditions ont atteint 8 millions de kilogrammes en 1900, 25 millions en 1913;
elles se dirigent surtout vers les États-Unis, mais elles gagnent aussi la Scandinavie, l'Amérique du Sud, l'Afrique australe, l'Australie. En dehors de la bande
littorale, les cultures maraîchères se pressent encore sur d'autres cantons privi-
légiés : le West-Friesland depuis Alkmaar jusqu'à Enkhuizen, les environs d'Aals-
meer sur le pourtour de la mer de Haarlem, le Gooiland au Nord d'Utrecht, les
environs d'Utrecht, le Rijnland au Nord de Gouda. On les retrouve presque partout, comme si la Hollande avait fait de la culture un art. Elles couvrent 25 p. 100
du sol dans le Geestmeerambacht, 20 p. 100 dans le Westland. La province de
Sud-Hollande possède 85 p. 100 de l'étendue des serres de tous les Pays-Bas;
sur le rendement total des jardins néerlandais, 80 p. 100 reviennent aux deux
Hollandes. Ce travail de choix s'accomplit sur de petites et très petites exploitations, s'abaissant souvent au-dessous d'un quart d'hectare. Il fait vivre une four-
milière humaine. La densité de la population atteint 200 à 400 habitants par
kilomètre carré dans le Drechterland; au pied des dunes, elle dépasse 700 et 1 000
dans certaines communes (fig. 53).

III. — LES VILLES DE HOLLANDE

La vie urbaine tient par d'anciennes et profondes racines au sol hollandais.
Tout l'y attirait : la multiplicité des marchés agricoles et des voies d'eau; le voisinage du Zuiderzee, mer intérieure aux eaux poissonneuses; la mer du Nord avec
sa ceinture de peuples navigateurs; l'artère du Rhin, grand chemin international.
Les villes s'y succèdent à de courtes distances, respirant presque toutes un air
de famille, offrant les mêmes paysages et les mêmes perspectives, avec leurs canaux et leurs ponts, leurs allées d'eau ombragées de grands arbres, leur mouvement
tranquille de barques et de bateaux. Mais le cours de l'histoire les a souvent mar-
quées de signes personnels; on en voit de vieilles qui ont peine à secouer leur som-
meil, de rajeunies que le siècle des usines a réveillées; il en est d'autres, plus puissantes, gonflées par l'afflux des affaires, qui débordent sur leur campagne en ban-
lieues tentaculaires.

Les anciennes villes du delta rhénan, Utrecht, Delft, Gouda, Leiden, se groupent en essaim le long des anciens bras du fleuve; toutes ont grandi par le trafic, à

une époque où les bateaux du Rhin pouvaient les fréquenter. Tout près d'elles, pour des raisons politiques, s'éleva plus tard la Haye, ville officielle. Sur le Rhin sinueux (Kromme Rijn), Utrecht occupe un point commode pour l'habitat et pour le commerce; la vallée s'y enfonce légèrement dans la basse terrasse, entre des berges plus élevées que la plaine tourbeuse : des berges en ce pays plat et inondé, c'étaient des assises pour un établissement humain (Pl. XXXVI, B). Comme le Rhin sinueux se divise à Utrecht en deux bras, le Vieux Rhin et le Vecht, Utrecht commande le passage de la rivière avant son dédoublement : là, auprès du gué, se fixa l'établissement romain auquel la ville doit son nom (*trajectum ad Rhenum, Irecht*). Par le Vieux Rhin, jadis plus abondant, les Romains gagnaient la Germanie et la Grande-Bretagne; sur ces confins de l'Empire, Utrecht représentait le point d'appui de leur autorité. Aussi dès le vii⁰ siècle une église chrétienne se fondait, qui devenait le foyer des missions en pays frison. Au moyen âge, comme capitale ecclésiastique du Nord des Pays-Bas, Utrecht rappelait le rôle que Cologne jouait dans l'Allemagne du Nord; ses évêques étendaient leur autorité jusque sur l'Over-Ijsel, la Drente et Groningue. Elle était la grande ville du pays, puissante par ses églises et ses couvents, riche par le commerce fluvial, qu'elle avait attiré après la destruction de Wijk bij Duurstede par les Normands. Des empereurs germaniques y résidèrent au xi⁰ et au xii⁰ siècle. Mais, le Vieux Rhin s'étant obstrué, la ville languit, et la navigation l'abandonna vers la fin du moyen âge. Tout ce passé a laissé des traces. Utrecht conserve des traits de capitale et de métropole religieuse. Elle est le siège de l'Institut royal météorologique (dans la banlieue, à de Bilt), de la Monnaie, de l'École vétérinaire nationale, des Archives nationales. Elle reste, avec son Université fondée en 1636, le foyer de l'orthodoxie protestante, avec son archevêché romain, le siège de l'autorité catholique, avec son archevêché vieux-catholique, le quartier général de la secte janséniste. Peu de villes renferment autant d'églises, autant de chapelles. Un peu de calme émanant de ces sanctuaires se répand sur la cité; le silence règne dans les vieux quartiers que traversent les canaux d'eau lente. Mais Utrecht n'est pas une ville morte. De ses riches campagnes, elle reçoit, aux jours de marché, les fromages, les bêtes à cornes et les chevaux. Pourvue de plusieurs voies ferrées et desservie par le canal de la Merwede, elle possède des usines : ateliers de chemins de fer, fonderie, ateliers de construction mécanique, sucrerie, fabrique de produits chimiques. Sa population, passant de 48 500 habitants en 1840 à 150 000 en 1925, en fait la quatrième ville des Pays-Bas. Elle rayonne vers les faubourgs et vers une banlieue étendue. Plusieurs groupes de villes gravitent autour d'elle : les unes le long du Vecht vers l'aval, Zuilen, Maarsen, Breukelen, Loenen, Vreeland; les autres, au contact du bas pays et des collines sableuses du Gooiland, de Bilt, Zeist, Driebergen, Doorn. Leersum, Amerongen, jolies résidences d'été parmi les parcs et les bois; les autres enfin, le long du Vieux Rhin, Woerden, Bodegraven, Alfen, par lesquelles on passe pour gagner Leiden.

Leyde (Leiden) est une autre ville du Rhin mort, déchue de son ancienne grandeur (69 000 hab.). Elle fut sans doute le *Lugdunum Batavorum* des Romains, étape commerciale sur ce bras fluvial. Sur un petit monticule qui domine la plaine, la forteresse primitive s'éleva : une grande tour ronde, le Burght, marque encore cet emplacement; c'est autour d'elle que se groupe le plus vieux quartier de la ville. L'âge d'or de Leyde se place aux xvi⁰ et xvii⁰ siècles, au moment même où le commerce hollandais se répand sur le monde entier; énorme manufacture de draps, la ville compte 100000 habitants en 1640. En 1575 s'était fondée la célèbre Université où enseignèrent Juste Lipse, Vossius, Grotius, Scaliger. De 1587 date le Jardin Botanique, dont l'herbier représente une collection unique de plantes d'Extrême-Orient. De toutes les curiosités que les marchands hollandais rapportèrent de leurs voyages à travers le monde, on a formé le Musée royal d'Ethnographie, le plus ancien qui existe, l'un des plus précieux pour l'étude des civilisations. L'époque présente jouit de ces traditions et se laisse dominer par elles. A la différence d'Utrecht, la vie moderne n'a pas rajeuni Leyde. Malgré quelques fabriques et malgré le marché, la ville montre peu d'animation; le long des bras du Rhin, qui la partagent en plusieurs îles, dans les petites rues tranquilles où l'herbe pousse, on chemine parfois longtemps sans rencontrer personne.

Fondée sur le Hollandsch Ijsel à une époque où les eaux du Rhin nourrissaient encore cette rivière, Gouda était une ville dès le XIIe siècle; au XIVe siècle, elle armait pour la pêche du hareng; aux XVe et XVIe, elle tissait des draps et brassait une bière célèbre; au XVIIIe, elle fabriquait les fameuses pipes en terre, qui s'exportaient dans toute l'Europe occidentale et jusqu'en Amérique. En 1796, elle n'avait plus que 11 000 habitants. Si elle en possède actuellement 28 000, c'est qu'elle réussit à rompre les chaînes du passé et se tourne vers l'industrie : elle n'exploite pas seulement un gros marché de fromages et de porcs, mais encore plusieurs grandes usines, briqueteries, papeterie, fabriques de bougies et de savons. On éprouve à Delft la même impression d'une vieille ville qui se rajeunit. Le dessin du paysage urbain y garde la grâce d'autrefois : larges canaux bordés de hauts tilleuls, flottille des barques arrivant au marché chargées de légumes, petites maisons en briques aux couleurs vives; dans ce cadre vivaient les tisseurs de laine et les brasseurs du XIVe siècle, les négociants du XVIe et du XVIIe siècle, qui trafiquaient avec les Indes orientales, les artistes du XVIIe et du XVIIIe, qui, par l'imitation des poteries chinoises et japonaises, ont créé la célèbre industrie des faïences. La ville, déchue à la fin du XVIIIe siècle, contient maintenant 49 000 habitants; elle a renouvelé son activité. Par son École Polytechnique, elle forme un centre d'études modernes; les Hollandais, possesseurs des Indes, y préparent leurs ingénieurs coloniaux. Comme beaucoup d'autres villes de Hollande, elle entretient, par son important marché, des relations étroites avec ses campagnes. Enfin par ses distilleries, elle annonce la grande industrie de Schiedam.

La Haye (en hollandais, 'S Gravenhage, 'S Hage ou den Haag, la Haie des Comtes) offre, parmi les villes hollandaises, une figure originale. Pas de site propice à la défense ou au commerce, pas de rivière navigable, pas de courant de trafic. La ville naquit de la grande forêt, poussée à l'abri des dunes, où les comtes de Hollande bâtirent un pavillon de chasse; le château qu'ils y élevèrent au XIIIe siècle devint bientôt leur résidence permanente. Ainsi, ville artificielle, issue de la volonté des princes, la Haye parvint au rôle de capitale politique. Le bois, *het bosch*, où fut le berceau de la ville, demeure encore l'un de ses charmes, avec ses chênes géants et ses hêtres majestueux. Comme Washington aux États-Unis, la Haye remplit les fonctions d'une capitale : là se trouvent réunis la Cour, les États généraux, les ministères, les seigneurs, les hauts fonctionnaires, les ambassadeurs. La ville s'est construite pour ces usages et pour ces personnages, selon les règles d'une architecture qui s'inspira de l'influence française. Avec ses rues droites, ses maisons de style classique, ses hôtels de maître, ses parcs, ses avenues, ses places, le plan est de coupe moderne et monarchique. L'abondance des eaux, ce trait de couleur locale si familier aux vieilles villes hollandaises, n'existe plus : si ce n'est dans l'Est de la ville, on ne voit pas de canaux; ils contournent la ville et ne la traversent pas. « Le principal bassin, écrit Élisée Reclus, placé au centre de la Haye, n'a pas été creusé pour les embarcations : c'est un vivier de plaisance (*vijver*), reflétant dans ses eaux noires les sombres murailles du palais de la Chambre Haute, les arbres d'une belle promenade » (Pl. XXXVIII, B). Sauf des ateliers d'art décoratif, des fabriques de meubles et des brasseries, l'industrie compte peu pour la ville. Et cependant la population n'a pas cessé de s'accroître : 42 000 habitants en 1796, 66 500 en 1850, 157 000 en 1890, 393 000 aujourd'hui. Elle se grossit de tous ceux qui recherchent le séjour d'une grande et belle ville, l'agrément de l'existence, la richesse des trésors artistiques, les commodités du travail intellectuel, l'élégance de la société. A la Haye, réside une classe nombreuse de négociants retirés, de fonctionnaires retraités. Elle passe pour la ville la plus riche du royaume, fournissant à elle seule 17 p. 100 des impôts (Amsterdam, 11 p. 100). Beaucoup d'entreprises foncières et minières des Indes y ont leur siège central. Beaucoup d'artistes et d'étrangers y séjournent, attirés par le charme de la vie et de la nature. C'est pour cette société que la ville déploie le luxe de ses grands hôtels, de ses magasins, de ses restaurants. Grande cité riche et dépensière autour de laquelle gravite tout un groupe de jolies bourgades : Rijswijk (8000 hab.), Voorburg (7 000 hab.), Wassenaar (6 000 hab.), Voorschoten et surtout Scheveningen (27 000 hab.), plage et lieu de divertissement des habitants de la Haye.

En dehors du delta rhénan, dans la province de Nord-Hollande, la vie urbaine a moins d'ancienneté; mais elle se diffuse à travers le pays avec autant d'exubérance, tantôt fixée au sein des régions agricoles, tantôt attirée par la mer. A la lisière intérieure des dunes, Haarlem servait, dès le XIe siècle, de résidence aux comtes de Hollande; l'hôtel de ville actuel occupe leur ancien palais. La qualité de l'eau des dunes explique le développement précoce d'industries comme la brasserie, la blanchisserie et le tissage des toiles. Très prospère au XVIIe siècle, comme les autres villes hollandaises, appauvrie au XVIIIe par les crises économiques, elle renaît de nos jours à la fortune. Grâce au canal de la Mer du (Noordzee kanaal), beaucoup d'établissements industriels ont rendu l'animation à la vieille cité silencieuse : chantiers de bateaux, usines d'impression de cotonnades, ateliers de construction mécanique, blanchisseries qui consomment l'eau douce des dunes et lavent le linge de plusieurs grandes villes. Le charme du pays attire les touristes; la ville concentre le commerce des oignons à fleurs; elle profite aussi de sa qualité de chef-lieu de la province de Nord-Hollande. Forte de 40 000 habitants en 1622, tombée à 21 000 vers la fin du XVIIIe siècle, remontée à 50 000 vers la fin du XIXe, elle atteint aujourd'hui le chiffre de 81 000 habitants. Avec les villes voisines de Schoten, de Bloemendaal, d'Overveen et de Velsen (31 000 hab.), on obtient pour le groupe de Haarlem une agglomération d'environ 150 000 âmes. D'autres villes, jadis industrielles et commerçantes, comme Edam (8 000 hab.) et Purmerend (7 000 hab.), ne vivent plus que de leur marché agricole. Alkmaar nous donne un type curieux de vieille cité hollandaise avec ses grands canaux, ses maisons rouges à façade triangulaire, ses places pavées de briques rouges et jaunes, son hôtel de ville du XVIe siècle, son église du XVe, son poids public (*Waag*). Sur la grande place, devant l'antique bascule, non loin d'une jolie tour à carillon, se tient, le vendredi, le pittoresque marché aux fromages. C'est surtout par le commerce agricole qu'Alkmaar a grandi; son développement moderne date de la constitution des grands polders à partir du XVIIe siècle. Au cours du XIXe siècle, elle monte de 8 000 habitants à 16 000, puis, durant le premier quart du XXe, à 27 000.

La mer, qui menace la Hollande, pénètre toute son économie. Pour la Hollande, il y a deux mers : la mer du Nord (Noordzee), à laquelle elle tourne le dos, et la mer du Sud (Zuiderzee), qui fut la source de sa grandeur maritime. Vers la mer du Nord, la Hollande se présente par un rempart continu de dunes, sans échancrure, sans abri ; sur cette côte uniforme et inhospitalière, on ne rencontre que de rares établissements humains, presque tous de création récente ou artificielle : stations balnéaires, petits ports de pêche, têtes d'écluses de mer. Scheveningen pêche encore le hareng au large, mais, en réalité, il n'est plus depuis le début du XIXe siècle qu'une station balnéaire, dépendance de la Haye. Depuis 1880, Zandvoort, village de pêcheurs accroché à la dune, se transforme en une plage fréquentée, que des tramways et des chemins de fer mettent à un quart d'heure de Haarlem. Katwijk (8 000 hab.) arme pour la pêche du hareng et possède des usines de salaison ; mais il a pour fonction maîtresse de garder le débouché en mer du Nord de ce qui reste d'eau dans le Vieux Rhin ; trois grandes écluses avec onze couples de vannes retiennent cette eau à marée haute ; à marée basse, elles s'ouvrent pour évacuer le trop plein du Rijnland. Même mission redoutable incombe à Ijmuiden, port artificiel construit dans la dune de 1865 à 1876 (Pl. XL, A) : c'est la porte du canal d'Amsterdam à la mer du Nord, pourvue de deux énormes écluses et de deux brise-lames qui s'avancent en mer de plus d'un kilomètre. Sous l'abri de ces puissantes murailles, on a créé de toutes pièces un port de pêche, l'un des mieux équipés de l'Europe moderne, noyau d'une ville nouvelle qui vit de l'industrie du poisson et du travail de ses 160 chalutiers à vapeur ; on y voit, groupés auprès du port, des halles immenses, des fabriques de glace, des saurisseries, des fonderies d'huile de baleine, des ateliers de construction de machines, un tissage de voiles. Enfin, à l'extrémité de la chaîne des dunes, à la pointe de la Hollande, en des parages désolés et nus que voile le brouillard et que fouettent les vents de mer, s'élève la ville du Helder (30 000 hab.) ; simple village de pêcheurs jusqu'en 1825, il devint alors le débouché du canal de Nord-Hollande (Noord Hollandsch kanaal) creusé pour donner à Amsterdam un accès vers la mer plus direct que le Zuiderzee ; on y construisit une digue gigantesque de 10 kilomètres, faite de granite norvégien et de calcaire belge ; on y édifia une forteresse navale, avec un port artificiel, le Nieuwediep, où l'État-major hollandais installa des chantiers, des arsenaux, une école de la marine, le tout désigné sous le nom de Willemsoord. Mais, depuis l'ouverture du nouveau canal de la Mer du Nord, c'en est fait de ce grand rôle. Le Helder ne commande plus la grande route maritime d'Amsterdam.

La Hollande s'oriente naturellement vers le Zuiderzee. La plupart de ses écluses d'évacuation y débouchent ; trois seulement s'ouvrent vers la mer du Nord, à Ijmuiden, à Katwijk et à Scheveningen. C'est par le Zuiderzee que longtemps le pays prit contact avec la haute mer et que les navires d'Amsterdam gagnèrent l'Océan. Mais le grand commerce l'a déserté ; quelques petites villes, comme Hoorn, Enkhuizen et Medemblik, après avoir connu jadis les aventures de la grande pêche et du commerce au long cours, ne conservent plus que leur modeste marché et leur flottille de pêche côtière. Quand la digue qui doit barrer le Zuiderzee sera terminée, la vie maritime aura disparu. Le symbole de cette

Phot. Alg. Nederl. Vereeniging

A. — AMSTERDAM. ÉGLISE SAINT-NICOLAS.

Phot. K. L. M.

B. — ZAANDAM. LE PORT AU BOIS.

Phot. K. L. M.

A. — LE HOLLANDSCH IJSEL A NIEUWEKERK.
Vieil estuaire bordé de digues; rives protégées par des épis contre les marées;
canaux de drainage parallèles.

Phot. K. L. M.

B. — LA HAYE, LA COUR INTÉRIEURE (BINNENHOF), L'ÉTANG (VYVER)
ET LA SALLE DES CHEVALIERS (RIDDERZAAL), OÙ SIÈGE LE PARLEMENT.

décadence d'une mer est Amsterdam; ce grand port tourne maintenant le dos
au Zuiderzee qui lui donna la vie, et s'abouche directement par un canal artificiel avec la mer du Nord.

IV. — *AMSTERDAM*

Amsterdam naquit à l'embouchure de l'Amstel, petite rivière d'eau trouble,
dans un bras du Zuiderzee appelé l'Ij; cette baie s'avançait loin vers l'Ouest,
jusqu'aux dunes de la mer du Nord. Simple bourgade encore en 1300, Amsterdam nous est signalé en 1400 comme le premier centre commercial de Hollande.
A quels événements remonte cette brillante évolution? Des circonstances parti-
culières avaient mis en lumière la valeur du port d'Amsterdam, le meilleur du
Zuiderzee. Devant la ville, l'Ij formait un bassin naturel de chasse; entre ses
deux rives rapprochées, le courant de reflux, soutenu par les vents d'Ouest, entretenait un chenal profond, libre d'atterrissements. La navigation devait utiliser
cet avantage naturel dès que les conditions économiques seraient favorables.
Or, il y avait au XIIIe siècle, entre l'Elbe et l'Escaut, un actif courant de trafic
qui, traversant la mer des Wadden et le Zuiderzee, gagnait le Vecht et Utrecht;
l'estuaire du Vecht s'étant obstrué, le commerce se détourna vers l'Ij; Amsterdam devint la grande étape sur cette route fréquentée qui menait de Hambourg
à la Flandre par Stavoren et la Zélande. D'autre part, les ports de Scandinavie
et de la Baltique ayant mis en service vers 1360 des navires de plus gros tonnage,
Amsterdam s'offrit à eux comme le lieu de transbordement où ils devaient s'arrêter
et livrer leur cargaison aux barques d'intérieur. Ainsi se développa la fortune
maritime d'Amsterdam. Elle était déjà au XIVe siècle l'un des plus grands entrepôts de l'Europe du Nord, affilié à la Hanse; elle commandait les routes que
suivait le commerce international; par le Zuiderzee, elle communiquait avec la
Baltique et la Grande-Bretagne, par l'Ijsel et le Rhin avec Cologne et l'Allemagne, par l'Escaut maritime avec le Brabant et la Flandre. Depuis cette époque
décisive, l'ampleur de son commerce fait d'Amsterdam le trésor du commerce hollandais; ses destinées reflètent les destinées nationales. Après la ruine d'Anvers,
Amsterdam domine le commerce universel au XVIIe siècle; après l'essor du commerce britannique, il voit ses affaires s'affaisser et son rôle mondial décliner. Une
période de renouveau se dessine à partir de 1813, inaugurée par la fondation du
royaume des Pays-Bas; sous la protection de l'État, on voit se fonder en 1814
la *Nederlandsche Bank*, en 1824 la *Handelsmaatschappij* pour l'exploitation des
Indes; de grands travaux en 1876 ouvrent à Amsterdam le chemin direct de la
haute mer et mettent son port en état de recevoir les navires passant par le
canal de Suez.

Le port d'Amsterdam se trouve au Nord de la ville, sur les bords de l'Ij.
L'homme en a tellement transformé le site et les voies d'accès qu'il en a fait un
ouvrage d'art. Depuis près d'un siècle, la liaison d'Amsterdam avec la mer ne
s'effectue plus par voie naturelle: longtemps elle se fit à l'Est par le Zuiderzee;
depuis 1815, au Nord, par le canal de Nord-Hollande; depuis 1876, à l'Ouest, par
le canal de la Mer du Nord, voie directe construite à grands frais de 1865 à 1876,
avec une longueur de 24 kilomètres, une profondeur de 7 m. 20, qui fut accrue à
9 mètres en 1896 et à 10 m. 30 en 1907, et qui atteindra bientôt 14 mètres (fig. 50).
Du côté de la mer, d'énormes écluses le ferment; deux jetées convergentes,

s'avançant au large de 1 500 mètres jusqu'à une profondeur de 8 m. 50 — N.A.P.,
protègent son entrée et forment l'avant-port d'Ijmuiden; des dragages continus
maintiennent cet avant-port à la profondeur fixée : travaux pénibles que la
violence de la houle ne permet guère plus de 160 jours par an. Du côté de l'Est,
le barrage de Schellingwoude sépare complètement du Zuiderzee les eaux de l'Ij.
Ainsi toutes les eaux du port d'Amsterdam, des canaux de la ville et du canal
maritime sont soustraites aux effets de la marée, de sorte que les navires peuvent
y circuler en tout temps sans avoir à se régler sur le niveau de l'eau; une fois les
écluses d'Ijmuiden franchies, ils peuvent atteindre à toute heure les différentes
parties de cet immense bassin artificiel. Ces travaux ont donné un essor remarquable au port d'Amsterdam, dont le mouvement maritime passa de 1 376 000 tonneaux en 1877 à 5 565 000 en 1900, à 6 500 000 en 1924 (entrées et sorties).

La plus grande originalité du commerce d'Amsterdam vient de l'entrepôt
des denrées coloniales. Jusque vers la fin du xviii⁰ siècle, il avait traité surtout
les céréales de la Baltique; mais il ne réussit pas à retenir au xix⁰ siècle le trafic
des grains russes et américains. Le grand commerce aurait déserté Amsterdam,
si le commerce des Indes néerlandaises ne l'avait soutenu. C'est à Amsterdam,
qui a fourni près des quatre cinquièmes des capitaux néerlandais placés dans les
Indes, que les produits coloniaux arrivent de préférence pour atteindre le marché
universel; ils y attendent dans les magasins et les entrepôts le moment d'être
réexpédiés. Tandis que Rotterdam, port de transit fréquenté par une forte proportion de navires étrangers, voit passer d'énormes quantités de marchandises
dont il ne retient qu'une faible partie, Amsterdam est un port d'entrepôt, desservi
pour une bonne moitié de son trafic par le pavillon national et retenant sur ses
quais les neuf dixièmes des cargaisons qui entrent dans ses bassins. A Amsterdam,
se concentre le marché de grands produits commerciaux, importés, puis réexpor-
tés : le tabac de Java, de Sumatra et de Bornéo, ainsi que des Antilles, des
États-Unis et du Levant; le copra des Indes néerlandaises; les épices, poivre de
Sumatra, noix muscade de Banda, clous de girofle de Zanzibar; les écorces de quinquina de Java; le café des Indes néerlandaises; le thé de Java; l'étain de Banka
et Billiton, le caoutchouc de Malaisie, le sucre de Java, les peaux de buffle
de Java. Aux marchandises qui n'entrent que pour être réexpédiées, s'ajoutent à l'entrée celles qui arrivent pour la consommation des Pays-Bas : bois,
pétrole, grains, vins, fonte et acier, houille, textiles, et à la sortie celles qui proviennent de la production nationale : fromages, bière, machines, bateaux. On
doit même y joindre celles qui transitent à destination des ports allemands du
Rhin : pétrole, farine, graines oléagineuses, minerais.

Tant de facilités de transport constituent, à l'époque moderne, l'une des
conditions essentielles du développement industriel. Aussi le centre commercial
se double à Amsterdam d'un puissant foyer d'usines; elles se répartissent en deux
groupes : Zaandam et Amsterdam même. Zaandam n'est que la plus importante
des agglomérations qui se pressent sur les digues d'une petite rivière, la Zaan,
affluent de l'Ij : Zaandam (30 000 hab.), Koog, Zaandijk, Wormerveer, Krom-
menie, Assendelft, Westzaan, Oostzaan, Wormer, Jisp; elles composent ensemble
une curieuse région, appelée le Zaanstreek, où les habitations viennent se coller
aux digues en files serrées (Pl. XXXVII, B). Depuis longtemps, elle forme un
faubourg industriel d'Amsterdam; au xvii⁰ siècle, d'innombrables moulins à vent
fournissaient la force motrice aux usines à tabac, à tan, à moutarde, à céruse, à

Fig. 51. — Amsterdam. La ville et le port.

bois, à papier; ses chantiers de constructions navales reçurent en 1697 la visite du tzar Pierre le Grand; grâce à ses relations avec les pays de la Baltique, elle réunissait alors l'équipage de moulins à farine et à huile le plus puissant du monde. Les moulins à vent disparaissent, et leur paysage légendaire ne sera bientôt plus qu'un souvenir; mais le travail industriel bat toujours son plein dans le Zaanstreek : scieries, rizeries, huileries, amidonneries, minoteries, chocolateries. Un autre groupe d'usines se localise à Amsterdam : minoteries, brasseries, scieries, distilleries, constructions mécaniques, chantiers de bateaux fluviaux, sucreries et raffineries, savonneries, manufactures de tabac, ateliers de confection, papeteries, fabriques d'engrais chimiques. A la richesse capitaliste d'Amsterdam se rattache la célèbre industrie de la taille des diamants : Anvers en avait conservé le monopole jusqu'à la fin du XVIe siècle; elle suivit à Amsterdam le développement de la banque, du commerce de l'argent et de la colonie juive; elle occupe plus de 8 000 ouvriers; en 1910, Amsterdam vendit près de cent millions de francs de diamants en Amérique.

Par son travail et sa fortune, Amsterdam offre un type de ville très représentatif de ce pays qui vit de la mer et des échanges. De même, dans son site et ses aspects matériels, on retrouve les traits originaux de la nature néerlandaise. Dès l'origine, la ville se développa au bord de l'Ij, sur un sol mou et marécageux, parcouru par des bras d'eau lente, menacé par les hautes marées; aussi, dès le début, elle eut des digues à construire sur le front de mer et, dans ces digues, des écluses à aménager pour l'évacuation des eaux intérieures; son nom même indique la nécessité primordiale de barrer l'Amstel. Vers la terre, elle fit d'un canal de ceinture son rempart. A mesure qu'elle grandit, elle ne put s'étendre qu'en déplaçant cette ceinture d'eau. Dans son plan actuel, on voit les témoins de quatre de ces déplacements : ce sont les larges canaux en demi-cercle, bordés d'arbres, qui se succèdent du Nord au Sud : Singelgracht ou rempart primitif, Heerengracht, Keizersgracht, Prinzengracht, Singelgracht ou nouveau rempart extérieur; tous ces déplacements datent du XVIIe siècle. La ville leur doit sa curieuse disposition en quatre grands anneaux concentriques, traversés eux-mêmes par tout un réseau de canaux secondaires et partagés en quatre-vingt-dix îlots que relient entre eux plus de trois cents ponts. Parmi cet appareil quasi géométrique, l'Amstel circule toujours, en décrivant deux larges méandres (fig. 51; Pl. XXXVII, A).

Pour établir et étendre la ville, il fallut vraiment conquérir le sol. Pour étayer ce terrain d'argile, de sable et de tourbe, on fonça des pilotis; le Palais Royal, bâti de 1648 à 1655, repose sur 13 659 pilotis, la Bourse, sur 34 000; des forêts entières d'Allemagne gisent dans ces fondations. Pour épargner ce terrain coûteux, on dut gagner en hauteur; à la différence des autres villes hollandaises, Amsterdam possède des maisons fort élevées; beaucoup d'entre elles se dressent même au-dessus d'un sous-sol habité, où l'on vit et travaille; on les rencontre surtout dans les vieux quartiers; leurs toits se rejoignent presque au-dessus des rues étroites et obscures; leurs murs crevassés suintent d'humidité.

L'existence d'Amsterdam comporte toute une lutte contre l'eau. Le niveau de l'eau dans les canaux varie avec les saisons; tantôt on doit l'abaisser, tantôt le soutenir. Avant les travaux de fermeture de l'Ij, il fallait le protéger contre les dénivellations de la marée : de là, tout un jeu d'écluses et de pompes, de manœuvres délicates, un contrôle permanent pour maintenir en ville un niveau de l'eau inférieur à 0 m. 20 — A. P. Les canaux d'Amsterdam n'ont pas de pente; les boues et les ordures s'accumulent dans leurs eaux croupissantes; il faut les curer, les draguer; on a comblé les plus gênants. Ceux qui restent ne s'assainissent que par un renouvellement artificiel de l'eau : l'eau du Zuiderzee, amenée par le siphon de Zeeburg qui passe sous le canal de la Merwede, pénètre, quand il en est besoin, dans les canaux souillés et s'évacue dans l'Ij au Nord-Ouest de la ville. Vivant au milieu de l'eau, la ville n'en a pas pour boire; elle dut longtemps se contenter de l'eau de pluie recueillie dans les citernes ou bien de l'eau du Vecht apportée des environs de Weesp et d'Utrecht par les petits bateaux réservoirs qui la vendaient fort cher. Depuis 1853, un aqueduc souterrain amène l'eau claire pompée près de Haarlem dans le sable des dunes.

Comme tous les grands ports modernes, Amsterdam grandit beaucoup à partir du milieu du XIXe siècle. Elle se compose maintenant de deux parties : la vieille ville en forme de croissant, avec ses canaux semi-circulaires; la ville neuve bâtie en dehors du croissant. Le centre de la vieille ville intérieure se trouve au Dam, petite place qui marque la limite occidentale de l'agglomération primitive; c'est le foyer historique de la cité avec l'ancien Hôtel de Ville, la Nouvelle-Église construite en 1408 et, non loin de là, la Bourse et la Poste; là débouche la grande voie passagère de la ville, Kalverstraat, rue étroite où se pressent les grands hôtels, les grands magasins, les bureaux de navigation, les lieux de réunion et de plaisir. Sur le Dam, l'intensité de la circulation rappelle le mouvement des grands carrefours des métropoles : Trafalgar Square à Londres, la place de la Madeleine à Paris. Tout autour de ce noyau vital, se rangent les grands canaux larges d'une cinquantaine de mètres, ombragés d'ormes et bordés de vieilles maisons des XVIe et XVIIe siècles. En dehors du croissant, vers l'extérieur du Singelgracht, s'étend la ville neuve, aux rues larges et droites, presque sans canaux, poussant sans cesse vers le Sud de nouveaux quartiers. Comme dans les autres grandes cités, la population émigre du centre vers la périphérie; les quartiers intérieurs perdent des habitants au profit des quartiers excentriques; la banlieue s'enfle et s'étend. Tout un essaim de localités en pleine croissance dessine déjà un Plus Grand Amsterdam : Hilversum (41500 hab.), Bussum (22 000 hab.), Sloten (20 000 hab.), Bloemendaal (15 000 hab.), Watergraafsmeer (11 000 hab.). La ville d'Amsterdam elle-même passait de 220 000 habitants en 1800 à 408 000 en 1850, 510 000 en 1900, 713 000 en 1925.

Cet accroissement révèle la puissance du foyer de vie qui palpite à Amsterdam, le plus grand des Pays-Bas, le plus original aussi, plus original que Rotterdam ville d'affaires et que la Haye ville officielle, le plus hollandais. Le gouvernement réside ailleurs, mais seule Amsterdam a les caractères d'une grande capitale, accueillante à tous les peuples et à tous les travaux de l'esprit. Sur les bords de la Binnen Amstel, elle contient un quartier juif, habité par les descendants des familles chassées d'Espagne et de Portugal au XVe et au XVIe siècle; à partir du XVIIe siècle, elle devint comme une terre promise pour les enfants d'Israël qui affluaient d'Espagne, de Belgique, d'Allemagne et de Pologne. Et le négoce n'a jamais tari dans la cité les sources de l'art, de la science, de la pensée; elle possède une grande Université, une Société de Géographie qui fait connaître scientifiquement au monde l'Insulinde, des maisons d'impression et d'édition qui entretiennent les nobles traditions d'autrefois.

CHAPITRE XVI

LES ASPECTS ÉCONOMIQUES DE LA VIE NÉERLANDAISE

Parmi les formes de l'économie et de la civilisation néerlandaises, le commerce peut être considéré comme le support de toutes les autres. L'originalité des Pays-Bas procède des avantages même qu'ils offrent aux communications et aux relations : leur position sur la mer du Nord au débouché de l'un des fleuves les plus grands et les plus utiles du continent européen; leurs côtes pénétrées de baies et d'estuaires propices à la circulation intérieure; la proximité de nations progressives comme les Allemands et les Anglais. L'esprit d'entreprise, nécessaire à l'exploitation de ces aptitudes commerciales, apparut plus tard dans les Pays-Bas qu'en Flandre, plus tard aussi que dans les villes de la Hanse. Mais, une fois dégagé, il ne cessa plus d'agir sur toute la vie du pays en déterminant l'orientation de son travail, aussi bien la production agricole que la production industrielle.

I. — LE COMMERCE NÉERLANDAIS

LE COMMERCE EXTÉRIEUR. — L'épanouissement du commerce néerlandais, en tant qu'il domine la vie nationale, date du XVIᵉ et du XVIIᵉ siècle. C'est alors que s'ouvre devant lui la carrière de l'Océan; dès 1596, des bateaux hollandais paraissent sur les côtes de Java; Hudson aborde en 1607 sur les rivages orientaux de l'Amérique du Nord; des marins hollandais découvrent l'Australie; d'autres fondent déjà des établissements coloniaux en Australie, à Ceylan, dans l'Afrique du Sud, dans l'Amérique du Sud. Le trafic de mer s'érige en fortune nationale, et les armateurs hollandais deviennent les entrepreneurs des transports internationaux. Sir Walter Raleigh décrit d'une manière originale la supériorité de la marine hollandaise au début du XVIIᵉ siècle : « La marine anglaise ne peut entrer en comparaison avec celle des Hollandais. A l'exemple de l'antique cité de Tyr et de la plus moderne Venise, la Hollande est devenue l'entrepôt d'innombrables marchandises dont la centième partie à peine est consommée dans le pays. Ils viennent trafiquer chez nous-mêmes avec 500 et 600 vaisseaux tous les ans, et nous en envoyons à peine 30 ou 40 chez eux. Les Hollandais trafiquent avec toutes les places de France, et nous avec cinq ou six seulement. Ils ont à eux seuls autant de vaisseaux que tous les royaumes de la chrétienté ensemble. Ils construisent mille navires par an, et cependant il n'y a pas un arbre dans tout le pays et leurs produits ne rempliraient pas cent vaisseaux. » On évaluait en 1670 le tonnage hollandais au tiers du tonnage européen.

Au cours du XVIIIe siècle et au début du XIXe, le commerce hollandais traverse une cruelle période de crise; le pavillon britannique règne sur les mers; le pavillon néerlandais ne figure plus, dans les entrées des ports des Pays-Bas, que pour 42 p. 100 en 1831 et 28 p. 100 en 1850. Mais la rénovation de la flotte s'accomplit peu à peu sous l'influence de facteurs économiques, les uns propres au pays, les autres issus de l'économie universelle : fondation de la *Nederlandsche Handelsmaatschappij* en 1824; développement des chemins de fer (le premier en 1839, d'Amsterdam à Haarlem); essor de la navigation à vapeur (premier service de Hollande à Londres en 1823); ouverture du canal de Suez en 1869, qui rapproche les Pays-Bas de leurs colonies d'Extrême-Orient; jonction de Rotterdam et d'Amsterdam à la mer du Nord par de profonds canaux maritimes; liaison étroite de ces deux ports avec le commerce du Rhin par l'amélioration du chenal fluvial, création de compagnies de navigation, *Holland Amerika* (1870) *Nederland, Rotterdamsche Lloyd* (1883). Peu à peu on vit s'accroître le tonnage de la flotte à vapeur, qui passait de 12 990 tonneaux en 1860 à 64 400 en 1880, 268 000 en 1910, 1 240 000 en 1913, 1 303 600 en 1925. La Grande Guerre, désastreuse pour d'autres marines, apporta d'énormes bénéfices à la flotte de ce pays neutre; elle occupe le septième rang parmi les flottes du monde; la proportion du pavillon néerlandais dans le trafic du canal de Suez s'élevait de 5,3 p. 100 en 1911 à 10 p. 100 en 1925. Grâce à la puissance des compagnies de navigation, les quatre-vingt-sept lignes régulières néerlandaises desservent maintenant tous les grands ports du monde. Sur 1 000 navires au long cours qui entrent à Rotterdam et à Amsterdam, il en vient 145 des pays méditerranéens d'Europe, 377 des États-Unis, 170 de la Plata, 106 d'Extrême-Orient et d'Australie, 104 de Java.

Ces relations internationales ne s'arrêtent pas au rivage néerlandais; elles pénètrent le pays tout entier par les fleuves et par les chemins de fer. Sur l'ensemble des marchandises qui franchissent les frontières terrestres des Pays-Bas, les trois quarts passent par voie d'eau; annuellement plus de 90 000 bateaux transitent par le Rhin à Lobit. Par voie ferrée, de grands courants internationaux traversent le territoire néerlandais. De Hoek van Holland, des trains rapides transportent vers l'Allemagne les voyageurs britanniques via Oldenzaal ou via Nimègue; de Flessingue, d'autres services les mènent via Boxtel vers Berlin et Bâle. Il y a aussi des lignes à trafic lourd, qui joignent la Westphalie aux grands ports néerlandais par Winterswijk, Zevenaar ou Venlo. En douze heures, on peut, avec escale à Amsterdam, voler par avion de Londres à Berlin. Cette intensité de circulation par mer, rivière, fer et air fait des Pays-Bas un carrefour international. Ce petit pays tient le cinquième rang dans le monde pour la valeur de son commerce extérieur. Cette valeur, répartie sur tous les habitants, donne une étonnante moyenne de 1 100 florins par tête : cette moyenne n'atteint que 850 florins en Belgique, 500 en Suisse, 350 en Grande-Bretagne, 200 en France.

Parmi les marchandises transportées, un groupe original est formé par celles qui traversent le pays sans lui être destinées. Depuis le XVIe siècle, le commerce de transit apparaît comme une fonction naturelle à cette nation qui exploite sa position d'intermédiaire géographique. C'est par le marché d'Amsterdam au XVIIe siècle que les épices de l'Insulinde, le thé, la soie et la porcelaine de Chine, le coton et la soie du Bengale, le sucre, le cacao, les bois précieux et l'indigo des Antilles gagnaient leurs destinations européennes; par le même marché, les grains de la Baltique s'acheminaient vers la Flandre, la France et la Méditerranée. De nos jours, grains et minerais exotiques empruntent les services de Rotterdam pour atteindre les régions industrielles de Westphalie et de Rhénanie. Ces transports par le Rhin, comme aussi la communauté d'une longue frontière, expliquent l'étroitesse des liens économiques qui unissent les Pays-Bas à l'Allemagne. C'est vers l'Allemagne que se dirige le quart des exportations néerlandaises (24 p. 100 vers la Grande-Bretagne, 9 vers la Belgique, 7 vers les Indes, 4 vers les États-Unis); c'est d'Allemagne que vient le tiers des importations néerlandaises (8 p. 100 des Indes, 22 de Grande-Bretagne, 15 de Belgique, 15 des États-Unis).

On n'échange pas que des marchandises. Les Pays-Bas pratiquent depuis des siècles l'exportation, sous forme de capitaux, des bénéfices de leurs armateurs, de leurs courtiers, de leurs négociants. Au XVIIIe siècle, on trouve les banquiers et les rentiers néerlandais parmi les créanciers de tous les grands États d'Europe; les souverains redoutaient la bourse d'Amsterdam comme une grande puissance. De nos jours encore, les capitaux néerlandais ne soutiennent pas seulement l'essor des colonies nationales, mais encore de grandes entreprises industrielles et minières dans l'Extrême-Orient, dans l'Amérique du Nord, la Suède et l'Espagne. L'expansion des intérêts néerlandais prend d'autres formes fructueuses : ainsi ces missions d'ingénieurs qui exportent leurs talents techniques; au XVIIe siècle, pour les travaux hydrauliques, on faisait appel à des Hollandais en France, en Angleterre, en Suède, en Italie; des spécialistes néerlandais ont travaillé aux plans des canaux de Suez et de Panama, aux ports de la Plata, du Mexique, du Japon, de la Chine, aux canaux d'irrigation du Siam. Partout où il faut creuser et draguer dans la terre, diriger et aménager les eaux, on appelle à l'œuvre les entrepreneurs néerlandais; on les rencontre à tous les coins du monde depuis l'Europe jusqu'en Afrique et en Extrême-Orient.

LES COLONIES NÉERLANDAISES. — Pour le commerce, les Pays-Bas trouvent un domaine de choix dans leurs colonies. Par l'ancienneté et la popularité de la mentalité coloniale, ils rappellent la Grande-Bretagne. Les débuts de leur carrière coloniale remontent à l'époque où, l'Espagne leur ayant interdit le commerce des denrées coloniales avec Lisbonne, ils se résolurent à trafiquer eux-mêmes directement avec les Indes. Plusieurs expéditions, envoyées de 1595 à 1598 dans l'archipel indien, visitèrent les îles aux épices et revinrent chargées de richesses. Alors se fonda en 1602 la célèbre Compagnie hollandaise des Indes orientales, qui recruta à Amsterdam la moitié de son capital. Elle ne chercha pas à prendre pied dans les vastes continents soumis à l'Espagne et au Portugal; elle se tourna plus volontiers vers les comptoirs disséminés par les Portugais le long des routes et des côtes de l'Insulinde; vers 1661, elle les avait chassés de leurs meilleures positions; elle avait pris Sainte-Hélène et Maurice, fondé l'escale du Cap, établi des factoreries sur les côtes du golfe Persique, de Malabar, de Coromandel, du Bengale, de Birmanie et de Cochinchine, occupé Ceylan, Malacca, Formose, les Moluques et Bornéo. Le comptoir de Batavia à Java existait depuis 1619; il était le siège d'un gouvernement général qui avait comme subordonnés les sept gouverneurs de Banda, Amboine, Moluques, Malacca, Ceylan, Macassar et le Cap. Dans le Nouveau Monde, la colonisation hollandaise prit moins d'extension; elle se fixa sur

Fig. 52. — Les voies ferrées des Pays-Bas et de Belgique, suivies par des services internationaux.

quelques points, à New Amsterdam (1622), qui fut le premier noyau de New York, à Curaçao dans les Antilles, et à Surinam dans la Guyane (1666). Elle ne tarda pas à souffrir de la concurrence des peuples auxquels elle avait montré les routes de l'Océan; elle perdit beaucoup du fait des Anglais, et particulièrement le Cap et Ceylan.

Actuellement, malgré ces pertes, l'empire colonial néerlandais dépasse encore beaucoup la métropole en étendue et en population; il se compose des Indes occidentales (Surinam et Curaçao), 130 230 kilomètres carrés et 167 960 habitants, et des Indes orientales (Java, Sumatra, Bornéo, Célèbes, Moluques, Timor, Bali, Lombok), 1 915 421 kilomètres carrés et 47 203 640 habitants; il représente des territoires presque soixante fois plus grands que la métropole et une population sept fois plus nombreuse. On retrouve ici, comme pour la Grande-Bretagne, une forte disproportion entre un empire énorme et une petite métropole.

La colonisation néerlandaise diffère profondément de la colonisation britannique. Les Hollandais ont agi en commerçants, non en colons. La seule colonie où ils aient fait souche de peuple est le Cap; même annexée au monde anglo-saxon, cette nation Sud-africaine conserve toujours des liens avec la vieille patrie; elle en reçoit toujours des émigrants, des pasteurs et des instituteurs formés aux Pays-Bas; l'élément *boer*, qui parle le hollandais, tend à s'opposer dans toute l'Afrique centrale à l'élément anglais : curieuse survivance d'une nationalité vaincue. Mais, partout ailleurs, les Hollandais se révèlent comme des commerçants et des directeurs de plantations; ils méritent à ce titre de figurer au premier rang des peuples colonisateurs. Cette tradition est ancienne, primitive; dès le début et jusqu'à la fin du xviiie siècle, la Compagnie des Indes, véritable souveraine, évite toute conquête territoriale, tout prosélytisme religieux, toute assimilation morale; elle se contente d'acheter, de vendre et de transporter. A partir du début du xixe siècle, pour accroître son commerce, elle s'occupe d'accroître la production de ses îles; aux anciennes épices, elle veut joindre des produits de grande consommation, comme le café, le thé, le sucre, l'indigo et le tabac, susceptibles d'être cultivés par les indigènes et de trouver un marché universel; Java devient dès lors la plus colossale des fermes européennes en pays tropical, elle fonctionne essentiellement sous la direction et avec les capitaux des Néerlandais, selon des méthodes progressives qui ont éliminé l'exploitation extensive. Alors que la cueillette fournit les deux tiers des produits du Congo et à peine 3 p. 100 des produits des Indes néerlandaises, la culture donne 1,4 p. 100 des produits du Congo et plus des quatre cinquièmes des produits des Indes néerlandaises : sucre, tabac, thé, café, quinquina, poivre, caoutchouc. Trésor inestimable pour les Pays-Bas, qui placent leurs capitaux dans les plantations, détiennent le marché de ces denrées riches et fournissent une bonne partie des navires qui assurent les communications des Indes avec l'Europe et avec le Pacifique. Plus du tiers des importations de l'archipel indien viennent de la métropole; le quart de ses exportations s'y dirigent.

Cette œuvre magnifique d'un peuple commerçant se complète par une lutte sévère contre la nature; en ce pays tropical les Hollandais ont presque vaincu le climat. Au cours du xviiie siècle, la mortalité européenne à Batavia était effrayante; en 1768 sur 5 490 Européens, il en mourut 2 434. Aujourd'hui, de toutes les terres tropicales, c'est Java qui contient la plus forte proportion de Blancs : 110 000, presque tous des Néerlandais; beaucoup moins de soldats et

de fonctionnaires que dans l'Inde anglaise et la Cochinchine française; plus de
150 000 colons, chefs de famille, répandus dans l'île et dirigeant des exploitations
agricoles, adaptés au milieu naturel et donnant un exemple remarquable de
l'acclimatation d'une race européenne en pays chaud.

La fréquentation déjà ancienne des pays coloniaux se traduit par certains
traits du tempérament des Néerlandais et de leur civilisation. Chez eux comme
chez les Anglais, on respire une atmosphère coloniale; le long des rues, des gares
et des ports, les affiches multicolores rendent familiers aux yeux et aux esprits
les paysages et les noms des colonies; beaucoup de jeunes gens séjournent aux
Indes pour s'initier aux affaires. Le goût des épices, l'usage du riz, du thé et du
café, si répandus dans la métropole, procèdent d'une habitude ancienne favorisée
par le commerce colonial; chez les fermiers de Frise, la théière reste à demeure sur
la table. Le bas prix du tabac, apporté des pays exotiques, a tellement vulgarisé
l'habitude de fumer qu'on peut la considérer comme un trait de mœurs nationales.
Amicis prétend que certains bateliers mesurent les distances par le nombre des
pipes qu'ils fument; pour un Hollandais, fumer n'est pas seulement prétexte à
repos et à rêverie, mais attitude nécessaire au travail. Les esprits ont aussi
beaucoup profité par la connaissance des colonies; elles ont inspiré l'art et élargi
la science. L'art des porcelainiers de Delft naquit de l'imitation des œuvres de
l'Extrême-Orient. Les botanistes néerlandais d'Amboine ont créé les fondements
de l'étude de la flore tropicale. Le monde savant doit aux philologues, aux archéo-
logues, aux historiens et aux géographes de Leyde une encyclopédie de livres
remarquables sur les Indes néerlandaises. Haarlem possède un musée colonial,
exposition permanente de leurs produits. Le musée ethnographique de Leyde,
qui rassemble les collections recueillies depuis le XVIIe siècle dans l'Extrême-
Orient par les voyageurs hollandais, constitue un centre de documentation unique
au monde. Vie matérielle et vie morale, tout porte aux Pays-Bas l'empreinte du
commerce colonial.

LA CIRCULATION INTÉRIEURE. — Aux grands courants de circulation générale, tout le territoire des Pays-Bas se rattache par un réseau extraordinaire-
ment touffu de communications intérieures. Il possède environ 4 800 kilomètres
de voies navigables, dont plus de 3 000 de canaux, soit 145 kilomètres pour
1 000 kilomètres carrés. Nulle part on ne peut cheminer une heure durant sans
traverser une voie d'eau; on rencontre tous les types de bateaux, depuis les barques
à fond plat qui suivent les sentiers d'eau villageois jusqu'aux bateaux de dix
tonnes, qui desservent les districts tourbiers, et aux chalands du Rhin, qui dépassent 3 000 tonnes. Près de 13 000 bateliers vivent toute l'année sur ces maisons flot-
tantes, les trois quarts avec leur famille. La mer elle-même, par les estuaires et les
baies, fournit des chenaux et des bassins intérieurs; les petits cours d'eau du pays
convergent sur le Zuiderzee où navires de mer et bateaux de rivière se rencontrent
en un contact intime; des travaux d'ingénieur font pénétrer ou prolongent la
navigation maritime au milieu des terres : canal de Terneuzen à Gand, canal de
Zuid Beveland, canal de Walcheren, canal de la Mer du Nord pour Amsterdam,
Nieuwe Waterweg pour Rotterdam. Comme puissance de transport, aucune
rivière naturelle n'égale le Rhin avec un mouillage que les derniers travaux ont
porté à 3 m. 20.

Sur les cartes à petite échelle des atlas classiques, on distingue bien les bras de mer et les grandes rivières. Mais la véritable originalité des Pays-Bas peut passer inaperçue ; ce sont les centaines de canaux qui couvrent d'un réseau touffu certaines provinces du Nord et du Nord-Est, Frise, Groningue, Over-Ijsel, Drente, Hollande ; par leurs ramifications, ils pénètrent jusqu'au fond des landes et des tourbières, reliant le moindre coin de campagne à la circulation générale. Sans le bateau, on n'aurait pas colonisé les tourbières ; sans lui, l'industrie n'aurait pas essaimé jusqu'au milieu des cantons ruraux ; sans lui le cultivateur resterait isolé de ses marchés. Dans ces pays aquatiques (Pl. XXXIX, B, C, et XL, B), au sol mou, le canal est antérieur à la route comme voie de circulation générale.

La multiplicité des voies d'eau de toute sorte, qui absorbent presque tous les transports lourds, laisse aux routes de terre les transports légers et rapides. On a pu, adaptant ces routes à leur trafic, les paver en briques, surfaces égales et douces, sans poussière, sur lesquelles la circulation glisse sans effort. Débarrassées des lourdes charges et des charrois encombrants, elles permettent l'accélération du mouvement des personnes. L'animation y semble, aux yeux d'un étranger, extraordinaire ; les automobiles du trafic à longue distance s'y croisent avec les voitures à chiens des humbles transports domestiques ; les bicyclettes surtout pullulent ; tout le monde emploie cet engin commode et rapide : commerçants et médecins pour visiter leur clientèle, enfants qui se rendent à l'école, ouvriers d'usine et ouvriers agricoles gagnant leur travail, paysans pour leurs visites et leurs courses d'un village à l'autre, ménagères des faubourgs allant faire leurs emplettes au marché de la ville.

Le progrès des chemins de fer fut lent dans les Pays-Bas, parce qu'on crut longtemps que le bateau suffirait. De plus, surtout dans les débuts, leur construction se heurta à de grosses difficultés : la multitude des fossés et des canaux qui ont exigé quatre-vingt-dix-huit ponts sur la courte distance qui sépare Amsterdam de Rotterdam ; et surtout la mobilité des terrains de tourbe, sujets aux affaissements : d'Amsterdam à Haarlem, il fallut vraiment construire une chaussée et créer un sol solide, avant d'y établir en 1839 la première voie ferrée des Pays-Bas. La première liaison avec le réseau étranger se fit à Maastricht en 1853, et à Emmerich en 1856 ; en 1860, il n'y avait encore aux Pays-Bas que 335 kilomètres de chemins de fer. Mais la construction du réseau marcha vite dès que la vie économique la rendit urgente : 1854 kilomètres en 1880, 2713 en 1897, 3430 en 1925. Il assure largement aujourd'hui les relations internationales (fig. 52).

Les difficultés inhérentes à la nature du terrain ayant été résolues, il ne reste plus pour l'exploitation des chemins de fer néerlandais que des avantages : pas de tunnels, tracés rectilignes sur de longs parcours, pas de grands travaux d'art sauf les ponts, courbes à très grand rayon. La densité du réseau pour l'ensemble du pays atteint 100 kilomètres pour 1000 kilomètres carrés. Cette densité s'accroît dans certaines provinces à cause des lignes à voie étroite et des vicinaux qui desservent les districts ruraux ; il existe plusieurs groupes de ces lignes secondaires, ayant leur foyer respectivement à Maastricht, Eindhoven, Breda, Bois-le-Duc, Rotterdam, Utrecht, Nimègue, Arnhem, Zutphen, Amsterdam, Zwolle, Groningue ; l'un des plus actifs, étendu à travers les îles de l'archipel hollandais et combiné avec des services de bateaux à vapeur, rattache au grand marché de Rotterdam toutes ces terres naturellement isolées.

II. — L'INDUSTRIE NÉERLANDAISE

Il manque aux Pays-Bas certains puissants facteurs de développement industriel : pas de mines métalliques, pas d'énergie hydraulique (ce qui explique le rôle ancien des moulins à vent comme source de force motrice), peu de houille (le Limbourg n'en produisait que 1 millions de tonnes en 1920). En réalité, l'industrie néerlandaise naquit des débouchés commerciaux. Cette dépendance de la vie industrielle par rapport à la vie commerciale domine déjà l'économie néerlandaise au XVIIᵉ siècle; les manufactures d'Amsterdam travaillaient alors les matières premières que seul un grand port à relations universelles pouvait leur fournir : sucre, camphre, borax, diamants; d'autres étaient assurées d'un marché étranger fort étendu pour leurs toiles, leurs draps, leurs poteries, leur alcool, leur genièvre, leur papier; d'autres enfin n'existaient qu'en fabriquant les moyens de transport nécessaires au commerce lui-même : telle la construction navale et ses annexes, la corderie et la voilerie, qui travaillaient pour l'Europe entière; la moitié des flottes européennes sortait des chantiers de Zaandam. Cette influence de la vie commerciale, nous la retrouvons aussi puissante de nos jours; elle règle encore la localisation et la nature de l'activité industrielle. Les plus grosses agglomérations ouvrières des Pays-Bas se trouvent le long des deux plus grandes voies maritimes, le canal de la Mer du Nord autour d'Amsterdam et le Waterweg de Rotterdam. D'autre part, s'il existe aux Pays-Bas des industries qu'on peut appeler autochtones, parce qu'elles utilisent les ressources locales, il est incontestable que les plus puissantes et les plus nombreuses des industries vivent par l'afflux de sève qui leur arrive par l'appareil de la circulation générale.

Le développement du commerce maritime explique l'essor des constructions navales en Hollande. Cette industrie autour des chantiers de Zaandam attira les scieries, car dès la fin du XVIᵉ siècle on avait trouvé le moyen d'appliquer les moulins à vent au sciage du bois. Les chantiers du Zaanstreek déclinèrent durant la seconde moitié du XVIIIᵉ siècle, et n'ont plus retrouvé leur primauté. Mais d'autres ont surgi ailleurs durant le XIXᵉ siècle, à la faveur du développement de la marine marchande, du commerce au long cours et du trafic rhénan. Le premier bateau à vapeur en bois fut construit en 1826 pour le service entre Rotterdam et Londres; on lançait en 1837 à Rotterdam le premier bateau à vapeur en fer; peu à peu, la construction navale devint une branche de l'industrie métallurgique; le fer et la houille se transportaient à bon marché par les fleuves jusqu'aux chantiers des rives. C'est le long des estuaires, des rivières et des canaux que ces chantiers s'échelonnent tous : à Flessingue; dans le Nord-Hollande (Amsterdam, Haarlem, Alkmaar, Zaandam); jusqu'à Dordrecht, sur les bords de la Nouvelle Meuse et du Noord, se succèdent une quarantaine d'établissements qui occupent plus de 10 000 ouvriers et construisent tous les types de bateaux, paquebots et cargos pour l'Océan, bateaux-dragues, bateaux à moteur, remorqueurs, chalands de rivières, chalutiers, voiliers de pêche.

Dans ce pays qui produit peu de charbon et pas de fer, la grosse métallurgie n'existe pas. Il faut acheter à l'étranger les pièces de métal brut ou demi-ouvré que transforment les ateliers de construction métallique et mécanique. Ces ateliers, attirés auprès des chantiers navals, se pressent de Schiedam à Rotterdam et à Dordrecht, fabriquant chaudières et machines à vapeur, appareils électriques, ascenseurs, grues, pompes, dragues, appareils de sucrerie. Progressivement ils se sont appliqués à produire presque toutes les machines requises par l'industrie nationale : machines pour la filature et le tissage, pour les briqueteries, pour l'agriculture, pour la laiterie, pour le chemin de fer, pour les papeteries, pour les distilleries, pour les minoteries. Toute cette métallurgie, fondée sur l'emploi d'une main-d'œuvre habile, ne peut subsister qu'en fabriquant des produits soignés, dont elle vend une bonne partie à l'étranger.

Beaucoup d'industries ont leur origine directe dans les relations commerciales. Sans parler des tailleries de diamants d'Amsterdam, on peut donner comme exemple la préparation du cacao, introduite à Middelburg et à Flessingue après la conquête de Surinam et parvenue de nos jours à une remarquable prospérité; il entre annuellement par Amsterdam et Rotterdam 30 000 tonnes de cacao, dans la région d'Amsterdam; le cacao en poudre néerlandais a des clients dans le monde entier. Le commerce colonial explique aussi autour d'Amsterdam l'essor des usines de caoutchouc et des usines à décortiquer le riz. Le trafic des grains a localisé dès le xviie siècle à Schiedam la distillerie. L'industrie du tabac, qui occupe plus de 30 000 ouvriers aux Pays-Bas, naquit des relations d'outre-mer; au xviie siècle, Amsterdam, Rotterdam et Dordrecht recevaient sur leur marché des cargaisons de tabac du Maryland, de Virginie, des Antilles et du Brésil; au xixe siècle, l'afflux des tabacs de Java et de Sumatra, attirant eux-mêmes les tabacs de toute provenance, permit la formation de stocks énormes et variés où s'approvisionnent une multitude de manufactures; elles se disséminent à travers tout le pays; mais elles forment un groupe nombreux dans le Nord-Brabant, autour de Bois-le-Duc et d'Eindhoven. Mêmes liens avec les marchés étrangers pour l'industrie de la margarine (beurre artificiel provenant du mélange de graisse animale et de lait), concentré surtout dans le Nord-Brabant et en Hollande, particulièrement à Rotterdam; au début, vers 1875, les graisses venaient de France et d'Autriche; on fit appel ensuite aux États-Unis; à partir de 1883, on dut utiliser les graisses végétales et importer les graisses oléagineuses des pays tropicaux; cette industrie, qui occupe plus de 4 000 ouvriers, exportait 56 400 tonnes de margarine en 1910, 166 000 en 1916, 93 000 en 1920, surtout vers la Grande-Bretagne.

L'industrie textile, qui emploie plus de 60 000 ouvriers, se concentre dans la Twente pour le coton, dans le Nord-Brabant autour de Tilburg pour la laine. Elle dépend de l'étranger pour l'achat de ses matières premières comme pour la vente de ses tissus. Les usines de laine s'approvisionnent à Londres et à Anvers par l'intermédiaire de Rotterdam; elles importent une partie des filés qu'elles tissent, et vendent beaucoup d'étoffes en Europe, en Amérique, au Japon, en Afrique du Sud. Les usines de coton de la Twente, avec leurs 25 000 ouvriers, ne sauraient subsister sans les marchés du dehors; leur coton brut arrive des États-Unis par Rotterdam (avant la guerre, par Brême); les 840 000 broches des filatures ne suffisent pas à alimenter les tissages; il faut importer des filés britanniques; quant à la vente des étoffes, les Indes néerlandaises absorbent le quart de la production; le reste s'expédie vers les pays chauds d'Extrême-Orient, d'Amérique et d'Afrique.

Même les industries nées des produits locaux ou des aptitudes des Néerlandais seraient incapables maintenant de prospérer, si elles ne pouvaient compter sur des débouchés extérieurs. De tout temps, telle fut la condition de la pêche maritime. A la fin du xviie siècle, 120 baleiniers hollandais fréquentaient les

Phot. A. Demangeon.

A. — LA MAISON D'UN GRAND FERMIER FRISON, PRÈS DE LEEUWARDEN.

Phot. A. Demangeon.

B. — JAGERSWICK (PROVINCE DE GRONINGUE).
Canal, cultures maraîchères dans les tourbières colonisées.

Phot. Alg. Nederl. Vereeniging.

C. — VUE DANS L'ILE DE MARKEN (ZUIDERZEE).

A. — LE PORT D'IJMUIDEN.
Le débouché du Noordzee Kanaal et les écluses.

B. — INONDATION DE LA VALLÉE DE L'IJSEL, PRÈS DE ZUTPHEN.

côtes du Groenland ; en 1667, 2 000 *buizen*, gros bateaux en chêne, pourvus d'un seul mât et d'une puissante voile quadrangulaire, pêchaient le hareng dans la mer du Nord ; les poissons, caqués et salés à bord, se vendaient dans toute l'Europe. Actuellement la pêche emploie 5 500 bateaux, dont 525 à vapeur ou à moteur, montés par 20 000 matelots ; elle rapporte bon an mal an 150 millions de kilogrammes de poisson. La pêche en haute mer comprend deux branches : la pêche du hareng en mer du Nord, pratiquée par 7 600 matelots des ports de Scheveningen, Vlaardingen, Ijmuiden, Katwijk et Maassluis ; la pêche au chalut, concentrée surtout à Ijmuiden. Toutes deux, elles languiraient sans leurs clients étrangers, puisque l'exportation absorbe les deux tiers du hareng et le tiers du poisson frais ; toute crise de débouché affecte gravement les intérêts des pêcheurs.

Certaines industries originales trouvent sur place, chez les cultivateurs, leurs matières premières. Une trentaine de fabriques de chicorée se disséminent en Frise, Groningue, Over-Ijsel et Nord-Brabant. Près de quarante féculeries travaillent les masses de pommes de terre que récoltent les trois provinces du Nord. Une vingtaine de fabriques dans la province de Groningue transforment en carton la paille du seigle. D'autres usines dans l'Over-Ijsel et la Drente préparent, avec la tourbe, de la litière, du fourrage et des matériaux d'emballage. Toutes ces manufactures ont le même souci des débouchés étrangers : la fécule part en Belgique et en Grande-Bretagne, la chicorée en Belgique, le carton en Grande-Bretagne. Les maraîchers des îles Canaries reçoivent de la tourbe néerlandaise pour emballer leurs expéditions de tomates.

III. — L'AGRICULTURE NÉERLANDAISE

Avec leur forte population de marins, de commerçants et d'ouvriers, jamais les Pays-Bas n'auraient produit assez de vivres pour leur subsistance sans les ressources de leur agriculture intensive. Par un calcul bien entendu, cette agriculture vise essentiellement à la spécialisation ; elle ne fournit pas toutes les denrées de consommation, puisque les importations étrangères y pourvoient ; elle choisit pour chaque région, pour chaque canton, parfois pour chaque ferme les plantes qui conviennent le mieux à la terre, les produits qui ont chance de se vendre le mieux. Au lieu de la production monotone d'un pays obligé de suffire à sa consommation, on voit se développer une variété de produits riches destinés à la vente : lait et fromage, arbres de pépinières, oignons à fleurs, légumes et fruits de la Hollande méridionale ; betteraves à sucre de Zélande ; grains, betteraves à sucre, pois, bétail, fromage, fleurs, primeurs de Hollande septentrionale ; pommes de terre, fécule, paille pour carton de Groningue ; bétail, beurre, semences de Frise. A elle seule, l'horticulture occupe 45 000 hectares et fait vivre 18 800 maraîchers. Certaines provinces ressemblent à un vaste jardin.

Comme il importe de tirer parti de toute la terre, on s'applique à mettre en culture les vastes étendues de landes et de tourbières de l'Est et du Sud. La proportion des terrains incultes dans l'ensemble des Pays-Bas s'est abaissée de 18 p. 100 en 1833 à 15 p. 100 en 1920 ; on les trouve surtout dans la Drente (45 p. 100 de la province), dans le Nord-Brabant, la Gueldre, l'Over-Ijsel et le Limbourg. Une lutte méthodique s'acharne à leur mise en valeur. Dans les pays de sable, on a défriché des landes ; cette œuvre doit ses plus beaux succès à la

Société néerlandaise pour le défrichement des bruyères (*Nederlandsche Heide-maatschappij*), fondée en 1888 et sise à Arnhem; elle consiste tantôt en créations de champs de seigle et d'avoine et de bonnes prairies à foin, tantôt en plantations de bois; de 1833 à 1912, la proportion des bois néerlandais s'éleva de 5 p. 100 à 8 p. 100 de la superficie totale, soit un accroissement de 100 000 hectares.

Spécialisation des cultures et disparition des sols incultes, ces progrès ne suffisent pas à caractériser l'état avancé de l'économie rurale. Comme l'industrie, et surtout depuis la crise agricole de 1880-1895, l'agriculture néerlandaise se tourne chaque jour davantage vers les marchés extérieurs. Cette tendance conduit les cultivateurs à négliger ce que le pays peut se procurer à l'étranger à meilleur marché et à produire ce qu'ils savent pouvoir vendre à bon compte. Aussi les Pays-Bas, qui ne se suffisent pas en denrées de première nécessité, comme le blé et la laine, exportent les denrées de valeur auxquelles ils donnent leurs soins : beurre, fromage, lait condensé, fruits, légumes, bulbes, fleurs, lin, sucre, fécule, carton, animaux reproducteurs. Ils ont leurs plus gros clients en Grande-Bretagne, en Allemagne et en Belgique, pays industriels à forte population ouvrière; jusque vers 1900, la Grande-Bretagne tint le premier rang parmi ces acheteurs; depuis cette date, l'Allemagne a pris la tête.

Dans l'économie agricole des Pays-Bas, l'élevage occupe la première place. Sur 100 hectares de terres cultivées, leur territoire compte 58 p. 100 de terres en herbe. Toutes les conditions favorisent la croissance de l'herbe : des hivers doux, des étés modérés, des pluies abondantes, une atmosphère mouillée, la constance du niveau de l'eau souterraine maintenue artificiellement. Un bon tiers des surfaces enherbées se concentre dans les régions basses de l'Ouest, sur les argiles littorales et les fonds de tourbières drainées. Dans les provinces de Frise, de Hollande et d'Utrecht, elles couvrent de 70 à 86 p. 100 du sol cultivé; en Frise, les labours occupent 17 p. 100, l'herbe 83 p. 100 de ce sol. C'est là que se tiennent les principaux marchés de gros bétail : Groningue, Leeuwarden, Sneek, Zwolle, Rotterdam, Purmerend, Leiden, Amsterdam, Utrecht. Pour 100 hectares de terre exploitée, on compte 82 bovins; mais cette densité dépasse 110 dans la province de Sud-Hollande, et elle atteint même 180 dans les districts de Delft et de Schiedam. On les entretient essentiellement pour la production laitière; les vaches hollandaises peuvent donner 4 000 litres de lait pendant une période de lactation de 300 jours; aussi les éleveurs des États-Unis, de l'Afrique du Sud et de l'Argentine demandent souvent aux Pays-Bas leurs variétés de vaches laitières. Par tout le pays, le lait représente le grand revenu du paysan. Sur l'ensemble de la production, le quart se consomme à l'état frais ou se vend aux fabriques de margarine et de lait condensé; un quart est transformé en fromage, la moitié en beurre. En 1910, la production du beurre atteignit 64 millions de kilogrammes, celle du fromage, 80 millions. Toute cette fabrication s'industrialise de plus en plus; le travail du lait passe du stade de la ferme au stade de l'usine. Cette transformation, encore incomplète pour le fromage, paraît presque terminée pour le beurre. Jusque vers 1880, tout le beurre néerlandais se faisait chez le paysan avec la baratte domestique, mise en mouvement à bras d'homme ou par un manège à cheval, ou par une roue à chien. Mais ce beurre de paysan (*boerenboter*) ne valait pas le beurre danois, mieux préparé, auquel le marché anglais donnait la préférence. C'est alors qu'on introduisit la fabrication mécanique en usines, donnant un produit plus pur, plus propre et plus uniforme; le mouvement gagna tout le pays, qui possède actuellement plus de 800 fabriques à vapeur, dont 550 coopératives. Le beurre néerlandais a retrouvé ses marchés étrangers en Grande-Bretagne et en Allemagne centrale.

Trois provinces néerlandaises seulement ont une proportion de terres en labour qui atteint ou dépasse 40 p. 100 de leur territoire : la Zélande, 60 p. 100 ; Groningue, 51 p. 100 ; le Limbourg, 40 p. 100. Sauf pour certaines cultures qu'on pratique en vue de l'exportation, comme les légumes et les fruits, le lin et, jusqu'à un certain point, la pomme de terre et la betterave à sucre, les récoltes néerlandaises ne sauraient suffire à la consommation du pays. Le blé néerlandais lui fournirait à peine pour deux mois de pain ; il faut importer les cinq sixièmes du blé consommé : déficit qui n'a pas cessé de s'accroître depuis un demi-siècle. Pour l'alimentation du bétail lui-même, il faut acheter à l'étranger du seigle, du maïs, de l'orge, de l'avoine, des tourteaux en quantité telle qu'elle dépasse la récolte nationale de grains et de légumineuses. De plus, le pays ne pourrait pas soutenir seul sa culture intensive, car il doit acquérir au dehors 90 000 tonnes de nitrate et de sulfate d'ammoniaque pour les engrais, de la potasse et même une importante partie de son équipement en matériel agricole. Ainsi l'économie agricole des Pays-Bas se rattache étroitement à l'économie universelle : nouvelle preuve de la solidarité qui unit entre elles toutes les parties du monde, même les plus petites.

Les conditions de la propriété de la terre aux Pays-Bas ne ressemblent ni à celles de la Grande-Bretagne, où la majeure partie du sol n'appartient pas à ceux qui la cultivent, ni à celles de la France où les cultivateurs possèdent au contraire une forte proportion du sol. Aux Pays-Bas, le territoire cultivable se partage à peu près par moitié entre les propriétaires qui ne cultivent pas (53 p. 100) et les propriétaires qui cultivent (47 p. 100). La majorité des propriétaires non exploitants appartient à la bourgeoisie des villes ; on les rencontre surtout dans l'Ouest, auprès des centres de commerce et d'industrie, dont les capitaux depuis des siècles se placent dans la terre ; c'est de Hollande que ce mouvement partit à la fin du moyen âge et que la pratique du faire-valoir par fermage se répandit sur le reste du pays. Ce sont en effet des fermiers qui cultivent ces terres de rentiers et de capitalistes ; le métayage ne survit plus que très localement. C'est le régime du fermage qui domine presque partout dans les provinces de l'Ouest : Zélande, Frise, Sud-Hollande, Utrecht, Nord-Hollande (Pl. XXXIX, A).

Les propriétaires-cultivateurs dominent dans l'Est, depuis Groningue jusqu'au Limbourg en passant par la Drente, la Gueldre, l'Over-Ijsel et le Nord-Brabant ; il s'agit, sauf pour Groningue, de sols sableux, légers et pauvres, qui, se prêtant au pullulement des petites exploitations, ont rendu facile l'accession des paysans à la propriété ; certaines coutumes locales empêchent la division des héritages, de sorte que la propriété paysanne se défend contre le partage et la ruine.

Toutes ces terres, quel que soit leur mode de tenure, se répartissent pour la culture en petites exploitations. On ne dénombre dans les Pays-Bas que 250 exploitations dépassant 100 hectares et 2 900 dépassant 50 hectares. Sur le nombre total des exploitations, celles de 1 à 5 hectares représentent une proportion de 51 p. 100 ; celles de 5 à 10 hectares, 22 p. 100 ; celles de 10 à 20 hectares, 15 p. 100. Sur un total de 21 600 cultivateurs, 196 000 exploitent de 1 à 20 hectares. Le type du paysan néerlandais est donc un petit cultivateur qui accomplit

avec sa famille tout le travail de l'exploitation. Ce caractère de la population
rurale tend à s'accentuer, car les grandes exploitations se morcèlent, et les petites
se multiplient. Les unes et les autres ont généralement leur domaine préféré.
Tandis que les pays d'argile possèdent la majorité des plus grandes exploitations, les pays de sable renferment la majorité des petites. En face de la Zélande
qui contient 5 000 exploitations inférieures à 10 hectares et 2 150 supérieures
à 20 hectares, le Nord-Brabant en compte 24 300 inférieures à 10 hectares et
seulement 1 200 supérieures à 20 hectares. L'étendue moyenne d'une exploitation sur le sable est moitié plus petite que l'étendue d'une exploitation sur l'argile.

IV. — LA POPULATION NÉERLANDAISE

Depuis qu'il existe des recensements précis, on voit la population néerlandaise s'accroître : 2 000 000 d'habitants en 1795, 2 600 000 en 1830, 3 300 000
en 1850, 5 100 000 en 1900, 6 800 000 en 1920 (exactement 6 832 155). De 1830
à 1900, elle augmentait de 90 p. 100; de 1900 à 1920, de 34 p. 100. Ce progrès
porte sur toutes les provinces, mais il atteint un taux étonnant pour plusieurs
d'entre elles : 231 p. 100 (1830-1920) pour les deux Hollandes, foyer économique
du pays; 225 p. 100 pour la Drente, où la colonisation moderne des landes et des
tourbières a fondamentalement transformé les conditions de la vie. Cet accroissement résulte non pas d'un apport étranger, mais d'une poussée naturelle.
Comme dans la plupart des nations avancées de l'Europe continentale, la natalité
tend à décroître : 37 p. 1 000 en 1870-1880, 30 p. 1 000 en 1910-1920, 26 p. 1 000
en 1922. Mais elle demeure forte; soutenue par une mortalité décroissante, elle
contribue régulièrement à grossir la population. Pour la seule période 1910-1920,
l'excédent des naissances sur les décès valut au pays 961 698 âmes.

Presque tous ces hommes restent dans le pays; ils ne débordent pas au dehors.
La masse nationale ne perd presque rien par émigration : 500 individus par an
pour 1831-1847, 2 000 pour 1845-1854, 6 000 pour 1904-1913, 1 200 pour 1914-
1919; ces pertes n'ont jamais représenté qu'une très faible proportion de l'excédent des naissances. Inversement, dans cette nation d'hommes pressés, très
attachés au sol de la patrie, les étrangers trouvent peu de place libre. D'immigra-
tions importantes ayant laissé des traces visibles encore, l'histoire moderne n'en
connaît que deux : les Juifs et les protestants français. Chassés d'Espagne et de
Portugal à la fin du XVe et au début du XVIe siècle, les Juifs ont multiplié; on en
dénombre aujourd'hui environ 100 000, dont les trois quarts habitent Amsterdam.
A la fin du XVIIe siècle, plus de 150 000 protestants français vinrent chercher asile
en Hollande; on comptait, en 1688, soixante-deux églises françaises et wallonnes.
Tandis que les Juifs vivent toujours en une communauté assez fermée dans
leur quartier particulier, l'élément français s'est fondu dans le reste du peuple
néerlandais, ne laissant pour traces que des noms français. Actuellement, la vie
commerciale ne permet pas que le pays soit complètement imperméable aux
infiltrations étrangères; aussi une trentaine de milliers d'Allemands et une vingtaine de milliers de Belges vivent dans les Pays-Bas. Mais ces colonies étrangères ne constituent que de petits noyaux par rapport à la masse nationale.
L'homogénéité demeure un trait remarquable de la population néerlandaise.

Pour la densité de la population, les Pays-Bas, avec 200 habitants par kilomètre carré, tiennent le second rang en Europe, après la Belgique (257), avant

la Grande-Bretagne (144) et l'Allemagne (123). Une carte de densité oppose nettement des régions très peuplées et des régions peu peuplées (fig. 53). Dans les pays de landes et de tourbières, comme la Veluwe, la Drente centrale, la Campine et le Peel, on traverse encore des solitudes; malgré les progrès de la colonisation, la Drente ne s'est élevée de 1830 à 1920 que de 24 à 75 habitants par

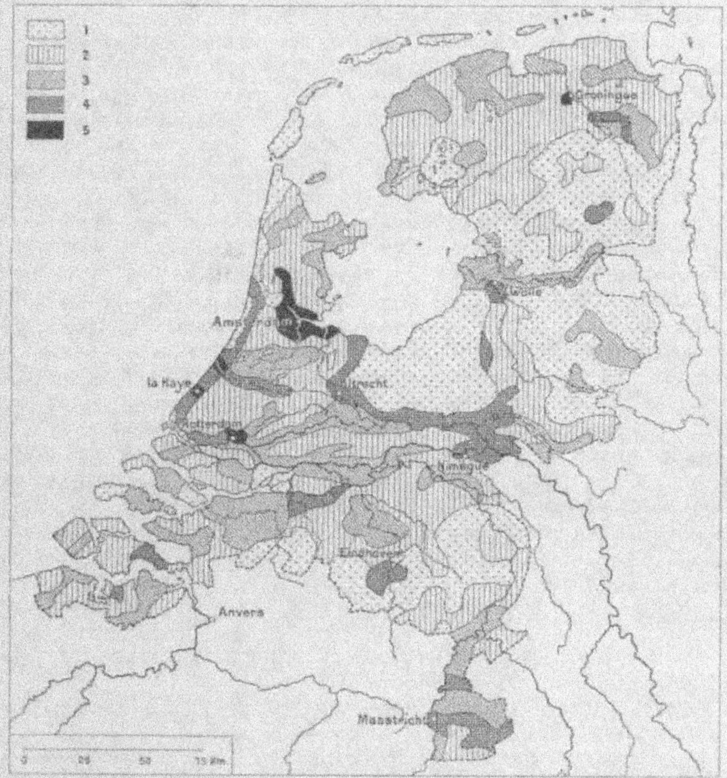

Fig. 53. — Carte de la densité de la population des Pays-Bas, d'après KUYPER (rectifiée).
1, Moins de 50 habitants par kilomètre carré; 2, De 50 à 100; 3, De 100 à 200; 4, De 200 à 400; 5, Plus de 400.

kilomètre carré. Par contre, on calcule une densité de 461 dans le Nord-Hollande et de 533 dans le Sud-Hollande. A elles seules les trois provinces de Hollande et d'Utrecht, qui groupent le cinquième du territoire néerlandais, réunissent presque la moitié de sa population autour des grands foyers économiques du pays. Par contre, dans l'Est des Pays-Bas, il n'y a que des foyers locaux de forte densité : soit auprès des centres industriels (mines de houille du Limbourg, région cotonnière de la Twente, villes de tissage comme Tilburg et Eindhoven, fabriques de chaussures du Langstraat), soit sur des terrains de culture intensive, comme les colonies de tourbières de Groningue, soit au contact de régions différentes, comme la lisière de la Veluwe.

La vie urbaine ne montre pas aux Pays-Bas les mêmes tendances « tentaculaires » qu'en Belgique et en Grande-Bretagne. Leur proportion de population urbaine n'arrive pas à la moitié de la population totale (46 p. 100); elle atteint les deux tiers en Belgique, les trois quarts en Grande-Bretagne. Mais la croissance des villes n'en demeure pas moins un trait remarquable de la démographie depuis un siècle. Les centres de plus de 5 000 habitants contenaient en 1795 le tiers de la population néerlandaise; en 1920, un peu plus de la moitié. Ce développement des villes se remarque à peine dans la Zélande, la Frise et Groningue, vieilles provinces agricoles. Mais il apparaît fortement déjà dans les provinces de l'Est : la Drente ne possédait pas en 1795 de ville dépassant 5 000 habitants; en 1920 ses villes renfermaient le cinquième de sa population. Quant à l'Ouest, pays de grandes villes depuis des siècles, il connaît le type d'agglomération urbaine, familier à la civilisation moderne de l'Europe. De 1830 à 1900, la population réunie d'Amsterdam, de Rotterdam, de la Haye et d'Utrecht a grossi de 200 p. 100; elle forme le quart de la population néerlandaise. Rotterdam seule, de 1830 à 1925, s'est accrue de 700 p. 100, Amsterdam, de 320 p. 100. Sauf dans certains quartiers d'Amsterdam et de Rotterdam, ces accumulations d'hommes n'étalent pas les mêmes laideurs et les mêmes misères que dans d'autres cités européennes; on n'y voit pas les mêmes entassements que dans les *slums* britanniques ou dans les enfers du charbon et du fer. Les maisons ne s'élèvent pas comme des casernes à étages superposés. A l'ordinaire, chaque famille habite sa maison, une maison propre et claire, souvent ornée d'un parterre de fleurs; parfois ces habitations de citadins s'écartent à de grandes distances du centre des villes; mais elles s'en trouvent réellement peu éloignées, car les moyens de transport, multiples et à bon marché, permettent aux gens d'échapper à la servitude du troupeau et de vivre en liberté, sans perdre les avantages économiques du travail en commun.

BIBLIOGRAPHIE GÉNÉRALE DES PAYS-BAS

CARTOGRAPHIE DES PAYS-BAS. — 1° Carte topographique et militaire du Royaume, à l'échelle de 1 : 50 000, 62 feuilles, en noir; 2° Carte chromo-topographique du Royaume, à l'échelle de 1 : 50 000, c'est la précédente, revisée et mise en couleurs; 3° Carte chromo-topographique du Royaume, à l'échelle de 1 : 25 000, en couleurs, 776 feuilles; 4° Carte chromo-topographique du Royaume, à l'échelle de 1 : 200 000, 19 feuilles; 5° Atlas topographique du Royaume des Pays-Bas, à l'échelle de 1 : 200 000, 19 feuilles en noir; 6° Carte du Waterstaat du Royaume des Pays-Bas, à l'échelle de 1 : 50 000, 183 feuilles, en couleurs; 7° Carte fluviale revue, à l'échelle de 1 : 10 000; 8° Carte géologique des Pays-Bas, à l'échelle de 1 : 200 000.

REVUES. — *Tijdschrift van het Koninklijk Nederlandsch Aardrijkskundig Genootschap* (*Revue de la Société Royale néerlandaise de Géographie*), Amsterdam. — *Tijdschrift voor Economische Geographie* (*Revue de Géographie économique*), La Haye.

OUVRAGES GÉNÉRAUX. — [PAYS-BAS] *Annuaire statistique du Royaume*, La Haye (annuel). — *Atlas historique des Pays-Bas*, La Haye (en cours de publication). — *Handboek voor de kennis van Nederland* (*Manuel pour la connaissance des Pays-Bas*), La Haye, 1922. — *La Hollande illustrée*, Paris, 1909. — *Les Pays-Bas*, Manuel en deux parties, Leyde, 1898. — E. DE AMICIS, *La Hollande*, Paris, 1878. — H. ASSELIN, *La Hollande dans le monde*, Paris, 1921. — H. BLINK, *Nederland en zijne bewoners*, Amsterdam, 1892, 3 vol. — H. BLINK, *Nederland*, Groningue, Nordhoff, 1912. — P. J. BLOCK, *History of the People of the Netherlands*, Londres, 1898-1899. — J. G. KOHL, *Reisen in den Niederlanden*, Leipzig, 1850. — J. KUYPER, *Géographie historique des Pays-Bas*, 1898. — R. SCHUILING, *Nederland : Handboek der Aardrijkskunde*, Zwolle, 1915, 5° éd. — A. WILD, *Die Niederlande*, Leipzig, 1862. — J. TE WINKEL, *De noordnederlandsche Tongvallen*, Leyde, 1899-1901. — K. ZEEMAS, *Moderne Geographie van Nederland*, Amsterdam, 1917, 3° éd.

OUVRAGES DE GÉOGRAPHIE ÉCONOMIQUE. — Mémorial publié à l'occasion du Cinquantenaire de l'Institut Royal des Ingénieurs néerlandais, 1847-1897, La Haye, 1899, in-1°, 214 pages. — [RHIN] *Jahresbericht der Zentral-Konmission für die Rheinschiffahrt*, Mannheim. — *La Navigation du Rhin*, revue publiée à Strasbourg. — Pour le commerce des Pays-Bas, voir les rapports des agents diplomatiques de France, de Belgique, de Grande-Bretagne, etc. — La *Revue de Géographie* d'Amsterdam dépouille et résume les statistiques officielles, ainsi que les rapports des ingénieurs des Ponts et Chaussées. — J. C. A. EVERWIJN, *Beschrijving van handel en nijverheid in Nederland*, La Haye, 1912, 2 vol. et atlas. — Aperçu du commerce et de l'industrie des Pays-Bas, Division du Commerce du Ministère Royal néerlandais de l'Agriculture, de l'Industrie et du Commerce, in-8°, 1910. — H. BLINK, *Geschiedenis van den boerenstand en der landbouw in Nederland*, Groningue, 1902-1904, 2 vol. — J. FROST, *Agrarverfassung und Landwirtschaft in den Niederlanden*, Berlin, 1906, in-8°, 496 pages. — [PAYS-BAS] *Departement van landbouw, nijverheid en handel* (rapports annuels). — *Uitkomsten van het onderzoek naar den toestand van den landbouw in Nederland*, La Haye, 1890, in-4° (67 monographies de communes). — *Departement van den landbouw Beschrijving van den tuinbouw in Nederland*, La Haye, 1906, 232 pages. — *Gedenkboek der Nederlandsche Heidenmaatschappij*, Amsterdam, 1912, in-8°, 232 pages. — P. ROUX, La colonisation des tourbières dans les Pays-Bas (*Science Sociale*, 1908). — A. SALFELD, *De ontginning der nederlandsche heiden*, Arnhem, 1890, in-12°, 176 pages. — Pour la statistique générale, consulter le volume annuel : *Jaarcijfers voor het koninkrijk der Nederlanden*, publié par le Bureau Central de statistique à la Haye.

OUVRAGES RÉGIONAUX. — H. BLINK, *Van Eems tot Schelde*, Amsterdam, 1902-1906, 4 vol. — [GRONINGEN] Monographie de la province, publiée à Groningue en 1913, sous la direction de J. E. SCHOLTEN. — H. KLEINHEMM, *Die Insel Texel*, Giessen, 1910. — Rapports commerciaux des agents diplomatiques des différents pays, sur Rotterdam et Amsterdam. — H. BLINK, *Der Rhein in den Niederlanden*, Stuttgart, 1889. — R. P. CHARLES, Le port de Rotterdam (*Revue Questions Scientifiques*, juillet 1907). — [DORDRECHT] Description illustrée, éditée par la Municipalité, 1923. — *Le port de Rotterdam*, notice éditée par la municipalité, 1912. — P. SERTON, *Rotterdam*, Nimègue, 1919. — Nombreux articles dans les deux revues signalées plus haut.

CARTE HORS TEXTE EN COULEURS

TABLE DES CARTES

ET FIGURES DANS LE TEXTE

TABLE DES MATIÈRES

TROISIÈME PARTIE

QUATRIÈME PARTIE

LES PAYS-BAS

8912. — Coulommiers. Imp. PAUL BRODARD. — 4-27.